薛兆丰经济学讲义

第 一 版

Economics Lecture Notes

来自超过60万人的经济学课堂

薛兆丰 著

中信出版集团 | 北京

图书在版编目（CIP）数据

薛兆丰经济学讲义 / 薛兆丰著 . -- 北京：中信出版社，2018.6（2023.4 重印）
ISBN 978-7-5086-8551-9

I. ①薛⋯ II. ①薛⋯ III. ①经济学－通俗读物 IV. ① F0-49

中国版本图书馆 CIP 数据核字（2018）第 006813 号

薛兆丰经济学讲义

著　　者：薛兆丰
出版发行：中信出版集团股份有限公司
（北京市朝阳区东三环北路 27 号嘉铭中心　邮编　100020）
承 印 者：北京诚信伟业印刷有限公司

开　　本：880mm×1230mm　1/32　　印　　张：17.5　　字　　数：368 千字
版　　次：2018 年 6 月第 1 版　　印　　次：2023 年 4 月第 12 次印刷
书　　号：ISBN 978-7-5086-8551-9
定　　价：118.00 元

我的愿望是，
每个中国人都能体验经济学带来的乐趣，
具备经济学的思维。

本书内容源自得到 App 的音频课程《薛兆丰的经济学课》，书中个别章节附带了试听码。

该音频课程由薛兆丰讲述，目前已包括逾 400 课节（含音频课、音频答疑、视频专题和一部简明学习词典），以及数千万字的用户留言，有超过 60 万名订阅用户陆续加入了这个经济学课堂，正在共同学习、共同进步。推荐扫码订阅该音频课程，并与本书配套使用。

目　录

Contents

第 2 章 成本 不要只盯着钱

第 3 章 需求 好东西运到远方去

第 5 章 权利 自由不等于免费

第 6 章 耐心 想象力决定生产力

前　言
每个人的经济学

从 2010 年起，我每年都在北京大学讲授《经济学原理》，学生常常告诉我：“没想到经济学是这样的！”“经济学原来这么有趣！”“其实我上过很多次经济学课，但这次很不一样。”

我知道他们不是客气，我自己就是在亲身经历过经济学带来的震撼和快感后，才渴望把它再传递出去的。

经济学之所以有如此魅力，原因在于它是以研究陌生人的互动规律为己任的学问。人的认知和判断，至今主要还是靠直觉和短距离的人际关系来驱动，但人的身体和际遇，却早已置于大规模的陌生人的精妙协作之中。

这两者的巨大反差，使得很多聪明绝顶的社会达人，对复杂社会关系和经济运行规律的理解，仍然停留在幼稚的阶段。一个人在自己的专业领域可以非常成功，但要理解现代社会的运行机制，还需要学习另外一种智慧。

美国总统特朗普为了振兴美国经济，提出了“买美国货、雇美国人”的口号，但他自己却把工厂设在中国，连竞选宣传品都是在中国生产的。当记者问他为什么如此分裂时，他诚实地回答：“我可是个商人！”

是的，他是一位极其成功的商人，但在领悟“买美国货、雇美国人”的国策绝不可能重振美国经济的道理上，却显得那么不明智。这好比一匹在比赛中屡屡获胜的骏马，对赛道的设计却一无所知一样。

按照我的理解，你之所以买这本书，并不是因为你想成为经济学家，而是因为你想做个生活在现代社会的明白人，想摆脱直觉和经验的控制，想了解经济社会运行的规律，想颠覆自己多年积累的常识和思维定式，想对这个由海量陌生人紧密连接而成的社会做出恰如其分的反应。

在我眼里，你是一个随时准备颠覆自己思维习惯的人。这本书的目标也很简单，就是让你不以经济学为职业，也能拥有经济学的智慧。你要的是值得反复揣摩，可以举一反三，能够学以致用的知识体系。你用不着对脱离实际的数学方程式莫名敬畏，但也不再满足于经济学散文的零敲碎打了。你要的是一步一个脚印的扎实学习，要的是能够筑成一座城堡的全部石头和部件。

这本书，给你的就是这样一个完整的体系——

它为你讲解不可能绕过的经济学核心概念。对这些概念，你会发现这本书比任何一本现行的教科书都解释得更深入、更详细、更实际和更有趣。

它帮你绕过可以绕过的经济学花招。你不用学会画包络线、求影子价格、解效用函数……据我所知，没有一个善于解决这些数学难题的经济学家，会用这些工具来解决他们遇到的任何现实问题。

它让你看到大众视而不见的制度安排，并理解其内在的经济逻辑，从而启发你将同样的思维运用到日常生活和工作中去。而目前流行的绝大多数经济学教科书，却只是把这些制度安排看作没有内在结构的黑箱。

它帮你构筑经济学思维。经济学不难明白，也不难背诵，难在一刻不忘地运用。我会通过大量实际例子，甚至在你意想不到的场景用上经济学分析，目的就是让你融会贯通，能像呼吸、走路、游泳和骑车那样，自然而然地用经济学的思维方式来对世界做出反应。

它帮你培养经济学品位。权衡一种观点，尤其是经过深思熟虑的观点，其标准往往不是对或错，而是高或低、轻或重；看高手过招，辨思想源流，不论你觉得他们的层次如何，你都可以增长见识，增强自信，提高对理论的鉴赏水平。

它助你变得更理性、悦纳和进取。你将学会把愿望和结果分开来评判（理性）；你将学会先去探究现象背后的原因，而不是动不动就抱怨和指责（悦纳）；你将忘记经济学家们津津乐道的均衡世界，而着迷于由创新精神牵引的非均衡的开放社会（进取）。

你会发现人类面临着四大基本约束：东西不够，生命有限，互相依赖，需要协调。人类社会的种种现象和制度安排，无一不是为了适应这四种基本约束而衍生出来的。我们就循着这种约束的内在逻辑，开始稳扎稳打地前进。相信读完本书之后，你对自己身处的世界会有更深刻的理解。

2017 年 2 月 19 日

于北大朗润园

第1章 稀缺

为何商业是极大的慈善

米尔顿·弗里德曼（Milton Friedman）曾经说过，好多人，甚至那些受过长期专业训练的经济学家，也只记得一些技术上的东西，而没有掌握经济学的精髓。就像一个人背诵了好多乐谱，却从没听过音乐一样。

而我的目的，是让那些不管是学过经济学，还是没学过经济学的人，都能听到经济学的音乐。

因此我这里首先讲的，不是术语、图表、概念，而是故事，是真实的例子，它们会告诉你经济学基本的方法论。

真实世界｜经济学的视角

扫码试听本讲

第 001 讲｜战俘营里的经济组织

我们经常听到一种观点：虽然经济学分析非常有道理，逻辑自洽，但经济学分析的对象是完善的市场经济，而中国的市场经济并不完善，因此要解释中国的现象，需要用具有中国特色的经济学才行。

每当听到有人这样说，我都想给他推荐一篇文章——《战俘营里的经济组织》（The Economic Organization of a P. O. W. Camp, 1945）。这篇文章的作者雷德福（R. A. Radford）是一位经济学者。“二战”时，他被当作战俘投进德国战俘营。“二战”结束后，他根据自己在战俘营里的细致观察，写了这篇文章。

战俘营里的经济活动肯定不是市场经济，但里面人们的行为、发生的事情，就不遵循经济规律了吗？雷德福在这篇文章里详细描述了战俘营里的各种经济现象、经济组织和有趣的事情，很好地回答了这个问题。

有人的地方就有交易

战俘营里面的市场行为，是迅速发展起来的。被关到战俘营里的人，开始时互相关爱，但是他们很快就发现，仅靠关爱是远远不够的，必须发展起市场交易才能够互相帮助，也只有通过市场交易，才能够公平地得到自己想要的东西。

雷德福说："事实上，一个战俘物质享受水平的显著提高，不是依靠自身攫取生活必需品的能力，而是通过商品和服务交换得以实现的。"

比如在战俘营里，就流传着这么一个励志故事。有一位随军牧师，他手里拿着一罐奶酪和五根香烟，在战俘营里转了一圈。回来以后，他手里就凭空多了一袋食物，而他原来手里拿的那一罐奶酪和五根香烟，却一点儿都没少。这位牧师可不是什么骗子，而是一位增加福利、创造幸福的商人。

雷德福要讲的是一个很重要的道理：哪怕物质的总量不发生变化，只要人与人之间能够进行交易，幸福就能够无中生有。而这个牧师手里拿着的那一袋食物，就是他创造幸福的证明。

战俘营里的交易，也有一个发展成熟的过程。在中转营里，关押的都是临时送来的战俘，他们一般只待 3~5 天就会被转到别的地方去。由于战俘们彼此陌生，信息交流不顺畅，重复交易的机会也少，所以成交价的差距就大。同一时间同一商品，在战俘营这边儿是一个价，在那边儿就是另一个价。

相反，固定营里的战俘，则不仅交易频繁，还发展起了交易平台。他们习惯在固定的地方交易，还会把成交价格写在公告板上。这样，成交价的差距就会渐渐缩小，即使仍然存在差距，也主要是成交的时间和物品的质量造成的。

除了物品交易以外，战俘营里还出现了劳动服务市场。有人开始提供各种各样的服务，比如洗衣服、熨衣服，甚至是画肖像，等等。

战俘营中的价格与价格波动

有交易就有价格，有价格就有价格波动。

在战俘营里，面包由红十字会提供，一个星期两次，星期一和星期四早上每人发一份面包。拿了这份面包以后，每个人都要保存好慢慢吃，下次发面包得等三四天。

这样，战俘营里的面包价格就会发生周期性的变化。发面包的前夜，也就是星期天、星期三的晚上，大多数人都把面包吃光了，面包价格会达到高峰，交易的价格比平时需要多一根香烟。如果有人坚持在星期天、星期三的晚上不吃面包，他就肯定能赚到一根香烟。当然，到了发放面包的当天，面包价格就会回落。

战俘营里的货币

有了交易就会产生对货币的需求。战俘营里没有传统的货币，而是用香烟来代替。

有了货币，就有所谓的“劣币驱逐良币”的现象。战俘们会用坏香烟代替好香烟进行交易。一些战俘舍不得用机器造的香烟来做交易，而是把烟拆了，重新包装，里面混上一些头发丝，卷得又比机器做的烟细一点，用劣币驱逐良币。当然，如果卷的烟太细的话，别人也会拒绝接受。

战俘营里的通胀与通缩

只要有货币，就会有通货膨胀和通货紧缩的现象。

每当营房周边发生空袭，炮弹在营房边上爆炸时，人们就会变得非常沮丧，觉得差一点就没命了，存那么多香烟也没什么意义，还是今朝有酒今朝醉吧，大家就都抽起香烟来了，没曾想抽的可是营里的通货。到第二天早上，香烟少了，通货紧缩来了，人们发现照原来的价格，东西卖不出去了。

有通货紧缩，也会有通货膨胀。有天早上，有传闻说红十字会要送一批香烟过来。这就意味着货币流通量会增加。于是，所有物价都上涨了。一份糖浆，从来没卖过两根香烟，那天早上卖到四根香烟，其他好多商品也都涨价了。但是到了早上 10 点钟，消息被证实是假的，所有商品的价格开始回落了。那天以后，糖浆再也没卖过两根香烟以上。回过头来看，当时那是泡沫，后来泡沫破灭了。

除此之外，雷德福还写道，战俘营里还存在着跨境贸易、户籍制度，甚至和外部世界一样，还存在舆论压力和仇富的情绪。

雷德福这篇文章告诉我们，经济规律在哪里都起作用，哪怕是在战俘营里都起作用。如果经济学能够解释战俘营里的现象，它就一定可以解释战俘营外的经济现象，当然也包括中国的经济现象。

思考题

这一讲的主题是经济规律在哪里都起作用，哪怕是在战俘营里面都起作用。现在倒过来，请举一个例子，在这个例子里面，经济学规律是不起作用的，你能举出这样的例子吗？

扫码试听本讲

第 002 讲 | 马粪争夺案

人们谈到公平与效率时，总会说要么是公平优先，要么是效率优先，二者此消彼长、互相对立。每当听到人们这么说时，我就会想起 100 多年前发生在美国的一个真实案例：马粪争夺案（*Thomas Haslem v.William A. Lockwood*, 1871）。

马粪争夺案的故事

这个案子发生在 1869 年 4 月 6 日。原告请了两位帮工，到马路上捡马粪。他俩从晚上 6 点干到 8 点，在马路上共堆了 18 堆马粪。马粪堆起来以后，因为太多拿不动，两位帮工就回去取车，准备第二天来运。但他们并没有在这 18 堆马粪上做任何标记。

第二天早上，案中的被告看见了这些马粪，就问附近巡逻的人：这些马粪有没有主人？有没有人要把马粪运走？巡逻的人说不知道。被告听了以后，觉得这些马粪没有标记，也没有主人，就把马粪运回自己家，撒到自己的田里了。

到了这天中午，两位帮工带着车过来，发现马粪没了，一问之下，才知道原来是被告拿走了。双方发生争执，最后闹到法庭上。

鼓励创造财富，还是鼓励对财富做标记

在法庭上针锋相对的，有这么几种观点。

一是“溯源说”。有人主张，马粪真正的主人是马，因为马粪是马拉的；也可以进一步说，马粪属于马的主人。但问题是，马的主人把马粪丢在路上，已经放弃了对马粪的所有权。

二是“位置说”。被告主张，马粪掉到马路上，就成为马路的一部分，而马路是公家的，所以谁见了马粪都可以拿走。原告让帮工把马粪堆起来，只是改变了马粪所在的位置，并没有改变它的所有权，因而马粪不归原告所有。

三是“标记说”。法庭上也有人主张，关键看原告有没有给马粪做标记，如果没有做标记，那就不能怪别人把马粪搬走了。

四是“劳动说”。原告坚持认为，是帮工们花费了工夫，才把马粪堆积起来的，所以马粪应该归原告所有。

双方好像都有道理。但哪种观点更重要呢？如果你是法官，会把马粪判给谁？

鼓励人们创造财富，社会才会越来越好

事实上，一点儿马粪，判给谁都不重要，重要的是案件会对后代产生怎样的影响。设想一下，有两个村子，发生了同样的案子，唯一不同的是，第一个村子把马粪判给了原告，也就是堆积马粪的人；第二个村子把马粪判给了被告，也就是那个看见马粪就把马粪拿走的人。这两个村子，过 50 年、100 年后，会发生怎样的变化？

可以设想，在第一个村子里，由于把马粪判给了创造财富的人，那么村民就会有这样的预期：凡是经过人类劳动的成果，都是财富；凡是财富，就都有主人；有主人的财富是受到法律保护的。要尊重别人的财富，不能见到就拿走。只要有这样的共识，这一共识又变成传统，那么在这个村子里，人们就用不着花很大的工夫来保护自

己的财富，他们因此也会更积极地去创造财富和积累财富。50 年、100 年后，这个村子就会走向富足。

在另一个村子里，法官把马粪判给了被告，那么村民就会形成另外一种预期：只要是没人看管的东西，就可以随便拿走。结果顺手牵羊的行为就会大增，有产者花在看管财富上的努力就会变大，大到足以抵消财富本身的价值。人们不仅会丧失创造和积累财富的积极性，即便创造和积累了财富，其价值也会被保护财富的努力所抵消。50 年、100 年后，这个村子就会走向贫困。

当年马粪案的法官，就是根据这个思路，把马粪判给原告的。从经济学的角度看，这个判决意味深长：财富容易保护，人才愿意创造财富。

公正背后是效率考量

尊重别人的财富，不能见猎心喜，不能顺手牵羊，这是一种普世的公正观，每位负责任的家长都会向子女传授这种观念。但在这种公正观背后，却是效率的考量——保护产权的努力本身也是要消耗真实资源的，这种消耗越大，待保护的产权的净值就越低；而社会的道德规范，越是能够帮助降低这种消耗，社会财富的积累就越多。

在生活中，很多人讨论什么才是公正的，但背后其实很可能是在对效率做出考量。

我们不能随便把人投进监狱，除非给他一个公正的审判，否则就是不公正的——这背后的效率考量是：如果人力资本会受到随意的破坏，人们就不会有积极性去积累自己的人力资本，懒惰和无知就会成为世界的常态。

我们不能随便拿人家的东西，除非给出合理的补偿，否则就是不公正的——这背后的效率考量是：如果可以随便拿别人的东西，就不会有人有积极性去爱护、积累自己的财富。

交通肇事者应该负责任，否则就是不公正的——这背后的效率考量是：如果交通肇事者不需要负责任的话，那么马路就会非常混乱，效率就会降低，马路的价值就会消失。

当我们讨论公正的问题时，背后的含义往往是：这是符合效率标准的。往往是那些让社会里每个人都有积极性去积累财富的规则，或者那些让社会能够健康发展的规则，才是公正的规则。也就是说，因为有效，所以公平。

当别人在讨论到底是公平重要，还是效率重要的时候，学过经济学的人明白，公平背后往往是效率的考量，不是单个人效率的考量，而是整体社会长远发展的效率的考量。公平和效率，往往是一枚硬币的两面。

思考题

你能不能在生活中找一个例子，看上去是个公正的规则，但它背后其实是有效率的考量的？

扫码试听本讲

第 003 讲 | 看得见的和看不见的

经济学是一门研究比较和选择的学问。一个人要做出正确的选择，首先要把比较的东西拿出来，放在天平两边去比对。而经济学要教给大家的是，在比较的时候不仅要看见那些看得见的东西，也要看见那些看不见的东西。

每次在北大教经济学入门课时，我给学生推荐阅读的第一篇文章，都是法国经济学家巴斯夏（Frédéric Bastiat）100多年前写的《看得见的和看不见的》（What Is Seen and What Is Not Seen, 1848）。

巴斯夏在文章开头就斩钉截铁地说，好经济学家与坏经济学家的区别只有一点，坏经济学家只能看见可以看得见的后果，而好经济学家却能同时权衡可以看得见的后果和通过推测得到的后果。

是否能看见那些看不见的东西，是一个人有没有受过好的经济学训练的重要标志。

破窗理论的故事

巴斯夏这篇文章，首先举了破窗理论的例子。破窗理论说的是，一个顽童把窗户打破了，窗户的主人就要去买玻璃，这将刺激玻璃的生产。制造玻璃的工人完成订单以后，有了钱，就可以去买面包，面包工人又可以去买衣服。这样就推动了一连串的生产。破窗理论的支持者说，有破坏才有进步，多难兴邦，破坏本身就是好的。

这种思维在社会中非常常见。每一次社会经历灾难，每当有飓风、地震、海啸时，总会有一些经济学者站出来，说灾难虽然造成了很大的伤害，但它又为下一轮就业和GDP（国内生产总值）增长带来了机会。

这种说法真的有道理吗？多难真的能够兴邦吗？如果多难能够兴邦，那些避免了灾难的国家岂不是吃亏了？

要回答这几个问题，我们有必要先来看看破窗理论常见的几个变种。

破窗理论变种之一：国家发展

破窗理论有一个变种，说的是，有些国家走了很大的弯路，做了很多错事，但回过头来看，发现幸好当时做了那些错事，这个国家才有了后来的发展。比如说，德国经历了“二战”，日本遭到原子弹轰炸，所以后来才发展得很快。

一件事情发生在前，另一件事情发生在后，我们当然不能让历史重来，试看这个国家如果没有前面的经历，后面会怎样。但我们可以问一个问题：如果其他国家也想像德国、日本那样有高速的发展，它们是不是也得像德国那样，先被自己发动的战争摧残一遍，像日本那样，先挨几颗原子弹？当然不是。这就至少说明，灾难不是繁荣的必要条件，不是必须先蒙受灾难，才能享受繁荣；不是要先做一阵子坏人，才能变成好人。

这两个国家如果不遭遇那些创伤，资本的积累会更丰富，经济基础会更好。同样的道理，刚才那个破窗的故事中，如果窗户没有被打破，这户主人所拥有的资源，就可以用来从事其他生产，可以产生更多的财富。这些由于创伤而消失的其他生产和财富，是我们不容易看见的。

破窗理论变种之二：工人就业

破窗理论的另一个变种，是关于工作机会的。这种说法认为，老人不早点退休，不把职位让出来，年轻人就不会有工作；如果机器太好的话，机器就会替代工人，工人就没有工作可做。可见，老人工作时间太长，或者机器太先进，对社会发展都不利。

可是，让我们倒过来想想。我们的社会本来是有推土机的，现在不用推土机，改用勺子挖土，那我们的社会是会变得更富裕，还是更贫困？如果我们所有的人，都提前20年退休，那整个社会是会更富裕，还是更贫困呢？毫无疑问，整个社会的生产力水平会一落千丈。

巴斯夏还曾经用反讽的方式写过一篇文章《蜡烛制造商关于禁止太阳光线的陈情书》（The Candle Maker's Petition, 1845）。这篇文章说，阳光照射在地球上以后，蜡烛工人的工作减少了，因此蜡烛商希望国会议员禁止大家使用阳光。

确实，如果大家都尽量采用阳光，蜡烛工人的工作就会减少。但实际上，蜡烛工人不会永远失业，不会永远找不到工作，他们可以从事别的工作。问题是，别的工作是什么呢？没有人能够说出来，这得靠想象。

马车跟汽车之间的替代也是一样。有了汽车，马车夫就要失业了。经济学家会说，我看得见那些看不见的东西，我预测马车夫最后能找到工作。问题是，新的工作是什么呢？没人知道，只能想象。

破窗理论变种之三：节省物资

芝加哥大学的史蒂芬·列维特（Steven Levitt）写过一部脍炙人口的著作《魔鬼经济学》（*Freakonomics*，2005），书中有这么一个例子：很多环保主义者反对用大量的塑料袋来包食物，因为这会造成很大的浪费。但这位经济学家说，塑料袋用得越多，食物保鲜的时间就越长，食物的浪费就越少。我们要看到的，不仅仅是用了多少塑料袋，还要看到，如果不用塑料袋，要扔掉多少食物。因此，切中要害的问题是：到底是该多浪费一些塑料袋，还是该多浪费一些食物？

看见看不见的东西要靠想象力

在这些破窗理论的变种中，看得见的，是自然灾害、人为破坏、人的衰老、工具落后等问题带来的就业机会以及花费掉的物资；而看不见的，是替代方案所导致的隐形的净损失。

如果没有发生自然灾害、没有人为破坏，如果人能生活得更健康，机器能更先进，那些没被破坏的资源和节省下来的时间与劳动力，原本可以用在生产其他更有效的东西上；而如果多用了塑料包装，是可以节省更多食物以及准备食物的时间的。

认识破窗理论谬误之所以困难，是因为连经济学家自己往往也说不清楚，那些节省下来的时间、人力和资源能用到什么新的工作和生产上，而那些多花费的物资又会带来多大的隐形利益。要理解好这个问题，得靠一点想象力。

当然，有必要澄清一下，并不是说凡是看不见的都比看得见的重要。而是说，每当我们做决策的时候，还要充分考虑那些暂时还看不见的，甚至是永远也看不见的因素。

思考题

请举出一个例子，有什么东西，是我们看不见，但实际上又非常重要，在我们做决策时不容忽视的。

第 004 讲 | 区分愿望与结果

经济学是一门研究个人如何致富、国家如何富强的学问。一般认为，现代经济学始于《国富论》的作者亚当·斯密（Adam Smith），而《国富论》的全名是《国民财富的性质和原因的研究》（*An Inquiry into the Nature and Causes of the Wealth of Nations*, 1776）。

问题是，关于国民财富的性质和原因的探究，不是 200 多年前有了斯密才开始的。早在 500 年前，甚至 5000 年以前，人们就开始了这样的探究。那为什么以前的学问不叫经济学？经济学与过去那些研究相比，究竟有哪些不同呢？

二者的区别有很多，其中一个重要的区别就是：以前的很多学问研究的是“事与愿符”的规律，而经济学研究的是“事与愿违”的规律。

美好愿望不一定带来美好结果

过去人们认为好人做好事、坏人做坏事——有好的事情发生，一定是好人做的；有坏的事情发生，一定是坏人做的。按照这个逻辑，这个社会怎样才能变好呢？办法自然就是让好人多做事，把坏人消灭掉。

例如，劳动人民的收入非常低，生活非常贫困。有人就会说，是因为有坏人，因为资本家发的工资太少。那么让资本家多付工资不就行了吗？

一个国家发生了严重的通货膨胀，是谁造成的？那一定是有人太贪得无厌了，是坏人提价、地产商提价、食品商提价造成的。那抑制住商人涨价的冲动不就行了？

房价越来越高，真正自住的人买不起房，怎么办？不让那些炒房的坏人得逞不就行了吗？

失业率一直居高不下，资本家却不断地把工厂迁到海外去。那限制资本家去海外开厂不就行了吗？

……

在很长时间里，人们都抱有这样一种非常淳朴的想法。这是一种“事与愿符”的想法：有什么样的愿望，就会产生什么样的结果；而要产生好的结果，就要怀有美好的愿望，同时让那些怀有美好愿望的人多干事。

坏人干坏事的影响其实有限

但经济学家并不这样想。经济学家会问，一个坏人到底能干多大的坏事？比如，有坏人拿着枪杀人，能杀多少人？10人？50人？100人？

他造成的影响其实是有限的。为什么？因为人是有能动性的，一个人在作恶时，其他人都会警觉起来，会制止他。

哲学家康德曾说："愿上帝保佑我们免受友人的攻击——要是攻击来自敌人，我们倒能设法自卫。"他是说，上帝要教我们怎么识别朋友当中坏的思想。那些敌人的思想，那些一眼就能看出好坏的思想，我们能够识别，能够抵制。倒是那些用良好愿望包装起来的思想，我们比较难识别。

如果有人说，我要带大家去一个饥寒交迫、妻离子散的世界，肯定不会有人去，就算有，人数也非常有限。但如果反过来，有人说，我要带大家到一个美好的世界去，那里没有通货膨胀，没有失业，人人平等，想要什么就有什么，愿意跟着去的人一定很多，尽管这个完美的世界并不存在。

好人好心不一定干好事

经济学要研究的，不是"好人做好事、坏人做坏事"的问题，而是研究那些事与愿违的现象。它要问的是，为什么有时候好心会办坏事？例如：

（1）最低工资制度，本来是要保护穷人的，但最后穷人的境遇反而更糟了；

（2）同工同酬制度，本来是要保护弱势群体的利益，但最后却损害了他们的利益；

（3）福利制度，本来是让那些没有依靠的人能够找到依靠，但最后这些人的境遇却变得更惨了；

（4）我们颁布了各种各样保护濒危动物的法律，但最后这些动物却越保护越少了；

……

这些才是经济学需要研究的问题。

政府立法不是解决问题的终点

每当我们看到社会上有各种各样不公正、不如意的现象，很多人的第一反应就是让政府立法，阻止这样的事情发生。一旦法律通过了，大家就会觉得事情画上了一个句号。

经济学家却不这么看。经济学家觉得法律通过了，画上的不是句号，而是冒号。人是有能动性的，在这个新的法律下，每个人都会有他的对策。最后事态的走向，会跟我们的想法有很大的出入，而正是这些出入，才是最有研究价值的。

经济学家关心的是，那些出于良好的愿望而制定的经济政策，会产生哪些有害的后果。经济学与自然科学相通的地方就在于，它研究的是不以人的意志为转移的客观规律——经济学关心的是事与愿违的现象，而不是事与愿符的现象。

思考题

请举一个例子，人们出于美好的愿望，却产生了事与愿违的结果的？

人性观｜人是理性和自私的吗

第 005 讲｜不确定性、进化与经济理论

我们可能都听过这样一种说法：经济学是建立在“人是理性的”这一认识基础之上的。它假定人是理性的，每个人都想用最小的代价来获得最大的利益。但实际上，细心的人会反驳，人经常是不理性的。如果是这样，经济学理论岂不是有时候对，有时候错？当人是理性的时候它对，当人不理性的时候它就会出错。

这时，“人是理性的”这一经济学基础因时而变，就是不牢固的。当经济学的基础都不牢固时，它就会面临很大的质疑。因此，地道的经济学思维体系，得先为经济学寻找一个坚实的基础。

两大经济学家的理性之争

关于人是不是理性的争论很早就有。曾经有两位经济学家，也发生过这样的争论。其中一位经济学家叫理查德·莱斯特（Richard

Lester），他说经过调研，发现企业家做事的方式跟经济学理论说的并不一样。

比如，当员工工资占比上升时，企业家并没有少雇工人，产品价格也没有发生大的变化，企业家对成本的变化并不是那么敏感。只有当产品供求关系发生变化时，产品的价格才会发生较大变化。可见，企业家在决策的时候，并没有完全根据经济学家所说的最优化原则去做。经济学理论中的成本收益边际分析，跟现实并不相符。

另一位经济学家弗里兹·马克卢普（Fritz Machlup）则为经济学做了辩护。他说，每个人在做决策时，虽然未必懂经济学，也没有拿着计算器计算，但是在不知不觉中，其行为已经符合了经济学的假设，符合最大化原理了。

他举例说，一个人在路上开车，有时加速，有时减速，有时换车道，有时超车，当然没有拿着计算器计算，但实际上，他已经在遵循最优化的原理了。

两位经济学家各执一词。那么每个人做决定的时候，到底有没有进行精确的计算，是不是符合理性人利益最优化的原则呢？

年轻教授拨开云雾见真容

美国加州大学洛杉矶分校（UCLA）的一位年轻教授阿曼·阿尔钦（Armen Alchian），从学生那里听说了莱斯特与马克卢普的争论，就私下跟学生说，两位经济学家的观点其实都有一部分对，有一部分错，实际上应当是这样的……

这些学生就把阿尔钦的见解告诉了另外一位教授斯蒂芬·安克（Stephen Enke）。安克教授听了阿尔钦的观点以后，觉得很重要，劝阿尔钦写下来。但阿尔钦认为自己的观点只是谁都知道的普通想法，并不值得写。安克教授没有让步，说哪怕只是作为学生的讲义，也要写下来。阿尔钦写完之后，安克又不依不饶地要求他去投稿。

阿尔钦就把写好的稿件投给了《政治经济学期刊》(*Journal of Political Economy*)。过了不久,《政治经济学期刊》的主编米尔顿·弗里德曼回信说，文章只要略做修改就可以发表了。

于是，阿尔钦这篇本来只是给学生准备的简单讲义——《不确定性、进化和经济理论》(Uncertainty, Evolution and Economic Theory, 1950)，就在1950年的《政治经济学期刊》上发表了。这是经济学里非常重要的一篇论文，这篇论文给经济学整栋大厦找到了一个坚实的基础，也因此成为经济学里被引用最多的文章之一。

那么，阿尔钦的观点究竟是什么呢?

万物存活看条件，和理性与否无关

前面两位经济学家莱斯特和马克卢普，争论人到底是不是理性的，行动有没有经过精确的计算：一个说没看见人们在计算，人们做决定的时候手上从来没有经济学家的那种供应需求表；另外一个说人们其实都计算了，是暗中计算的。

而阿尔钦则说，两位经济学家的观点既对又错，但都没有谈到点子上。他的意思是，人究竟是否理性，这个问题不重要。

他解释道：首先，世界是充满不确定性的，从统计学的观点看，只要存在不确定性，人们就没办法算出所谓的最优解，顶多只有一个最优的概率区间。

例如，有两套投资方案，一套是高风险高回报，另外一套是低风险低回报，哪一个更优呢？逻辑上它们可以是等价的，我们说不出哪个是最优的。在现实生活中，往往不存在最优。其实，每个人生活在世界上，追求的不是最优，而是存活！

阿尔钦说，经济学关心的是存活的条件：一个人，一个组织，甚至一个制度，是如何存活下来的，需要什么条件才能够存活下来。这些跟人是不是理性的没有关系。

阿尔钦举例说，假设人们要驾车逃离芝加哥，那么不管各人如何选择自己的路线，也就只有那些选择了沿途有加油站路线的人，才能成功逃离芝加哥。其他人，不管是怎么思考和决策的，最后都离不开芝加哥。

阿尔钦还举了另外一个例子，有几个人要开加油站，一个人把加油站开在自家后院，一个人开到山顶上，还有一个傻瓜，误打误撞开到了路边。显然，最后能成功的是这个傻瓜。他是否聪明，有没有计划，是不是有理想，有没有情怀，都不重要，只要他刚好把加油站开到了正确的地方，他就能够存活下来。

更进一步，阿尔钦说：一棵树，朝阳光的一面，树叶长得比较茂盛；背着阳光的一面，树叶就长得稀疏。那么，这些树叶是不是理性的呢？树叶是不是明白了最优化的道理，于是争相长在朝着阳光的一面呢？我们既不清楚，也不在乎。但不管树叶有没有理性，我们关心的只是一个规律，就是朝阳光的地方树叶长得茂盛，背着阳光的地方树叶长得稀疏；而哪怕在一个人人都是傻瓜的世界里，哪怕每个人的智力水平都只有树叶那么高，也仍然有人能获取利润，能存活下来，甚至还活得挺好。

这样，阿尔钦就为经济学找到了一个坚实的研究基础——经济学关心的是存活的条件。也就是说，经济学研究的是在什么样的情况下，人能够存活下来，而如果条件发生了改变，人们存活的情况又会发生怎样的改变。

游戏规则决定胜负概率

实际上，阿尔钦的理论看上去并不新奇，也就是优胜劣汰的达尔文进化论。阿尔钦也确实觉得自己的理论没有什么新奇的地方。他说去看看达尔文吧，达尔文讲的就是这个道理——适者就能生存，适者才能生存。但通过达尔文的进化论视角来研究经济活动和经济制度的生存条件，却是阿尔钦的创造性贡献。如同阿尔钦所说，当环境改变时，分析者可以知道哪种类型的参与者将会成功。如果我们改变规则，就能知道胜负概率的不同。例如，如果篮球规则改变了，运动员必须穿高跟鞋比赛，那我们就能预测，林志玲恐怕比乔丹都要厉害。

思考题

（1）识时务随大流和特立独行，这两种不同的风格，哪一种成功的机会更大？

（2）若在企业工作，你会把经营理念放首位，还是把你上司的意见放首位？为什么？

（3）有人说“船不是人造的，而是大海造的”。这句话有没有合理之处？

第 006 讲 | 亚当·斯密的人性观

人性自私推动社会进步

有一种说法，说经济学是建立在人性自私的基础上的，问题是人有时并不自私，因此经济学不一定对。还有一种说法，说人不妨自私自利，但也要讲道德，特别是商人，一方面要在商场上拼搏厮杀，另一方面血液里也应流淌着道德的因子。

很多人说，亚当·斯密的《国富论》主张人是自私的。斯密有句名言："每一个人，不需要自己关心社会福利，他也不知道自己怎么去推动社会的福利，他只需要关心自己，追求他自己的福利就可以了。但是他在追求自己福利的过程中，会有一只看不见的手，让他的努力转变为对公用事业的推动。这只看不见的手，会让他的自私自利推动社会福利的改进。"

但斯密还写过另外一本著作，叫作《道德情操论》(*The Theory of Moral Sentiments*, 1759)，这本书讲的是人应该有道德。斯密既讲人是自私的，又讲人要有道德，这样就体现了一个两难问题，那就是人究竟是自私的还是不自私的？将"人是自私的"作为经济学的基础，是否牢靠？

在回答问题之前，让我们先来仔细看看，斯密究竟是怎么理解这个问题的吧。

人性自私，同时具有同情心和爱心

我们要先弄清楚《国富论》和《道德情操论》的出版顺序。事实上，斯密首先在1759年出版了《道德情操论》，隔了17年，也就是在1776年才出版了《国富论》。《道德情操论》包含了斯密的整个理论框架，而《国富论》只是其中的一部分，尽管《国富论》篇幅要更长，也更出名。

斯密的第一个观点是：人是自私的，那些完全不自私的人，连自己都不爱的人，自暴自弃的人，在社会上是不会受到尊重的。

斯密紧接着说了第二个观点：人不仅仅是自私的，同时还具有同情心，也就是有一种设身处地为他人着想的能力。人们把自己认为的别人是否幸福，当作自己是否幸福的一部分：你幸福，我幸福；你痛苦，我也感到痛苦。这是一种天生的能力，叫“同情心”，人人都有。人有同情心，也就是有爱心。

人的爱心有限，随着距离拉远而减弱

斯密的第三个观点是：“人的同情心是随着人与人之间距离的拉远而急速减弱的。”

如果我们查看自己的手机通讯录，里面少则上百人，多则数千人。但里面只有很少的人，是真正爱我们，能够随时倾听我们的诉说，在我们危难时奋不顾身来帮助我们的。人们只能爱很少的几个人，爱心没办法扩展到小圈子以外的范围。

斯密在《道德情操论》里就讲了这样一个故事：一位生活在伦敦的体面的绅士，听说遥远的中国发生了地震，伤亡惨重。

这位体面的绅士会怎么做呢？他会首先拿出地图查一下中国离伦敦有多远，看看地震会不会波及伦敦。一看很远，伦敦是安全的，就放下心来。然后他会哀悼死难的中国人，感慨人的脆弱、大自然的无常。他可能会打开微博或微信，发两个蜡烛，说几句悼念的话，但接下来他就会回到自己的生活，关心自己的饮食起居，该干什么还是干什么。这时，如果他自己的手指被刀割了一下，这件事情的重要性，会远比发生在中国的事情更重要。

一位体面的英国绅士，他的爱心也仅此而已，那其他人就更不用说了。

仅靠爱心不够，陌生人互助需要市场协调

斯密非常睿智地看到："一个人尽毕生之力，亦难博得几个人的好感，而他在文明社会中，随时有取得多数人的协作和援助的必要。别的动物，一达到壮年期，几乎全都能够独立，自然状态下，不需要其他动物的援助。但人类几乎随时随地都需要同胞的协助，要想仅仅依赖他人的恩惠，那是一定不行的。"

每个人的爱心都极为有限，而他们又时刻需要别人的帮助，在这种情况下，人们该怎么办呢？答案是依靠市场。市场是一个陌生人跟陌生人打交道的地方，是一个陌生人服务陌生人的地方。

正因为如此，斯密写下了这样一段警世恒言："我们的晚餐，并非来自屠户、酿酒商或面包师的恩惠，而是出自他们自利的打算。我们不说唤起他们利他心的话，而说唤起他们利己心的话。我们不说自己有需要，而说对他们有利。"

我们不诉说自己的洗衣机坏了，而且还想要个微波炉，而是说我能替你做点什么。世上最受欢迎的合作伙伴，是确保对方有钱赚的合作伙伴；世上最稳定的工作，是对别人有贡献的工作。

人际互动二分法：小圈子靠爱心，大世界靠市场

在斯密看来，人是自私的，但也有爱心；爱心只能适用于小圈子，无法延伸到更大的范围，所以我们只能依靠市场这个陌生人互助的平台，才能满足每个人日常生活中绝大部分的需求。小圈子靠爱心、讲同情，而大世界靠市场、讲规则。斯密的重要建议是：不要搞混了，不要在家庭、朋友圈里斤斤计较，过分讲究市场规则，也不要在市场上强求陌生人表现出不切实际的爱心。

看清了人性的两面性，并找到了对付两面性的方法，斯密就为市场经济找到了坚实的基础，而这也是人们把斯密视作市场经济之父的原因。

思考题

你认为，市场经济会不会让人情变得淡薄？

扫码试听本讲

第 007 讲 | 铅笔的故事

生活在城里的人，都非常喜欢大自然，经常赞叹大自然的美好与神奇，但对自己身边的生活却熟视无睹，经常觉得平淡无奇，甚至索然无味。其实人类社会有许多精彩的地方，只是我们缺乏慧眼去欣赏而已。就拿最常见的铅笔来说，看似简单，只是由笔杆、笔芯、笔帽几个部件组成，但它的故事却很神奇。

神奇的铅笔

首先，铅笔的原料非常复杂。笔杆用的是一种叫作雪松木的木材；笔杆上的油漆不是一层而是六层，油漆中含有硝酸纤维素和合成树脂等复杂成分；笔芯里除了石墨，还有黏土和滑石粉；笔帽上的金属圈，据说是用黄铜做的；里面的橡皮是红色的，而红色的颜料，据说是硫化镉。所有这些原料，产地来自世界各地。

其次，它的制造工艺也非常复杂。以其中的笔芯制造为例。首先，需要将石墨与黏土等按一定比例配好；其次，将配好的原料放入机器混匀，并通过压芯机挤压出一定规格的铅芯；然后，经加热干燥和高温焙烧，使其具有一定的强度和硬度；最后经油浸处理而制成。仅仅笔芯制造就需要这么多工艺，那么深究下去，一支铅笔的生产流程，到底有多复杂？有多少人曾经参与一支铅笔的生产？50人？100人？1000人？都不对，是成千上万的人。

因为，除了生产笔芯，还要生产笔杆、笔帽。要生产笔杆就要锯树，要锯树就要有钢铁，要炼钢就得挖矿，要挖矿工人就得吃饭。工人不仅要吃饭，还得喝咖啡。要喝咖啡，就得从很远的地方运来。要航运就得有人造船，要造船……如此推演下去，整个流程会涉及成千上万的人，涉及成千上万人一代一代的努力。

市场力量造就铅笔神话

一支铅笔，将成千上万的人连接在了一起，它的神奇之处就在于：

首先，世界上没有一个人掌握了制造一支铅笔所需要的全部知识。这些知识从来不可能集中在一个人的大脑里面，但是这支铅笔却做出来了。这是它神奇的第一个地方。

其次，每一个参与生产铅笔的人，也不知道自己的努力会导致一支铅笔的产生，每个人只是做他手头的事情。有些人根本就不知道铅笔是什么，有些人根本就不需要铅笔，但是他们的努力，却使得铅笔能够生产出来。

再有，生产铅笔的这些人，生活在世界各个不同的角落，他们互相不认识，讲着不同的语言，信奉着不同的宗教，甚至可能彼此憎恶。但这没关系，他们能够共同合作，源源不断地制造出铅笔。

更神奇的是，虽然一支铅笔凝聚着成千上万人的努力，积聚着一代一代人的知识，但是我们购买一支铅笔所要支付的代价却微乎其微。你只要工作十来分钟，赚到的钱就可以买不少铅笔。

这是多么奇妙的现象！再看看大自然，有这样的事情发生吗？没有。到底是什么力量让这么神奇的事情发生的呢？那就是市场，那个让成千上万陌生人互相协作的平台。

这个神奇的铅笔的故事，被一个叫伦纳德·里德（Leonard E. Read）的人写成了文章，名叫《我，铅笔的故事》（I, Pencil, 1958）。

正如多年后米尔顿·弗里德曼在《〈我，铅笔的故事〉之序言》中所说的：伦纳德·里德引人入胜的《我，铅笔的故事》，已经成为经典之作，它也确实是名副其实的经典。据我所知，再也没有其他的文献能像这篇文章一样简明扼要，令人信服地、有力地阐明了亚当·斯密“看不见的手”——在没有强制的情况下合作的可能性——的含义。

思考题

（1）现代社会的分工和合作已经达到如此精细和复杂的程度，为什么世界上还有那么多穷人呢？

（2）一件商品，本地制造的程度越高越好，还是越低越好？

第 008 讲 | 商业是极大的慈善

除了市场，陌生人之间也存在通过爱心互相帮助的情况，比如说慈善。市场和慈善之间是什么样的关系，二者之间的力量对比又如何呢？

世界银行的失败扶贫史

纽约大学的经济学教授威廉·伊斯特利（William Easterly）曾经在世界银行工作16年，担任世界银行的经济学家。要知道，世界银行并不是银行，而是国际扶贫机构，其宗旨是给世界上的贫穷国家提供援助，帮助那里的人民脱贫致富。

对于这个扶贫组织的业绩，伊斯特利写过一本书《白人的负担》（*The White Man's Burden*, 2006）[①]。他在书里说：在非洲，如果每个儿童能拿到12美分打上一针疫苗的话，死于疟疾的人数就会减少一半。但过去50年，西方对非洲的援助高达2.3兆美元，却没做到这一点。同样，如果援助金当中有3美元能够到达每个妇女的手里，儿童死亡人数又可以减半；如果妇女能够拿到3美元买蚊帐，那么大量的疾病就可以避免。但是这些也都没有做到。

哈利·波特的商业奇迹

然而，伊斯特利接着说，就在2005年7月16日这一天，英美两国却把900万册的《哈利·波特与混血王子》送到了读者手里。伊斯特利问道：从来也没有什么《哈利·波特与混血王子》的马歇尔计划，只是一项娱乐活动，英美两个国家却非常有效率地做成了；而救助非洲的儿童这么严肃的事情，效率却非常低下，原因在哪儿呢？

不能说世界银行官员的爱心比较弱，把事情办砸了；更不能说英美出版商的爱心特别强，把事情办得很有效率。我们在前面讨论亚当·斯密的人性论时就已经谈到，人的爱心其实差不太多。事实上，原因不在于爱心的强弱，而在于行善与商业这两种模式之间存

---

① 本书简体中文版由中信出版社于2008年11月出版。——编者注

在本质的区别。

四大原因让行善扶贫难见成效

在实践中，至少会有四个方面的原因让行善扶贫难见成效。

缺乏反馈机制。最重要的一点，是市场有很好的反馈机制，而扶贫行善则没有。

比如在市场里，一碗牛肉面 10 元钱，顾客吃完后有两个选择：继续吃，或者离开。看到顾客离开后，作为商人，也有两个选择：要么提高质量，要么降低成本，否则生意就没法做下去。

但是慈善事业却没有这样的反馈机制。白送一碗牛肉面，肯定有人会要，不管质量如何。下一碗还是白送，要不要？一般人都会说还要。但做慈善的人并不知道这样做对不对。

在商业里面，很容易挑选出谁是善于从商的人，因为标准非常明确：有 10 个人，给每个人两万元钱出去做生意，半年之后回来，只要看看每人赚了多少钱，就能够判断谁是会做生意的人。

反过来，如果给 10 个人每人两万元钱去做善事。半年之后回来，没有什么明确的标准来判断谁是最会做善事的人。

更何况，我们也不容易确定，该怎么行善才是有效率的。如果只有一笔奖学金，应该给又穷又笨的孩子，还是给又穷又聪明的孩子呢？很多人会说应该给后者。但有另外一种看法认为，聪明人脱贫致富容易，笨人变聪明难。真要扶贫助弱，应该把钱给前者。从这个角度看，一些富人设立巨额奖学金，给考上美国名校的孩子作学费，就更像是投资，而非行善。

委托代理问题。许多负责行善的人，由于花的不是自己的钱，认真程度就会大打折扣。

所托非人问题。有很多地区的贫困，恰恰是由当地政府造成的，而国际扶贫机构却把钱交给这些造成贫困的政府。如果依靠这些政府去扶贫，可能会产生适得其反的效果。

养懒汉效应。持续的扶贫会造成人们的依赖和惰性，人们不愿意自己去努力，也不愿意再去尝试和奋斗。相反，人们努力的不是力争上游，而是力争下游，争取的是怎么才能保住贫困地区的称号，怎么才能够持续获得援助。

由于存在上述几个问题，行善扶贫的效果往往会大打折扣，无法达到预期目标。而商业行为，由于市场机制协调和鼓励人们分工合作，大幅、持续而高效地改进了人们的福利。

环顾周遭的生活，我们每天都要依靠大量的陌生人给予的“慈善”，那就是——商业。商业从根本上大幅度地改善了我们的生活，商业是极大的慈善。

思考题

如果你有一笔钱可以资助一个学生，在你面前有两个学生，一个是又穷又笨，一个是又穷又聪明，你应该把钱给谁？

区别对待｜选择的标准

第 009 讲｜稀缺

前面我们讨论过，“人本理性”不能作为经济学的最基本假设，因为人不一定是理性的；“人本自私”也不能作为经济学的最基本假设，因为人也不完全是自私的。那么经济学这栋大厦，应该建立在什么样的基础上才最稳固呢？答案是：稀缺。

稀缺是一个基本事实

我们把经济学建立在“稀缺”这个基础上。但稀缺并不是一个假设，而是一个基本事实。稀缺是人类始终面临的基本约束，只要我们活在这世上，就必须面对。

稀缺的含义非常广泛，不仅指矿产、森林和能源等有形资产的匮乏，还指空气、美貌、天资、注意力和时空等无形资产的不足。

举两个不容易察觉的例子。地理位置也是稀缺的。我们坐在飞机上往下看，茫茫大地，会发现土地是无限的。但所有的大城市，北京、上海、广州、深圳，在地球仪上却只有一个针眼那么大。既然土地有那么多，为什么许多城市还要填海造地呢？原因是：土地虽然很多，但地理位置是稀缺的。

信任也是稀缺的，不是可以随便建立起来的。同学之所以重要，是因为同学决定了你将来社交的圈子、工作的层次。许多人读书，不是冲着教授来的，而是冲着同学来的，与同学建立信任是一项长期投资。

稀缺的原因

是什么造成了稀缺呢？原因有两个：一是我们想要的东西别人也想要；二是人的需求在不断变化，不断升级。

先说第一个原因，我们想要的东西别人也想要。我们经常有这样的体验，到商店找自己最喜欢的商品时，发现它的价格是最高的。这说明什么？说明我们喜欢的别人很可能也喜欢。

第二个原因是人的欲望无限。只有野菜的时候，人们想要馒头；有了馒头，就想要吃肉，想要喝酒；有了酒肉，就想备足了馒头和酒肉到远方捕捞海鲜，还要用馒头、酒肉和鱼虾来供养艺术家拍电影。某登山家在攀登珠峰时借助直升机飞了一段路程，遭到了人们的指责，那是因为人们不乐意稀释登顶的荣誉。这种荣誉是人造的，为了争夺这种人造荣誉，就得花费时间、精力和金钱。可以说，物质越丰富，需求就越新奇。

经常听有人批评，说现代人培养了许多不必要的需求。真有不必要的需求吗？

很多年前刚开始使用去屑洗发水时，我就想，我们真的需要去掉头屑吗？还是广告商刻意营造了这样一种需求？

当然可以说，这种需求是被营造出来的。但是一次一次使用之后，我们就觉得，肩膀上看不到头屑是个人清洁卫生的一个标准。我们今天的人，肯定要比20年前、50年前、100年前的人更干净、更卫生、更悦目。

人的需求永无止境

每当说到需求无止境时，就会有人说，事情并不是这样的，因为有些东西人们要了以后就不会再要更多。比如阑尾炎的手术，人们做完一个，就不会要求再做一个。

阑尾炎手术和治病的药我们确实不需要很多，只要把病治好就行了，不需要做了一个再来一个。治病的药也是如此。只要把病治好就行了，我们不需要吃了再吃。但问题是，治同样的病会有不同的药，药与药之间是有区别的，有些药会带来很大的副作用，有些药则不会。

周其仁老师举过这样一个例子：有两种治疗高血压的药，一种是国产的，一种是进口的，这两种药在疗效上完全一致，唯一的不同是，国产药吃了以后手会抖，进口药吃了以后手不会抖。人们要治的是高血压，手抖不抖要紧吗？当然要紧。而为了研制一种吃了以后手不抖的药，我们就得消耗更多的资源。

从古到今，我们所知道的疾病数量越来越多，说明人类活得越来越仔细，健康的标准越来越高了。人的需求是得寸进尺的，即便物质无限丰富，人类欲望得到充分满足的日子也不会到来。

思考题

人们说，今天我们所生活的时代，一切都有机器人代劳了，什么东西机器人都会替我们去做，那么，在这样的世界里，还会存在稀缺吗？

第 010 讲 | 选择和歧视

由于东西总是不够的，资源总是稀缺的，人们在利用有限资源的时候，就不得不对资源的用途进行选择；而每当要做选择时，都必须采取某种选择的标准；一旦确定了选择标准，就意味着存在区别对待，而区别对待就是歧视。

歧视不可避免

稀缺、选择、区别对待和歧视这四个概念，其实是一体的，只要有一个就意味着同时有其他三个。也就是说，我们不可能回避歧视，而只能直面歧视，并进一步讨论人在什么情况下会歧视，歧视的条件又是什么，谁来歧视，以及歧视的后果是什么，等等。

我们永远不能避免歧视。例如，资源有限，一块木材，拿来造铅笔，就不能拿来盖房子；时间有限，今晚去看电影，就不能留在家里看电视；金钱有限，买了王菲的唱片，就不能买别人的唱片了。

当我们购买王菲的唱片时，其他歌手在我们这里就被歧视了。如果不喜欢说这是歧视，那换个词，叫区别对待，其实是同一个意思。

我跟太太结婚，也是做了选择。我娶了她，就歧视了世界上其他的女人，也歧视了世界上所有的男人，因为现在有些国家同性也可以结婚了。虽然我想平等对待所有的人，但是法律不允许我这样做。

所以说，只要稀缺不可避免，选择就不可避免，区别对待就不可避免，歧视也就不可避免。

歧视与逆向歧视

世界上很多国家都有反歧视的法律，比如美国。

美国“平权运动”的宗旨就是让那些弱势群体也能得到平等待遇。那是不是有了平权运动的条款，有了平权运动的意识，歧视就会消失呢？

在教育领域，一些大学为了不歧视黑人或其他少数族裔学生，专门做了规定，照顾这些学生入学。1978 年，美国发生过一个非常著名的案子，叫“巴奇诉美国加州大学董事会案”（*Regents of the University of California v. Bakke*, 1978）。在该案中，原告巴奇（Bakke）是一名工程师，参加越战看到许多伤员后，萌发了治病救人的愿望，回到美国后打算报考医学院学医。

但巴奇已经 30 多岁，当时美国的大学有严重的年龄歧视，觉得 30 多岁的人不应该再接受大学教育。他报考了十几所大学，但没有一所大学肯录取他。这时，巴奇发现加州大学招生有一个特别条款，它在 100 个招生名额中，留了 16 个专门照顾弱势群体。

因为年龄偏大，巴奇觉得自己也是弱势群体，于是向加州大学戴维斯分校医学院申请，希望校方将其当作弱势群体，准许入学。实际上他的成绩，离录取分数线也只差两分。

可巴奇没想到，由于自己是白人，校方根本没把他当成弱势群体。巴奇觉得受到了歧视，就把加州大学告上了法庭。

加州大学明文规定要照顾弱势群体，而弱势群体又不包括白人，这是否也算一种歧视？

为了消除歧视，却产生了新的歧视，我们称之为逆向歧视。

不准明晃晃亏待白人，就只能静悄悄照顾黑人

这个案子最后打到了美国联邦最高法院，最高法院 9 名大法官的意见也非常不一致。他们总共做出了 6 份裁决，主导意见是：学

校根据学生的种族因素予以照顾，并不违反宪法，但是实施刚性的配额制度则是违法的。

也就是说，要照顾弱势群体可以，但不能定量地、有配额地推行这种做法。最后巴奇被允许入学。

这个判决最有意思的地方是，法官绕来绕去都未能直面现实：由于资源是稀缺的，总的入学名额只有 100 人，因此必然要区别对待，实施歧视。照顾了这个群体，就会损害另外一个群体的利益。如果不准明晃晃地亏待白人，那就只能静悄悄地照顾黑人。

正因为这个逻辑，其中一位大法官才公然说："为了平等待人，必须待人有别。我们不能够，也不敢让平等保护条款延续种族上的优越性。"意思是，只有亏待白人，优待黑人，结果才能公平。而另一位法官则针锋相对地反驳说：投票支持平权运动的法官，其实都是铁杆的逆向种族歧视者。

法官们在争论的是如何才能避免歧视，而他们似乎还没弄清楚，由于稀缺性的存在，歧视是不可避免的，是绕不过去的，凡做选择就必有歧视。

歧视不是问题，如何歧视才是问题

这个案子，要是我来判的话，我会这么说：

第一，由于资源是稀缺的，学校招生时，必然要对学生进行选择，选择是不可避免的，所以歧视也是不可避免的。不管是平权运动的支持者还是反对者，都没有资格声称自己的立场是中立的，每个人的立场都是有倾向的、偏颇的。

第二，既然歧视是不可避免的，那么谁进行了歧视，谁就要承担歧视的后果。

第三，学校是招生的主体，学校有权制定任何歧视性的招生标准。学校可以多元化招生，招一些来自弱势群体的学生，哪怕他们的考试成绩差一点；也可以招一些体育优等生，哪怕他们的考试成绩低一些，只要他们对整个群体有帮助。无论是明晃晃地规定照顾弱势群体，还是隐性地暗中照顾弱势群体，都可以，但学校要承担他们这样招生、歧视的后果。

第四，除了学校以外，毕业生的用人单位，也就是这项招生政策的后果承担人，应该有权取得相关信息；某个学生是因为体育好、学习好，还是因为种族或肤色的特征而被录取的。用人单位应该有知情权。

巴奇诉美国加州大学董事会案是一个具有典型意义的案子，我们需要记住的，是大多数人容易忘记的一点：稀缺必然导致歧视。我们不应该问要不要歧视，而是要问应该如何歧视。

思考题

很多人都喜欢说："我不赞成结果平等，但我主张机会平等。"你觉得这话有意义吗？

第 011 讲 | 凡歧视必得付代价

一般人认为，歧视别人就是欺负别人，被歧视就是被欺负，歧视是一种损人利己的单向行为。

第一个对这种观点提出不同看法的，是芝加哥大学的加里·贝克尔（Gary S. Becker）。贝克尔在博士论文《歧视经济学》（*The Econo-*

mics of Discrimination）中说，歧视别人的人，自己也得付出代价。

贝克尔的老师是米尔顿·弗里德曼。弗里德曼第一次看到这篇论文时，心里也不高兴，因为弗里德曼是犹太人，以前也受过别人的歧视。说歧视别人的人自己也得付出代价，好像有点替这些人辩护的意思。当然，弗里德曼很聪明，很快就转变了思路。

歧视的起源

歧视，即区别对待，有两个最根本的起源。

第一是偏好。例如，有人喜欢王菲的歌，就会花钱买王菲的唱片，而不会买其他歌星的唱片；很多人喜欢去影院看电影，就会花钱买电影票，而不会买话剧票。

第二是信息不对称。假设房间里忽然跳出一只老虎，我们会怎么做？会赶紧跑！因为老虎会吃人。如果有人跟我们说："先别跑，这只老虎不一样，它不吃人。"我们肯定会说："我怎么知道它吃不吃人，我还是先跑为上。"

有人评论道："你这是歧视，你是以对一般老虎的印象来判断这只具体的老虎，你应该多花一点时间了解这只老虎。"我们会说："我了解不起，时间太紧，风险太高。"

这个故事是说，人们经常以偏概全做判断，那是不得已，因为信息费用很高。以偏概全做判断当然会发生错误，但是跟人们要付出的成本相比，还是值得的。

对人歧视越多，自己代价越大

经常有人说，美国人怎么样，日本人怎么样，韩国人怎么样。这都是一种以偏概全的视角，这种视角是一种歧视。但了解陌生人是有成本的，以偏概全（歧视）能让我们以最低的成本获取一些初步的印象。

当然，以偏概全是要付出代价的。例如，马云早年到处找投资人，如果我们是投资人，觉得他太夸夸其谈了，没把钱投给他，那现在可能会非常后悔。错误的歧视，有可能要付出巨大代价。

顺着这个思路去想，我们会明白歧视造成的后果越严重，人们就越有积极性去减少歧视。如果歧视带来的后果不太严重，人们就会很随便地歧视别人。

我从小在广东长大，那时候，在广东人眼里，所有的人就分三种：广东人；广东以北的所有人，我们称之为北方人；中国人以外的，我们称之为外国人或者鬼佬。

那时候，我们一般只和广东本地人打交道，很少和北方人、外国人打交道，所以即使歧视他们也不会有什么损失，相反，我们还能得到一些自我满足。

后来我到了美国，在一个班里，有中国人，有美国人，有白人，有黑人。这时要组成学习小组，如果我还坚持小时候歧视的习惯，不是广东人就不跟他交往，不跟他组成学习小组，那我的学业恐怕就会大打折扣了。

当我们不需要付出多少代价时，就会纵容自己歧视的习惯；当我们要付出很高代价时，就会节制自己歧视的习惯。

市场竞争让人心胸宽广

有两个地方，一个是繁华的大都市纽约，另外一个是得克萨斯州的偏远小镇。这两个地方，哪个地方的歧视更严重？当然是偏远的小镇歧视更严重。

因为在偏远的小镇，居民的同质性强，歧视外人不会有多大损失，而在纽约这样的多种族集聚的地方，如果歧视别人，就得蒙受巨大的损失。并不是人生下来就心胸宽广，人们不歧视别人的心态，是在竞争当中慢慢习得的。

同样的道理，在不同机构里，歧视的程度也是不同的。如果一个男人身上文着文身，戴着鼻环，梳着小辫儿，那么他在公营企业里受到的歧视严重，还是在民营企业里受到的歧视严重？

在公营企业里，招聘部门感受到的竞争压力较小，于是就有更大的裁量权去选择那些满足自己广泛偏好的员工；相比之下，在民营企业里，雇主受到的竞争压力较大，他们如果放任自己的品位，就得自己承担代价，他们用人就只能不拘一格，歧视行为于是就受到抑制。

如果你是一名有一技之长的少数派——不管是在宗教信仰上、卫生习惯上、性别取向上，还是在政治观点上——当你遇到了唯利是图、只想多挣钱的雇主时，那恭喜你，他会是你的避风港。

与不喜欢的人共事是人生的必修课

一枚硬币有两面。如果你作为少数派在激烈的市场竞争中找到了避风港，那么，当你成为多数派的时候，你就必须学会与自己不喜欢的少数派相处和共事，成为他们的避风港。

道理很简单：凡是选择，必有代价；而激烈的竞争，迫使每个人都要压缩代价；而要压缩代价，就得减少选项；要减少选项，就意味着不能对别人求全责备。

某君眼睛长得小？不要紧。早上喜欢睡懒觉？不要紧。闲时爱喝酒？不要紧。只要他有一技之长，我就不计其余，我就积极配合。

在人际关系中，那些以貌取人、以偏概全、嫌贫忌富和执拗任性的行为，往往都是我们支付不起的行为。如果只跟喜欢的人合作，那事业就难以拓展。与不喜欢的人共事，其实是人生的必修课。

更何况，我们每个人其实都是少数派。在一个班级、一个公司、一个社区里，你不妨统计一下平均身高、平均体重、平均学历、平均收入、平均婚龄……你会发现人群中恰好符合这些平均值的人，恐怕一个都没有。平均值是根据那些不平均的人计算出来的，我们每个人都不是平均值。

我们本来就是独特的，而这里我们要解释的经济规律是，市场竞争让我们更易于保有自己的独特，更敢于展现自己的独特，更乐于尊重别人的独特。

思考题

人们的歧视行为，是在挑偶像的时候更严重，还是在选伴侣的时候更严重？

第 012 讲｜歧视的作用和限制歧视的恶果

我们可以用歧视的概念来分析更为复杂的现象，比如歧视是不是合理的；而如果合理的歧视被政府禁止，会酿成什么样的恶果。

东南亚华人的歧视故事

人们一般认为，凡是歧视别人的人，都是比较强势的人。但有人就发现，情况并不总是这样。比如，华人在美国本来是个弱势群体，但他们自己却很喜欢歧视别人。在很多行业，比如博彩业、零售业、金融业，华人就喜欢自己围成一个圈子，不跟外人玩儿。这当中的原因是什么呢？

有一位华人女经济学家，名叫珍妮特·兰达（Janet Landa），她给出了非常漂亮的解释。

兰达是来自马来西亚的华侨，从小在马来西亚长大。她在小时候就发现，本地人经常有排华的行为，排华的理由之一，是华人做生意的时候排斥非华人。

为了探寻究竟，兰达在当地找了一个橡胶园，她发现这一带的橡胶园是由来自福建泉州和永春县的五大家族把持的。这五大家族分别姓陈、李、林、黄、严。她发现华人之所以强调儒家思想，是要用儒家思想来进行关系计算，其目的是要进行信用评级。

当地的华人把人分成七等：第一等，直系亲属，也就是近亲；第二等，大家族当中的远亲；第三等，同族或者同姓的人；第四等，同村的人；第五等，同方言的人或者其他说本方言的中国人；第六等，说其他方言的中国人；第七等，非中国人，包括欧洲人、印度人，还有马来西亚本地人，等等。

他们把人分成七等以后，做生意的时候，针对不同等级有不一样的条款，贷款收取的利息也不一样。

歧视行为的效率含义

兰达通过分析发现，其实闽南人这么做是有道理的。华人生活在马来西亚，语言不通，寄人篱下，真发生借钱不还的情况，很难把别人告上法庭。华人没有政府关系，也不懂当地的法律，正式的司法系统很难保护他们，就只能用这种距离的计算进行自我保护。

事实上，这种方法不仅不会减少当地华人做生意的收益，反而能够增加他们的效益。因为同村的人、同族的人，他们都有自己的道德约束，有自己的关系、声誉，这些都可以成为生意信用的保障。

可见，歧视有时候也是非常有建设性的。

平权运动，一场反歧视运动

在美国，存在各种各样的歧视，政府也采取了大量措施来遏制歧视。问题是，如果政府禁止了本身合理的歧视，会造成什么样的后果呢？

10 年前，美国经历了一场次贷危机。2000 年前后，美国房价一直攀升，直到 2006 年房价开始掉头向下。2006 年第四季度，人们停止还房贷的现象越来越普遍。2008 年，出现次贷危机。

次贷危机为什么会发生？有人说，是因为资本家贪婪。可是，资本家从来都是贪婪的，贪婪，并不能解释为什么会出现次贷危机。

也有人说，这是金融创新犯的错。有各种各样的资产和债务，被银行打包卖来卖去，链条太长，出现委托人和代理人之间的信息不对称，从而导致了金融危机。但是，银行家从来都是精明而审慎的，在别的行业里面，怎么就没有商人把东西包来包去，最后卖个好价钱糊弄人呢？

真正的原因是这样的。历史上，美国人的购房率一向都比较低，其中一个原因是银行家非常审慎，不轻易放贷，因此大多数的美国人买不起房。而从 1960 年开始，美国开始了轰轰烈烈的平权运动，目的是矫正社会上不公正的现象，支持所谓的弱势群体，鼓励他们买房。

1991 年，美国商业银行放贷的数据被公开，人们发现，能够拿到贷款的人多数是白人，而那些少数族裔、弱势群体，拿到贷款的可能性比白人低很多。这时候，大家觉得商业银行有特别强的歧视弱势群体的倾向。

到了 1992 年，联邦储备局波士顿分行发布了一份所谓的科学统计报告，声称经过严密的计算，美国商业银行肯定是对弱势群体进行了歧视。

实际上，商业银行迫于竞争，并不会随便歧视弱势群体。如果真的还得起房贷，而银行不给贷款，这岂不是银行的损失？但是大众并不相信。这份报告出来以后，整个社会掀起了一场要求对弱势群体发放更多贷款的运动。

政府威逼利诱反歧视，酿造次贷危机恶果

商业银行是商业机构，不会随便放松放贷条件，承担不应有的风险。为了促使银行放贷，政府威逼加利诱双管齐下。

所谓的威逼，就是政府规定，如果银行歧视弱势群体，经查证属实，会被处以巨额罚款。所谓的利诱，就是让有政府背景的两家房地产公司——房地美和房利美——去收购商业银行的房贷合同，也就是让政府来承担所有放贷的风险。

商业银行看到无论怎么放贷，最后都有政府兜着，已经没有风险，自然改变观念，不再对借款买房的人进行严格审查，相反，都鼓励大家借款。

当所有银行都这么做的时候，房地产市场短时间内当然会一片繁荣。但一向审慎的银行知道，这些债务是有毒的，所以把这些债务包来包去、卖来卖去，就像击鼓传花一样，只是不知道这个有毒的资产最后会传到谁手里。银行还相信一点，就是所谓的“大而不

能倒”——欠债越多，影响就越广，政府就越不会让你倒，因而就毫无顾忌地这么做下去。

最后的结果，就是次贷危机。

这次危机告诉我们，在现实中歧视往往都是有原因的，尤其在激烈竞争的市场经济下，歧视往往也是有效率的。如果出于政治原因，政府逼着市场改变歧视标准的话，就有可能酿成恶果。

思考题

你能不能举一个歧视的例子，社会上大多数人都认为这种歧视不合理，但你却觉得它是合理的?

第2章 成本

不要只盯着钱

成本概念的研究和运用，贯穿于整个经济学体系，许多经济学大师都曾经在成本的概念上下过功夫，做出过永久性的贡献，有的甚至还拿了诺贝尔奖。

成本概念之所以深不可测、千变万化，很重要的一个原因就在于它是人们想象出来的。从具象到抽象，从个体到群体，从静态到动态，经济学形成了一系列不同的成本概念。

选择偏好｜放弃的最大价值

扫码试听本讲

第 013 讲｜一句话给成本下定义

成本的概念在经济学里占有非常重要的地位，如果我们对成本的概念有了深刻的理解，就可以说对经济学了解了一半。因此，我要花很长的篇幅来深入探讨成本的概念及其广泛的应用。

让我先从一个真实的故事开始。

采石场的故事

我有一位朋友，开了一家采石场，专门采石头。有一天，他请我们去采石场玩，我们发现他在采石场旁买了一块空地，空地上有鱼塘，还有小树林，就问他，买这块地是要养鱼，还是用来开发房地产？

他说："我既不打算养鱼，也不打算开发房地产。买这块地，只是为了让它空着。"

为什么要买块地空着呢？因为这位朋友知道，他做的是采石生意，旁边这块空地如果一直没卖出去，始终会吸引一些地产开发商。如果地产开发商买了这块地，修建住宅，居民住进去了，肯定会抱怨采石场发出的噪声，这样就会对他的采石场生意造成影响。

当然，这件事情如果告上法庭，这位朋友不一定败诉，因为毕竟是居民自己搬过去的，是他们自找的。但我们知道，凡是官司，结果就不确定，这位朋友要的是一种确定性。他要让自己的生意能够稳定地进行，于是就把这块空地买了下来，即便什么也不干。

企业家是资源配置的中间人

我第一次在课堂上讲这个故事时，有位同学就说："薛老师，您这位朋友买了一块地又不用，挺自私的。北京的房价已经挺高了，如果人人都像他这样，买了地又不用，会使得房价进一步上升。"

我的朋友真的是自私的人吗？进一步讲，这块地真的是我朋友出钱买的吗？

表面上看，他买这块地，是他自己付的钱，但实际上，他之所以愿意付这个钱，是因为他深信有人会替他付钱，愿意付钱的人就是买石头的人。

再进一步讲，买石头的人也不会无故掏钱，他买石头可能要修一个博物馆；而之所以修博物馆，是因为他相信有人会愿意掏钱来参观。

这样一层一层推导下去，就会发现，我们看得见的，是我朋友掏出真金白银买这块地，看不见的，是最终有消费者愿意为此买单。实际上，是消费者买下了这块地，我的朋友只不过是一个中间人。他是通过合理的猜测，认为最终有人愿意买单，才去买这块地的。

其实，所有的企业家都在充当中间人的角色。他在猜有没有消费者愿意为他的经营活动买单。如果猜对了，他就赚钱；如果猜错了，就赔钱。

成本是放弃了的最大代价

我朋友买下这块地，原本只是为了保证采石场的持续稳定生产，因为他相信采石场的回报会比较丰厚。但可以想见，如果民用住宅的价格涨到足够高，高到超过采石场的回报，我的朋友就会把采石场关掉，拿这块地来修建住宅。

这块地其实有两种排他性的用途：要么做采石场，要么做居民区。最终哪一种用途能够获胜，取决于这两种用途的使用者谁的出价更高。

这两种用途的使用者，一种是买石头的人，一种是要住房子的居民。这块地，如果建采石场，就放弃了住宅小区，建采石场的成本就是那个没有建成的住宅小区；反过来，如果这块地用来建住宅小区，采石场就建不成了，建住宅小区的成本就是放弃了的采石场。

当然，一块地不仅可以用来建采石场或者建住宅小区，它还有好多其他用途：A、B、C、D、E……当一个资源有若干个选项时，被选中的那个选项，它的成本就是所有放弃了的选项当中价值最高的那个。简言之，成本就是放弃了的最大代价。（Cost is the best opportunity foregone.）

沉没成本不是成本

生活中，我们经常听到一些冠以成本名字的概念，例如沉没成本。但沉没成本是不是成本呢？

答案是，沉没成本不是成本。我们说，成本是放弃了的最大代价，而如果没什么可放弃的，也就不存在成本。沉没成本，就是指那些已经发生但不可收回的支出。当我们没办法再收回、没办法再放弃时，就不存在成本。凡是提到成本，我们一定是向前（未来）看，而不是向后（过去）看的。所以，沉没成本不是成本。

对于我们来说，真正难的，不仅在于理解这句话的意思，也在于生活中我们能否当机立断，真的去实践它。

例如我们看电影，坐在电影院里 15 分钟、20 分钟后，就能知道这部电影好不好看。虽然电影票已经买了，但如果这部电影不好看的话，最合适的做法就是马上离开。因为买电影票的钱已经沉没了，不再是成本。但是有多少人会在电影播到 20 分钟的时候，就当机立断站起来离开呢？

在餐桌上，很多人觉得被动了筷子的食物，就应该吃完才算不浪费。但其实桌上饭菜的制作成本已经沉没了，真正值得掂量的，不是饭菜的制作成本，而是吃和不吃的后果。它们配被你当场吃完吗？

谈恋爱同样也是这个道理。大多数人谈恋爱，半年之后就过了恋爱的盲目期。这时已经能够理性判断，这段感情是不是真的适合。但又有多少人能够果断地提出分手呢？

成本概念深不可测

除了要理解沉没成本不是成本外，学习成本时还需要注意，成本的概念看似简单，实则深不可测。

我们说成本是放弃了的最大代价，是“所有放弃了的选项当中价值最高的那个”，但问题是，所有放弃了的选项，不是没实现吗？既然没实现，我们怎么知道自己放弃了什么东西？

而要知道放弃了什么东西，以及这些东西到底有多大价值，只能靠想象。

这个想象空间吸引了众多大经济学家在成本的概念上面下了大功夫，包括弗兰克·奈特（Frank Knight）和罗纳德·科斯（Ronald H. Coase）对社会成本的分析，阿尔钦为《社会科学百科全书》（*Encyclopedia of Social Sciences*）写的经典的"成本"条目，詹姆斯·布坎南（James M. Buchanan）像宝石一样扎实的小书《成本与选择》（*Cost and Choice*），还有戈登·图洛克（Gordon Tullock）对竞争本身带来的成本的分析等。

他们充分挖掘了想象空间，分析了公共品使用的成本、制度变迁的成本、社会的成本、竞争本身带来的成本，将我们对世界的理解拓宽到前所未有的领域。接下来，我们会逐一介绍他们的洞察。

思考题

中国工人有两个选择，要么制造袜子，要么制造飞机。制造袜子的成本，是放弃了的飞机；制造飞机的成本，是放弃了的袜子。请问，对于中国工人来讲，究竟是制造袜子的成本高，还是制造飞机的成本高?

第 014 讲 | 你的成本由别人决定

我们说，成本是放弃了的最大代价。要理解这个概念，还需要明白：第一，负面的感受不是成本；第二，你的成本由别人决定。

负面的感受不是成本

将负面的感受当作成本，是很多人容易犯的错误。

比如我们要在自家院子里修一个游泳池，修游泳池的过程，有许多负面感受：辛苦、劳累、一段时间的脏乱差等，但这些都不是修游泳池的成本，因为没有放弃什么东西。修了游泳池，这个地方就不能搭帐篷，那个放弃了的帐篷才是我们修游泳池的成本。

我们可以用几个简单的数字，把这个概念说得更清楚：如果游泳池给我们带来的正面感受是 100 分，负面感受是 70 分，那么游泳池带来的净幸福值是 30 分；而搭一个帐篷，我们假设它带来的正面感受是 50 分，负面感受是 10 分，那么帐篷给我们带来的净幸福值是 40 分。

这时候我们要比较的是，游泳池的净幸福值 30 分和帐篷的净幸福值 40 分。也就是说，修一个游泳池，我们放弃的代价是 40 分帐篷的净幸福值，而不是 70 分修游泳池的负面感受。同样，我们要搭一个帐篷，它的成本是我们放弃的游泳池净幸福值 30 分，而不是搭帐篷的负面感受 10 分。

总之，游泳池和帐篷互为成本，我们不应该把修游泳池的辛苦或者搭帐篷的辛苦，看作是修游泳池的成本，或者搭帐篷的成本。

负面感受不是我们的成本，只有我们需要放弃的最大代价才是成本。而这个成本有多大，是由什么决定的呢？

你的成本由别人决定

假设我家在长安街上有一个祖传铺位，专卖茶叶蛋。我的想法是，这个铺位是我家的产权，不用交铺租，因此我经营茶叶蛋的成本几乎为零。但这个想法并不对，因为成本是放弃了的最大代价，而不是这个铺位的租金。

坚持用这个铺位来卖茶叶蛋，成本是放弃了的其他可能性，比如出租。我坚持卖茶叶蛋，放弃的就是这个铺位的铺租。铺租是社会上所有其他人共同决定的，是他们的看法决定了长安街上这个位置的铺租值多少钱，所以是社会上其他的人决定了我坚持卖茶叶蛋的成本。

如果有人愿意出 2 万元钱租这个铺位，那么坚持卖茶叶蛋的成本就是 2 万元；如果有人愿意出 3 万元，那么成本就是 3 万元，跟这房子是谁的没有关系。坚持卖茶叶蛋的成本，只跟一个因素有关系，那就是放弃了的最大收入。

你的职业范围由社会决定

今天的人喜欢讲“不忘初心”，但为什么不忘初心那么难呢？

因为当初你有“初心”的时候，选择的机会可能没那么多，所以比较容易坚持。但随着境遇的变化，机会增加，你要坚持原来的看法就越来越难了，成本就越来越高了，放弃的东西就越来越多了。因此“不忘初心”不是一件容易的事。

为什么？因为你坚持“初心”的成本是放弃的最大代价，这事可不由你做主，那是由社会上的其他人做主的。

我们把这个逻辑再推到极致。我问你，谁拥有你的生命？是谁决定了你如何度过自己的一生？是谁决定了你今天的职业？你肯定会说：生命是我的，当然由我决定自己的职业，或者是我的父母帮我一起做决定的。

真的吗？

经济学可不这么看。其实你的生命跟刚才卖茶叶蛋的铺位是一个道理。没错，你拥有你的生命，但是你的生命怎么度过、放在哪个用途上使用，是由社会上其他人共同决定的。

你选择职业，在很大程度上要受别人对各种职业的看法的影响。如果你明明能成为一个优秀的程序员，但是你非要把研究《红楼梦》当作终身职业，那么，你放弃的最大代价就是你做程序员的收入，你扛得住吗？你不一定扛得住。

其实，我们年轻的时候花大量时间去学习不同的课程，参加不同的社会实践，目的就是要搞清楚，哪个职业能给自己带来最大收益，能最大限度地满足自己的兴趣，同时自己所花费的成本是最低的。

你可能以为，你能选择的职业范围非常广，但是你想想，50 年前的那些职业，你现在能选吗？100 年前的那些职业，你现在能选吗？

其实，你今天能选择的职业，只是一个非常狭窄的范围，这是今天大多数人都认可而存在的职业范围。你在这当中要选择自己兴趣最大、付出成本最低，而且在相当长一段时间里总收入最高的职业。

经济学的看法是：你拥有你的生命，但是你的生命是怎么度过的，你的职业是怎么选择的，很大程度上是由社会上其他人决定的。

思考题

请告诉我，你为了满足自己的兴趣，在职业选择上付出了多大的代价？

第 015 讲 | 别只盯着钱

了解全部成本和货币成本之间的关系，对于准确理解成本的概念非常重要。

很多人以为经济学家眼里只有钱，实际上，好的经济学者眼里肯定不仅仅是钱。他看到的除了钱，还有钱以外的很多东西。

货币成本有别于全部成本

货币成本并不是全部成本。做决定的时候，我们要盯住全部成本，而不只是钱。

比如，我们去淘旧货，买便宜的东西，货币成本就比较低，但货币成本只是全部成本的一部分。虽然钱少付了一些，但我们却付出了更多的时间，买到假货劣货的可能性也增加了，这些都是淘旧货的成本。所有这些成本加起来，才是淘旧货的总成本。

又比如，我们住的地方离市中心的公司远一点，房租会低一点，但我们同时又付出了更多的时间，这得算到成本里；我们在 7–11 便利店买东西，货币成本更高，但在那里买东西，能省很多时间，也避免了不少麻烦，这时总成本可能是更低的；我们付钱在“得到”App（应用程序）里订一个专栏，货币成本当然更高，但是比起那些免费的学习资源来说，我们获取有价值信息的可能性就大得多，这时候总的成本反而是下降的。

给士兵发薪水比免费征兵更便宜

再举一个例子：征兵制。在美国，政府开支当中很重要的一部分是国防开支，而国防开支中很重要的一部分则是士兵的薪酬。有人会想，如果让国会通过一项法律，规定只要是适龄青年，就有义务当兵，不就能节省好多成本，从而减少国防开支吗？

事实上，这样的想法是有问题的，因为他只盯着钱。义务征兵时，政府付出的货币成本确实比较低，但是他没有看到另外一个重要成本，就是放弃了的最大代价。

一个青年，被征去当兵以后，就不能从事他原来的职业了。这时虽然多了一个廉价的士兵，但可能少了一位化学家、一个小提琴手，或是一位企业家。总的来说，义务兵制的成本是非常高的，因为它放弃的代价是不可估量的。

有人会说，那兵源问题如何解决呢？最好的办法，是采用志愿兵制，政府出钱请士兵。政府说我出 1 元钱请人当兵，当然没人愿意干，出两元钱也没人愿意，出 100 元、1000 元呢？最后可能出到 2000 元时，就开始有人愿意了。

第一个愿意接受 2000 元去当兵的人，是在别处机会最少的人，也是认为当兵能给他带来最大满足感的人，这种人是最适合当兵的。也就是说，政府能够以最低的代价招募到最合适的兵，这才是我们解决兵源问题的好办法。

经济学家米尔顿·弗里德曼曾经给美国政府提过不少建议，大多数都没被接受。但是这一条，建议将征兵制改为志愿兵制，就被美国政府接受了。这对于减少美国的国防总成本，提高征兵效率，提高兵员质量，有极大的帮助。

中间商赚差价，让商品价格更便宜

再举一个例子。好多人批评中间商，说我们买的东西之所以这么贵，是因为中间商在当中赚了很多钱；如果我们直接跟供应商打交道，直接从他们那里进货的话，我们买东西就会便宜很多。

甚至有人还做了一些调查，说我们在超市里花一元钱买的一瓶水，实际上出厂价只有一毛钱；我们买的马铃薯，在地里一个只要一毛钱，到了商场就要一元钱。也就是说，中间商赚的钱，通常占商品价格的百分之七八十，甚至百分之九十。要是没有中间商的话，我们的生活会幸福得多。

这种看法，其实也犯了同样的错误，就是只盯着货币成本，没有看到全部成本。

如果我们不经过中间商，亲自跑到马铃薯地里买马铃薯，然后到青菜地里买青菜，再到屠宰场里买猪肉，那么我们付出的全部成本就会变得高不可攀。

经济学告诉我们：哪怕统计数据确实是准确的，即一元钱的商品里，中间商赚的钱占了百分之八九十，但这百分之八九十，已经是中间商所赚取的最低比例了。由于中间商和中间商之间也在竞争，在地里面只值一毛钱的青菜，人们再付九毛钱，就能在家旁边的超市买到，这已经是在当前的约束条件下，人们可能支付的最低成本了。

连腐败都得精打细算

这个道理想明白以后，我们再看看另一种特殊的中间商现象——药品的价格。过去我们看到很多新闻，说卖药的中间商如何腐败，如何吃喝玩乐打高尔夫；就因为最终买单的是买药的人，中间商增加中间成本的行为可以说是肆无忌惮、为所欲为。

但问题是，如果中间商真的可以为所欲为，那他们为什么不变本加厉，把所有的亲戚朋友都招进来大鱼大肉呢？事实上，即使是腐败者，也得精打细算，节省成本，在有限的预算下把事情办好。中间渠道的成本，仍然是目前所有可能性当中最低的。

腐败也是一种制度成本，它也是导致药价上升的原因之一。然而，哪怕是腐败行为，也仍然受到经济规律的约束。腐败的根源在于不适当的制度漏洞，而为了利用这些漏洞，腐败者也仍然需要精打细算。

那有没有办法让药品价格下降一点？当然有，关键是要改革制度，增加制度的宽松程度，拓宽药物的供应渠道，而不是单靠行政命令。供应增加，价格才会下降。否则，只盯着中间商，生硬地减少自然衍生出来的中间环节，效果很可能会适得其反，使得药品价格不降反升。

在计算成本的时候，我们决不要只盯着钱。总成本是货币成本和非货币成本的总和。中间商的作用，是把本来高不可攀的全部成本压下来，而不是把全部成本无中生有地平添上去。下次再有人说“没有中间商赚差价”，那我们就得追问：“那全部成本会高到哪儿去？”

思考题

我们今天享受到的许多科技产品，价格都越来越便宜，包括电脑、电话、音响、照相机等，但一些药品的价格却一直很贵，当中的真正原因有哪些？

资源的价值｜重新理解盈利与亏损

扫码试听本讲

第 016 讲｜从成本角度理解盈利与亏损

经济学对盈利和亏损的解释是异乎寻常的，只有掌握了成本的含义，我们才能够准确地理解盈利与亏损。

凡是盈利都是意外

成本是放弃了的最大代价，放弃的东西越多，代价就越高；放弃的东西越少，代价就越少；如果没有放弃，就没有成本。

举个例子，如果我们到邮局用一元钱买一张邮票，买到以后，假设我们随时可以拿它到邮局换回钱，而我们跑到邮局换钱的折腾可以忽略不计，那么我们用一元钱买一张邮票的成本是多少？成本是零。因为我们什么都没放弃。

换一个例子，我们到快餐店买汉堡包，吃下第一口，这第一口的成本是多少？被吃了一口的这个汉堡包可能一分钱都卖不了，这时候，第一口的成本，几乎等于整个汉堡包的成本。

再举一个例子，我在街边买了一个碗，花了 10 元钱，准备用来吃饭。买回来发现，这个碗是乾隆皇帝用过的，现在市场价值 10 万元。那么，我继续用这个碗吃饭，成本是按 10 元算还是按 10 万元算？当然是按 10 万元算。因为我放弃的最大代价，是这个碗被送到博物馆，吸引游客所能赚回来的收入。

当我们得知这个碗不是一个普通的碗，而是一个珍贵古董的时候，我们获得了盈利。凡是盈利都是意外，英文叫作 windfall profit，也译成“横财”。横财是在我们意识到这个商品的价值跟预期不一样的瞬间产生的。

从那一刻起，这个产品的价值就发生了变化。我们继续使用这个产品的成本，就要以新的价值为标准进行估算了。赚取利润只是瞬间的事情，一旦赚取了利润，这个碗就变成了另外一种资源。如果我们再把这个碗用作其他用途，那么放弃了的最大代价，就要以它在博物馆里赚取收入的水平来计算了。所以说，盈利提高了资源未来使用的成本。

亏损会降低资源使用成本

我们把这个例子反过来。我到古董店花 10 万元钱买了一只碗，我相信这只碗是乾隆皇帝用过的，回到家才发现是个假货，只值 10 元钱。那么，我拿这只碗来吃饭，它的成本是按 10 元算，还是按 10 万元算？答案是按 10 元算。

当然，我亏损了。但我蒙受损失，只不过是受骗一瞬间的事情。在那一瞬间，亏损是意外的，是没有想象到、预料到的，英文叫 windfall loss，也译成“横祸”。

一旦蒙受损失，我们就会重新对这个资源进行估值，继续使用这个资源所放弃的最大代价，就以这个资源现有的价值水平来做估算。因此我拿这个碗来吃饭，成本不是按 10 万元算，而是按 10 元算。也就是说，亏损会降低资源未来使用的成本。

无论是盈利还是亏损，在经济学里，都是意外发生的。每当发生意外，我们就重新调整资源的未来估值，而资源使用的成本，就要按照这个新的估值来计算。所以，一旦出现盈利，资源的使用成本就会提高；一旦出现亏损，资源的使用成本就会下降。

重新估值不难，难的是找出盈利或亏损的原因

重新估值并不困难，困难的地方，在于要找到那些带来亏损或者盈利的资源。因为现实生活中，各种各样的资源往往都是捆绑在一起使用的。

例如，一家咖啡厅盈利了，由于这个咖啡厅是由一组资源构成的，我们不容易搞清楚，在这一组资源里，到底哪些资源带来了盈利。

可能是服务员的态度特别好。如果是的话，服务员的素质这一点就要升值，成本就要增加。因为如果不给这些好的服务员付更高的工资，我们就留不住他们。

也可能是咖啡豆质量特别好。这时候，我们就要重新评估咖啡豆的价值，要在市场上争抢这些质量特别好的咖啡豆。

也有可能是选址选对了。这时候，我们就要对负责选址的经理的能力重新估值，付给他们更高的薪酬。

盈利还有可能是连锁效应、规模经济等带来的，那我们就要想办法筹集资金，在这个环节上加大投资。

当然反过来也是一样。如果咖啡厅蒙受了亏损，我们得把造成

亏损的原因找出来，降低对它们的估值，减少对它们的付费，让它们的所得恰如其分地反映其贡献。

思考题

经济学教科书《经济学的思维方式》（*The Economic Way of Thinking*）里面，有一道题说："好生意如果旱涝保收的话，当人们逐渐了解之后，好生意就不再是好生意了。"这句话你怎么理解？

第 017 讲 | 最终产品的供需决定原材料的成本

关于产品价格的形成过程，存在两种背道而驰的理论，一种叫成本决定论，一种叫供需决定论。成本决定论容易被人接受，但它的逻辑是错的；供需决定论与事实相符，但它却是反直觉的。

成本决定论站不住脚

根据会计学，产品最终的价格，等于原材料成本的总和，乘上一个合理的利润率。这就是所谓的"成本决定论"。

如果我们在会计课上学到的这个原理是正确的，成本越高，产品的售价就越高，那么企业家怎么才能赚钱？答案是他们要想办法把成本弄高。成本越高，乘上那个利润率之后，能赚的钱就越多。但这个结论太荒谬了。

例如，我有一辆二手自行车，现在拿去卖只值 100 元钱，怎么才能多赚钱呢？根据刚才说的会计学原理，需要增加这辆自行车的成本。我要给它上一道又一道的油漆，这样车的成本就变得很高，它就能卖很多钱了。但这样的车放到市场上去，是不会有人认账的。

如果刚才说的会计学原理正确的话，那么世界上所有过时的产品都不会消失：马车不会消失，蜡烛不会消失，磁带也不会消失。不管它的成本是多少，只要乘上一个所谓合理的利润率，它就能卖出去。但我们现在的世界，不是这样的世界。

可见成本决定论是错的，也就是产品的原材料成本决定了产品的最终售价，这个逻辑关系是错的。

供需关系决定商品价格，商品价格决定资源成本

合理的经济逻辑关系刚好反过来。不是产品的原材料决定了产品的价格，而是产品的供需关系决定了产品的价格。而最终产品的价格再反过来，决定它上面一层又一层、一环又一环的原材料价格。

这是倒过来的一个关系。事实上，一个企业家，当他把产品生产出来，放到市场上卖的时候，他会根据供求关系决定产品的售价。他是能卖多少就卖多少，能赚多少就赚多少。把钱赚到手以后，再把赚到的钱倒过来归结到前面每一个环节的生产要素里面去，从而给这些生产要素定价，决定它们的价值。

对此，阿尔钦在权威的《新帕尔格雷夫经济学大辞典》(*The New Palgrave Dictionary of Economics*，1987/2008)中“租”这个条目中写道：“正因为这块土地从事生产能赚取更高价格，才使它的租值被哄抬到这么高。人们通过高价取得土地后，却往往误会，以为他们之所以能够向顾客索取高价，是由于自己支付了较高的地租。”

三个例子

曾经有一位经济学者，他说深圳开始改革开放的时候，盒饭很

贵，所以深圳工人的工资就特别高。这种说法对不对？不对。应该是深圳这个地方的生产效率特别高，愿意跑到深圳工作的人特别多，所以推高了深圳各种资源的成本。

再举一个例子。在美国有三种学院——医学院、法学院和商学院——的毕业生工资特别高。有人说，正因为医学院、法学院、商学院的教授工资特别高，学生交的学费才特别高，毕业生工作之后的工资也特别高。这种说法对不对？不对。应该是医学院、法学院、商学院的毕业生工资特别高，使得生产他们的原材料，也就是教授的工资特别高。因果关系是倒过来的。当然，只有这些学院里面的教授工资特别高，才能吸引更好的人才在这里任教。

第三个例子，有人说，王菲在演唱会中的酬劳特别高，因此她的演唱会票价就特别贵。这种说法对不对？不对。是因为喜欢王菲的人多，买王菲演唱会门票的人愿意出的价更高，才使得王菲的劳动力资源变得更贵。因果关系也刚好是反过来的。

政府拍卖土地不会推高房价

在很多城市，政府高价拍卖土地收了不少钱。有人就说，政府卖地那么贵，最后盖成的房子当然就贵，是政府高价卖地推高了房价。显然，这也是典型的成本决定论：原材料（土地）的成本会传递到最终产品（房屋）上去，因此土地的价格越高，房价就越贵。

事实上，不是政府想高价卖地，就能把土地以高价卖出去的。政府之所以可以高价卖地，是因为人们对住房的高需求导致了高房价，而高房价才使得高地价成为可能。原材料（土地）的成本和最终产品（房屋）的价格之间的因果关系是反过来的，不是前者决定了后者，而是后者决定了前者。

只要最终的房屋数量不发生变化，哪怕政府把土地免费送给开发商，最终的房价也不会有变化。假设市场上只有一套房子，那么这套房子归谁所有呢？有一百个人参与竞买，出价最高的人出 100 万元，其次是 99 万元、98 万元……如果市场上只有一套房的话，这套房就归愿意出价 100 万元的人所有。因此，政府无论是免费把土地送出去，还是高价拍卖土地，对最终的房价都不会造成影响。

那么，政府免费派地和拍卖土地，会产生什么样的差别呢？区别在于：如果政府拿土地去拍卖，那么政府收到的土地出让金，就是明钱，这笔钱能够进入国库；如果政府把土地免费分派给开发商，开发商就会通过各种暗箱操作的办法，去争夺政府免费分派的土地。最后的结果是，政府本来能够收入国库的土地出让金，会变成暗钱，在官员和地产商之间私分。

思考题

凝聚人类劳动越多的产品，价值就越高，这个观点对不对？为什么？

第 018 讲 |“租”是对资产的付费

经济学里有一个非常重要的概念，叫“租”。所谓租，就是对资产的付费。这里所说的资产含义非常广，包括土地、矿山、人的才能、发明创造，甚至是特权。只要能够带来收入的资源都叫资产，而对资产的付费就叫租。

旱涝保收的收入：租

我们前面说，成本是放弃了的最大代价。例如，我在北大教书，理论上我有许多选择：我不在北大教书，可以在清华教书，可以在人大教书，在好多大学都能教书。选择非常多。

而在这些不同的大学教书，它们给我的收入应该是差不多的，因此只要北大给我的工资稍微少那么一点点，我就转到清华去教书，清华给我的工资再少那么一点点，我就转到人大去教书。

但这只是理论上如此，在现实生活中，哪有那么多选择？清华没说要请我教书，人大也没说要请我去教书，如果我不在北大教书，我的下一份工作，我的次优选择，很可能就是我 30 年前干的那份工作——程序员。我这把年纪要是重新去当程序员，收入一定要比在北大教书低很多。

这时，我的当前最优选择（在北大教书）跟我的次优选择（回去当程序员）之间的收入是有巨大落差的。换句话说，如果北大知道了这件事，它给我的工资降 1000 元，我会留在北大；降 5000 元，我会留在北大；降 1 万元，我可能还会留在北大。

可是，北大并没有降我的工资，这多出来的 5000 元、1 万元，其实是北大白给我的。这是我白赚的收入，经济学就把这部分白赚的收入叫作租。而我在北大提供的教学服务，就是不以收费的变化而变化的资产。也就是说，这 5000 元、1 万元，无论北大是否给我，我给北大提供的教学服务不变。

我再举一个例子。以前有位歌星叫猫王，他在当歌星以前，是一位卡车司机。卡车司机的收入，假设是 10 万元，当歌星的收入，假设是 1000 万元，那么这多出来的 990 万元收入，其实就是猫王赚取的租。

也就是说，他当歌星的收入减 10 万元，减 20 万元，减 500 万元，减 900 万元，他都照样当歌星。这 990 万元是他白赚的，这就叫租。

很多城市的出租车，都是受政府数量管制保护的，出租车牌是有价的，是一个排他性的垄断经营权，这种特权获得的收入，我们也叫作租。

为什么这么说？因为拿着这个经营权，赚多一点，他继续这么做；赚少一点，他也继续这么做。赚多赚少都是白得的，这就叫租。当然，有时候我们也把它叫“垄断租”，因为它是在数量管制的保护之下从事的一种垄断经营。

别以为只有垄断者能够赚取租。其实我们每个人都在享受一定的租。例如，你在公司上班，老板给你 1 万元工资，他指望你好好工作，全心全意工作，但实际上，你每天在工作时间抽出半小时来刷朋友圈。老板不会因此炒你鱿鱼，你就赚了半个小时的租。

作为相对概念的“旱涝保收”

要全面理解租的含义，我们还得从另外一个角度进行分析。

我们前面说，租是你旱涝保收的收入，是你白赚的收入。但现实生活中，随着时间的变化，随着竞争条件的变化，真正让你旱涝保收的情况并不存在。实际上，旱涝保收这个概念是相对的。

例如猫王，虽然他的次优工作是卡车司机，无论收入怎么样，他都会继续当歌星。但是，努力与不努力，对他收入的影响还是挺大的。他有没有好好研究舞姿、好好跟歌迷互动，有没有传出大家不喜欢的绯闻，这些都会影响他的收入。

同样，当教授，理论上说我留在北大，无论工作怎么样，收入都不会有很大变化。但实际上，我努力不努力，是不是经常更新课件，是不是经常跟同学互动，是不是经常参加学校活动，所有这些事项都会对我的收入产生长远的影响。

政府提供的土地，表面上看是一种租，不论地租的价格怎么变化，这块地都是地，不会改变。但实际上，你用放大镜来看，这些地和地之间还是有不同的。有些地是一块荒地，有些地已经三通一平，有些地是五通一平，有些地是七通一平[①]，有些地政府不仅平整得非常好，还在土地上提供了很多软服务。这些都会对土地的价值产生长远影响。

租的概念在经济领域非常常见，经济租、准租、寻租，这些概念我们都很常见，但是真正理解这些概念、用得好的人并不多。而只要我们愿意花时间去思考，就一定能够将其理解透彻，用起这个概念来，就好像一个行家一样。

最后，给你讲一个我印象深刻的故事。

有一次几个朋友在聊天，讲起电影圈里的潜规则，我就有一个存在已久的疑问：电影都是私人投资的，他们都非常注重效益，如果导演潜规则女演员，假公济私，以次充好，选择了一个不太好的女演员，最后投资人不会吃亏吗？他不会去管吗？导演真的能为所欲为吗？

但实际上，我们还是时不时听到电影圈里传出有潜规则的事情。那么，导演到底能不能为所欲为呢？这时我有一位朋友，这位朋友

---

① “三通一平”一般是指通水、通电、通路、平整土地，“五通一平”加上通燃气或煤气、通信，“七通”再加上通邮、通热力。

不是学经济学专业的，但喜欢读经济学方面的书，他不经意地说了一句："我也觉得奇怪，难道导演的租真的那么高吗？"

我听了这句话，当场认定他是一位经济学高手，以后不管他说什么，我都不敢怀疑他的经济学水平了。

思考题

你觉得你现在的工作，它的租有多高呢？

第 019 讲｜寻租——乞丐没有白拿施舍

与租的概念密切相关的另一个概念是寻租。理解了寻租的概念，我们就能明白为什么每个国家的人都很忙，但有些国家很富裕，有些国家却非常贫穷了。

寻租概念的起源

经济学家戈登·图洛克写过一篇文章《关税、垄断和偷窃的福利成本》（The Welfare Costs of Tariffs, Monopolies and Theft, 1967），在这篇文章里他提出了一个很天真的问题：贼对社会有什么害处？

贼偷东西大家当然认为是不对的，但从经济学的角度看，贼并没有减少资源的总量，他只不过是把资源从一个人的口袋转移到另外一个人的口袋。那在经济学家看来，贼的害处在哪里呢？

图洛克指出，贼的害处在于，他们平添了人们造锁的成本。人们为了防范偷窃，需要消耗真实的资源。这些资源是社会不得不承担的净损失。如果贼都洗心革面、重新做人了，那社会上节省下来的资源，就可以用到别处去，产生额外的经济价值。

图洛克这篇文章发表在1967年，这一年就正式标志着寻租概念的诞生，虽然他在这篇文章里并没有用到“寻租”这个词。“寻租”这个词，是过了7年，另外一位经济学家安妮·克鲁格（Anne Krueger）发表了《寻租社会的政治经济学》(The Political Economy of the Rent–Seeking Society, 1974）一文，才正式确定的术语。但不管怎样，经济学界就把1967年看作是寻租概念的起点，把图洛克看作寻租概念的创始人。

政府管制下的资源消耗

图洛克为什么要写这样一篇文章呢？原因在于，当时有一些经济学家说，政府给一些企业特殊照顾、给它们垄断权无伤大雅。有些企业得到政府的特别庇护，具有垄断经营的权利，照理说应该赚很多钱。但是有些经济学家去调研，发现这些企业赚得并不多。既然赚得不多，也就算了，别批评它们了。

图洛克见此便做出反驳：我们不能只看那些企业本身赚了多少钱，它们多赚的钱当然是由消费者掏腰包的，但我们还要看到另外一块很大的社会损失：这些企业在争取获得政府的优惠政策的过程中，本身就消耗了大量的资源。

例如，政府官员手上有一项优惠政策，它值100元。张三想要得到这个优惠政策，花了50元来争取；李四也想得到这个优惠政策，又花了70元；最后王五花了90元把政策争取到手了。对王五而言，争取优惠政策物有所值，但净挣的也不多。但我们要看到的是，社会上争夺这项优惠政策的竞争成本，是张三、李四和王五付出的总和，竞争的成本所造成的内耗，远远超过了优惠政策本身的价值。

乞丐没有白拿施舍

图洛克的寻租理论，起源于他对乞丐行为的观察。表面上看，乞丐得到施舍，就像是天上掉下来的馅饼，是白拿的，但只要仔细观察就会发现，乞丐为了得到施舍，也要付出好多努力。比如，一天到晚蹲在那里，看着路过的行人还要点头哈腰。如果行人给的钱多的话，还会吸引一群乞丐，这时候乞丐和乞丐之间就会产生竞争。

如果人们习惯把钱给遇到的第一个乞丐，乞丐们发现这个规律以后，会每天抢占最优的位置；如果钱最有可能给外表最惨的乞丐，乞丐发现后，就会互相比惨，不洗脸不洗澡，把自己弄得脏兮兮的。如果这样还斗不过对方的话，他们甚至会自残。

这就是图洛克了不起的发现：乞丐看上去好像能够凭空拿到施舍，但他们拿施舍的过程本身是有竞争的，而竞争本身也是要消耗资源的。

寻租概念的特定含义

上一讲我们解释了，只要能够带来收入的资源都叫资产，而对资产的付费就叫租。照理说，寻找能够带来收入的资产，是人类共同的行为。但图洛克指出，这些行为可以明显地分为两类。其中一类，是类似医生研制出治疗癌症的药物、歌星迈克尔·杰克逊改善自己舞姿的行为；而另外一类，是好像某个年轻人花了十年青春在官僚机构里谋取了一份正式的闲职的行为，或者像某家公司通过公关手段拿下垄断经营权的行为。

这两种行为，表面上看都是在努力工作，但实际上它们对社会财富有不同的意义。前者增加了社会财富，而后者消耗了社会财富。

在经济学界，“寻租”这个词则专指后者的行为，即那些向政府争取优惠政策，让自己得到好处，同时导致社会总资源发生耗散的行为。在很多国家，由于制度设计不当，寻租行为非常普遍。这解释了为什么在这些国家里，人们虽然每天都很忙，但整个国家却非常穷。

思考题

你认为，一个国家，怎样才能减少寻租活动呢？

科斯定律｜从社会成本看问题

第 020 讲｜社会成本问题

社会成本问题在经济学中有着非常重要的政策含义。人们只有理解了社会成本问题，才能顺应社会和市场的基本运行规律，制定出因势利导的经济政策。

最早把社会成本问题讲清楚的，是一位叫罗纳德·科斯的经济学家。可我经常说，科斯之所以厉害，拿了诺贝尔奖，可能并不是因为他特别聪明，而是因为其他人犯了糊涂。看了我的介绍，你或许会同意我的观点。

有关社会成本问题的案例

为了说清楚什么是社会成本问题，我们先举一些实际的案例：

案例 1：牛与小麦

有两块相邻的地，左边的地种小麦，右边的地在养牛。如果牛冲过栅栏，跑到麦地里吃小麦，那是否应该阻止这头牛呢？

案例 2：泳池阳光与酒店副楼（*FontaineBleau Hotel v. Forty–Five Twenty–Five*, 1959）

有两家相邻的酒店，左边的酒店，有一个漂亮的游泳池；右边的酒店，要在自己的土地上盖一幢 14 层高的副楼。要是这幢副楼盖起来，就会挡住游泳池的阳光。游泳池没有阳光，游客可能减少，酒店的收入就会受影响。于是，左边的酒店跑到法院，要求法院颁布法令，禁止右面的酒店盖副楼。如果你是法官，会怎么判？

案例 3：烟囱与邻居（*Bryant v. Lefever*, 1878—1879）

有两户人家相邻，相安无事好多年。左边人家有一个烟囱，烟囱出口就是右边人家的房顶，由于烟囱高过对方的房顶，烟囱冒出来的烟，对右边人家并没有影响。但是后来右边的人家把房子盖高了，于是把左边人家的烟囱给挡住了。这样，左边人家在生火时产生的烟，就会回流到自己的房间里。于是，左边的人家就到法院告右边那家人。如果你是法官，会怎么判？

案例 4：火车与亚麻（*LeRoy Fibre Co. v. Chicago, Milwaukee and St. Paul Ry.*, 1914）

从前的火车都是烧煤的，烧煤就会喷出火星。有一辆火车路过一片亚麻地，农夫把 700 吨亚麻堆在了铁路边自己的农地上。这亚麻是农夫的，铁路边的农地也是农夫的。亚麻放在农地上，没有碍任何人的事儿，但是火车经过时喷出的火星把 700 吨亚麻给烧了，铁路公司要不要赔偿？

案例 5：糖果商与医生（*Sturge v. Bridgman*, 1879）

一条街上有两户人家，一户是糖果商，一户是医生。糖果商有一个做糖果的作坊，噪音很大，由于两户人家中间隔着一堵墙，还隔着一个花园，他们相安无事住了很多年。

但有一年，医生在自己的院子里新修了一个诊所，这个诊所靠近糖果商的作坊，它们共用一堵墙。修好诊所以后，医生发现糖果商作坊发出的噪音使得他根本没办法给病人看病，因为听诊器听不清楚。于是医生就到法院告这个糖果商，说他造成了声音污染，要他停工。如果你是法官，你会怎么判？

案例 6：养鸡场与新居民（*Spur Industries Inc. v. Del E. Webb Development Co.*, 1972）

有一家养鸡场，因为知道养鸡会发出恶臭、造成污染，就在选址时把养鸡场选在了偏远的郊区。这家养鸡场在郊区经营了好多年。但是城市不断发展，不断扩张，扩张到一定程度时，有开发商就在这家养鸡场旁修了居民区。居民住进来以后才发现养鸡场会发出恶臭。于是，居民就去告这家养鸡场，说养鸡场污染了环境，损害了居民的健康。如果你是法官，你会怎么判？

案例 7：水泥厂与老居民（*Boomer v. Atlantic Cement Company*, 1970）

一家水泥厂长年排放各种灰尘，散发出臭味，有时甚至还会发出震动，对周围环境造成了严重污染。居民就去告水泥厂，要求赔偿。居民的控诉，并不是一次两次，他们隔三岔五就去告水泥厂，并不时拿点补贴。如果你是法官，会怎么判？

之所以讲这么多例子，是因为这些例子有一个共同点，那就是一方伤害了另外一方。我们的问题是，是否要判伤害者做出赔偿？

对于大众而言，答案是非常明显的，伤害者当然要对被伤害者做出赔偿，同时，我们还要限制伤害者对周边居民、周边环境继续造成伤害。

所有人都这么看，只有一个人不同意，这个人就是罗纳德·科斯。

科斯的非凡见解

科斯为了说明这种想法为什么不对，还特意写了篇文章。这篇文章寄到芝加哥大学，芝加哥大学的好多经济学家和法学家都认为科斯错了，但他们都挺喜欢科斯的，就决定刊登他这篇“错误”的文章。在刊登之前，他们想把科斯请来，好好教育他一下。

于是在著名的《法律经济学期刊》（*Journal of Law & Economics*）主编亚伦·戴雷科特（Aaron Director）家里举办了一场晚宴。米尔顿·弗里德曼、乔治·斯蒂格勒（George Stigler）等大经济学家悉数到场。晚宴之后，他们就开始讨论到底伤害别人的人要不要赔偿。

开始时，科斯之外的所有人都认为伤害者应该做出赔偿，但是辩论进行到一半，峰回路转。聪明的弗里德曼开始批评在座的其他人，唯独没有批评科斯。一个晚上下来，所有人都倒下了，只有科斯屹立不倒。每个人都惊讶地感到，他们目睹了经济学思想史上最重要的一幕，他们都被科斯说服了。

那么科斯究竟是怎么说的呢？

所有的伤害都是相互的

人们常常把“权利的行使应以不伤害别人的权利为界”这句格言，作为解决纠纷的金科玉律。但问题是，现实生活中，纠纷双方都可以拿这句格言替自己辩护。

在上述酒店案中，左边酒店说，你可以修副楼，但是别修那么高，别把我的阳光挡住；右边酒店说，你可以在泳池边享受阳光，但别妨碍我修副楼。水泥厂的案例也是如此。居民可以拿这句格言来替自己的健康权做辩护，水泥厂也可以拿这句格言替自己的生产权做辩护，水泥厂的背后毕竟还有成千上万消费者的利益在支撑。

科斯的看法则别具一格，他说所有的伤害都是相互的，我们得用新的眼光来看待这些案例：不是一方在伤害另外一方，而是双方为了不同的用途，在争夺相同的稀缺的资源：牛跟小麦争的是那块地，如果让牛吃小麦，那牛就伤害了小麦；但如果禁止牛吃小麦，小麦就伤害了牛。

同样的道理，两家酒店争的是享受阳光的权利，医生和糖果商争夺的是安静的权利，养鸡场和附近居民争夺的是新鲜空气……这些纠纷都是由于争用未界定产权的资源而产生的，双方的地位本来是平等的，如果禁止了一方的行为，那这一方就受到了对方的伤害。

好多人都感觉科斯的想法有些强词夺理，因而在亚伦·戴雷科特家那场著名的晚宴辩论之后，科斯就被邀请再写一篇文章，好好陈述一下他的观点。于是科斯发表了《社会成本问题》（The Problem of Social Cost, 1960）一文。这篇文章发表后，还是有很多人批评他。有趣的是，要批评科斯，就得引用他的文章，因而在后面的30年里，《社会成本问题》就成了被引用最多的经济学文章之一。

关于科斯理论的争论，法律经济学者、芝加哥大学法学院教授理查德·爱泼斯坦（Richard Epstein）曾提出过一个观点。他说，如果争夺资源的双方是同一个人，那会发生什么情况？以这样的角度来重新审视前面提到的案子，可能就会豁然开朗了。

例如牛跟小麦之争，假设牛跟小麦同属一人，这时，牛能不能吃小麦，就取决于牛肉能卖多少钱，小麦能卖多少钱。如果小麦价格高，牛肯定不能随便吃小麦；但如果牛肉价格足够高，牛当然可以吃小麦，不仅可以吃小麦，还要给它听莫扎特的音乐，给它按摩呢。

再看酒店的例子。如果两家酒店同属一人，他会做什么样的决定？他会问，游泳池的阳光不受干扰，能带来多大收入，14 层副楼修起来以后，能带来多大收入？如果 14 层的副楼带来的收入远远大于阳光给游泳池带来的收入，他当然会把副楼建起来。

其他的例子也是如此。

养鸡场案中，假如居民区和养鸡场同属一人，或者政府能够妥善地兼顾城市发展和养鸡场主的权益，追求社会效益的最大化，那最后的结果很可能和这个案件当时的判决不谋而合。这个案件中，法官指出，养鸡场主当初故意在郊外选址，目的就是避免滋扰居民，现在是居民自己主动靠近污染源的，是居民理亏。但是——法官笔锋一转——城市发展也是难以避免的，也具有重大的价值，也是应该鼓励的。两利相权取其重，法官判养鸡场应该服从大局，迁就城市发展的需要，搬到别处去。但养鸡场主的权益不能被随意剥夺，所以居民必须承担养鸡场搬迁的费用。

水泥厂污染居民案中，法官也是同样的思路。作为公共利益的权衡者，法官必须追求整个社会利益的最大化。法官说：水泥厂发出震动，排出灰尘，造成污染，这种状况是现有水泥生产技术不能避免的，而居民也已经反复得到赔偿。法官判决这是水泥厂最后一次给居民赔偿，以后就不用再赔了。而水泥厂的搬迁和停产的成本高昂，因而水泥厂可以继续生产，而居民拿到补偿后到底是否继续住在水泥厂附近，则悉听尊便。

火烧亚麻案中，如果铁路公司要负全责，铁路公司就得想尽办法，防止火车喷出的火星烧着亚麻：要么在铁路沿线修筑起高墙；要么跟沿途所有的农夫达成协议，多买他们铁路边上 10 米的地，好让农夫不把亚麻堆在靠铁路太近的地方；要么干脆让铁路改道；等等。但这些做法的成本都极其高昂。而如果铁路公司和农地同属一人，他就会采取最便宜的办法来避免意外。事实上，这个案子在实际判决中，也有法官是这么认为的。

谁避免意外成本最低，谁的责任就最大

当时，大部分法官认为铁路公司应该赔偿农夫，但是有一位著名的法官奥利弗·温德尔·霍尔姆斯（Oliver Wendell Holmes）在判词旁写了个人意见，他说："虽然我们都认为铁路公司应该赔偿农夫，但是我们设想一下，如果铁路公司跟农夫的总收入与总产出不能够达到最大的话，农夫可能是要负一定责任的。"在现实生活中，如果铁路公司和农地同属一人，他当然会说："我只要把堆放亚麻的地点挪远一点，意外就能避免了。"

这是最便宜的办法。我们不会买了鞭炮回家后，因为鞭炮是我的，这个家我做主，就非要把鞭炮放到炉子边。相反，既然鞭炮是我的，炉子也是我的，那我就得考虑如何把避免意外的成本降到最低，那当然就是把鞭炮放得离炉子稍微远一点。

这个想法非常重要。正是基于这个想法，科斯的意思是说，火星烧着了亚麻，但是责任可能在农夫，虽然农夫并未招惹铁路公司。谁付出的成本更低，谁就应该承担更大的责任。那既然农夫避免意外所要付出的成本，比铁路公司避免意外所要付出的成本低得多，那挪开亚麻的责任，就要落到农夫身上了。

通过这样的责任分摊方式——推而广之，用到各种责权利的分配上——整个社会为了避免意外所要付出的总成本就会降到最低。

男尊女卑风俗的由来和改变

有人会说，“所有的伤害都是相互的”这个判断是不是有点太绝对了？流氓欺负妇女，难道也能说伤害是相互的吗？难道也能说是谁避免意外的成本低，谁就应该承担更大的责任吗？

正是如此。男尊女卑的风俗，其实跟火星烧着亚麻的故事有相似之处。火星碰着亚麻是危险的，男人碰上女人也容易出意外。避免意外的责任，由成本较低的一方承担。在古代漫长的时间里，避孕技术十分落后，而约束男人比约束女人要困难得多，结果枷锁基本上都加到了女性身上。只有到了当代，避孕技术变得简单可靠，女性在现代职场中的价值也不断凸显，女性一向受到的不公平的行为约束才被逐渐松开，并有部分转向了男性。

这就是社会成本问题以及科斯的洞见。科斯在1991年拿到诺贝尔奖，我觉得未必是因为科斯特别聪明，而很可能是因为其他人都犯了糊涂。因为在每一个具体的例子里，大家都不自觉地掺入了个人的情感，有了先入为主的判断，而只有科斯看到了纠纷背后与资源争用相关的、中性的经济本质。

思考题

有一句希腊文格言很有名：“权利的行使应以不伤害别人的权利为界。”这句格言你听过吗？听起来挺深刻的。请问，这句格言能不能用来指导我们，判断文章例子里面的是和非？

第 021 讲｜谁用得好就归谁

科斯把污染、滋扰、遮挡和闯入等产权或侵权案件，都看作是人们对稀缺资源的平等争用，一下子刷新了世人对于诸多社会现象的理解。同样是诺奖得主的经济学家乔治·斯蒂格勒把科斯的观点总结成若干版本的“科斯定律”（Coase Theorem）。

科斯定律最流行的版本是：在交易费用为零或足够低的情况下，不管资源最初的主人是谁，资源都同样会流到价值最高的用途上去。用大白话来说，就是“谁用得好就归谁”。

让我们来看几个例子。

钻石归矿工还是白富美

我自己经常琢磨这样一个问题，钻石最早是归谁的。人们可能会认为钻石最早是归矿工的，因为是矿工把钻石挖出来的，但我们并没有看见矿工脖子上挂满了钻石项链，却发现钻石不远万里跑到了白富美的脖子上，跑到了她们的手指上。这就是“谁用得好就归谁”的典型例子。

女朋友与科斯定律

好多年前，我跟一位经济学家来往非常密切，有一次我跟他说，我认识一位女孩子，非常优秀，唯一的问题就是她已经有男朋友了。我的这位经济学家朋友不用半秒钟就评论道：哦，原来你是不相信科斯定律的。

大家明白他是什么意思吗？他是说，如果你真的相信科斯定律，就会知道，只要交易费用足够低，那么不管这个女孩现在跟谁谈朋友，最后她都会跟最适合她的人在一起。

Kindle 阅读器中的数据产权

我们常用的手持阅读器 Kindle，在阅读的过程中，可以在上面加着重线做笔记。这些笔记位置的数据信息归谁所有呢？

我们可能会说 Kindle 是我自己的，书是我花钱买的，下划线也是我亲手做的，数据应该归我；我们也可能会想，这可是在书上做的笔记，数据应该归作者或者出版社；当然亚马逊也会说，数据产生在它的平台上，存储在它的平台上，所以应该归它所有。

公说公有理，婆说婆有理，那实际上数据归谁呢？答案是归亚马逊。

在我们买 Kindle 第一次开机使用时，它会问我们同不同意使用合约，我们选择同意时，就已经把这项权利给了亚马逊。那个合约我们看了吗？当然没看。那个合约很长，有好几十页。这时候我们可能会说亚马逊真不地道，偷偷地就把这么重要的隐私权给拿走了。

但是在我看来，亚马逊这个做法是合理的。原因还是科斯定律：谁用得好就应该归谁。我们做的这个笔记，对我们来说是隐私，把它保存起来，对自己来说有那么一丁点儿价值。但如果亚马逊平台把这些数据收集起来进行统计，然后再发还给每一位买书的读者，就会产生更大的价值：读者购买一本书，只要 5 分钟就能把它上面最多人标注的重点读完。这时这本书给我们带来的价值，就远远高于一本崭新的、没有任何标记的书了。

亚马逊能把这个数据用得更好，因而在制度设计上，我们是不是把这个着重标记的所有权默认给亚马逊比较好？其实，哪怕亚马逊一开始没有订这个合约，它也会通过这样那样的办法，向读者重新把这个权利买回来。只是那样做的话，交易费用就高了。与其那么做，还不如在使用合约里藏一句话来得便宜。

隐私权与公共安全的权衡

大数据的使用，经常引发隐私权应该归谁的问题。好多人对隐私权非常敏感，觉得隐私权一点都不能出让。

当然，我们能够理解这种感受。我们今天晚上跟谁在一起，跟谁吃烛光晚餐，跟谁坐飞机出去旅游，这些数据对别人来说可有可无，但对我们自己来说非常重要，所以保护隐私确实很重要。

但是我们要明白，有些数据对大众来说也是非常重要的。例如一些犯罪分子的数据，公安机关拿到后，就能产生极大的效用，避免很大的损失。这时公安机关应不应该有一点权力，征用个人的隐私权？我觉得应该有。

根据科斯定律的洞见，关于隐私权的争论，最后解决的方案不会一边倒：既不会允许政府肆无忌惮地侵犯个人隐私权，也不可能让个人绝对地保有所有的隐私权，最后一定会在这两者中间取得一个平衡。其指导原则还是科斯定律：谁用得好就归谁。

一项有价值的资源，不管一开始它的产权归谁，最后这项资源都会流动到最善于利用它、能最大化其价值的人手里。这是科斯定律的一个重要含义。而在制度设计中，我们应该尽量让这种资源的流动和分配更方便、更容易，从而提高各项经济资源被重新配置和使用的效率。

思考题

你能不能举一个身边的例子，给那些不知道科斯定律是什么意思的人解释什么是科斯定律?

第 022 讲 | 是否要不惜一切代价保护环境

我们继续讨论科斯定律的应用。现在大家都对环保问题非常重视，都很支持环保，甚至不少人认为应当不惜一切代价保护环境。环保问题究竟该如何处理，我们看一下科斯定律的回答。

汽车与马车谁更环保

今天生活在大城市的人经常被雾霾困扰，而雾霾很重要的一个来源就是汽车尾气。很多人会认为，以前没有汽车，大城市的空气应当非常清新。

确实，以前是没有汽车尾气的污染问题，那时候的交通工具是马车。在 20 世纪初，仅纽约就有一二十万匹马，每匹马每天拉出几十磅的马粪。这些马粪堆在马路上，太阳一晒，就变成马粪干，车轱辘碾过，马粪干就变成马粪末，风一吹马粪末就弥漫在空中，腐蚀着人们的眼睛、皮肤和衣服。

用马来拉车还有其他污染，例如马的铁蹄跟马路的石头碰撞，会发出巨大的噪声；马还会失控，造成严重的交通问题。

其实当汽车被发明出来时，很多人都在欢呼，终于可以摆脱马粪的污染了，终于可以在没有马粪的空气中自由呼吸了。

可见，我们现在的生活其实是在不断改善的，只不过我们不知道过去的日子是怎么样的。

有一本书叫《昔日美好的时光，它们糟透了》(*The Good Old Days, They Were Terrible*, 1974)，就讲人类的生活在 20 世纪初是多么的糟糕。

其实年纪大一点的人都记得，小时候早餐吃的油条是用报纸来包的。报纸上有油墨，油墨里面有铅，铅对身体是极其有害的。但那时人们没有这样的观念，能够吃上油条就已经很满足了。所以今天的现代化带来的才是更绿色、更环保和更健康的生活。

这就是科斯定律的基本含义：我们必须用持平的眼光看待污染问题。因为这不是一方污染另外一方的问题，而是双方或者多方争用稀缺资源的问题，我们要做的就是在现代化生活和环境污染之间取得一个平衡。

"科斯对价"化解狼群之争

几年前生态学家发现，美国黄石公园整个生态链里缺了重要的一环——狼，因而需要给黄石公园引入狼群。问题在于引入多少狼才合适。

在黄石公园里，不同的人对于狼群数目应当是多少有不同的答案：黄石公园里负责饲养牲口的人认为，最佳数目是零，一只狼都不要才是最好的；黄石公园的管理员认为，引入的狼越多越好，因为狼越多他们得到的经费就会越多；而如果问环保人士，他们也会认为狼越多越好，因为狼越多，整个环境就越原始。喜欢在黄石公园里打猎的人，如果他打的是狼，他当然认为狼越多越好；而如果他打的是其他动物，例如兔子或者鹿，那么他会认为狼的数目最好是零。

这就引发了一场关于狼的争论。最后人们从科斯定律的角度找到了解决办法，那就是养牲口的人，如果能证明自己的牲口被狼咬死了，那么养狼的人就需要向他提供一定数目的赔偿。从此，养狼的人就知道养狼是有代价的，他们必须把狼群的数目控制在一个合理的范围内，我们通常把这个价叫作“科斯对价”（Coasian payment）。就这样，一个是否应该养狼的问题，一个非黑即白的问题，就转变为应该养多少狼、谁来监控、谁来负责的问题，也就是一个关于如何分配和使用资源的问题。

这也是多方在争用稀缺的资源，人们要做的也是在其中寻求平衡。

布餐巾和纸餐巾：哪个更环保

讲到不同用途的平衡使用，我还喜欢举一个例子，就是高级餐厅的布餐巾。用布做的餐巾更环保，还是用纸做的餐巾更环保？常见的回答有四种。

考虑最不周全的回答是：当然用布更环保，因为布可以重复使用。这个回答没错，布是可以重复使用，但问题是，布做的餐巾需要清洗，需要使用很多清洁剂，还要烘干、浆洗，餐巾稍微旧一点就要扔掉。所有这些都会造成环境的负担。

第二个稍好一点的回答是：需要考虑、权衡。

第三个回答更好：肯定是用布对环境的破坏更大，因为用布做的餐巾更贵。更贵就意味着它消耗的资源——所有资源加起来——更多。用纸更便宜，也意味着纸对环境的破坏更少。

我认为还有一个回答，就是用哪种原料做的餐巾，要看场合，看值不值得。高级餐厅通常用布餐巾招待客人，其实是有原因的。比如一个朋友 20 多年没见了，好不容易聚在一起，到高级餐厅吃烛光晚餐，留个纪念。

这时根据科斯定律，我们就能明白：所有的伤害都是相互的。如果我们今天晚上不吃这顿烛光晚餐，不用布来做餐巾，可能就会伤害我们的友情。环境的破坏不可逆，但是我们的生命也是不可逆的。因此关键还是平衡，要看值得还是不值得。

思考题

我们所生活的城市，很多公共场合都能见到垃圾分类箱，每当我们扔垃圾的时候，要把垃圾先做个分类，不同的类别扔进不同的箱子里。请问，你觉得这种垃圾分类的做法有助于保护环境吗？

交易费用｜平衡的艺术

第023讲｜有人群就有交易费用

科斯定律中有一个重要的概念——交易费用。我们讲科斯定律，讲的就是交易费用，但前面我们几乎没碰过这个概念。

交易费用的定义

科学的思维，有时候需要这样，先把问题推到极致，看一下理想状况是怎样的——这时我们能对这个问题有很好的把握——然后再把真实的条件一点点加上去。

在前面几讲中，科斯告诉我们，所有的伤害都是相互的，都是对资源的争夺。谁能够把资源用好，资源最后很可能就会落到谁的手上。

但这只是理想的状况。在介绍这些内容时，我们有一个假设，即所有的资源都同属一人。我们假设铁路公司和农地同属一人，游泳池和修副楼的酒店同属一人，麦田和吃小麦的牛同属一人。这些资源同属一人，有一个好处，就是这个人在计算衡量时，几乎不需要成本，只需要自己说服自己就可以。但现实生活中，问题从来都没这么简单。哪怕资源同属一人，这个人晚上想好的事情，睡一觉起来也许就会变卦。

而即便在只有一个人的社会里——只存在于想象和小说中，例如《鲁滨逊漂流记》中的鲁滨逊就生活在一个人的社会里——也有成本。比如，他今天要打鱼，就不能打猎；今天要修房子，就不能挖井。成本是放弃了的最大代价，一个人的社会也有成本。

但是有一些成本是一个人的社会里不存在的，例如他不需要给自己的财产做公证，不需要跟别人打官司，不需要有人来给他记工分，等等。

而我们的社会是由无数人组成的，更多的时候是要在两个人甚至更多的人之间达成资源争用的协议，这样麻烦就多得多。例如，人们之间会互相隐瞒自己的真实想法，在讨价还价时虚张声势，互不信任；有时根本不知道对方的存在，而即便知道对方的存在，由于语言不通，距离很远，要见个面也很困难；还有互相敲竹杠的行为；等等。所有这些成本，我们称之为交易费用。

经济学家张五常曾经给交易费用下过一个非常广泛的定义：凡是在一个人的社会里不存在，而在多个人的社会里存在的成本，就叫交易费用。例如我们前面讲的，给人记工分、做公证、打官司，在一个人以上的社会都会存在。所有这些活动产生的费用，我们称之为交易费用。

科斯的忠告

我们说科斯定律最流行的一个版本是：在交易费用为零或足够

低的情况下，不管产权归谁，资源都会落到最有价值的用途上。

这个流行版本，很容易令人产生一个误解，以为科斯说现实生活中交易费用就是零或足够低。其实科斯没这个意思。相反，他恰恰是要提醒我们，现实生活中的交易费用不仅不为零，而且常常是非常高的，要达到他所推测的那个结果，当中的障碍很多。

误解科斯的人太多了，以至在那篇为他赢得诺贝尔经济学奖的论文《社会成本问题》发表30年后，科斯特意写了一篇文章——《社会成本问题的笔记》(Notes on the Problem of Social Cost, 1990)。在这篇文章里他斩钉截铁地指出：

> 我从来就没有说过现实生活中的交易费用是零，相反，现实生活中的交易费用是很高的。这恰恰是我想劝我的经济学同行们要放弃、要离开的那个世界，不要活在那个以为交易费用是零，以为只要有一个政策，人们就能够执行的社会里。你永远要看到现实生活中的种种困难、种种障碍。我们得考虑、关心、思考现实生活中的问题，而不是黑板上的问题。

这是科斯给我们的忠告。

现实中交易费用可能高不可攀

关于现实生活中哪些是交易费用，我们先举一个例子。有一个工厂喷出黑烟，危害了周围居民的健康。我们先假定周围有5户居民，每户居民遭受的损失是100元，总计500元。

只要在工厂里安装一个过滤器，居民的健康就有了保障，而这个过滤器的价格只有50元。这时根据科斯定律，在交易费用为零的情况下，无论法官是否把污染权判给工厂，过滤器都会被装上，资源会得到最佳的使用：如果法官说工厂不准随便污染，工厂就会自己掏 50 元把过滤器装上；反过来，如果法官把污染权判给工厂，居民就会凑钱，5 户居民每户拿出 10 元凑成 50 元，帮工厂装一个过滤器。

这是交易费用为零的情况下科斯定律的含义——不论是工厂还是居民拥有污染的决定权，工厂都会装上过滤器，因为这个解决方案最有效率。

但是，在现实生活中办事，哪有这么轻而易举的？我们要看到，居民一起凑够50元钱，再跑到工厂里说服工厂老板，把过滤器装上，其中就有一系列的麻烦。

单单是凑足 50 元，就不是那么容易。比如，这 5 户居民有些家庭人口多一点，有些少一点；有些家庭离工厂近一点，有些离远一点；有的处在上风口，有的在下风口，他们会不会都同意平均出 10 元钱？

所有这些都是现实生活中的交易费用，而这些交易费用有可能高到令整个交易没办法完成的地步。

风俗习惯与道德规范为何重要

如果交易费用太高，导致交易没法完成，那我们该怎么办？

比如，有一些老居民楼，当初没有装电梯，现在住在里面的人年纪大了，需要装一个电梯。于是这幢楼里的居民就装不装电梯、怎么装电梯的问题展开了协商。虽然只有几十户人家，但由于互相之间不信任，互相扯皮，互相抬杠，最后协议没有达成。

如果这时有第三方——例如政府——看到了资源应该分配的方向，它们是否可以运用手中的权力对资源进行重新调配？

我认为答案是肯定的。我们有时要鼓励第三方，在知道资源怎样使用更好、在非常有把握的情况下，使用手中的权力对资源进行重新分配。而这就是所有的制度、风俗、习惯，以至政府、法院存在的根本理由——对资源、责任、权利进行初始的界定。

原因是：如果交易费用为零，在任何一个社会里，我们的资源、权利、责任怎么分配都无所谓，因为我们可以重新达成协议，资源可以重新调拨，重新落到使用价值更高的人手上。

但现实生活中交易费用很高，很多资源是没有办法落到使用价值更高的人手里的。因此，初始的产权分配、制度法规、风俗习惯，乃至道德规范，就都变得很重要了。我们可以把社会上通行的制度、习俗和道德规范，都看成为了减少重复商议的成本而逐渐固定下来的解决纠纷的办法。

思考题

你能不能举出一个例子，你认为它是合理的社会习俗，因为它能够把资源界定给合适的人使用，或者把责任界定给比较容易避免意外的人来承担的？

第 024 讲 | 征地的权衡

我们在前面讲过，现实生活中，交易费用永远不是零，只要有两个人以上的社会，就存在着大量的交易费用。因为有大量的交易费用，资源的初始界定就变得很重要。

如果资源没在用途更好的人手里，而第三方——例如政府、法院——能够确认这些资源用到哪里价值更高，那么政府、法院动用手中的权力重新分配资源，是否有效呢？例如一个最常见的问题，政府到底有没有权力将私人的土地征作公用？

政府有没有征地权

有很多人，非常重视土地的私有产权，认为土地产权保护应该做到“风能进，雨能进，国王不能进”的地步。只要土地是私人的，那么私人就拥有绝对的产权，政府和其他人一点儿都不能侵犯。这种保护私有产权的决心，确实令人钦佩。

但是我们还需要考虑问题的另一面。例如，有人到美国去买土地，买下宽度一寸的贯穿美国最北到最南的土地，这样他就能把美国一分为二了。如果我们奉行刚才说的“风能进，雨能进，国王不能进”的原则，他就能把美国东西两侧所有的交通给阻断。那是非常可怕也是非常不合理的事情。

在这种情况下，政府动用手上的征地权，我认为就是合理的。

事实上，政府征地在美国由来已久，宪法第五修正案规定：“假如没有公正的补偿，那么私人财产不得被征用于公共用途。”这意味着，美国政府征用私人土地，必须同时符合两个基本条件：一是被征用的土地必须用于公共用途，二是征用时政府必须给予公正的补偿。

所谓公正的补偿，比较容易确定。有些州就规定，政府征地时，周边地产的收购价格需要向被征地者公开，供其参考。

更大的问题是，怎样才算是公共用途？如果说用这块地来建一个警察局是公共用途，那么用它来盖一个私人保安公司，算不算公共用途？如果用这块地来建一所学校是公共用途，那么用它来办一所 MBA 商学院算不算公共用途？如果拿这块地来修座医院算是公共用途，那么一家私人制药公司用这块地来盖研发中心，算不算是公共用途？

所谓的公共用途，其实没有一个明确界定。

征地权的界限有待摸索

2005 年，美国发生过一个著名的案子，叫“基洛诉新伦敦市政府案”（*Kelo v. City of New London*，2005）。这个案件里，有一家著名的制药公司——辉瑞公司，想要征一块地来修建研发中心。它说建完这个研发中心以后，能雇用很多的人，帮助解决社会就业问题，同时，也会向政府多纳税，多做贡献。

在这块地上有一户人家，户主叫基洛，她非常喜欢自己的房子，不愿意卖给辉瑞公司，结果她就把帮辉瑞征地的政府告上了法庭。这个案子后来打到了联邦最高法院。

我们可能会说，如果一家私人公司雇几个人、交一点税，就算是公共用途的话，那么哪家私人公司都有权力去随便征用别人的土地了，法官一定会站在基洛这边。但是这个案子，联邦最高法院以 5∶4 的比例确认基洛败诉，而她的房子最后被夷为平地。

在这个案子里，联邦最高法院代表大多数法官的约翰·保罗·史蒂文斯（John Paul Stevens）法官判决说：“基洛想要法院提供一个明确的边界，清楚地解释什么叫作公共用途。但是我们都知道，政府一直在致力于推动经济的发展，而有时征用私人土地能够很好地促进经济的发展。所以我们决定，故意不给出公共用途的明确定义，让这个界限变得模糊，以便政府有足够的灵活度，来决定哪些做法对经济和城市的发展更有好处。”

他继续说：“政府不能随便把私人的资产拿给另外一个私人。哪怕补偿足够多，也不能这么做。但是，只要是为了公共用途，政府就可以把私人的资产拿给另外一个私人，只要它给出公正的补偿就可以了。”

他这句话字里行间的含义是：只要政府说这是公共用途，这是公正的补偿，它就可以随便地把一个私人的资产交给另外一个私人。

美国实施的是判例法，判例法有一个好处，就是那些不同意多数派法官判决的少数派法官，也可以把自己的想法写出来，供后人参考。当然，这样的少数派的意见不具有法律约束力。

在这个案子里，少数派法官桑德拉·戴·奥康纳（Sandra Day O'Connor）写了一份义正词严的反对意见。奥康纳说，这个案子这么判以后，政府就可以随意地把一个私人的财产交给另外一个私人了。一旦有了这个先例，将来的结果可不是随机的，肯定是那些更有权势的人或机构——例如大公司、大的地产开发商——更有可能抢到别人的土地，而美国最早的立国者，是不希望有这样的结果的。

我举这个例子是要说明，在征地问题上，两边倒都不对，需要在中间取一个平衡。但问题是中间的平衡怎么取得，是一个没有确定答案的问题，还有待摸索，包括美国也是如此。

征地权与法律演变

在征地问题上，美国近年还有过一个非常典型的案例——2010年关于芝加哥机场扩建征地的案例。当时我刚好住在芝加哥，芝加哥的奥黑尔机场要扩建跑道，必须拆迁机场旁边一个古老的墓地。这个墓地是1849年建的，而奥黑尔机场是1942年才开始建的。也就是说，在机场开始建的很多年前，人家的墓地就已经在那儿了。

当2001年市长宣布要拆迁这个墓地时，遭到了教会的强烈反对。神父说你们应该尊重安葬在这里的死者，他们被安葬的时候，是确信自己会永远安息在这块土地上，一直到复活的那一天。

他们说什么也不妥协，说什么也不让政府拆迁这块墓地。但是市长有市长的办法，芝加哥原来有很多法律是保证墓地不被政府征用的，但是到了2003年，芝加哥通过了一项新的法律，规定政府有权征用任何土地，包括私人的墓地。有了这项法律以后，教会要保住他们的墓地就难了。

最后，到2010年，法庭判决政府有权征用这块土地，安葬在墓地的死者的家属，总共获得了130多万美元的赔偿。

这赔偿不多吧？确实不多。但是为了张罗这件事，为了请律师，为了请家谱专家把那些安葬在这个墓地里的死者亲属找出来——有些人根本不知道自己的亲属是葬在那个墓地的，是人家找到他，他才知道的——所有这些张罗的费用，总共花了1700多万美元。

而更有意思的是，整个奥黑尔机场的扩建工程总额是150亿美元。你看，直接的赔偿只是130多万美元，但整个张罗墓地拆迁的费用是1700多万，而这也只不过是整个机场扩建工程费用的一个零头。

一头是一块160年的墓地，另一头是一个150亿美元的在建工程，哪个重哪个轻？科斯定律起不起作用呢？

其实在美国，不同的州保护墓地的法律是不一样的。据我所知，得克萨斯州的保护是相当强的，它的法律明文规定政府不能征用墓地。但是随着城市的发展，它最后还是扛不住了，到1993年的时候颁布了新的规定。

新的规定概括起来就是一句话：新人新办法，老人老办法。老的墓地，哪怕是在城市中间，政府也不能动；但是 1993 年以后，墓地本身就不能修在城市当中，必须修在城市以外。

可见法律不是死的，保护私有产权、保护私人的意愿，也不是完全绝对的。在英美的习惯法里，有一条原则叫“反对永久原则”—— The rule against dead hand 或者 The rule against perpetuities。它的意思是说，有些人在遗嘱里有一些嘱托，这些嘱托在他们死去以后当然是有效的，但是不可能永久有效。

当这些人的嘱托所涉及的所有人，都已经死去 21 年后，他的嘱托就失效了。例如，有人在遗嘱里说，他的这块地给后代继承有一个条件，就是在上面不准盖工厂。这样的嘱托就不可能永远地执行下去。到了一定时间，事过境迁，规则就允许发生改变。如果不这样规定，过去的视角迟早会禁锢未来的发展。

香港特区的征地制度

香港也是对私有产权保护非常有力的地区，但特区政府同样有征地的权力，并制定了《土地（为重新发展而强制售卖）条例》。这份条例的目的，是为了帮助开发商解决无法联络所有者以及不合作的所有者的问题。无法联络，就是土地的主人不知道去哪了。比如有人生前有自己的土地，但是由于没有子女，去世后，就没办法联络所有者了。

另外一个问题就是不合作的所有者，也就是所谓的“钉子户”。根据《土地（为重新发展而强制售卖）条例》，只要不可分割的物业的 90% 以上的所有者同意出售，那么剩下的 10% 的业主，就必须出售他的土地和相应的物业。2010 年，这个条例又做了修改，比例从 90% 下降到 80%。当然，里面还加了一条，要进行这种征地，必须经过特区行政长官的批准。

到底是90%合理还是80%更合理呢？我们不可能有一个科学的界定。但这里的要点是，我们必须在私有产权和政府的征地权之间取得一个平衡，这是解决问题的基本方向。

因此，科斯定律一个非常重要、非常现实的应用，就是对征地问题要有一个持平的看法。对土地产权的保护，做到“风能进，雨能进，国王不能进”的地步，不一定是最合理的。

思考题

我们有时候在国外旅游，看到有些城市非常好的地段里还保留着一些私人的墓地。你认为是应该尊重墓地的私人产权，保持原貌，还是让政府行使征地权，把地价这么高的土地征过来使用，推动商业发展？哪一种做法更合理呢？

第025讲｜寻求合作解

根据科斯定律，我们可以很好地解决现实生活中遇到的各种资源冲突的问题。

周其仁老师喜欢说：很多问题，不要讲理，要讲数。讲理谁都有道理，讲不清楚，要找合作解，就要讲数。找一个平衡点，这是科斯定律给我们的一个重要启发。

大学宿舍该归谁用

大学宿舍里经常会遇到这样的问题：几个人住一个宿舍，其中有两个同学马上要考试，需要安静复习，而另外几个同学想办一个派对。那么宿舍的使用权是留给复习功课的同学，还是留给办派对的同学？

这时科斯定律就能派上用场了。按照科斯定律，这个问题，实际上不是谁伤害谁的问题，而是资源怎样使用的问题。可以让要复习的同学对使用权出个价，比如说 100 元。办派对的同学想，如果到外面去办，至少要花 300 元，因此愿意最多出 300 元买下使用权。那么他们在 100 元至 300 元之间找任何一个数字达成交易，结果都会皆大欢喜。

假设办派对的同学最后给了 260 元，不仅自己省了 40 元，还超出了要复习功课的同学的预期。复习功课的同学拿着这 260 元钱，在外面可以找一个安静的咖啡厅，有吃有喝，好好备考。这就是很好的一个寻找合作解的例子。

联邦通信委员会

科斯在他的文章《联邦通信委员会》（The Federal Communications Commission, 1959）里，也举过关于无线电频谱争用的例子。

无线电频谱，就是收音机的波段。两个电台之间挨得很近，信号就会相互干扰。当时很多人都认为，像这种无线电频谱互相干扰的情况，一定得由政府来解决。

但是科斯说，不一定要政府帮忙，只需要把无线电频谱一段一段地切割开来，就好像停车场分成一个一个的车位一样，然后拿去拍卖，就可以解决问题了。这也是达成合作解的经典例子。这个想法，政府官员当年第一次听到时，觉得简直是天方夜谭；而到了今天，我们恐怕已经不觉得有什么新奇之处了。

餐厅该不该禁烟

吸烟的情况也是如此。公共场合该不该吸烟？这个问题其实是能够交给私人解决的。例如，餐厅老板就能够很好地解决这个问题。

我们设想一下，一个餐厅老板开了一家重金属音乐餐厅，顾客可以唱歌、跳舞、大声喧哗。这时候如果配上吸烟的权利，再加上酒和重金属音乐，就是一种独特的享受。

但是，另外一位老板开的是一家很有情调的高级西餐厅，在里面用餐的人，不点灯，要点蜡烛。在这种餐厅里面，恐怕是不吸烟更好。

最后，两位餐厅的老板都为他们的决定付出了代价，也就是说，他们如何决定，能不能确保空气得到最有价值的使用，要看消费者怎么用钞票来投票。

蜜蜂的寓言

说起合作解，经济学家张五常还写过一篇著名的文章，名字叫《蜜蜂的寓言》（The Fable of the Bees, 1973）。

蜜蜂和果树互相利用，蜜蜂利用了果树的花蜜，而果树则利用蜜蜂来传授花粉。但是它们之间的互相利用并不完全对等，其中一方会占另外一方的便宜。

诺贝尔经济学奖获得者詹姆斯·爱德华·米德（James Edward Meade）说这是真正的市场失败。他说，蜜蜂占了果树的便宜，但是养蜂人没有给果农足够的补偿，因此果树的价值没有达到最大化。如果果农能够得到养蜂人的一些补偿，他会种更多果树，这时对蜜蜂采蜜才会有更大的帮助。由于果农和养蜂人之间没有交易，所以这是一种市场失败。因此米德建议说，政府应该补贴果农，让他们多种树。

但是张五常实地考察之后发现，其实果农和养蜂人之间早就形成了互相付费的习惯。在美国华盛顿州，苹果树的花蜜不足，蜜蜂传授花粉的贡献更大，这时当地的果农就向养蜂人交补贴。相反，在佛罗里达州，橘子的花蜜非常充分，而蜜蜂传授花粉的重要性就相对降低，这时情形倒过来了，当地的养蜂人向果农支付补贴。

这是果农和养蜂人达成合作解的故事。

瑞格利球场的门票

说起合作解，还有一个有趣的例子，那就是芝加哥市中心非常著名的瑞格利球场（Wrigley Field）。这座球场周边的房子顶上全是座位，每当瑞格利球场举办比赛，周围的居民也向别人卖门票，观众不仅可以进入瑞格利球场看球赛，还可以到周围居民区的房顶上去观看比赛（见图 2–1）。

图 2–1

球场的主人能同意周围的居民这么卖门票吗？他们当然不愿意让周围的居民占自己的便宜，因为这个球场比赛的门票可是一笔巨大的收入。

到 2002 年，球场的管理者开始采取行动，想要加一些挡风的设施，阻挡居民观看比赛。居民也不甘示弱，他们说："我们可不一定想要看你的比赛，但是你建的这些挡风设施挡住了我们的视线。"后来双方斗到了法院，并在法院外达成了和解。和解方案是居民向球场交纳门票收入的 17% 作为回报，球场也就同意居民成规模地修建他们的座椅、看台了。

这样，球场和居民达成了合作解，球场的视觉资源得到了最充分的利用。

这是我们寻求合作解，"不讲理，只讲数"的一个很好的例子。我们应当充分领会科斯定律的精神，在现实生活的各种冲突中积极地寻找合作解。

思考题

男女结婚成家，他们都是相互需要对方，但是他们对对方的需要程度是不一样的，你能给出证据，说明谁更需要谁吗？

第3章 需求

好东西运到远方去

经济学中的规律，表面上看是关于人性的，实际上是关于生物普世的。需求定律是关于人性的定律，但它不仅适用于人，还适用于其他生物。只有掌握了这个规律，才算掌握了经济学思维的本质。

边际革命｜不是越多越好

第 026 讲｜个人主义的主观价值论

从这讲开始，我们进入一个新的篇章，介绍需求定律。

经济学家保罗·萨缪尔森（Paul Samuelson）曾经说过，只要教一只鹦鹉，让它学会说“需求”和“供给”这两个词，它就能成为一位经济学家。可见需求定律在经济学中有多重要。

个人估值的多层含义

在讲需求定律之前，我们先要引入一个非常重要的概念——“个人估值”（personal worth）。根据阿尔钦的定义，“一个人对一件商品的个人估值，是他为了得到这件商品所愿意支付的其他商品的最高数量”。

个人估值这个定义，虽然简单，但它有几层含义：

第一，个人估值是个人的估值，不是集体的估值。集体不会感受，不会思考，也不会评估，做出个人估值判断的一定是个人。

第二，它是主观的，而且是绝对主观的。并不存在什么客观的估值，如果没有了人，世界上的财富就没有了价值，价值都是人赋予的。由此产生了经济学里很重要的一个方法论——个人主义的主观价值论（individualistic subjectivism），即所有的个人估值都源于个人的主观判断。

第三，个人估值不是以个人的愿望为基础，而是以他所愿意放弃的其他商品的数量来计算的。也就是说，个人估值不是凭空的愿望，它是由行动支撑的，而这些行动是外人可以观察到的。

个人估值的概念非常重要，很多重要的经济学原理、重要的经济政策，都是从这个坚实的概念出发的。

主观价值论与客观价值论的区别

个人估值的应用很广，这里重点介绍主观价值论跟客观价值论之间的区别。

所谓的客观价值论，是说世界上所有的物品，都有客观的、内在的、不以人的意志为转移的价值，而价格只是围绕这个本质的、客观的价值上下波动的一个现象。

而主观价值论则是指所有的物品，本身并没有什么内在的价值，只有人对它的判断，人觉得它有价值，它就有价值。

这两种价值观有什么区别呢？它们之间至少有三个区别：

第一，凡是客观价值论能够解释的现象，主观价值论，或者说个人估值这个概念也能解释。

一辆名贵的跑车，客观价值论认为，之所以名贵，是因为它里面凝聚的贵金属、技术含量以及人类无差别的劳动多一点。主观价值论的解释是：人们喜欢它，看重它，所以它就名贵。

第二，客观价值论不能解释的现象，主观价值论、个人估值也能解释。

一位明星，花几秒钟喝一瓶矿泉水拍下来的广告，值很多钱；普通人也喝矿泉水，但拍下来的视频就不值钱。这两段视频里凝聚的人类无差别的劳动是差不多的，但市场价格却相差很大。这一点客观价值论没办法解释，但是主观价值论、个人估值却能解释。因为人们看重的是明星效应，因为明星短缺，普通人并不短缺，所以两段视频的价差悬殊。

一张家庭老照片，为什么对有些人来说非常珍贵，对有些人来说就是一张普通的照片呢？从客观价值论上看，它得不到解释。但是主观价值论就可以解释得很清楚，因为有些人看重它，觉得它有价值，它就有价值。

第三，主观价值论能够更好地指导生产。

根据客观价值论，人们只要在一件商品里付出了劳动，这件商品就具有了价值。但是主观价值论认为，人们花了多少时间、用了多少心思，都不重要，重要的是有没有人需要它，能不能把它卖出去。

就这一点，形成了计划经济体系和商品经济体系的重要区别。

计划经济体系里，讲究的是投入导向，工厂只要投资了、建设了，人只要工作了、努力了，就算是创造了财富；但是在商品经济体系里，讲究的是需求导向，如果生产的产品没人要，不管投入多少资源，付出多少劳动，都是没有价值的。显然，主观价值论能够更好地指导生产，减少浪费。

主观价值论由于有更好的解释力，能更好地指导生产，所以得到了许多经济学家的大力支持。这些经济学家往往都声称自己是

“个人主义的主观价值论者”。

思考题

有哪件物品，市场上的价格很低，而你对它的个人估值却是非常高的？

第 027 讲 | 边际革命

需求定律中，还涉及一个非常重要的概念——边际。边际这个概念有多重要？过去近 20 年的时间里，我一直给报纸杂志写经济学专栏，为了写得清楚明了，我尽可能避开经济学术语，避开了其实也还能把话说清楚，但有一个经济学术语，怎么避都避不开，这个术语就是“边际”。

实际上，整个经济学的思维都是关于边际的。经济学早期的时候是一种哲学的思辨，而今天是一种科学的范式。这两者之间转变的一个重要节点，就是边际概念的产生。

引入边际概念的是奥地利学派，这个贡献太大了，以至于没有人再提起这是奥地利学派的贡献，因为大家都觉得现代经济学当然是建立在边际的概念之上的。

在前面提到科斯定律时我说过，不是因为科斯聪明，而是因为我们糊涂，因为科斯思想很重要的渊源是他在读大学本科时看过的一本经济学入门教科书——《政治经济学常识》（*The Common Sense of Political Economy*, 1910），而科斯的贡献其实也没有超出这本书中讲解的边际概念的范围。

在现实生活中，边际的概念有着广泛的应用。

钻石与水的故事

亚当·斯密曾经提出一个经典的问题："水对于人的生命来说是非常重要的，但是水的价格却非常低。钻石对人的生命来说，一点用处都没有，但是钻石却非常贵，这是为什么？"

是钻石给人带来的幸福大，还是水给人带来的幸福大？要回答这个问题，就必须用到"边际"的概念。

何谓边际

那么到底什么叫边际？边际就是"新增"带来的"新增"。

例如，边际成本就是每新增一个单位产品所需要付出的新增成本；边际收入是每多卖一个产品能够带来的新增收入；边际产量是每新增一份投入所带来的新增产量；边际效用是每消耗一个单位的商品所能带来的新增享受。

"新增"带来的"新增"，就叫边际。

"边际"概念的重点，也即它的言外之意，是向前看。过去在总量上投入了多少不重要，平均量是多少也不重要；而未来重要，新增带来了多少新增，这个问题重要。

比如，人们争论"人性本恶还是性本善"的问题。从边际的角度来看，这个提问关心的是存量，是平均量，是定性和贴标签。但无论人是善是恶，都要吃饭穿衣，你说这是贪婪？还是为了求生存？

我们搁置这个问题，我们关心的是人在现有的情况下，在存量、平均量不变的情况下，当受到外界的刺激和引诱时，会向着善走出多少步，会向着恶走出多少步。我们关心的是，给多少鼓励，人就会更加向善；给多少诱惑，人就更容易向恶。

又比如，持枪是否应该合法化的问题，美国人争论不休。从边际的角度看，这是一个存量问题，它着眼的是对历史上某个法条的定性。这种问题，只要吃饱了就能持续争论。相比之下，面对眼下既成的现实，是否应该去买把枪来增加自身的安全，倒是一个向前看的、关于边际的、可以有所作为、并产生实际后果的问题。

我们关心的不是过去，而是未来；不是存量，而是增量；不是评论，而是行动。我们关心的是我们的行为会导致什么结果，我们关心的是多增加一个单位的努力，能带来多少个单位的成效。所以说，边际量非常重要，它的核心理念是向前看。

边际效用递减定律

明白了“边际”的概念，接下来就可以理解经济学当中最重要的原理——边际效用递减定律了。这个定律说的是，在单位时间内，随着人们消耗的某种商品的数量不断增加，消耗这种商品所能带来的新增享受迟早都会下降。

讲个故事你就明白了。美国的罗斯福总统，是美国历史上唯一一位连任四届的总统。当他第四次当选总统以后，有位记者就问他：“第四次当选总统是什么感受？”罗斯福没有当场回答他的问题，而是请这位记者吃三明治。

吃第一块三明治的时候，这位记者觉得这是总统请客，无上的荣耀，吃得很舒服；吃第二块的时候就感觉平平了；吃第三块的时候，已经很难下咽了。当罗斯福把第四块三明治放到这位记者面前时，罗斯福说：“你把这第四块三明治吃下去，你刚才问我的问题，我就不用回答了，你自己会有亲身感受。”

这就是边际效用递减的规律，它指的是在其他条件不变的情况下，每多消耗一个单位的商品，所能带来的新增的享受迟早都会递减。例如我们吃东西的时候，食物带给我们的边际效用，迟早都是会递减的。

要特别注意的是“迟早”二字。说边际效用迟早递减，并不等于说边际效用不可能先有暂时递增的阶段。换句话说，并不能因为边际效用有上升的阶段，就说边际效用递减定律不成立了。

厨房里做饭的人，从一个增加到几个的时候，分工合作带来了规模效应，这时边际效用是递增的；喝酒的时候，从第一杯到第二杯、第三杯，身体的感官被调动起来了，这时边际效用是递增的；入网的用户，从 100 人增加到 100 万的时候，数量带来了质量，这时边际效用也是递增的。

边际效用递减定律不排除这些阶段的存在。这个定律要强调的只是，在其他条件不变的情况下，不断增加某种要素，这些新增要素所带来的边际收益迟早会下降。

往同一个厨房里不停地塞进厨师，往一个胃里不停地倒入烈酒，往一个网络平台上不断地增加用户，那么这些新增的投入所带来的效用，就迟早——从某个时点开始——递减。

一些人看到互联网经济带来的规模效应和网络效应，发现上网的人越多，网络的价值越大，就赞叹“边际效用递减定律失效了”。他们是误解了，把“迟早递减”误解为“始终递减”了。

事实上，要防止互联网的边际效用随着用户数量的增加而下降，就必须改变原有的条件，即不断升级带宽，不断增加硬盘，不断换上更快的芯片。只有这样，才能摆脱边际效用递减的必然趋势。

边际效用与边际成本趋同

明白了边际效用递减定律，我们就能进一步理解，为什么通过追求边际效用和边际成本的平衡，就能够使得总收益最大化了。

首先，边际效用和边际成本是一组成对的概念。例如，我们吃馒头，馒头带给我们的效用在递减，但与此同时，我们每吃一块馒头，都要付出一定的成本，要为馒头付钱。由于边际效用是在递减的，所以总会有这么一个时刻，多吃一口馒头所带来的边际效用，会低于我们为吃这一口馒头所付的边际成本。当这一刻来临时，继续吃馒头就得不偿失了。这时我们就会停止吃馒头。也就是说，这时候我们只有把钱用到别的地方去，才能获得比吃馒头更高的边际效用。

一般来说，当我们把口袋里有限的钱，按"边际效用等于边际成本"的原则，分别用来购买不同的产品时，我们从这些不同的产品那里获得的总收益，就会达到最大。

到此，我们就已掌握了足够的思想工具，来回答斯密提出的问题——"到底是钻石给人带来的幸福大，还是水给人带来的幸福大"。

斯密说得没错，水才是人们真正的必需品。当我们花钱的时候，我们花的第一个铜板是用来买水的，因为它是必需品；第二个铜板，也是买水；第三个、第四个，还是买水……当第一千个铜板还是用来买水的时候，这时水带给我们的边际效用已经相当低了。这时候，我们会动一个念头：第一千零一个铜板，能不能买一点点钻石？

那一个铜板买来的一点点钻石，能够很好地满足我们的虚荣心。于是我们就把第一千零一个铜板用来买钻石，因为用这个铜板买来的钻石，比用它买来的水效用更大。也就是说，在边际上，水和钻石给人带来的幸福是一样的。

当我们一个一个铜板分别在水和钻石上分摊的时候，其实是在遵循一个原则，那就是确保水带给我们的边际效用跟钻石带来的边际效用相等。

每个人都应当是边际平衡的高手

资源是有限的，如何最有效地利用有限的资源，使其获得最高的效用？办法就是把资源分摊到不同的用途上，并确保资源在这些不同用途上获得的边际效用都趋于相等；如果出现不等，那就应该不断地把更多的资源挪用到边际效用较高的用途上，直到资源在这种用途上带来的边际效用下降到与其他用途的边际效用相等为止。这就叫边际平衡的概念。如果一个人这么做了，那么他得到的总效用就会达到最大。

假设你是一位在校生，你应不应该在经济学这门课上拿100分？如果你在经济学上努力地拿100分，那么，我可能会说你不是一位好的经济学学生。

因为你的学习总分，除了经济学这门课，还包含好多门课。在经济学这门课上，从60分变成80分相对容易，从80分变成90分就很难了。边际成本在增加，而边际效用在递减。最后，当从99分提高到100分的时候，所要付出的努力会非常大，而这些努力带给你的边际效用却非常低。

因此，每一个人都应该成为边际平衡的高手。也就是说，我们应该利用自己有限的时间、有限的精力，在自己所能涉及的所有领域、所有活动、所有选项当中，根据边际平衡的规律来分配时间、金钱、精力和其他资源，从而使总效用达到最大。

思考题

（1）“穷者越穷，富者越富”，这句话你觉得对不对？

（2）为什么会有“坦白从宽”的做法？

（3）假如有100亿元的科研基金，由你决定用来研制治疗哪种疾病的新药，你将选择针对哪些疾病？你如何说服其他人的不同意见？

（4）两位同学就政府提高所得税率的后果展开了讨论。一位同学认为，这会迫使人们更加卖力地工作，以便赚回原来能够赚到的税后收入。另一位同学则认为，这会打击人们工作的积极性，使人变得更加懒散，而他们赚到的税前和税后收入都将下降。根据你所学到的关于边际的知识，你的分析是怎样的？

（5）个人的发展，既离不开个人能力的提高，也离不开社会环境的改善，在这两者之间你应该如何分配自己的精力？求人容易，还是求自己容易？

需求定律｜关于人性的定律

第 028 讲｜需求第一定律

需求第一定律是说：当其他情况不变时，只要价格提高，商品的需求量就会减少；价格降到一定程度，需求量就会增加。

是的，堂堂需求第一定律，听上去就是这么拙朴。但这一拙朴的定律却是对人性深刻而基本的刻画——人总是善于根据代价的高低而灵活应变。

具体来看，需求第一定律可以用下面的需求曲线表示。

需求曲线

如图 3–1 所示，纵坐标是价格，横坐标是需求量，倾斜向下的曲线是需求曲线。当纵坐标价格上升到一定程度时，横坐标需求量就减少；当价格下降，需求量就增加。

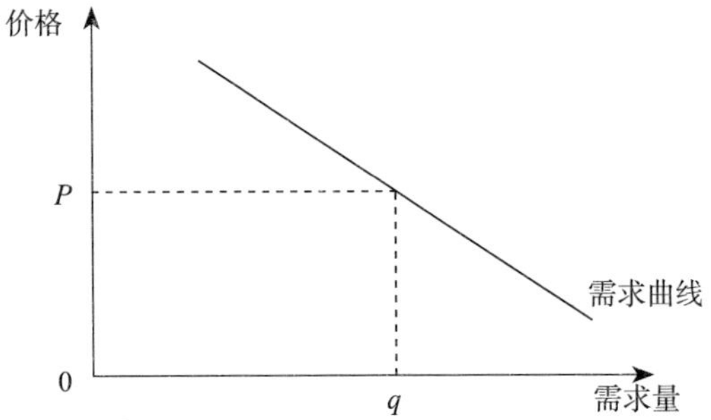

图 3–1

需求曲线中的自变量和因变量

首先，我们看图中横坐标和纵坐标之间的关系。我们的习惯是横坐标是自变量，纵坐标是因变量。但是经济学家遵循一个老的传统：在需求曲线上，纵坐标是价格，但它才是自变量，横坐标需求量则是一个因变量。也就是说，当价格发生变化时，需求量会发生变化。

需求与需求量存在重要区别

我们还要区分需求与需求量，这一点非常重要。很多人，包括不少经济学者，都没把这两个概念分清楚。

在图 3–1 中，需求曲线上的任何一点，代表的是单个价格和单个需求量之间的搭配组合；这些点连成的线，体现了价格和需求量之间的一种对应关系，这一对应关系可以体现为一个需求表、一个需求函数，或者一种需求。

在经济学里，一条需求曲线（或一种需求、一个需求函数）刻画的是在所有其他条件不变的情况下价格和需求量之间的对应关系。请注意，是“所有其他条件都不变”。而当价格以外的任何其他因素发生变化时，需求就会发生变动，我们就用另外一条位置不同的需求曲线来刻画新的价格和需求量之间的关系。

在图 3–2 中，我们可以看到两种不同的变化。

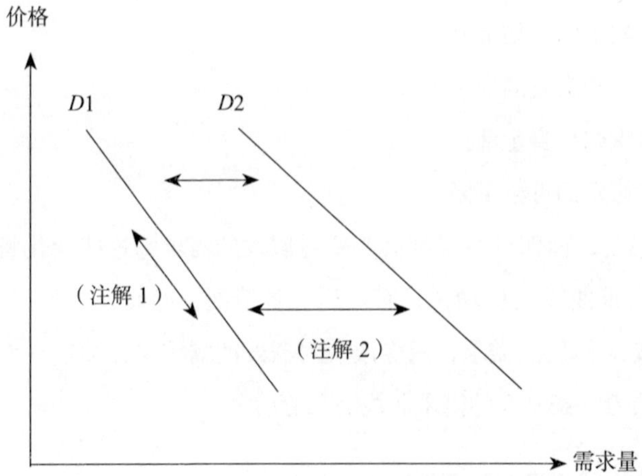

图 3–2

注解 1：只有价格发生变化时，需求量沿同一条需求曲线滑动。

注解 2：当价格以外的任何因素发生变化时，整条需求曲线发生变动和转动，但依然保持倾斜向下。

一种变化，是需求曲线本身不动，我们沿着这条不动的需求曲线滑动，需求曲线上面的每一个点代表只有价格变化而其他条件不变时需求量的相对变化；而另外一种变化，是整条需求曲线发生平移，发生转动，位置发生变化，这表示其他因素发生了变化，这些变化发生以后，价格和需求量之间的对应关系，就得用别的需求曲线来表示。

我们要严格区分的是，我们所要表示的变化，到底是沿着一条不变的需求曲线上下滑动，还是整条需求曲线发生了平移或转动。

借用经济学家阿尔钦所提的问题，我们可以很好地理解这种区分。阿尔钦问：一个秃子需要购买假发，下面哪种情况会改变他对假发的需求（请注意，是需求，而不是需求量）？

（1）秃子的收入增加；

（2）帽子的价格上升；

（3）护理头发的成本上升；

（4）重归单身生活；

（5）假发的价格下降。

答案是，前四种情况都会改变对假发的需求，这些变化将表现为整条需求曲线的移动；只有最后一种情况，即假发的价格下降，不会改变对假发的需求，只会改变对假发的需求量，而这一变化将表现为沿着一条不变的需求曲线上下滑动。

需求曲线永远向下倾斜

在股票市场上，确实存在追涨杀跌的情况，也就是价格越高的股票，买的人可能会越多；在奢侈品市场中，钻石项链比玻璃项链更受追捧；十多年前，MBA 的学费节节上升，但想要报考的人数却有增无减。这些现象，经常被人误以为需求曲线也可以倾斜向上。

这种误解，是忽视了需求定律中“其他条件不变”的前提而引起的。事实上，上述这些现象，都可以理解为“其他条件变了”，例如股票的盈利能力变了，商品的质地变了，MBA 学位在人们心目中的含金量变了。一旦“其他条件变了”，我们就应该另外画一条位置不一样的需求曲线，而这条新的需求曲线，也仍然是倾斜向下的，其含义是针对这种新的情况，在人性不变的前提下，价格越高，需求量将越低。

在《简明经济学百科全书》(*The Concise Encyclopedia of Economics*, 2007)的“需求”(demand)条目中,有这么一段清楚的解释:

> 我们怎么能知道不存在“价格上升需求量也上升”的例子呢?的确有过一些记载,但它们几乎全都可以理解为价格以外的某些因素发生了变化。诺贝尔奖得主斯蒂格勒以前在谈到这个问题时说,要是哪位经济学家真的发现了反例,那么他“以行内的标准来看必定能名垂青史并且平步青云”。斯蒂格勒继续写道:“既然这两大甜头是大多数经济学家梦寐以求的东西,而他们谁也找不到这样的需求定律的反例,那么可见这样的反例是多么稀有。”而实际上,只要有经济学家报告说找到了这样的例子,说价格上升时消费也增加了,那么别的经济学家就会设想,那是价格以外的其他因素导致了需求的增加。

斯蒂格勒的意思是,只要是价格以外的因素导致了需求的增加,经济学中约定俗成的做法就是另外画一条位置不同、依然倾斜向下的需求曲线。

供应曲线

在需求曲线图中,当价格很低时,需求量就很高;价格逐渐上升,需求量就逐渐减少,当价格上升到一定程度,需求量就萎缩为零。

那如果价格再进一步上升,需求量会是多少呢?需求曲线就会跑到第二象限,需求量变成负的(见图 3–3)。

负的需求量,是说需求变成了供给。图 3–3 中第二象限里的虚线,其实就是一个供给,我们把它镜像折返回来,折到第一象限里,就成了一条供应曲线。

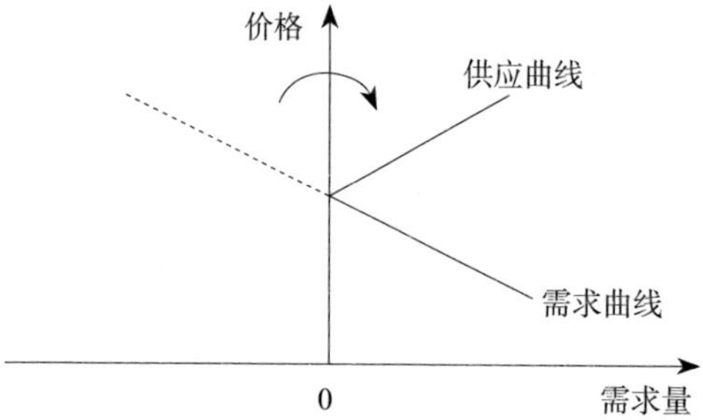

图 3–3

换言之，需求和供给没有黑白之分，它取决于市场价格。当一件商品的市场价格比较低时，我们是需求者，要买入，要消费；随着这件商品的价格逐渐升高，我们对它的需求量就会逐步减少；当这个产品的价格进一步上升，我们就会停止购买，停止消费；如果它的价格还在上升，我们就会从需求者变成供给者。

几年前，有朋友发了一个帖子："今天早晨从北京北五环仰山桥去河北廊坊开会，接连询问了 9 辆出租车，没有一辆车愿意去。一共 70 公里的路程，条件是：一不打里程表，二要 300 元，三要 50% 的回程空驶费，合计要 450 元。空驶费有这么算的吗？只好愤然取车自驾去了。"这位朋友还发出感慨："对于有些人来说，如果灵魂的表坏了，单靠提价是解决不了问题的。"

我回应这位朋友说：这个例子很生动，恰恰说明了价格的重要性。第一，当价格提高到 450 元时，原来你是需求者，现在变成了供给者。可以想见，如果价格不仅仅是 450 元，而是 4500 元，可能你就干脆去当出租车司机了。

第二，如果连续 9 位司机都不肯接活，说明这条路线的定价系统出了问题，因为概率上很难连续找到 9 个跟钱过不去的傻瓜。由此，我们可以断定是定价系统出了问题，而不是什么人的灵魂出了问题。

说起需求者随着价格上升会变成供给者这一点，我还想起当年到美国读书时给我提供住房的一对夫妇。他们都是音乐家，刚买了房，但是自己不住，提供给外来的学生。为什么？因为房租比较高，他们宁愿牺牲自己的享受来为别人提供服务。

“消费者剩余”最好叫“交易剩余”

讲到需求曲线，我们还得讲另外一个重要的概念——“剩余”（surplus），有时叫“消费者剩余”。

我们知道，需求曲线上任何一个点，都代表一个人对这件商品在这个单位上面的个人估值，也就是说，他为了获得这个单位的服务所愿意付出的最大代价。

但是，一个人对一件商品的个人估值，跟他为了得到这件商品所付出的代价之间是有很大差距的。这个差距，我们称之为“剩余”。

例如，冰箱里有各种各样的食物，有冰激凌、水果、蔬菜，还有肉类，假设它们的总价是300元。这时忽然停电了，没有了电，冰箱里的食物就会坏掉，眼看着300元就会付诸东流。这时如果有人跟我说，他愿意给我提供电，那我愿意付多少钱呢？

1元钱我愿意付，10元、100元、200元、250元我都愿意付，只要电价不高于300元，我都愿意支付。但实际上我们每天所付的电费也就是一两元钱，这一两元和300元之间的差距就叫剩余。

我们在日常生活中，消费各种各样的商品时所享受到的剩余是巨大的。同样，生产者和商品的提供者也享受很大的剩余。发电厂卖给我们一度电几毛钱，但实际上如果价格再低一点，它们也愿意卖，所以它们也享受了它们对电的个人估值和电的实际价格之间的差价，也享受了剩余。

这当中的剩余，我们通常称之为“消费者剩余”。这个剩余是消费者的个人估值和他实际上支付的价格之间的差距。没有消费者的估值就不会有剩余，但是如果没有生产者生产和提供商品，也不会存在剩余。所以我们通常所说的消费者剩余是容易产生误解的，更合理的名称应当是“交易剩余”，即只要有交易，买卖双方就都能够享受到剩余。

在《战俘营里的经济组织》一讲中我们讲道，那位随军牧师手里拿着 1 罐奶酪和 5 根香烟，在营房里走了一圈，达成了许多交易，他的商业活动所创造的剩余就叫交易剩余。

思考题

（1）假设位于美国新泽西州的葛咸市有 100 万户家庭，有 100 万套住房，平均每户拥有一套住房。再假设未来几年将有 10 万户家庭迁入该市。市长据此判断：“如果不增加住房供应，我市将出现 10 万套的住房缺口。”根据需求第一定律，市长的论断有何重要的缺陷？

（2）我们讲，凡是交易就有剩余，有剩余，买卖双方都皆大欢喜。但如果是这样的话，为什么世界上许多国家都有所谓的价格法，专门打击商人定价过高的行为呢？

第 029 讲 | 需求第二定律

需求第二定律也是对人性深刻的刻画。懂了需求第二定律，我们就会更懂人与人之间互相作用、互相博弈的规律。

需求第二定律是说：需求对价格的弹性，和价格变化之后流逝的时间长度成正比。也就是说，随着时间的推移，需求对价格的弹性会增加。

需求的价格弹性

这里我们遇到了一个术语——弹性。这本书里几乎没有数学公式，而这一讲将出现为数很少的几个公式，实际上它们很简单。

需求对价格的弹性，就是需求量随商品价格的变动而变动的程度，它等于需求量的变化百分比除以价格变化的百分比。其含义是：每当价格变化百分之一，需求量会变化百分之几。如下所示：

$$\text{需求的价格弹性}=\frac{\text{需求量的变化比例}}{\text{价格的变化比例}}=\frac{\Delta Q/Q}{\Delta P/P}$$

例如，如果价格变化了2%，需求量因此变化了5%，那么弹性就是5%÷2%=2.5。弹性大于1，表示只要价格发生一定幅度的变化，需求量就会有更大幅度的变化。一般来说，奢侈品，例如香水、名烟、名表和名照相机等，都有这个特点。

相反，如果价格变化了2%，需求量因此变化了1%，那么弹性就是1%÷2%=0.5。弹性小于1，表示价格发生一定幅度的变化，需求量也发生了变化，但幅度更小。一般来说，生活必需品，例如大米、小麦和食盐等，都有这个特点。

弹性大于1，指的是奢侈品；弹性小于1，指的是必需品。需要注意的是，由于价格的变化方向和需求量的变化方向永远是反向的，所以弹性永远是一个负数。一般讲弹性，讲它的绝对值就可以了。

需求曲线上的弹性处处不等，价格越高弹性越大

弹性不等于斜率。在一条需求曲线上，斜率是处处相等的，但

是在同样一条需求曲线上，每一点的弹性都不一样。

$$需求曲线的斜率 = \frac{价格的变化量}{需求量的变化量} = \frac{\Delta P}{\Delta Q}$$

如图 3–4 所示，一条倾斜向下的需求曲线，它的价格比较高的部分，弹性大于 1；它的价格比较低的部分，弹性小于 1。而每一点的弹性都是不一样的，是在渐变的。

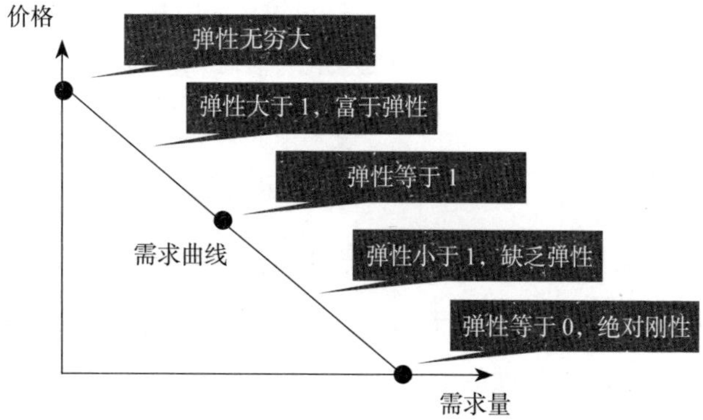

图 3–4

一件商品是奢侈品还是必需品，完全取决于价格

掌握了商品的需求弹性会随着商品价格的变化而变化的规律，我们就容易明白一个道理：任何商品都既可以是奢侈品，也可以是必需品，这完全取决于价格的高低。当商品足够便宜的时候，它自然就成为必需品；当它贵到一定程度，它就自然变成奢侈品。

例如，水到底是奢侈品还是必需品？一般人会说，水当然是必需品。但想想看，在水资源特别匮乏的地方，人们使用水的数量，跟水资源非常丰富的地方，是完全不一样的。水资源特别匮乏时，人们不会随便浇花、洗车、洗澡。少量的水会先洗脸再洗脚，洗完脚又刷鞋，刷完鞋还要拿来冲厕所。

同样，今天生活在大城市的打工族，往往认为出租车是一种必需品。但实际上，二三十年前出租车肯定是奢侈品，一般人是坐不起的。出租车司机只在宾馆门口趴活，他们接的都是外宾。随着价格的下降，出租车才变成很多普通人上下班必需的交通工具。

“垂直的需求曲线”不存在

这时有人会说，生活当中有些商品，无论什么情况下，都是必需品；无论价格多高，它都不会变成奢侈品。比如说盐，无论盐的价格多高，大家都得吃，不会变成奢侈品。这种需求通常被称为刚性需求，简称刚需。

一些经济学教科书，就用一条垂直的需求曲线表示这种想法。前面讲需求第一定律时，我们曾经再三强调，需求曲线一定是倾斜向下的。问题是，既然有倾斜向下的需求曲线，会不会也有垂直的需求曲线呢？看看图 3–5 就清楚了。

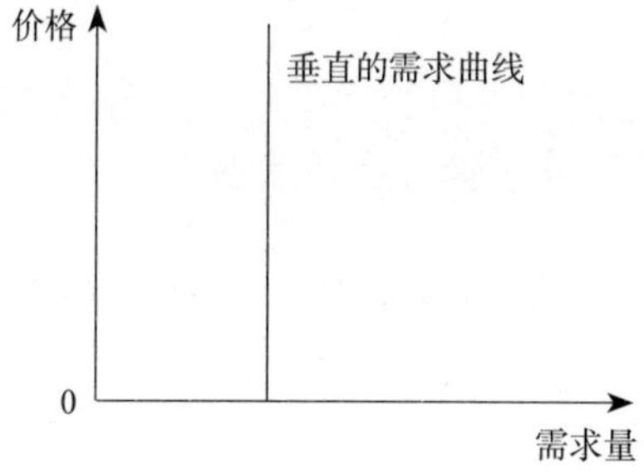

图 3–5　不存在垂直的需求曲线！

随手画一条垂直的需求曲线是容易的，但是在真实世界里，它的含义是说，无论代价有多高，它的需求量都不变，它意味着人们没办法寻找任何替代方案。事实上，这种情况是不存在的。

人会寻找替代方案

因为，人是会找到替代方案的。如果人不会找任何替代方案，人类早就灭亡了。以盐为例，当盐的价格高到一定程度时，人们就一定会想办法寻找别的替代方案，最后生病也是一种替代方案，甚至死亡也是。

假设我得了一种病，医生说有一种药可以治病，需要1000元钱，你愿不愿意付？我说可以；1万元、10万元也可以。但医生说100万元呢？这时我就会问医生100万元能管多久，如果能够根治这个病，那也行，但如果医生说100万元只管一个星期，我会怎么办？我可能会说，那就别治了，把钱省下来吧。每一天，在每一家医院，每一个病人其实都面临这样的选择。

所以，我们说需求定律是刻画人性的。人性的特点，就在于它能够寻找替代方案，而且时间越长，它能找到的替代方案就越多。

随着时间的推移，需求弹性会越来越高

掌握了弹性的概念，理解需求第二定律就是水到渠成的事了。

需求第二定律是说，随着时间的推移，需求对价格的弹性会逐渐增大。它的意思是，当出现新的情况、新的冲击时，人们寻找替代方案的范围一开始可能没那么大，但是随着时间的推移，他们选择替代方案的空间会越来越大，能够找到的对策就越来越多。

例如，我今天跟往常一样出门准备上班，一出门发现外面倾盆

大雨，只有一辆出租车，司机跟我说要涨价 3 倍，这就是一个突如其来的冲击。一开始，我没有选择余地，只能出 3 倍的价钱。因为我上班不能迟到，同学们在等着我。

如果接下来好多天仍然是这样的情况，我就会去想替代方案。可能会在学校附近找一家酒店住下来，也可能跟排课的老师商量，把上课的时间调整一下。

这种变化趋势就是需求第二定律所说的：随着时间的推移，需求对价格的弹性会变得越来越高，也就是说替代品将会越来越多、应变的空间会越来越大。

需求第二定律的应用

生活中，我们经常需要承担一些费用，例如买卖房屋时交房产交易税等。这时我们会问，房产交易税是卖房人付的还是买房人付的？很多人会说是买房人付的，卖房的人实际上没付。事实真的如此吗？

为什么卖房的人有本事把房产交易税的负担推给买房人呢？既然卖房人有本事把成本负担推给买房人，为什么不多推一点呢？

税负由买卖双方共同承担

实际上，房产交易税是买家和卖家分摊的。先看看图 3–6。这张图里有一条倾斜向下的需求曲线 D，有一条倾斜向上的供应曲线 S，这两条曲线相交的点是平衡点 N。在政府没有征税的情况下，买卖双方的均衡点就在 N 这一点上。在这一点上的均衡价格是 p_0，其均衡销售量或者需求量是 q_0。这时，政府说要征税。征税的后果，是需求者支付的价格要比原来高，这样需求者付的价格，从以前的 p_0 变成了 p_d；而同时，供应者比原来拿到的钱要少收一点，也就是说

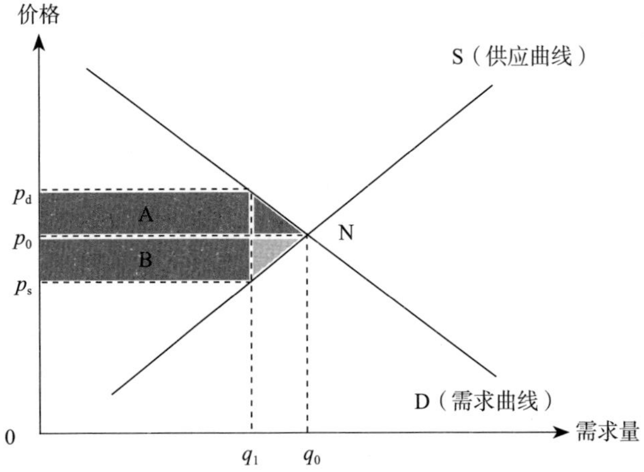

图 3–6

他能够赚到的钱从 p_0 变到了 p_s。

而这时整个交易量从 q_0 收缩到 q_1。这就是政府收税之后新的均衡状态。也就是说，买方多付了钱，卖方少收了钱，这两笔钱加起来恰好等于政府的税收。图中 p_d 和 p_s 之间的距离恰恰是政府所征的税。

最后的结果是，图中标志为 A 的矩形，是买家承担的税收部分，而标志为 B 的矩形，是卖家承担的税收部分。A 加 B 的总面积，等于政府的税收收入。

通过这幅图，我们会发现政府征收房地产交易税，结果是买房人多付了钱，卖房人少赚了钱，他们的损失之和等于政府的税收收入。所以有人说房价太高了，建议政府通过收取很高的房产交易税来压低房价，这种想法是完全错误的。重税只会增加房屋买卖双方的负担。

需求者与供应者，谁承担更大的税负

税负由买卖双方共同承担，但是他们二者是平均分摊的吗？

看看下图就能够找到线索（见图 3–7）。

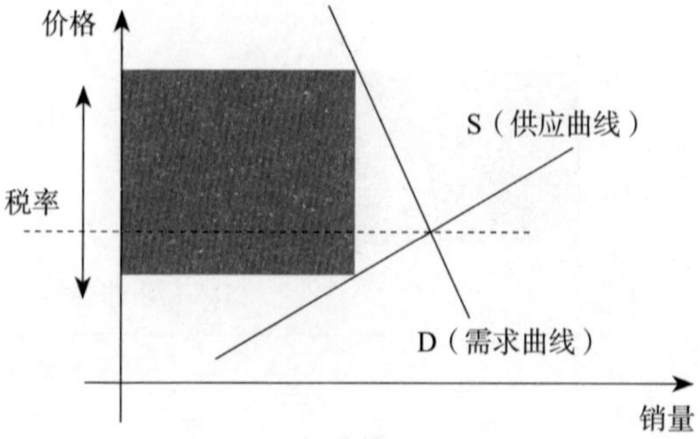

图 3–7

需求者承担的部分是上面的矩形，供应者承担的部分是下面的矩形。到底上面的矩形大，还是下面的矩形大，这取决于需求曲线和供应曲线的相对弹性。

我们前面讲过需求曲线上的弹性处处不等，当然供应曲线上的弹性也处处不等。我们姑且简单地把比较陡峭的需求曲线、供应曲线说成是缺乏弹性的需求和供给，而把比较平缓的需求曲线、供应曲线说成是具有弹性的需求和供给。

我们再看看图 3–8，我故意把供应曲线画得比较平滑，需求曲线画得比较陡峭，这时候上面的矩形就比下面的矩形要大很多。这说明当需求缺乏弹性、需求曲线比较陡峭时，大部分的税负是由需求者承担的。

反之，我们看看图 3–9，我故意把需求曲线画得比较平滑，而供应曲线画得比较陡峭，也就是说，供应者比较缺乏弹性。这时我们就会发现上面的矩形比较小，下面的矩形特别大，这说明税负大部分落到了供应者头上。

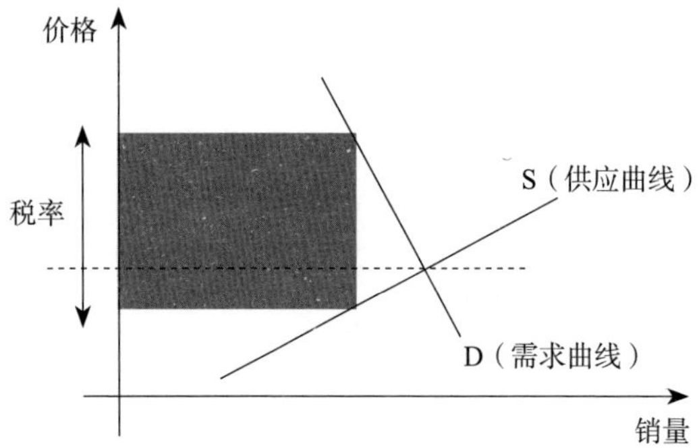

图 3–8

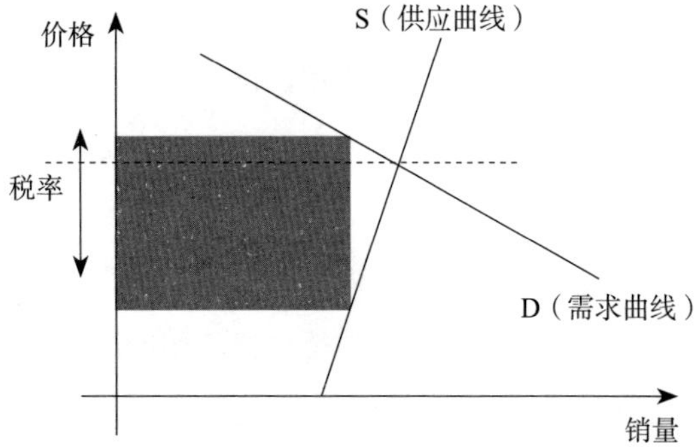

图 3–9

现在我们就可以回答开始提的问题：房产交易税到底是买房人付的还是卖房人付的？

正确的答案由两句话组成：税负是双方共同承担的；双方各付多少，取决于需求者和供应者双方的相对弹性，谁的弹性低，谁对这份交易的需求更迫切，谁就付得多一点。

而供需双方相对弹性的大小，跟法律与政府的规定本身没有关系。例如，不管法律或政府规定是雇主付养老保险还是雇员付养老保险，最后双方的分担都取决于雇主和雇员谁更需要这份工作。谁越需要这份工作，谁的谈判能力就越低，就会承担更大比例的负担。

从长远看，法律规定没有效果，我们称这个规律为“法律无效定律”（The Law of the Irrelevance of the Laws）。这个规律之所以起作用，背后的原因，就在于需求第二定律所刻画的基本人性，即人是会寻找对策的，而且时间越长，他们找到的对策就越多，法律规定带来的后果就越弱。

需求第二定律在我们现实生活中还有一些有趣的应用。例如男女关系，两个人谈恋爱总有一些交易费用吧。到底谁去找对方，谁来付约会的交易费用，讲的语言不一样时谁迁就谁的语言，谁迁就谁的饮食习惯，这时候我们就能够看出谁的需求弹性更低、谁更难舍难离了。

还有，今天我们有这样的习惯，男生跟女生结婚的时候，男生要给女生买一个钻石戒指，这是风俗习惯，规定好了一定是男生买的。但今天你学了法律无效定律以后，你就知道这个戒指实际上是谁买的。正确的答案是，这个戒指是双方共同买的，谁付的钱多，谁付的钱少，取决于谁更迫切地想要结婚。

思考题

（1）在现代社会里，交通意外所造成的损失最终是由哪些人或机构承担的？交通意外是不是意外？

（2）某人获得了国际大奖，那么其声名是由哪些人或机构享受的？

第 030 讲 | 需求第三定律

绝大多数经济学教科书中只有两个需求定律，但这里我会向你介绍需求第三定律。发现这个定律的是两位经济学家阿尔钦和威廉·艾伦（William Allen），这个定律是在他们合写的教科书《大学经济学》（*University Economics*, 1974）里提出的。

需求第三定律要回答的问题

在介绍需求第三定律之前，我们先看一下以下问题。

问题一：假设我手上有两段文字，一段是从某块石碑上抄下来的，一段是从我的电子邮件里随机抄出来的。这两段文字哪一段的质量更高？

问题二：我手上有两张音乐会的门票，一张是北京市朝阳区群众组织的音乐会票，另一张是美国国家交响乐团的音乐会票。哪一个音乐会的欣赏价值更高？

问题三：每年有很多人跑到美国的拉斯韦加斯赌博，赌博时是美国当地人下的赌注大，还是不远万里跑到拉斯韦加斯去的中国游客下的赌注更大？

问题四：超市里卖的一盒牛肉，上面写着“澳大利亚进口”，这盒牛肉更可能是含骨头的，还是去了骨头的？

所有刚才问的问题，都是需求第三定律要回答的问题。需求第三定律到底讲了什么内容呢？

需求第三定律的含义

假设有两种苹果，一种是普通苹果，一种是精选苹果。关于二者的成本，我们看下面的表 3–1。

表 3–1

无附加成本（无运费）	有附加成本（有运费）
普通苹果：1 元 精选苹果：2 元	普通苹果：2 元（1 元苹果 + 1 元运费） 精选苹果：3 元（2 元苹果 + 1 元运费）
精选苹果的“成本”： 2 个普通苹果	精选苹果的“成本”： 1.5 个普通苹果
普通苹果：1 元 精选苹果：2 元	普通苹果：11 元（1 元苹果 + 10 元运费） 精选苹果：12 元（2 元苹果 + 10 元运费）
精选苹果的“成本”： 2 个普通苹果	精选苹果的“成本”： 1.1 个普通苹果

在无运费的情况下，普通苹果 1 元一个，精选苹果 2 元一个。这时候，吃一个精选苹果，成本就是放弃了两个普通苹果。

但是如果要把苹果运到外地去，再加上一笔运费，情况就不一样了。因为苹果的重量和体积差不多，精选苹果和普通苹果的运输成本几乎相同，我们假设都是每个 1 元。

这时精选苹果的成本会变成 3 元，普通苹果的成本变成 2 元。我们会发现，加上运费以后，我们再吃一个精选苹果的成本，就从原来的两个普通苹果变成 1.5 个。

按照这个逻辑推演下去，如果运费不是 1 元，而是 10 元，每个精选苹果的总成本是 12 元，而普通苹果的总成本是 11 元，12 元跟 11 元之间只差了 1 元。换句话说，加上了一笔巨大的运费 10 元以后，我们吃一个精选苹果的代价，只不过是 1.1 个普通苹果。

也就是说加上一笔运费以后，消费精选品的代价变低了。这就是需求第三定律的含义。它的意思是说，精选品和普通品之间的价格本来是有较大差距的，但是加上一笔附加费以后，它们的差距就缩小了，精选品显得便宜了。而附加费越大，这种效果就越显著，精选品就显得越便宜。

附加成本大，精选品才值得

反过来，当人们不得不支付一笔巨大的附加费时，就只有精选品才值得人们去运送、提供，才值得人们享受。

回过头来看我们开头提的问题：

能够刻在石碑上的文字，一定是精心雕琢的，而发电子邮件，是非常便宜的事，所以电子邮件里的文字质量当然是比较低的；不远万里从美国跑到中国来演出的乐团，他们要支付高昂的交通费、住宿费，这时只有高质量的乐团，才值得花这笔钱；跑到拉斯韦加斯去的中国游客，他们下的赌注比美国当地人下的要大，也是这个道理；从澳大利亚进口到中国的牛肉，运输成本可不低，当然事先要把骨头去掉。

附加成本上升并不是好事

我们说加上一笔附加费以后，精选品就显得便宜了。那么附加成本是越高越好吗？

对于这个问题，我们看看中国的产品出口就会有答案了。

中国是出口大国，很多西方国家都对来自中国的产品实施配额保护制度。那么中国的产品要卖到国外去，中国商人得额外购买配额，也就是说要多付一笔附加费。这时只有价值更高、品质更高的产品才配得起这笔附加费，这使得中国出口商品的质量提升了。

这是好事还是坏事？这是坏事。虽然中国出口商品的平均质量提高了，但是出口商品的品种减少了。国外的消费者和中国的生产商都因此蒙受了损失，减少了机会。

例如，原本有各种各样品质的香烟——每包1元、5元、10元——出口到国外。如果西方国家对香烟实施配额制，说每包香烟要多付5元的附加费，那么这时能出口的，是便宜的香烟还是贵的香烟？答案是：只有贵的香烟才值得出口，便宜的香烟就不能出口了。这样，出口的香烟种类减少了，国外消费者的选择也相应少了。

这就是需求第三定律的含义：每当消费者必须支付一笔附加费时，高品质的产品相对低品质的产品就变得便宜了，这笔附加费越高，高品质产品相对就越便宜。正因为这样，我们也把这个定律叫作“好东西运到远方去定律”。

思考题

你能不能再举一个例子，向那些不了解什么叫“需求第三定律”的人，说明需求第三定律的含义？

第4章 价格

如何减少竞争的无谓损失

只要做到边际成本等于边际收益，人们就能够取得收益的最大化。那么随着计算机和人工智能的普及，我们对人类未来的需求和供给的预测会不会越来越准确？新的计划经济时代会不会到来？其实，人类社会要解决的问题，不是边际平衡的问题，而是怎么应对变化的问题。

资源配置｜如何分饼决定饼做多大

第 031 讲｜经济计算问题

100 年前在经济学界发生了一场大辩论。它于 20 世纪 20 年代在德语地区开始，30 年代、40 年代扩展到英语地区，一直延续到今天也没有结束。这场大辩论，我们一般称为“关于经济计算的辩论”，或“经济是不是可以计划的辩论”。

人类的雄心：预测未来，推知过去

这场辩论分正方和反方。正方认为经济是可以计划的，哪怕暂时做不到，将来也一定能够做到。

自从人类掌握并开始运用牛顿定律以来，就越来越相信，只要人们掌握了数据，掌握了规律，就会对自然界有更强的掌控能力。而人和自然界一样，都会产生许多数据，都依照一定的规律行事，只要人类对经济运行的规律掌握得足够充分，计算能力也足够强大，我们就可以对经济做出预测，甚至控制经济。因此很多人成了计划经济的支持者。“二战”之后，全世界有一半的国家，有一半的人口生活在计划经济之下。

反方则认为，人类社会跟自然界有许多根本的不同，人类社会是不可预测的。持有反方意见的学者不仅仅有经济学家，还包括大量的哲学家、物理学家、社会学家。其中知名的经济学家就包括米塞斯（Ludwig von Mises）、哈耶克（F. A. Hayek）、拉赫曼（Ludwig Lachmann）、柯兹纳（Israel Kirzner）等。他们主要生活在德国和奥地利等讲德语的地区，从 1920 年前后开始，他们就经常聚会，互相交流，互相评论对方的著作，共同形成了一场运动。他们指出了为什么人类社会或者经济发展是不可预测的。

计划经济：三个不可逾越的根本障碍

反方之所以认为经济不可预测，理由在于他们认为，在预测经济的过程中，人们会遇到三个不可逾越的、根本的障碍。

人际效用不可比较

根本障碍之一，是人际效用不可比较。这个问题不容易理解，好多人，甚至是一些经济学家也会在这个问题上犯错。

每个人对不同的物品有不同的偏好、不同的个人估值。我喜欢苹果多于橘子，喜欢橘子多于香蕉，你可能刚好反过来。一旦遇到人与人之间的关系需要协调，问题就来了：到底是苹果重要还是香蕉重要？需要用一把什么样的尺子来衡量呢？

对同一种物品，每个人也有不同的偏好。例如，我们都需要木材：你需要木材，给你心爱的小狗盖个小木屋；他需要木材，给他的儿子做一套积木；我需要木材，用来取暖。我们三个人都知道自己需要什么，愿意放弃什么，但是横向做比较时，谁的需求更重要呢？我们没办法判断，也没办法权衡和协调。

有人会说，能不能排个序，根据这个排序的结果，进行数学上的加总，就能看出社会上谁更需要什么了。经济学家告诉我们，这样的做法实际上是不可能的。因为每个人都很清楚自己对不同物品个人偏好的相对高低，但是我们不能因此计算出每一种物品效用的绝对高低。

举一个很简单的例子：张三家的老大，一定比张三家的老二要大。李四家的老大，也一定比李四家的老二要大。但不能因此就说，张三、李四家的老大，因为是老大，就一定比王麻子家的老二要大。很可能王麻子家的老二，年纪要远远大于张三家的老大和李四家的老大。

同样的道理，世界上有 10 位富人和 1 位穷人，我们问了 10 位富人，他们都说苹果比红薯好吃，但是能不能因此就说苹果比红薯重要呢？不能。因为对于那位穷人来说，红薯可能要比苹果重要得多，因为他需要用红薯解决温饱问题。可见个人的偏好，是不能做横向比较的。也就是说，人际效用不可比较。

正是因为这个原因，人们会看到一个有趣的现象，那就是个人和企业的高度计划，与整个社会的无计划，这两种现象是可以并存的。因为个人有明确的目标，他知道自己的效用所在，他就会追求自己的目标；一个企业，要协调不同的资源，也有一个明确的目标，也可以朝着那个目标努力。但是对于整个社会来说，由于每一个人、每一个企业的目标都不一样，整个社会不知道应该朝哪个方向去努力。

过去我们打仗，是单目标行为，比如要把某个山头攻下来，我们就不惜一切代价把那个山头攻下来，这容易。但是到了发展经济的阶段，我们说要把经济发展起来，发展什么呢？是做面包还是做黄油、做大炮呢？不知道。我们不知道劲儿往哪儿使。

这是计划经济遇到的一个根本性的问题。我们不知道怎么才能横向比较人与人之间的效用，也不知道怎么才能确定社会的总目标。

数据不可得

计划经济的第二个问题，是数据不可得。前面我们说过，在自然界，我们只要有大数据，就能够预测。但是到了人类社会，情况就复杂了。

第一，很多人根本就不知道自己真正的兴趣排序。

第二，即便他们知道自己的兴趣排序，也不一定愿意告诉别人。

第三，人们会误导，因为人是有能动性的。比如，我们要做一个人口普查，这个普查数据的准确性取决于人们对普查目的的理解。如果人们认为普查的目的是要惩罚那些超生家庭，那么统计出来的人口数据就会偏低；但如果认为普查的目的是要给每户人家分宅基地，那么人口数据就会偏高。统计的结果是随着人们的预期而变化的，这也是社会科学中的一条“测不准原理”。

第四，很重要的一点，人会对预测本身做出新的反应。一个陨石飞过来，地球不会做出反应，但人会做出反应。预测什么会流行，就会倒过来影响流行。

第五，数据永远保存在不同的人那里，永远无法集中在一起，要把这些数据收集起来非常困难。

当然，更有意思的是，我们都以为计划经济体制下的官员会努力地去收集数据。事实上根本不是这样，官员本身也有很强的惰性。

科斯曾经讲过一个有趣的故事，他说，他曾经在政府机关里短暂工作过，很多人都以为政府官员多多少少都要统计数据，事实上他们办公室那个电话从来就没响过，从来就没人报过数据。

奖惩很难恰如其分

计划经济遇到的第三个根本困难，是奖惩很难恰如其分。人总是会犯错，更何况是预测未来。谁来对正确的预测做出奖励、对错误的预测做出惩罚呢？

这是一个很大的问题。如果我们不能很好地解决奖惩问题，人们就不能及时修正他们对未来的预测，并做出调整。

让人认错是很难的事情。有什么办法能让他们认错，让他们调整对未来的预期，从而更好地配置资源呢？这个问题也很棘手。

这就是计划经济面临的三个根本障碍。而这三个根本障碍，到底有没有办法克服呢？

思考题

怎么样才能适当地奖惩，让人们主动地调整他们对未来的预期，不会犯过大的错误？

第 032 讲 | 知识在社会中的运用

诺贝尔奖得主哈耶克，曾经在著名的《美国经济评论》（*The American Economic Review*）上发表过一篇名叫《知识在社会中的运用》（The Use of Knowledge in Society, 1945）的文章。

这篇文章有多重要？2011 年《美国经济评论》庆祝创刊 100 周年，请了世界上顶级的经济学家，在这本发表了无数文章的期刊里挑选出最经典的 20 篇论文，而这篇文章就是其中之一。

重温边际平衡的概念

在这篇文章里，哈耶克首先说，经济体系要解决的问题，不是边际平衡的问题。我们前面讲过边际的概念，也讲过边际平衡的概念。边际就是新增带来的新增，比如多花一元钱多带来的收益。

边际平衡说的是，我们手上的钱有限，每一元钱应该花在给我们带来收益最大的那件商品上。钱一点点花出去，最后我们在每一种商品上得到的边际效用就是平衡的。这样，我们手上有限的钱，买到的商品、给我们带来的效用，就能够达到最大化。这就是边际平衡的概念。

经济学教科书一直关心的，往往是如何平衡边际的问题，也就是怎么才能让我们每项活动的边际成本，跟它的边际收益相等的问题。如果能做到边际成本等于边际收益，那么个人的总收益就能够达到最大。

经济体系要解决的首要难题

但是哈耶克却力排众议，开门见山就说，经济体系要解决的问题，不是边际平衡的问题。他说边际平衡是小问题，经济体系要解决的是应付变化的问题。

人类社会跟自然界一个根本的区别是：自然界是循环往复的，而人类社会每天都在接受各种各样的冲击。哈耶克说，如果人类社会仅仅是要解决边际平衡问题的话，那实施什么样的社会制度，最终的结果都是一样的。计划经济也可以，市场经济也可以。因为我们可以从不断试错的过程中，发现我们应该如何计划未来的生产。

如果这个世界每天都像太阳系一样周而复始，人口是不变的，需求是不变的，每天都消耗100万件蓝色的西装、100万件黑色的西装、100万条白色的裙子，那么我们不论用什么样的方式，都可以找到最佳答案。实施什么样的社会制度，最终都是无关紧要的。

哈耶克解释道：人类社会要解决的问题，不是怎么让边际平衡的问题，而是发生了新的变化以后，我们应该如何应对的问题。

与变化相关的知识，从来没有被集中过。每当发生变化，总是有个别的人，在某个局部感受到了变化。而这些关于变化的知识，是永远没办法集中在一个人的大脑里的。

每当我们说起知识，就会很自然地望文生义，认为知识当然就是课本里的科学知识。但这其实只是知识的一部分。对于经济体系而言，更多更重要的知识，是关于谁在什么地方、愿意以什么样的代价、购买什么商品的局部信息。哈耶克把这些局部信息称作“知识”。由于这些知识永远分散在不同人的大脑里，不可能集中，所以如何把这些分散的知识利用起来，从而对时刻不停的变化做出反应，才是人类社会要完成的艰巨任务。

价格能够提供近乎完美的解决方案

哈耶克指出，解决问题的答案，就是价格体系。价格体系能够轻松越过计划经济所遇到的一系列障碍，能够巧妙地把分散的知识利用起来，能够恰如其分地对每个人的判断和行动做出奖惩，从而解决人类社会的应变问题。

首先，我们上一讲所讨论的人际效用不可比较的问题，就可以通过价格解决。通过价格，人们就能够找到一把共同的尺子。因为每当出价，人们就知道这个人愿意用什么样的代价获得商品。这时候，价格就是一个可观察、可统计、可加总的数据。

其次，关于数据不可得的问题，价格也能解决。

（1）价格传递了关于稀缺的信息和数据，什么东西缺了，那件产品的价格就上升了。

（2）价格传递关于稀缺的信息时，是用最经济的方式传递的。例如，很多人要在冬天为自己家的小狗买个小木屋当狗窝，这时市场反映出来的，是小木屋的价格上涨，只有这么一个简单的信息。别人不知道我们多爱自己的小狗，我们家的小狗是公的还是母的，这些都不知道，也不需要知道，但只要价格上涨，人们就知道这个商品是稀缺的。价格传递关于稀缺信息的方式是言简意赅、非常节约的。

（3）价格所传递的关于稀缺的信息，只会传到相关的人那里。不相关的人，他不会收到这个信息。不买小木屋的人，他不知道价格上涨，只有那些使用小木屋的人，才会收到相关的信息。这一点非常重要。

（4）我们前面提到收集信息困难时说，人们没兴趣告诉他人关于稀缺的信息，人们有时候会把自己掌握的信息藏着掖着，不告诉别人。但是价格也能解决这个问题。只要人们愿意购买某件商品，购买行为本身，就把人们的真实需求公之于众了。

再有，价格还能够指导生产，指导人们在不同的生产方式中选择适当的那一种。生产同样的东西，有好多不同的生产方式，到底应该选哪一种，价格能够告诉我们。

最后，价格体系也能妥善解决奖惩的问题。怎样才能恰如其分地奖励和惩罚人们对未来做出的预测呢？价格本身就是最好的奖励和惩罚。任何人只要做错了决定，他不需要写检讨书，也不需要公开认错，价格已经惩罚他了；任何人只要做对了决定，我们也不用给他发奖状，不用表扬他，价格已经给他恰如其分的奖励了。

我们可以把哈耶克的《知识在社会中的运用》，看作是前面我们所介绍的《我，铅笔的故事》的学术版。这篇文章揭示了人类通过价格体系来运用分散的知识、进行大规模合作的独特机制。今天要回答“人工智能是否可以预测未来”“以计算机为基础的计划经济是否可行”等问题，也还得重读这篇论文。

思考题

请再做一下减法，在价格的这三个作用里面，你认为哪一个作用是最重要的？

第 033 讲 | 如何分饼决定饼做多大

上一讲我们介绍了价格的三个作用：（1）传递关于稀缺的信息；（2）指导生产；（3）做出奖惩，决定商品分配。许多人都能够接受价格的前两个作用，但对第三个作用——有钱的人先得多得，没钱的人迟得少得——则有不同的看法。有钱人优先，这一点不太容易让人接受。

价格只能在具体的交易中形成

我先讲一个故事，来说明要真正理解价格的形成机制，并不是容易的。

我读研究生时，有位老师讲过这样一个例子。他说，我们可以在一个课堂里，把同学分成两半，给其中一半同学每人一个马克杯，而另外一半同学则没有。后者需要从前者那里购买马克杯。

他们一对一对地协商交易。通过不同的配对，不同的讨价还价过程，最后所有的马克杯都卖出去了。每个马克杯都有一个成交价。同学们把这个成交价写到黑板上。接着，就能够算出马克杯的平均价格。而且我们能看出，每一宗具体的交易，其成交价都是围绕着这个平均价上下波动的。

老师说，马克杯明明有一个平均价，如果有人——老师或者政府——提前宣布了马克杯的平均价，所有的人都根据这个平均价进行交易，不就省去了讨价还价的麻烦，避免了价格波动的困扰吗？

这位老师的观点对吗？当然不对。他把因果关系颠倒了。想想看，如果没有每一宗具体的交易，没有每一个马克杯的成交价，怎么可能算出平均价？平均价只是一个汇总的数字，只是一个事后总结的数字。

而现实生活中，永远是具体的情况、具体的案例发生在先。每一宗交易，都要在一个具体的情境下进行，没有了它就不会有汇总的数字。价格是每一个人发自他们内心，根据他们的实际情况，最后达成的一个结果。

这个例子给我的印象非常深刻。在现实生活中，人们很容易忘记价格背后的真正驱动力，很容易以为价格只是个摆设，可以随意操控。他们喜欢这个价格的时候，就支持市场经济；他们不喜欢那个价格的时候，就要政府管一管。他们忘记了，价格只是一个信使，它只是在如实地反映商品稀缺的信息。枪毙信使，并不能把坏消息变成好消息。控制温度计，是调节不了温度的。

富人如果不能优先享受，人们就不会对价格做出反应

人们对价格的作用，往往是爱恨交织的。人们喜欢价格能够传递关于稀缺的信息、指导生产的作用，但对于价格能够分配财富的作用则总是有所保留。

有钱人可以先打到车，有钱人可以先做心脏搭桥手术，有钱人可以优先登机，有钱人可以上好的学校，有钱人可以先买房子、买大的房子、买好地段的房子。这时候，有人会问：穷人该怎么办？

这样的质问，真是掷地有声，让人不敢回答。

但是我们要反过来想想，如果有钱的人不比穷人享受更多的优先待遇，没有任何的特权，那么他们为什么要努力成为有钱人呢？如果有钱人不能享受任何优先，那就不会有人努力成为有钱人，奋发和创新的人就会逐渐绝迹。

我们看价格的三个作用：传递关于稀缺的信息、指导生产、指导分配。这三个作用中，第三个作用最重要。如果有钱的人不享受任何优先待遇，那么他们就不会对价格信号做出反应，那整个价格机制就会失灵。

如何分饼，决定了饼能做多大

社会上有一种说法：“既要把饼做大，也要把饼分匀。”但实际上，由于人总是会对未来产生预期的，而对未来的预期又会影响当下的行为，因而如何分饼，往往会反过来决定饼能做多大。中国改革开放 40 年来最重要的一条经验，就是重新界定分饼的方式，从而决定了饼能做多大。

40 年前的农村土地改革，实际上就是对农民说，你只要向政府

交纳一定的收成，剩下的都归你。一旦剩下的都归农民，他们的积极性一下子就被调动起来了。因此过去同样一块土地，甚至不能把人养活，更不能把人养好，但今天，不仅能把人养好，还能养得非常好，甚至还能腾出一大片的土地，来满足工业化和城市化的需求。

这是一个有形的土地的例子，如何分饼决定了这块地能长出多少粮食来。

还有一个无形的、知识产权方面的例子，是关于美国著名的《拜杜法案》（Bayh–Dole Act）的。美国科技蓬勃发展，不是没有原因的，而是有它的制度根源。

过去，美国政府也一直支持高校的科研活动，政府和高校的科学家之间，是一种简单的雇佣关系。政府提供资助，科学家搞发明创造，最后去申请专利，就算交差了。

交差以后，科学家又去申请下一笔政府资助，又去搞新的发明创造，然后又是一个新的循环。这样做的结果就是大量的科学发明躺在专利局里，没有转化为商用和民用。

鉴于此，美国在 1980 年颁布了著名的《拜杜法案》。该法案规定，政府过去资助的所有科研项目，知识产权归政府所有，但科学家或者科研机构可以拥有其商业开发权，开发收益归科学家或科研机构所有。

这就是一个新的分饼游戏。一旦有了这个分饼游戏，科学家搞科研的积极性就不一样了，科学家搞科研的方向也不一样了。《拜杜法案》带来了今天美国科技的蓬勃发展。

无论是有形的还是无形的“饼”，如何分饼，决定了饼能做多大。

思考题

倒过来，你再想想，到底有什么样的商品，它确实是应该由政府进行价格指导的？

第 034 讲｜换个角度看借机挣钱的行为

这讲我们要解释一个离经叛道的观点，那就是一些经济学家提出的我们应该表扬那些借机挣钱的人的观点。

借机挣钱有别于拦路抢劫

先举两个例子，看看这两个例子有什么区别：

第一个例子。一天我下班回家，经过一个黑暗的拐角，忽然冲出一个人，手里拿着刀问："要钱还是要命？"我当然会说："要命。"他说："行啊，给我 1 万元！"我对他说："1 万元我身上没有，我家就在附近，你跟我去取吧。"强盗答应了。结果，到了人多的地方我就跑掉了。这时强盗追上来说："你违约了。"

如果你是法官，你会怎么判？

第二个例子。我在沙漠里快要渴死了，这时有人跟我说："我这儿有一瓶水，1 万元卖给你，你要不要？"我说："好啊！但是 1 万元我身上没有，等我回到家，再给你 1 万元吧。"那个人也答应了，我喝了这瓶水，保住了性命。结果回到家，我没有给这个人 1 万元钱，因为我觉得 1 万元一瓶水太贵了，这不是乘人之危吗？我拒绝付款。那个人于是控告我说："你违约了。"

如果你是法官，你该怎么判？

一个是拦路抢劫，一个是借机挣钱，二者有什么区别？区别就在于：在第一个案子里，一个人面临的要钱还是要命的选择，是强盗制造出来的；而在第二个例子里，口渴的人面临的要钱还是要命的选择，不是提供水的人制造出来的。提供水的人，只不过给别人多提供了一种选择而已。

大家都批评借机挣钱的行为。但我们想想，困境是那个借机挣钱的人造成的吗？如果不是，那么借机挣钱的人，其实就只是给别人多提供了一个选择罢了。借机挣钱的人可能确实利用了别人，但是这种利用，对另一方来说也是有好处的。

生活中借机挣钱的例子，其实是很多的。比如，医生不就利用了病人生病吗？老师不就利用了学生无知吗？但是医生对病人来说是有帮助的，老师对学生来说也是有帮助的。但这个道理很多人都不明白，不管是中国人还是外国人。

阻止别人借机挣钱，只会让遭受灾害的人处境更糟

几年前，美国的“卡特里娜”飓风灾难造成了密西西比河附近大规模断电。电视台播出这个消息后，有个人就想借这个机会赚点钱。他把自己的积蓄拿出来，买了19台发电机，又租了一辆大卡车，开了1000多公里的路程，从肯塔基开到了密西西比。

当时很多居民都迫切需要发电机，这个人到达之后，就将发电机以双倍价格出售。但就在这时，警察出现了。警察认为，此人违反了当地所谓的反“哄抬价格”（price gouging）条例，在牟取暴利，就把他抓了起来，那19台发电机也被没收了。这人在监狱里待了4天后被放了出来，而那19台发电机，还被扣押在政府的仓库里。

美国广播公司的一个节目报道了这个事件。节目的主持人问了这样一个问题：到底是想要借机挣钱的人能帮助居民，还是把发电机扣押在政府仓库里的警察能帮助居民？是谁对居民造成了伤害？

当他采访那些居民时，居民都说，“我们要的是发电机，我们要电，我们要食物”。

这个节目的主持人又跑到街上问大家：“哄抬价格对不对？”所有人都告诉他：“哄抬价格是不对的，我都不知道你是怎么想的。”

我们会很自然地认为借机挣钱不对，但是如果不能挣钱，我们怎么能让别人跑1000多公里路，把自己的积蓄拿出来，买那么多发电机，送到人们需要的地方呢？在风平浪静时，人们觉得一切都可以接受，一旦有了具体的事例，价格的作用就被忽视了。

紧接着，主持人又跑去采访了三位诺贝尔经济学奖得主，问他们哄抬价格到底对不对。

这三位经济学家，一位是1992年获得诺贝尔奖的加里·贝克尔（Gary Becker），他说哄抬价格是增加供给的最好办法，当然应该鼓励。第二位经济学家是2002年诺奖得主弗农·史密斯（Vernon Smith），他说哄抬价格是好事。第三位经济学家是大家熟悉的1976年的诺奖得主米尔顿·弗里德曼，他说：“这些哄抬价格的人，应该得到一个奖章，而不是得到惩罚。”

这就是哈耶克所说的知识。不是科学知识的知识，而是关于谁在什么地方、愿意以什么样的代价、购买什么样商品的具体信息。如果人们阻止别人借机挣钱，阻止别人用高价出售紧缺商品的话，那这些人就不会以实际行动利用这些知识了。阻止借机挣钱的直接后果，就是剥夺了遭受灾害的人的选择。

哪怕出于自私，也不宜强求别人无私

我们在经济学中学到的最重要的教训之一，就是把愿望和结果分开来看。愿望是一回事，但愿望造成的结果是另外一回事。

一个人想要买最便宜的苹果，但是当他进入市场寻找最便宜的苹果时，他的寻找行为本身就使得苹果的价格上升了。一个人想要卖最贵的苹果，但是当他进入市场，想要把自己的苹果以最高价卖出去时，他的行为本身就已经使得苹果的价格下跌了。那些借机挣钱的人，他们自己本身的行为就增加了供给，缓解了供需之间的矛盾。

物价上升往往不代表市场失灵，而是说明市场在显灵。我们不能看到温度上升了，就断定温度计坏了。

很多时候，人们不得不面对的，是"要么物资提价，要么物资消失"的两难现实。允许价格上升，就既能够抑制部分人过度购买和囤积、而其他人面对低价却根本买不到的现象，也能够以最有效的方式，向整个如同毛细血管一样复杂的供应网络传递稀缺的信号，刺激正当供给，抑制假冒伪劣，从而让更多有需要的人得到帮助。

我们还要明白，爱心确实有用和可贵，但正如亚当·斯密说的，仅仅指望别人的仁慈和慷慨，那是一定不行的。可以表扬行善，但不要禁止经商。以别人爱你为基础的供给，是不如以别人爱他们自己为基础的供给来得强大和持久的。所以哪怕出于自私，也不宜强求别人无私。

思考题

（1）供给不自由，而是受到行政规定的限制，价格是否还有意义？

（2）博弈论的思维方式，就是在做决策的时候把其他人的决策也考虑在内。当你希望买到别人也想买到的商品时，你会如何运用博弈论思维？当你希望出售别人也想出售的劳动力时，你会如何运用博弈论思维？

竞争的逻辑丨社会成本决定规则的优劣

第 035 讲丨竞争的规则

以个人的视角看世界，扑面而来的是稀缺、选择、成本和需求这几个关键词；如果转换视角，聚焦人与人之间的关系，那么竞争和合作就是最好的概括了。我们先从竞争谈起，稍后再用巨大的篇幅谈合作。

暴力依然是非常重要和常见的竞争规则

人面临的一个最基本的约束就是稀缺，东西不够。那么东西不够时，人们是怎么分配的呢？我们想象一下，一个岛上有一群人，但只有一块面包。我们需要通过什么样的办法来确定这块面包归谁呢？

最常用的一个办法就是暴力，看谁能把别人打倒。最后从人堆里爬出来的那个人，就能得到这块面包。

一个人杀了一个人，被称为杀人犯。一个人杀了 10 个人，就被称为连环杀人犯。一个人在战争中带领队伍歼敌 10 万呢？那他是个将军。成王败寇，说的就是这个意思。暴力是古老而常见的竞争方式，在文明有了相当发展的今天仍然如此。

靠智力高低竞争资源

暴力之外，比较常见的办法是比拼智力。谁的智力高，谁就能得到那块面包。

中国有句古话，书中自有黄金屋，书中自有颜如玉。好多人争取的东西，比如房子、车子、票子，最后都要看文凭。而争夺文凭，基本靠智力。所以考试不仅是人们竞争的一个重要方法，而且与暴力相比，它要文明得多。

以论资排辈界定产权

除了智力的高低，还可以用年龄的大小来排序，年纪大的多得，年纪轻的少得。论资排辈，也是一种竞争办法。

在过去的中国，辈分特别重要，因为它其实是一种社会公认的界定产权的办法。谁的辈分高一点，谁的辈分低一点，人们会在不同的场合反复重申。吃饭的时候谁先夹菜，饭桌上鱼头对着谁，祭祖的时候祭品怎么分配，这些全都有讲究。这不仅仅是为了讲究，而是为了彰显和重申每一个人的产权、社会地位以及分配社会上稀缺资源的权利。

按社会身份分配财产

除了按年龄、辈分，人们还会按社会身份来分配。

在美国读大学时，不论是老师还是学生都开车去，停车场非常大。因为停车场非常大，有些人就不得不把车停在离教学楼很远的地方。那么谁有资格把车停在靠近教学楼的地方呢？是校长，是教授，还是学生？按身份来界定。

当时我在乔治·梅森大学读书，经济系里有一位1986年就拿到诺贝尔经济学奖的教授詹姆斯·布坎南。他的停车位就在离教学楼最近的那个位置，而且这个停车位上还竖了一块牌子，上面写着："RESERVED PARKING FOR DR. BUCHANAN ONLY. TOWING ENFORCED 24 HOURS."（"布坎南博士专属车位。违者全天候拖车。"）我对这块牌子记忆犹新。

过去计划经济的年代，有很多商品，也不是有钱就能买到的。例如火车的卧铺，就需要一定级别的官员才能乘坐。

按照劳动时间、随机分配与先到先得原则分配财产

除此之外，人们还可以按照劳动时间、随机性、等待时间来进行分配。

首先是按照劳动时间分配，谁赚的工分多，谁能分配到的资源就比较多。其次是随机分配，比如北京买车的资格，就是随机分配的，摇号决定，既不按暴力、智力，也不按年龄、身份，完全随机。还有就是先到先得的方法，谁先来谁先得到服务，谁先来谁先得到商品。这也是一种竞争办法，看上去也挺公平的。

按需分配与价高者得

除了上述竞争规则，还有一种规则是被很多人所接受的，那就是按需分配，谁需要给谁。

当年我爸妈分房时，还是福利分房。那时候不是谁有钱就能买

房，而是按照需求来分配，谁更需要就分配给谁。单位分房有一个公式，根据这个公式计算分数，看谁更需要：那些夫妻分居两年的，就不如那些分居 10 年的更需要，分居 10 年的就不如 30 年的更需要。

最后一种竞争规则，就是按照出价的高低，有钱就能买到。这是我们今天社会中特别常见的一种竞争办法。

所有这些竞争规则都是人类社会尝试过的规则。我们选择不同的规则，就会有不同的人更容易胜出。如果用暴力做标准，那么身体强壮的人就比较容易胜出；用智力做标准，聪明的人就容易胜出；用身份做标准，那些出身比较好的、根正苗红的人就容易胜出；以先到先得为标准，那些时间成本比较低的人就比较容易胜出；以出价的高低为标准，有钱人就比较容易胜出。

所以，选择不同的规则，禀赋不同的人机会就不一样。

思考题

在书中列出的这些竞争规则里面，哪一个最公平？

第 036 讲 | 各种竞争规则孰优孰劣

我们前面介绍了人类社会中存在的各种各样的竞争规则，接下来，我们将对各种规则进行比较，看看到底哪种竞争规则更好。

没有任何一个规则比别的规则更公平

所有这些竞争规则里，哪一个更公平？答案是，公平与不公平要看说的人是谁。不同的人有不同的公平观：身强力壮的人、喜欢练武的人，会觉得暴力是个挺好的规则；学霸会觉得考试是一个挺文明、挺公平的办法；根正苗红的人会说要按出身来排序；有北上广深户口的人会说户口其实挺好的……当然，有钱的人会说，按照出价高低更公平。

关于竞争的规则，我们需要了解，没有任何一个规则比别的规则更公平。选择不同的规则，禀赋不同的人，胜出的机会就不一样。不同的人有不同的立场，要让所有人都同意某个规则是最公平的，是近乎不可能的事。

每种竞争规则本身都会带来成本

更重要的是，不论选择哪一种竞争规则，竞争都会有成本。

我们一旦把竞争规则确定下来，人们就会朝着一个特定的方向去努力。这个努力的过程，就会消耗真实的资源、时间、金钱、注意力等。

如果将暴力作为竞争标准，人们就需要经常练武，练武本身就是一种成本；如果将智力、教育水平作为标准，人们就会整天学习、考试，这本身也是成本；如果根据社会职务的高低，那么就会有攀附的成本；如果将先到先得作为标准，那就会浪费许多的时间成本；如果按需分配，根据社会亏欠多少来分配，人们就要花费不少装穷的成本；如果随机摇号分配，那么参与摇号的人就会越来越多，产品就会落到那些其实并不需要的人手上，资源最终就会越来越稀缺，这也是一种成本。

因此，每当人们采用一个竞争规则，这个规则本身都会带来成本。

许多竞争带来的成本，其他人都难以得益

但是，这些竞争带来的成本，其他人是很难得益的。

如果我们练武练得很出色，最后抢到了自己需要的东西，练武本身所花费的成本对我们来说是值得的，但是社会上其他人，却不能从我们多出来的那些肌肉上得到好处；我们花很长时间排队，能得到自己要的东西，对我们来说，这些时间花得值得，但是社会上其他人，却不能从我们排队所浪费的时间当中得到任何好处；同样地，如果我们受过很多教育，脑袋里那些有关唐诗宋词的知识很多，别人也不可能从中得到什么好处。有些人去攀附权贵，有些人努力钻营，所有这些努力本身，对于得到资源的人来说似乎都是值得的，但是对于社会上其他人来说，这些努力都是一种无谓的损失，也就是说资源被白白浪费掉了。

按出价高低竞争，可让社会财富高速增加

只有一种竞争方式是例外。认钱，按照出价高低来竞争，就不一样。如果凡事都要用出价高低来竞争，人们就会努力地去赚钱。为了赚钱，人们就得生产和提供别人需要的商品或服务，让别人自愿购买。

这种竞争方式，会指引人们去从事一些积极的、有收益的、给社会上其他人带来福利的工作。按照出价高低来竞争，一下子就跟其他方式区分开了。它带来的不是多余的肌肉、不实用的知识、复杂的社会关系，它带来的是社会上其他人也愿意付钱购买的商品或者服务。正因为这样，按照出价的高低来竞争，造成的无谓损失是最小的，由于竞争而消耗的资源是最少的。

人们为了争取想要的东西，就必须生产一些别人也想要的东西。在竞争过程中，当每个人都这么做的时候，产品和服务就会迅速丰富起来。

从公平的角度看，出价高低并不比别的分配方式更公平。但是从效率的角度，从社会财富积累的角度，从如何减少竞争带来的无谓损失的角度看，出价高低比别的竞争方式更有效率，它直接带来了社会财富的高速增长。

回顾中国的经济改革，如果只用一句话来概括，我会说，它是有关竞争规则改变的改革：从过去看排队的时间，看出身，看政治面貌，变成另外一个规则，那就是看出价的高低。

改革开放 40 年带来的巨大成果是，今天我们所需要的绝大多数商品和服务，基本上都是以认钱——按照出价的高低——的方式来分配的。就这么一个简单的社会竞争规则的转变，造成了我们整个社会财富的巨大变化。

认钱还是认人

诚然，除了“认钱”以外，我们有许多需要“认人”的场合，恋爱、招聘、教学就是典型例子。在这些例子中，男女双方、雇佣双方、教学双方，与其说是在进行买卖，不如说是在择偶。这时，“认钱”就不是上策，因为双方寻求的都主要是非金钱的品质。也就是说，在交易的双方都需要“挑客”的情况下，“认人”的标准往往比“认钱”的标准更可取。

当然，只要有一方没有挑客的需求，那么“认钱”就往往是更可取的。例如，尽管顾客买衣服时都很挑剔，挑质地、挑颜色、挑剪裁等等，但只要商家觉得不必挑客，他就可以按“价高者得”的方式卖衣服。

我们知道，物物交换的交易费用极高，因为匹配的交易者相遇（称为双重偶然性，double–coincidence）的概率很低。而交易当中只要有一方是认钱不认人的，就能极大地增加交易的机会。这恰恰是货币的妙处所在。

思考题

既然按出价高低这么好，我们到底还有没有别的什么商品，是不应该按出价的高低来分配的？钱不能买什么？

第 037 讲 | 何谓短缺和过剩

生活中，我们经常会说某个商品短缺了，某个商品过剩了。那么在经济学里，短缺和过剩指的是什么呢？

稀缺与短缺的关系

稀缺是人类乃至动物都普遍面临的基本约束。好的东西永远不够。既然如此，那稀缺就不是新闻，也不是经济学家有能力解决的。

但是短缺却经常成为新闻。我们看报纸杂志，看电视，经常听说某个商品又成为短缺商品了。那么什么是短缺呢？

短缺是因为价格受到了抑制

短缺是指因为价格受到了抑制，人们仅仅用出价的办法买不到这种商品，而只有采取其他的竞争方式才能得到这种商品的情形。

出租车短缺了，是指出钱打不到出租车，人们需要花很多时间才能打到车，这叫短缺。春节期间买不到火车票，人们要找黄牛党才能买到，这叫短缺。过去在计划经济时代，人们有钱买不到吃的，买不到穿的，买不到用的，需要用粮票、布票、电灯泡票，才能买到想要的东西，这叫短缺。

短缺不是供应的减少，而是指在商品的价格受到抑制的情况下，人们不仅要通过出价的方式去竞争，还需要依靠其他非价格的方式去竞争的一种特殊现象。

计划经济时代有一个词叫“短缺经济”，是指在社会上什么东西都不够。所谓什么东西都不够，实际上指的是人们必须采用价格以外的方式竞争。比如在苏联，人们非常习惯排队。每个人上街口袋里都放一个网兜，一看到有人排队，就先加入他们的队伍，至于排什么队不管，只要排上队最后得到了就是好的。时间不值钱，那些通过排队买到的商品才值钱。

那些根据排队来分配产品的国家，为什么往往都很贫穷？原因就在于，人们每天为了争取到一点物资所花的时间和精力很多，而这些被花费掉的时间和精力，对社会其他人没有用处。

几年前在北京，人们普遍打不到出租车。有人说是车不够，实际上北京的出租车有 6 万辆。打不到车，不是车不够，而是出租车的价格不到位，结果导致乘客必须展开价格以外的竞争才能打到车。

与此相对，北京有多少间总统套房？我想不会超过 60 间，但是我们从未听人抱怨过北京的总统套房短缺。人们都知道总统套房好，也都想住总统套房，但为什么它没出现过短缺的现象呢？原因很简单，总统套房的标价足够高。所以只要根据价格进行分配，就不会出现短缺。

同样的道理，我们也没有听说奔驰汽车短缺过。它只是稀缺，但不会短缺，它永远在商店里等着我们。哪怕是暂时缺货，也不会成为一个新闻，不会成为一个社会现象。蒂芙尼的钻石也一样，它永远待在商店里等待着顾客。人们只要把钱放下，就可以带它回家。我们从未看哪个媒体说，蒂芙尼的钻石短缺了。

过剩是价格被人为拔高的结果

同样，过剩不是供给过多，而是商品的价格被人为地抬高，以至卖家必须搭配其他的竞争手段或服务，才能把商品卖出去的现象。过剩是价格被人为拔高的结果。

我们知道美国的农产品就经常出现过剩。很多人说农产品是一种事关国家安全的产品，需要扶持，因此政府要把农产品的价格拔高一些，而这恰恰是很多国家农产品过剩的原因。

由于农产品的价格高于市价，农民多生产就多赚，他们当然会拼命地生产。但价格过高，产品就不能顺利卖出去。这时农民要想真的在农产品上获得收益，就必须得到政府的扶持。而政府用来扶持农产品的资金是有限的，于是农民和农民之间会展开竞争，看谁能得到政府的扶持。

每当农民不能顺利地把他们的产品卖出去，而必须加上他们对政府扶持的竞争的时候，我们就称这种现象为“农产品过剩”。要解决农产品过剩的问题，政府要么减少补贴，要么限制农民的产量，要么引导农民自行处理掉那些超出市场需求的产品。

我小时候经常听说资本主义很腐朽，牛奶都要倒掉，土豆都烂在地里。当时的解释是资本主义生产盲目，没有计划性。今天我们知道，其实这就是我们说的过剩。在美国还发生过一种非常可笑的现象，那就是政府为了鼓励农民不要过多地生产而直接补贴农民，花钱请他们不要种地。这就是所谓的过剩现象。

我们看到，稀缺是永恒的，而短缺和过剩都是价格受到人为干预的结果。当价格过低时，人们不得不展开价格以外的竞争方式，来争夺他们需要的商品，这时就会出现短缺；而当价格被人为拔高以后，卖家就不得不采用价格以外的方式，才能把东西卖出去，这时就会出现过剩。

思考题

请你举一个短缺或者过剩的例子，并且提出你的解决方案。

价格管制｜人会追求损失最小化

第 038 讲｜最省事儿地违反价格管制

每当价格受到人为干预时，就会出现价格以外的竞争，我们把这种现象称为短缺或者过剩。但短缺或过剩究竟会引发哪些类型的竞争呢？

张五常最重要的论文

回答这个问题的，是华人经济学家张五常。他有一篇经济学论文，题目是《一种价格管制理论》(A Theory of Price Control, 1974)。这是他最重要的一篇论文。

张五常在这篇论文中首先解释了什么叫价格管制。价格管制跟收税不一样。如果一间公寓的租金市价是 100 元，政府说这 100 元中要征收 40 元的税，政府就变成了二房东，也就是说房租的 60% 归房东，40% 归二房东——政府。这叫收税。

但价格管制不是收税。政府不要钱。政府只是说，这房子的租金 100 元太高了，需要加个限制，租金不能超过 60 元，这样房东就少拿了 40 元。这少拿的 40 元，政府并没有得到。

这时会产生什么后果呢？张五常在他的这篇论文里，提出了两个命题。

价格管制必然导致价值耗散

第一个命题：价格管制必然导致资源价值的耗散。

一间租金市价明明是 100 元的房子，非要按 60 元租出去，它最后就会落到那些使用价值只有 60 元的人手上。这房子最后就只值 60 元，而本来应该实现的那 40 元的价值，就白白地耗散掉了。

只要有价格管制，房东就不会把房子用到价值最高的用途上，房子的价值就会耗散掉。简而言之，就是每当资源不能用到刀刃上时，它就不那么值钱。这是张五常在他的论文里提出的第一个命题——价格管制必然导致资源价值的耗散。

人是追求损失最小化的动物

第二个命题：人是追求损失最小化的动物。

只要存在价格管制，就会产生资源价值的耗散。但人是有对策的，人可不愿意看着那 40 元白白耗费掉。在人们被迫展开价格以外的竞争时，他们就会选择那些能够最大限度地挽回损失的竞争方式。

这些方式，要么能让资产重新落到估值较高者的手上，要么能改变契约的结构从而减少不必要的交易费用和竞争损耗，要么是这两种方式的有效组合。不管怎样，人们希望将价格管制所引起的价值耗散降到最低。追求利润最大化与损失最小化，是人性同时具有的两个侧面。

人们如何应付价格管制

依照这个思路，我们可以推测一下，在房租管制下的房东，会有什么样的对策？

第一，他首先会纵容一下自己的偏好，比如选择租户。过去，房东唯利是图，谁出的钱多，他就把房子租给谁。现在，反正价格管制了，反正收不到那 40 元了，而门口又排着一大堆要租房子的租户，这时他就可以纵容一下自己的偏好，实施歧视：有小孩的，不租；养狗的，不租；养猫的，更不租。这是第一种对策。

第二，房东可以用捆绑销售的办法。房东对租户说，这房子因为政府的管制，现在只收 60 元，不过顺便问问你，你要钥匙吗？而钥匙就值 40 元。这是所谓的“钥匙金”(key money)。

第三，在实施价格管制的情况下，还可能有一些工厂的老板，把房子租给自己的员工，房子的租金不会违反政府的管制，60 元而已，但另外那 40 元老板可以从员工的工资里扣除。说起来也名正言顺：员工能够享受低房租的宿舍，工资低一点也是可以理解的。通过这样的办法，老板就把损失的 40 元挽救了回来。

同样，租户实际上也要付出代价。去讨好那个房东，是一种成本；去讨好那些中介，也是一种成本，毕竟要让中介给我们找一家原来市值 100 元，现在只需 60 元的房子并不容易。

最终的结果是，租户要给中介付“鞋金”(shoe money)。就是说，中介替我们找房子，实在太辛苦，把鞋子都给磨破了，我们另外给中介 40 元买鞋子用。最后租户付出的全部代价，其实也接近这 100 元。

这些做法虽然违反了政府的管制政策，但其实还算一件好事。

因为他们能够使得这房子尽量回到那些用途价值更高的人手上，只不过是竞争的方式更迂回了，没有直接付钱那么直截了当。

还有另外一种规避房租管制的办法，就是房东改变房屋的用途。通常房租管制，只适用于民用的房屋，而商用地产不受房租管制的影响。这时，房东就会把原来的民用房转为商用。

本来这房子用于民用能够收到100元的租金，用于商用只能收到80元租金。但是在价格管制之下，能收到80元总比收到60元要好。

甚至有一些房东愿意把自己的老房子推平，重新再建一栋。重建时，就不再建民用房，而是建仓库或者办公室。长期的效果是，民用房屋的供给更少了，民用房屋更贵了。

不难看出，价格管制越严重，价值耗散就越大，人们设法绕过政府管制的积极性也越大；而政府围堵的力度越大，人们采用的对策就越迂回，其中白白浪费掉的竞争成本也越大。从这个角度看，价格管制之下，形形色色的违法活动以及它们出场的次序，也都是可以理解的。

思考题

我们经常听到有人说，这个政策可是好政策，只不过执行起来比较困难，你对这句话有什么评价？

第039讲｜春运火车票价还不够高

我们说经济学其实并不难学，因为它的原理都很简单；经济学的难，是难在运用上：难在一刻不忘、随时随地地去使用它；难在客观地评价周围的事物，将自己的利益和情绪从中剥离出来。生活中，我们发现很多人在讲经济学理论时都没问题，而一旦自己的利益受损，整个思路就会发生改变。可见，这些人没有养成稳定的经济学思维品质。

经济学思维的试金石

春运期间“火车票应不应该涨价”这个问题，就是一块很好的检验人们是否建立起稳定的经济学思维品质的试金石。

我们都知道，中国改革开放40年，城市化高度发展，每到春运期间，大量在外工作的人就要回乡，这时就会产生春运的高峰期。

学过经济学的人都知道，高峰期就要用价格来调整，价格规律可以有效缓解高峰期的问题。如果我们只是这么抽象地说，在经济学课堂上指着需求曲线这么说，没有人会不同意。但我们一旦把它带入一个具体的商品——春运期间的火车票，人们的感情一下子就涌上来了，他们会搬出种种理由说春运火车票不该涨价。

不承认火车票是商品属于鸵鸟心态

人们反对春运火车票涨价的第一个理由是：回家过年不是商品。

人们常有这样的鸵鸟心态，在讨论价格的时候，会说那些正在触动神经的商品非常特殊，不是商品，所以价格规律不起作用。谈水费的时候，说水不是商品；谈学费的时候，教育不是商品；谈药费的时候，健康不是商品；谈旅费的时候，回家过年不是商品。然而，抱着这样的心态，只能让人脱离现实，而无法正视问题和寻求对策。毕竟经济规律是不以人的意志为转移的。

很显然，回家过年不仅是商品，而且可以是昂贵的商品。媒体渲染说回家不需要理由，可是，在特定的时候回家就需要理由了。事实上，春运综合征已经不间断地发生了很多年，之所以仍未得到根本解决，正是因为那么多人要同时回家，而且一年就那么一次，这就变成了奢侈的需求。

春节回家过年不是刚需

反对的第二个理由是，回家过年是刚需。意思是不管价格多高，人们还是要回家过年，因此提价只会让铁路系统多赚钱，而不能降低人们回家过年的愿望。

事实上，春节回家过年不是刚需。过去中国人离开家乡，就很少回去，更不可能每年都回去过年。我们现在之所以每年过年都要回家，主要原因就是交通成本下降了。留学在外的留学生很多年没有回家，其实也一样能过年。

我们之前在讲需求定律时说，向右下倾斜的需求曲线，每个点的弹性都不同，只要价格到位，需求自然就会弱化。如果说有些旅客回家过年的需求曲线不是右下倾斜而是垂直的，那么这些旅客就应该不惜一切代价回家，他们就不会非要等放假才回家，更不会非要坐火车才回家。

黄牛党可以为社会减少无谓的损失

还有一种观点就是责怪黄牛党，认为火车票价之所以高，是被黄牛党炒高了。但如果黄牛党真能随便涨价，把自己想要赚取的部分随意转嫁给乘客，那他们为什么不把价格抬得更高一点、再高一点呢？

其实我们掌握了价格理论以后就能明白，之所以会出现黄牛党，原因在于火车票价不够高，人们不得不展开价格以外的竞争，也就是排队。排队的过程，会带来无谓的损失。而人会追求损失的最小化。人们为了节省自己宝贵的时间，会请一些时间成本比较低的人去排队，因此黄牛党的存在，可以减少因为排队而产生的无谓损失。黄牛党是替社会减少无谓损失做了贡献的。

实名制让火车票价格更贵

以前还有一种观点认为，我们应实施火车票的实名制，只要实施了实名制，买火车票难的问题就会迎刃而解。而现在已经实施了实名制，我们看看火车票价因此涨了还是跌了呢?

我曾经做过一个调查，我问同学们，曾经买过的最贵黄牛票是多少钱，是原价的多少倍?普遍的回答是，黄牛票只比原票价涨了100元、200元、300元，基本上不到一倍。只有一个同学，他说原票价是30元，而最后的黄牛价是200元，涨了近7倍。我说怎么会这么高?这位同学解释道：火车票实施实名制以后，要查身份证，身份证不对是进不去的，而这200元是黄牛包带进去的价格。

春节运力不可能做到毫不吃力

还有一种观点，把问题归咎于我国铁路部门的运力不足。这种观点也经不起推敲。我们要想想，每到春运期间，我国就经历两次大规模的人口迁移，几亿人在短短的时间内，从一个地方到另外一个地方，很快又从另外一个地方回到原先的地方。

如果我们能把铁路运输的运力，提高到在春运期间都毫不吃力的话，那么剩下那11个月，铁路的运力不就闲置了吗?这会造成多大的浪费，造成的损失又由谁承担呢?

垄断商品不是反对市场定价的理由

还有些人认为，火车票之所以贵、之所以难买，是由于铁路垄断。他们接下来说，既然铁路是垄断的，就应该对火车票实施调控，让火车票的价格降下来。

事实上，这种观点犯了一个错误。如果垄断本身能够证明把价格控制下来是对的，那垄断岂不成了我们应该追求的目标？凡是垄断部门生产的产品，我们都能够用行政办法把价格压下来，这不挺好吗？我们应该鼓励更多的垄断才是啊，为什么还要指责垄断呢？这个道理明显说不通。

实际上，一件商品，无论是垄断企业还是竞争企业提供的，价格都应该由市场决定。否则，就会出现我们前面所说的短缺或过剩现象，从而产生无谓的损失。

对于垄断企业——主要是那些通过行政保护而形成的垄断企业，合理的矫正办法，并不是对它们的产品实施价格管制，而是要停止行政保护，打开市场的进入通道，鼓励竞争者的进入。否则，仅仅搞价格管制，就不仅不能消除行政垄断，而且还会造成产品分配过程中的无谓损失。行政垄断是错，价格管制也是错，错上加错，并不会变成对。

火车票定价应该参照航空公司的做法

还有一种观点认为，穷人买不起火车票。这种观点也值得推敲。一个农民工跑到北上广深来工作，他一天的工资如果不到100元，是很难生存下去的。因为我们国家工人的工资水平，在这些年里已经上涨了，因而哪怕火车票的价格随着市场的需求波动，他因此而多付的钱可能也就是十天半月的工资。

他在城里工作一年，付不起这个钱吗？如果他付不起，为什么一定要在最高峰时跟别人竞争呢？春运期间，火车票的定价完全可以参考航空公司的做法，后者的做法就是票价非常灵活地上下波动。飞机票最贵的时间是腊月廿七至廿九，最便宜的时间是大年初一、初二。

我自己在美国读书时是个穷学生，连续7年都没有回家过年，我当时非常羡慕我的一位香港同学。他每年都能回家过年。那么贵的机票回家也就是在家待两天，这么奢侈的旅行我是支付不起的。太贵了就寻求替代方案，这也说明了并不存在所谓的绝对刚需，即无论代价多大都不会发生丝毫变化的需求。

限制火车票价格诱发官员腐败

分析完前述种种观点之后，我们可以总结一下，看看整件事情的演进，是否符合经济规律的预判。

由于过年，人们的需求有了变动，价格本应该随着波动，但是有人否认回家过年是一种商品，于是就去限制火车的票价。火车票价被抑制后，人们就不得不展开价格以外的竞争方式，那就是排队或找黄牛党。政府再进一步执法，把黄牛党扭送到公安机关，这样人们就不得不展开更加迂回的竞争。其中一种方法，就是对那些有特权能够批火车票的人行贿。周其仁老师就曾经发表过一篇文章，题目是《难得的教材》，讲的就是一名铁路局局长，长期通过票价的差额获得黑色收入的故事。

价格管制下的“电话追拨器”

由于买火车票排队会引起很多无谓的损失，于是这些年我们采用了所谓的电话订票的办法。但电话订票能缓解供需的不平衡吗？

不能。它只会改变竞争的方式。人们从过去的排队，变成了在公司、单位或家里打电话。

电话其实是很难打通的，仍然是那些有闲暇时间的人更容易打通电话。这时市场又应运而生了一种新的设备——电话追拨器。

当然到今天，人们又进了一步，开始使用网络刷票软件。但不管怎样，经济规律一直在显灵。那就是：只要价格竞争的方式受到抑制，人们就不得不采用其他非价格的竞争方式，而这些非价格的竞争方式，是按其实施的难易程度被依次采用的。

三条对策

“春运火车票价还不够高”的问题，其实有三条基本对策：

第一，火车票提价多少才算充分？提到春运恢复正常秩序时算充分。

第二，怎样提价才合理？年前逐日递增，年后逐日递减，从而鼓励时间成本低的人早走晚归。

第三，提价的后果是什么？部分出价最低（但未必是最穷）的人，不能在春运高峰期成行了。除此以外，其他旅客照样可以回家，但他们并不通过排队来争得车票，而是凭劳动所得，购买充分提价的火车票回家。

春运火车票，是计划经济时代留下的尾巴，是习惯了市场经济的年轻人了解过去生活方式的一个样本。不妨设想，如果其他比“回家过年”更基本的必需品——包括水、电、旅馆、粮食和药物——都实施和火车票一样的价格管制，我们的生活会倒退到什么程度。当然，今天随着高铁和动车的逐渐普及，它们的票价从一开始就定得足够高，春运期间火车票涨价不足的问题，可能也会逐渐消失。

思考题

关于春运期间火车票价不够高的问题，你看看还有什么值得补充的吗？

第 040 讲 | 美国的房租管制

理论是灰色的，真实故事常青。考察古今中外的价格管制历史，我们会发现，不管是谁，只要违反了经济规律，就会遭到经济规律的惩罚。

美国的房租管制

美国有很多大城市曾经实施过房租管制，有些还延续至今。三位诺奖得主哈耶克、弗里德曼和斯蒂格勒合写了一本书，名为《房租管制：神话与现实》（*Rent Control: Myths and Realities*, 1981）。这本书非常有趣，记录了美国房租管制中很多事与愿违的现象。其中，让我记忆深刻的是，书中穿插了好多张破败房屋的照片（见图 4–1、4–2），这些房屋有些是在房租管制下被“充公”而年久失修的，有些是在战争年代被炮弹炸毁的。令人吃惊的是，二者破败的程度，读者如果不看书末的说明，仅看图片是分辨不出来的。

地震能摧毁房屋，但不能制造短缺

该书第四章是弗里德曼和斯蒂格勒写的。在这一章里，他们比较了旧金山 1906 年和 1946 年的两段历史，生动地说明了稀缺和短缺之间的关系。

图 4–1　炸弹伤害，德国

图 4–2　价格管制，美国纽约

1906年4月18日，旧金山发生了一场大地震，地震之后，又发生了一场持续三天的火灾。整个城市的建筑有一半被地震或者大火摧毁，40万人口有一半的人失去了家园。整个城市的住房一下子少了一半，这时，这个城市会不会出现房屋短缺的现象呢？

两位大经济学家查阅了当时的主要报纸《旧金山纪事报》（*San Francisco Chronicle*），看上面房屋租售的广告，他们得出一个结论，地震后没有出现所谓的房屋短缺现象。因为当时房屋的价格是随行就市波动的，一半的房屋被摧毁后，房价肯定涨上去了。在房价高涨的情况下，人们就会做出各种各样的调节：有些人暂时搬离了这个城市，有些人找亲戚朋友一起住，更多的人，只要他们的房屋还在，他们就愿意腾出来租给别人。

经济学家发现，报纸上愿意把房子租出去的广告，远远多于租房的广告。人们只要出钱，就能够找到房子，不需要展开价格以外的其他竞争，所以旧金山没有出现房屋短缺。

价格管制不能直接摧毁房屋，却能制造房屋短缺

到了1946年，旧金山开始实施房租管制，情况就大为不同了。同样一份报纸，上面出租房子的广告大幅减少，求租的广告则大幅增加。1946年求租房屋的数量是1906年的300多倍。

更有趣的现象是，房租管制管的只是租，对房屋的买卖并没有管制，但由于房租管制，房东不愿意把房子租出去，而是更倾向于把房子卖出去。在租赁市场上，人们就不容易找到房子租了。而有钱的人，为了居住，只好买房子，但买到的房子还算比较便宜。

这时就出现了一个事与愿违的现象，本来房租管制是要帮助穷人，让他们少花钱就能找到房子住，但管制的结果是他们更找不到

房子住了。只有那些有钱人才能更好地解决住房问题。

纽约房租管制故事

美国很多大城市的房租管制延续到了今天。例如纽约，到今天为止还有房租管制，很多房东一直在抗争，想要政府取消这种价格管制，但一直没有成功。

在 2011 年，发生过这样一个案件，一位叫詹姆斯 · 哈门（Mr. James D. Harmon Jr.）的房东，控告纽约市政府征用了他的房产，而没有按照美国宪法的规定，给予他公正的补偿。

哈门先生有一幢楼，自己住一层，楼上几层都用于出租。而楼上的租客，由于受到房租管制的保护，交的租金只是市场价的 60% 左右。

纽约市有一个规定，一旦房子租出去，房东就不能随便涨价，也不能把房客赶走。不仅不能把房客赶走，而且如果这位房客有亲戚跟他住了两年以上，在这位房客去世后，他的亲戚可以继承居住权。也就是说，租客享受低价房租的权利，可以一代一代地继承下去。

哈门起诉纽约市政府的理由是，政府通过房租管制，实际上征用了他的财产，政府应该给予他合理的补偿。我们前面在讲政府征地时讲过，如果政府征用了私人财产，就要给予合理的补偿。结果地方法院的判决说，政府的政策不算是物理性的征用，因此不适用于政府征地条款，不能给予经济补偿。

最后哈门先生上诉到美国联邦最高法院。但令人失望的是，最高法院没有审理这个案子，而美国各地的房租管制还在继续。

对这个问题，美国联邦最高法院的大法官斯科利亚（Antonin Scalia）曾经做过非常精辟的评论：

> 哪怕我们通过房租管制，可以达到一些伟大的社会目标，可以帮助穷人，我们也应该通过民主的方式征求大家的意见，并且通过政府收税的办法向大多数人征税。政府取得了这部分款项以后，再到市场上向私人业主购买或租用他们的房子，然后把房子分给有需要的穷人。而不应该把实施价格管制造成的负担，让那些刚好成为房东的人来承担。

我觉得斯科利亚说的话非常有道理，这也让我想起了经济学家弗里德曼的另外一段话：

> 一个社会如果把个人的权利置于公平之上的话，那么这个社会运行的结果，当然不会是公平的，但是它却离公平很近。而另一种社会，如果把追求公平放在追求个人权利之上，这个社会就既不能保证个人的权利，也不能达到所谓的公平。因为每当你要追求公平的时候，肯定会出现的结果，就是甲和乙两个人商量，怎么逼着丙去替丁做一些事情，而甲和乙还从中分一杯羹。

思考题

租房买房是我们生活中一个很大的开销，如果住房不搞市场化，改为政府给我们分房的话，那么我们的住房条件会变得怎么样？

第 041 讲 | 解除价格管制——果断与沉稳的拿捏

前几讲我们讲了价格管制的各种弊病，这一讲我们主要介绍价格管制的解除。价格管制该如何解除？“二战”后的德国有一个非常著名的例子，能给人不少启发。

德国“二战”后价格管制的故事

希特勒于1933年上台后，德国开始实施价格管制，“二战”结束后盟军继承了希特勒的价格管制政策。希特勒之所以实施价格管制，是希望便宜地买到他所需要的商品。而盟军接管后价格管制的原因，是当时物资非常稀缺，人们普遍认为，在物资非常稀缺的情况下，如果让价格飞涨的话，人们就会受不了。

当时德国的情况，可以用三个词来形容：物资匮乏、恶性通胀、价格管制。

物资匮乏的表现之一就是要凭票领取生活必需品。本来残疾人领到的票可以多一点，但由于物资实在是太匮乏了，断一条腿的人都不能算是残疾人。德国1947年的货币发行量是1936年货币发行量的5倍，而德国1948年的生活指数，仅仅是1938年的30%——钱多了5倍，生活指数却降到了原来的1/3，可见价格管制的后果多么严重。

我们知道价格管制的一个直接后果就是短缺。当时由于德国马克贬值严重，人们只能展开物物交换，拿着自己仅剩的一点财物，走几十里地去换取少许的粮食。这种现象比比皆是。

解除价格管制让商品在一夜之间重回商店橱窗

这时德国的财政部部长艾哈德（Ludwig Wilhelm Erhard）掌管全国的财务，他信奉哈耶克的理论，相信价格的作用，于是他着手进行改革。他的改革总结起来有两点：一是抓紧货币，二是放开价格。

首先是抓紧货币。由于旧的德国马克贬值严重，他就用新的德国马克取而代之。而新的德国马克，也不再乱发，这使得马克能够坚挺，为大众所接受。

其次是放开价格。艾哈德有一天突然在电台里宣布，全国范围内解除所有的物价管制。结果解除价格管制之后，一夜之间德国十多年没有出现在橱窗里的商品出现了。人们停止囤积，开始交易，当然也开始生产和供货了。德国的市场经济就这样滚动起来了。

这个故事，被拍成一部非常优秀的纪录片，名叫《制高点：世界经济之战》，该片对此有着生动的介绍，值得一看。

德国战后经济复苏，很多人相信有另外一个原因，就是美国实施的所谓“马歇尔计划”。实际上，马歇尔计划并没有传说中那么神奇，因为它只是一个小规模的援助计划。同样规模的援助计划也发生在其他国家，但其他国家并没有发生德国那样的经济奇迹。因此德国重新崛起的一个重要原因，是它采用了市场经济的办法，既维持了稳定的货币，又放开了市场。

经济改革：果断与沉稳的拿捏不容易

中国过去实施计划经济，人们争夺商品不是靠价格，主要凭票。当时不仅有粮票，还有布票、糖票、自行车票、电灯泡票。那么改革的一个目标，就是取消所有的票证，只用一种票，那就是钞票。

但这个改革并不顺利。1988 年第一次“价格闯关”，政府决定放开价格，消息一传出，人们开始抢被单、抢暖水瓶，甚至有抢火柴的，有人买了 500 盒火柴放在家里，后来发生了火灾。结果第一次价格闯关失败，整个放开价格的行动停止了。过了好多年，价格才慢慢再次放开。

对这个问题，周其仁老师在他的《改革的逻辑》[①] 这本书里，有过这样的评论："全盘私有化，听上去很过瘾，但这种主张看轻了制度变迁要付出的代价，只要过时的观念和既得利益缠住了相当多的人群，任何激进和彻底的改革在实际中都寸步难行。"

周老师这本书发布时，我参加了他的发布会。当时有一个圆桌讨论，我就问周老师：要放开中国的价格管制，您觉得要慢慢来，但是您看德国放开价格管制不过是一夜之间的事情，艾哈德跑到电台里宣布一声，德国的价格管制就解除了。人家是有勇气，咱们是有耐心，勇气和耐心之间，应该怎么拿捏？

周老师反问我：德国一夜之间解除价格管制时，盟军在不在？我说在。他说：盟军在就好办，盟军在，德国就乱不起来，盟军这个稳定因素是非常重要的。而中国的改革，是自己给自己改革，如果没有一个稳定的社会秩序，改革就会遇到危险。

周老师的这番话给我很大启发，价格管制是不对的，这一点我们容易理解，但是解除价格管制，我们需要考虑的因素就要复杂得多。

当然，现实生活中还有另外一种可能性，那就是不愿意改革的人，总拿社会稳定来当借口。不管怎样，要在勇气和耐心之间、大胆和沉着之间进行合理的拿捏不是容易的事情。

思考题

既然经济学的分析指出，价格管制带来那么多不好的后果，为什么那么多国家还屡屡实施价格管制？为什么还有那么多人赞成价格管制？

---

① 本书于2017年由中信出版社出版。——编者注

第 042 讲 | 实物补贴和货币补贴的权衡

我们前面讲竞争方式的时候说过，价格竞争跟其他方式的竞争相比，是最有效率的一种竞争，带来的无谓损失也是最小的。但这时人们会问，如果都是凭价格来分配，那穷人该怎么办？对这个问题，我们前面已经略做回答，即如果富人不能享受一定的优先，那价格机制就不可能起作用。这一讲，我们将集中讨论针对穷人的解决方案。

桑德尔来到中国

哈佛大学有两门公开课最受欢迎。一门是道德哲学家迈克尔·桑德尔（Michael Sandel）讲的道德公正课，另外一门是经济学家曼昆（N. Gregorg Mankiw）讲的基础经济学。他们两个的思维角度非常不一样，在校园里碰到时，两个人有时候还会抬杠。

桑德尔出过一本书，名叫《金钱不能买什么》（*What Money Can't Buy*, 2012）。《中国青年报》的《冰点》专栏，曾经对他这本书做过专题报道。报道说，以公正出名的哈佛教授桑德尔来到中国，他记住了这里的黄牛党：有钱可以买黄牛票，看病可以不排队，春运可以不受罪；有钱还能让孕妇超生，让污染企业排污。在这个金钱的时代，我们应该让金钱在社会中大获全胜吗？市场的伦理边界是什么？金钱不能买什么？

这是桑德尔提出的质疑，掷地有声！但我对桑德尔教授的观点却不以为然。

桑德尔的享受要不要花钱

我提出两个问题：第一，桑德尔教授自己的个人享受，主要是靠公正的排队来获得的，还是用金钱购买的？

桑德尔教授来中国推广自己的书，行程非常密集，第一天北京，第二天上海，第三天武汉。这么密集的行程是怎么安排的呢？要靠飞机、靠酒店。但是飞机和酒店争夺的人非常多，要是排队，他是排不上的。他靠的是用钱把需求较低的人赶走。

桑德尔教授接受的医疗服务也是一流的，哈佛大学所在的剑桥地区，医院非常好，医生的水平非常高。而那里的医院和医生之所以好，也是金钱的作用。如果世界上所有的病人都不用钱来付费，都只靠排队的话，我想桑德尔教授得排在很多非洲儿童之后。

桑德尔的解决方案是什么

我提出的第二个问题是：桑德尔教授的一个策略，是不断地提问题，但从不给答案。他没有回答一个其实每个人都必须直面的问题，那就是如果不由钱来决定，人们竞争一种稀缺的资源，应该凭什么？

不用钱，就只能通过别的竞争方式，而我们知道别的竞争方式带来的问题更大。

帮助穷人：实物补贴还是货币补贴

事实上，经济学家之间早就形成一个共识，不论是左派的经济学家，比如詹姆斯·托宾（James Tobin），还是右派经济学家，比如弗里德曼，他们之间都有一个共识——怎么帮助穷人的共识。他们说：帮穷人的最好办法，就是以金钱的方式给穷人补贴，同时让市场发挥它自身应有的功能，而不是直接去干预商品的价格。

我们给穷人一瓶牛奶，他就只能得到这一瓶牛奶；给穷人牛奶券，他就能够从不同牌子的牛奶中选择自己喜欢的品牌；但如果给穷人钱的话，他就不仅可以选牛奶，还可以选鸡蛋、蔬菜、肉类，甚至还可以选择不要食品，而要更好的居住环境，或更好的教育条件。

大部分经济学家总是相信，给穷人钱比给穷人食物，对他们的帮助更大。

值得注意的是，我们发现在所有的社会中，政府经常不给穷人钱，而是给他们实物；或者不给他们实物，仅仅是对那些实物，例如住房、面包、牛奶等，实施价格管制。

通过这样的方式来帮穷人，原因有很多。第一，如果给穷人钱，政府自己必须先有钱。政府自己找钱的本事不大，只能印钞票或收税，但这两点都不容易做到。而实施价格管制，好处在于自己不用掏钱，只要下一道命令就可以了，就算把好事做了。这种举手之劳的事情，官员比较乐意干。

第二，政府有父爱主义。他们不相信穷人，怕钱给了穷人以后，穷人会乱花。因此他们就给穷人实物。政府知道穷人缺面包、缺牛奶、缺教育，就把实物发给穷人，觉得只要给了实物，就能真正帮助到他们。至于穷人深层次的匮乏和难题，政府官员很难深入体察和救助。

第三，实物补贴可以假公济私。实施实物补贴，官员就可以优先让那些跟自己有关系的商人给穷人提供实物。例如给穷人牛奶，谁来提供牛奶呢？当然是跟官员关系比较好的牛奶供应商，它们能得到政府的订单。

公交补贴：把钱交给公司还是交给市民

补贴穷人，其实有两种完全不同的方法：一是补贴那些商品的提供商；二是以货币的方式，直接补贴那些受益人。前者补供方，后者补需方。两种办法，效果迥异。

例如一个城市，要补贴公交系统，有两个办法：一是把钱直接交给每一个市民，二是把钱交给公交系统。在这两种不同的补贴形式下，公交系统的行为方式会有很大差别。如果钱直接来自政府，那么公交系统要讨好的也就只有政府一家了，它只要集中精力公关政府，让政府相信它就可以了。至于乘客是否能得到优质的服务，则不在它关心的范围之内。很多大城市，随着时间的变化，市民居住的位置发生了很大变化。公交路线本应随着居住位置的变化而变化，进行新的规划，但我们发现很多大城市里，公交系统的路线多年都没变过。

如果反过来，钱是直接给乘客的，那公交系统就会从讨好政府转为讨好每一个乘客，它们的行为方式就会发生很大变化，重新规划公交路线的积极性就会大增。

弗里德曼的教育券建议

补贴教育，也是类似的事情。政府要补贴教育有两种方法：一是把钱交给家长，二是把钱交给教育机构，交给学校。

政府通常都采用后者，把钱直接交给学校。这时学校要讨好的对象就是教育管理部门。而教育质量如何、学生和家长是否满意，则很难说。

经济学家弗里德曼常年主张在美国实施教育券制度，其实质就是要从补贴学校改为补贴家长和学生。他的建议是，政府应该向家长发放教育券，让家长自由择校，那些能够在竞争当中脱颖而出，由于教学质量更好吸引到更多学生的学校，就可以凭着家长交来的教育券向政府兑换教育经费。这种补贴方式的转换，实际上就给了家长和学生更大的自主权，让教育体系市场化。

当然，弗里德曼的这个建议，到今天都没有实现。因为美国的中小学都有强大的工会组织，它们对这种市场化的建议一直有着顽固的抵抗。

很多大学食堂也有同样的故事。大多数的学校都对学生有伙食补贴。问题是这些补贴往往不是直接给学生，而是补给了餐厅。这时餐厅要讨好的就是学校的行政管理人员，而不是每一位学生。可以想见，如果把伙食补贴直接交给学生，然后让校园内的餐厅自由经营，学生所享受到的伙食质量会有很大的改进。

在权衡实物补贴和货币补贴之后，我们发现，要真正达到帮助穷人的目的，货币补贴是更好的选择，不仅浪费更小，效率更高，而且还给穷人更多的选择。

思考题

大学把补贴学生的住宿费直接交给学生，然后由市场提供宿舍，学校不再负责。你赞成还是不赞成，原因是什么？

竞争的维度 | 没有人可以控制市场因素

第 043 讲 | 房价上升好不好

把经济学用到生活中，越是切身的问题，感受就越真切，体会就越深刻。以下几讲，我们将用学到的知识，来对住房市场的问题做一番概括性的分析。

房价涨跌，分清正负面因素

关于房价有两种截然对应的观点，一种观点认为一定要把房价压下来。一次在出租车上，司机聊起北京的房价。他说政府是无所不能的，只要愿意把房价压下来，就一定能把房价压下来。对于这一点，政府确实做了不少努力，各大城市从几年前开始，就实施了很多限购政策。比如北京从 2011 年开始就有了房地产调控的细则，有北京户籍的家庭不允许购买第三套住房，没有北京户籍的，在北京必须纳税满 5 年才有买房资格。

另一种观点认为一定要把房价顶上去。好多年前，一位香港著名杂志的主编，写了一系列文章证明香港的房价不能跌，他坚决反对当时的特区政府为穷人推出那么多土地和廉租房。因为他认为香港很多人是贷款买房的，他们的财富都放在楼房上，如果房价跌了，有一大批人的房子就会变成负资产，就会破产，因此房价不能跌。

不顾一切要把房价降下来的做法不对，不顾一切要把房价顶上去的做法也不对。我们需要仔细区分，是哪些因素导致了房价上升，哪些因素导致了房价下跌。我们要让那些正面的能够改善我们生活的因素更好地发挥作用。同时，我们要克服那些负面因素，使得房价能够正确地反映人们对房屋的真实需求。

房价上涨的正面因素

实际上，北上广深这些大城市的房价一直在涨，很重要的一点就是集聚。很多人涌到这些城市生活，房价怎么会不贵呢？

在北京，有非常好的医院、剧院、大学。就像北京大学，有好多课程都是对外开放的。生活在北京的人，他们所付的房价，买到的不仅仅是一套普通的房子，还要加上周边可得的服务，它们的价格怎么会比别的城市、比边远的城市便宜呢？

当然我们随口就能说出很多城市病：拥堵、空气不好、人与人之间发生摩擦的机会更大等等。但人们为什么还愿意留在大城市呢？那是因为人口高度集聚的地方，能够提供比别的地方多得多的机会。

我们见过很多例子，那些一早就到大城市打拼的人，他们回到自己的家乡，见到自己童年的伙伴。那些童年的伙伴，生活并没有太大的改变，而他们当年的能力、智力、本事其实差不多。因为在不同的平台上发展，遇到的是不同的机会，他们的人生轨迹也就渐行渐远了。

人口集聚提高大城市的经济效率

现在有一个说法，说在北上广深这样的大城市，要留下高端的人口，而把中低端的人迁走。这种说法有问题。如果一个城市只剩下高端人口，那这些高端人口中就自然会变出中低端人口来，否则谁来打扫卫生、修车、送快递、看孩子呢？

在美国，一个钢琴老师的收入不一定比一个修车师傅高，开垃圾车的清洁工，收入很可能比大学老师还要高。谁赚得多，谁赚得少，讲的不是职业的贵贱，而是互相依赖的程度。

在大城市里，重要的不是你是谁，而是你跟谁在一起。不要以为非得有天大的本事，才能够在大城市里立足。人与人之间讲究的，不是你个人的本事有多大，而是你的本事跟别人的本事能不能相匹配，你们之间能不能够互相服务。

大城市的人口集聚，是一个全世界都存在的大趋势。2009 年世界银行发布了一个报告，报告中提到了日本和美国这两个国家不同地区的 GDP 所占的比例。日本有三个地方 GDP 特别高：东京、名古屋和大阪，这三个地方的 GDP 加起来，超过日本 GDP 总量的 80%。换句话说，即使整个国家中别的地方都没有产出，日本的 GDP 总产出也没有太大变化。

同样，美国绝大部分的 GDP，也是由那十几个我们都喊得出名字的大城市产生的，这些城市包括纽约、波士顿、华盛顿、西雅图、旧金山、洛杉矶、丹佛、休斯敦等。哪怕全美国都不生产，只剩下这十多个城市生产，美国的 GDP 也不会发生太大变化。

这就是美国和日本多年城市化、人口自然集聚产生的结果。当年世界银行的这份报告没有发布跟中国相关的数据，但是我们可以想想，要是讲中国GDP产出占比最高的城市，有北京、上海、广州、深圳，可能还有成都、重庆，接下来可能就要算上香港和台北了。

从这个角度看，中国的人口集聚、中国的城市化还没有完成，这些大城市对房屋的需求还在增长。

如果房价上升是因为人口集聚造成的，那么这种集聚就是正面的，我们不应该抑制它。如果非要把人赶走，或者剥夺那些已经来了的人脱贫致富的机会，其实对这些城市的繁荣发展是不利的，对公民的自立自强也不利。

简而言之，人口集聚和城市繁荣，都是使房价上升的正面因素。

房价上涨的负面因素

当然同样存在另外一些因素，这些因素也使房价上升了，但它们是负面的。例如房屋的交易不够灵活，不够频繁；小产权房未能进入正常的流通渠道；城市规划部门对房屋容积率的限制太大；房子不能建得太高，限制了土地的使用效率，等等。

同样一块地，如果房屋能够建高一倍的话，那么它能够提供的建筑面积就会多一倍。这些限制也是促使房价上升的不利因素。当然这涉及一个技术问题，我们到底能承受多高多密的房屋。而世界上各大城市的经验表明，高密度的城市在技术上是完全可行的。

分清了房价上涨的正反因素，我们才能对症下药。也就是说，不要破坏那些正面因素，而要改正那些负面因素。否则，只会让城市住房成为更大的问题。

思考题

你所知道的房价持续增长的地区有哪些？房价持续下跌的地区又有哪些？

第044讲｜廉价保障房更贵

经济学家没有学派之分，而只有好坏之别；好坏的标准之一，就在于是否相信世上有免费午餐。这样划分固然粗糙，但不失洞察力。很多事与愿违并造成巨大浪费的公共政策，恰恰源自“免费午餐”的想法，而试图以大规模修建廉价保障房来抑制房价的行动正是一例。

房屋限购与对策

要解决房价上升的问题，很多人想到的是一种非常直接的办法：限制人们购买。

但人是有对策的：如果限制每个家庭只能买一套房，那么有些人可能就会假离婚，一个家庭变成两个家庭；如果每个人只能买一套房，那么每套房的面积就可能发生变化，人们会买一个面积很大的房子，交付以后再把它隔开，变成两套房；如果一套房面积不能超过100平方米，有的人就会把房子建高一点，交付以后再把它隔成两层……

可见，无论怎么限购，人都是有对策的。

而这只是需求一方的对策，我们再看看供应的一方。

不要以为房地产商不管怎样都要盖房子，实际上他们是要看收益的。如果房子不能赚钱，他们就不会盖房子了。如果限制有钱人多买房子，房地产商接着就会减缓投资，新楼盘推出的数量就会逐步减少，最后整个市场出售的房屋总量就会下降，住房的供需矛盾就会激化，实际房价就会更高，而不是更低。

廉价保障房不是免费午餐

既然限购仍然无法抑制房价，而中低收入的人又需要买房，有人就建议，可以参考新加坡的做法，由政府大规模提供廉价保障房。而政府向每个人每个家庭提供廉价住房的想法，有这样几个错误。

第一个错误就是把住房看作手表、铅笔、可乐那样的标准品。手表、铅笔、可乐都是标准品，基本不以时空的变化而变化。政府如果想向每个家庭提供这些标准品，相对容易做到。然而，住房却不同。住房不是标准品，而是一种非常具体的服务。我们不可能抽象地描述一座房屋。

在目前的中国，城市与城市之间差别很大，每个城市中的地理位置、小区的差距也非常大。一座房屋，坐落在西部的一座小城市，与坐落在北京的学区、上海的 CBD（中央商务区），基本不是同一种商品。

一座房屋，不仅代表着不同的面积、格局、用料、装修、楼层、朝向、设施，更代表着不同的配套、地段、学区、医疗、交通、治安乃至周边未来的规划和发展等。这些具体的内容不仅不相同，有时甚至天差地别。因此政府无法像提供可乐、铅笔一样向每个家庭都提供标准品的住房。

新加坡的情况跟中国的情况差别比较大。新加坡面积小，提供一个标准品相对容易，因为它方圆也就几百公里，人口流动性也低得多。

而在中国，由于城市之间、地段之间、小区之间差距都非常大，如果政府一开始就给每个家庭分一套房，让他们住在那里，就相当于把人绑在这个廉租房上，极大地降低了他们的流动性，由此付出的代价是巨大的。

其实国外也有类似的经验，那就是分了廉租房以后，大家都舍不得离开，就住在那里，结果子女也在那里受教育。当他们的情况有所改善以后，还舍不得离开，本来子女可以到更好的地方就读，但不得不留在原来的地方。这使得所谓的社会流动性降低了，上升的渠道收窄了。

让政府提供大规模保障房的第二个错误，是没有看到这样做的挤出效应，也就是说，当政府要提供大规模廉价房时，政府必须找地、找材料、找钱。所有这些资源都是排他性的，政府用得越多，私人用得就越少。

这时候我们就需要权衡，这些资源放在私人开发商手里，还是放在政府手里，能够得到更好的应用。谁更能够设计建造出适销对路的房屋，是政府还是私人开发商？答案是显而易见的。

在美国也有这样的情形，就是政府为了大量修建廉租房，推倒了一些他们认为房屋质量不合格的社区，结果修建廉租房的速度远远低于推倒社区的速度，穷人就不得不搬到更远的住宅区里，他们的居住情况反而变得更糟了。

第三个错误是，政府提供住房后，肯定会限制这种廉价房的有偿转让，这样会使得房屋之间的交易减少、流动性降低，这也进一步限制了资源的有效使用。

因此廉价保障房不可能是免费午餐，我们需要看清楚这几个要点：房屋不是一种标准品，它是一种服务，是一种综合的服务；私人开发商是这种综合服务更好、更适合的提供者；如果让私人业主自由转让房屋的话，这些房屋的流动性会更高，也会鼓励人们积极上进，不同家庭上升的渠道也会得以拓宽。

只要我们看清楚这几点，我们就应该坚持房屋服务市场化、商品化的道路。

思考题

请你描述一下，你印象中20年前的老住宅标配是什么？10年前的标配是什么？今天住宅的标配是什么？我们来做个比较。

第045讲｜没有使用需求就没有投资需求

与政府大规模提供廉价住房想法一脉相承的，就是所谓“控制空置率”的想法。

空置率不可能客观衡量与计算

很多人喜欢举空置率的例子，说市场上很多房子是空置的，我们要收空置税，谁空置了房子，就要惩罚谁，让他多交税，这样人们就不敢囤积房子了。

但仔细想想，空置率没办法客观计算。例如，我有两套各50平方米的房子，自己住了其中一套，那么可以说另外一套50平方米的房子是空置的。

但是如果反过来，我有一套100平方米的房子，我一个人住，里面有两个洗手间，有一个洗手间长期不用，这算不算空置？空置能算出来吗？不能。

实际上我们看到，如果我有两套 50 平方米的房子，当我不需要时，当市场上的价格合适时，我把其中一套租出去的可能性，远远大于我把 100 平方米的房子里的一间房租出去的可能性。

因此，拥有两套小房子的人，很可能比拥有一套大房子的人，对市场有效配置住房资源的贡献更大。但如果征收空置税，惩罚那些有空置房子的人，效果就会适得其反，因为人们都争着尽量买大房子去了。

当然，如果政府真的要对我那一套 50 平方米的房子征税，我也有很多对策。怎么证明房子是空置的？看水表还是看电表？事实上，不管看的是水表还是电表，我都很容易雇人定期去开开水龙头开开电闸，让里面的水表电表动一动。这样除了平添一种新的职业，像遛狗一样遛房以外，空置税起不到任何实际的效果，而只会扭曲市场对房型设计的实际需求。

使用需求是投资需求的基础

跟打击空置率相关的另外一个概念，就是要打击投资需求，区分使用需求和投资需求。

现在市场上有一种普遍的观点，认为房价都是那些投资炒房的人炒高的。因此有位学者提出了一个想法，说我们要积极地去满足实际的使用需求，同时要打击投资的需求。

这位学者的建议是，在那些非常好的地段批一些地出来，专门修建廉租房，让有实际需求的人住上这些好房子，而在偏远的地方批出一些没人要的地来，供那些喜欢炒房的人去投资。这个想法可行吗？

如果这个想法可行，政府就可以往天上一指，说喜欢炒房的人，你们上月亮去炒吧，好的地段，我们用来建廉租房。这可能吗？这种把使用需求和投资需求区分开来，甚至对立起来的看法显然是不合理的。

实际上所有的投资需求，都是以实际使用需求为基础的。没有实际使用的需求，就不会有投资需求。给我们块烂地，我们会去炒吗？当然不会。

如果我们硬要把使用需求和投资需求区分开来、对立起来的话，就不会有人投资，就不会产生满足未来市场需求的供给。几年以后，新的房源就会萎缩；长此以往，居住条件会变得更差，而不会变得更好。

凡是那些打击投资需求的政策，不为投资开绿灯的政策，最终也满足不了使用需求。

思考题

请你分析，投资和投机有什么不同？

第5章

权利

自由不等于免费

权利是文明的产物和特征。作为文明社会的一分子，我们都应当掌握一些关于权利的知识和理论。经济学是社会科学中的皇冠，它对权利的理解特别值得我们重视。

学习经济学关于权利的知识，不仅能让我们掌握作为文明人应当掌握的知识，还能够让我们比一般人有更锐利的视角。

资源的占有｜你的权利从哪里来

第 046 讲｜权利有别于能力

权利是文明的产物和特征。作为文明社会的一分子，我们都应该掌握一些关于权利的知识和理论。经济学是社会科学中的皇冠，它对权利的理解特别值得我们重视。

迂回竞争带来了巨大的财富

设想我们是一群外星人，远远地靠近地球，想要探究人类和动物的区别，解释为什么人类会走向繁荣富足，我们就不难发现这样一种现象：在动物世界，狮子非常勇猛，也很有能耐，它们展开的都是直接的竞争：要什么就抢什么，单刀直入，毫不含糊。但狮子却非常贫穷，身无旁物，孑然一身。

而在人类社会，人们几乎从不直接争抢，他们搬砖运沙，铺路搭桥，看书学习，开会出差，但他们每天所需的消费品，都自然而然地到手了。外人无法从他们工作的内容推测他们想要得到什么，从他们的所得也难以推测他们是怎么取得的。人类展开的是高度迂回的竞争。结果是，人类非常富有，哪怕是乞丐，也能借助大量公共设施而生活。

让人类有别于动物，长期展开迂回竞争，从而积累大量财富的原因之一，是人类社会逐渐建立起了精致的权利体系。权利保护了有效的竞争。所以我们有必要深入探究什么是权利，权利具有哪些特征。

权利的定义

要想在最短时间内以最准确的方式了解人类社会关于权利的安排，最好的办法就是读一读阿尔钦为经济学界最权威的《新帕尔格雷夫经济学大辞典》所撰写的条目“财产权利”（property rights）。

这本辞典在 1987 年出版了第一版四大卷，体现了整个经济学界对各个领域最扎实的研究。隔了 21 年，到 2008 年再版时，篇幅从四卷变成了八卷，里面的条目也发生了很多变动。一些原有的条目被新的条目取代了，一些条目虽然没有被取代，但也被补充了。

而阿尔钦撰写的“财产权利”条目，在 1987 年的版本里有，到 2008 年的版本里还有，既没有被替代，也没有被补充，一个字都没有改过。这就是经典文章。

这个条目的第一句话就举重若轻、扣人心弦。阿尔钦说：“产权是一种通过社会强制而实现的、对某种经济物品的多种用途进行选择的权利。”（A property right is a socially enforced right to select uses of an economic good.）这句话中，socially enforced，意思是“通过社会强制而实现”，分量特别重。

权利是通过社会强制而实现的，是别人授予我们的；不是我们自己认为有就有，而是别人认为我们有才有；要别人愿意出来保护我们行使的自由，才能叫权利。这是权利的特征。

权利有别于能力

狮子王打架最厉害，它占有了一块肉后，别的狮子不敢抢，那是因为狮子王的能力在现场。能力，英文叫 might。

某人有辆轿车，停在办公室楼下，他用不着拿根棍子守在车旁。只要有人想偷车，就总会有人出来阻止。车主的能力不在现场，保护他的不是能力，而是权利。他的权利还在现场，因为那是社会上其他人自愿给予的保护。权利，英文叫 right。

能力，might；权利，right。一个字母之差，意思却天差地别：能力取决于自己能够占有多少，而权利则取决于社会上其他人愿意给你多少。

思考题

经济学对“权利”的定义跟我们所说的“天赋人权”的概念有没有冲突？如果有冲突的话，你认为哪种解释更合理呢？

第 047 讲｜权利是人赋的而非天赋的

天赋人权论是自启蒙运动以来就在全世界流行的一种理论和学说。而我们这里要介绍的观点与这种流行的学说相反，即权利其实是人赋的，而非天赋的。虽然这听起来有些离经叛道，但是看过下面的介绍之后，你或许会同意，这不仅实事求是，而且合情合理。

你的权利从哪里来

今天有许多权利，我们都认为它是理所当然的，天生就如此，事实真是这样吗？

美国著名的律师、法学家艾伦·德肖维茨（Alan Dershowitz）曾经是哈佛大学最年轻的法学教授，也是辛普森杀妻案、克林顿绯闻案中被告的辩护律师。他写过一本精彩的书，中文名叫《你的权利从哪里来》，而英文名是 *Rights from Wrongs: A Secular Theory of the Origins of Rights*，直译就是“权利来自错误——关于权利起源的一种现实观点”。在英文里“正确”和“权利”是同一个词——right，所以“权利来自错误”也可以译为“正确的事情来自错误”。

德肖维茨在书里首先反驳了很多流行的观点。他说：

第一，权利不来自神。每个人都有自己心目中的神，每个国家有不同的宗教，如果权利是来自神的话，到底是来自哪个神呢？我们该听谁的呢？

第二，权利也不来自自然。自然本来就是中性的，没有客观价值、不带有主观价值倾向的，因此权利不来自自然。

第三，权利也不来自逻辑。逻辑是自洽的，要知道一个自洽的逻辑是永远正确的。不管是在地球还是在月球，逻辑只要是自洽的，它就是永真的。但是永真的逻辑——比如三角形的内角之和等于180度，就永远等于180度，它是由一个基本的假定推出来的公理体系——不会告诉我们任何关于这个世界的具体知识。有另外一套知识，它虽然是可错的，例如地心吸引力是多少、重力加速度是多少，但它能够告诉我们一些关于我们所在世界的知识。所以德肖维茨也认为，权利也不来自逻辑，因为逻辑不会告诉我们任何关于世界如何运行、如何治理的知识。

第四，权利也不来自法律。因为法律是有了权利以后对权利的一种体现，如果权利来自法律，我们又凭什么去评判一个法律体系的正确和错误、合适与不合适呢？

权利来自人类的经验教训

德肖维茨的立论是：权利来自人类的经验，尤其是那些惨痛的经验、那些巨大的错误。

每当人类经历了巨大的错误、有了惨痛的经验以后，就想避免再次发生这样的错误，于是人们就逐渐建立起对权利的约定、对权利的安排，目的是要减少错误，减少损失和失败。所以权利来自错误，正确也来自错误，人类在过去惨痛教训的基础上，一点一点地改变我们社会的制度安排。

德肖维茨的观点，虽然没有“权利是天赋的”那种说法掷地有声，但非常实际，也符合我们人类历史发展的现实。我们今天认为理所当然的权利，其实都是经历了漫长的过程才得以确立的，从有人提出，再到有人实践，到越来越多的人赞成，再把它写到法律条文里，最后慢慢成为人们自觉遵守的行为规范。

德肖维茨也指出，许多我们认为理所当然的权利之间，本来就是有冲突的，怎么找到相冲突的权利之间的平衡点，才是我们要处理的关键问题。

例如，胎儿的生存权就跟母亲选择堕胎的权利产生冲突；人生存的权利，就跟他要求安乐死的权利有冲突；一个人言论自由的权利，就跟另一个人不受别人冒犯的权利有冲突；抽烟的权利，就跟他人拒绝吸二手烟的权利产生冲突；同性恋结婚的人收养子女的权利，就跟儿童要求异性恋的夫妻收养的权利产生冲突。

看得再广一点，世界上几乎没有任何一种我们能够想象出来的权利，历史上不曾存在过相反的权利。我们今天习以为常的各种权利，包括财产权、隐私权、污染权、征地权、申请破产权、同性恋结婚权等，都是人类经过长期的冲突和博弈慢慢形成的。

权利需要社会上其他人的共同认可和执行

生命是属于每个人自己的，但每个人有自杀的权利吗？如果每个人都有自杀的权利，那我们会看到，如果一个人想要自杀，宣布我准备自杀了，社会上其他人就应该说：好啊，恭喜你啊，要行使你的天赋的权利了。

但现实中一个真想自杀的人，最重要的事情就是不让别人知道，因为他的想法一旦被人知道，别人就会出面阻止。而更多旁观的人，看见有人阻止自杀的话，他们会帮助那些阻止的人，而不会去帮助自杀的人。这说明自杀是一种不被社会普遍认可的行为。

为什么生命属于一个人自己所有，而他却没有权利自杀？事实上，世界上罕见——我是为了谨慎起见说罕见——有鼓励自杀的文化。没有哪个民族、哪个文化是鼓励人们自杀的。

因为一个人死去，受害的不仅仅是他一个人，还有他周围的好多人，甚至是整个社会。保存社会的人力资源，是几乎所有文明、所有社会的基本共识。哪怕是对重病患者实施安乐死的问题，大家的讨论也是极其谨慎的。

明白了这些道理，我们再回头看一遍阿尔钦“财产权利”条目的头一句话，他说：产权是一种通过社会强制而实现的、对某种经济物品的多种用途进行选择的权利。读到“通过社会强制而实现”这句话，我们可以再次体会它的分量。

阿尔钦写这篇文章是在1987年，德肖维茨的书第一版是2004年，我不知道他们是否认识，但是英雄所见略同。我每次看到知识和见解相通的时候，心里就特别高兴，这就是知识的魅力。

思考题

你怎么理解“人生而平等”这句话？

第048讲｜自由不等于免费

自由和免费是两个连美国的大法官都会弄错的概念。在英文里，自由和免费刚好是同一个词——free。但值得注意的是，政治上的自由并不等于经济上的免费。（Political freedom is not economically free.）

财产权利与政治权利同样重要

1980年美国加州发生过这样一个案件：“果脯园购物中心诉罗宾斯案”（*Pruneyard Shopping Center v. Robins*, 1980）。

案件并不复杂，果脯园购物中心来了一群中学生，他们要抗议联合国的一个决议，想在购物中心里征集顾客的签名。但是，购物中心是人们买东西的地方，不是征集政治签名的地方，购物中心觉得这群学生侵犯了顾客安静购物的权利，于是对学生提起了诉讼。

但问题是，言论自由在美国宪法中是受到高度保护的。美国宪法第一修正案明文规定：“国会不得制定剥夺言论自由或者出版自由的法律。”最后，加州最高法院做出了判决，说“人们有在向公众开放的私人场所和平地行使言论自由的权利”。

有意思的是，在 1972 年，美国联邦最高法院也曾对类似案件做过一个判决。当时的判决说：“私人购物中心里并不存在法律所赋予的言论自由的权利。”也就是说，那些私人购物中心的主人，没有义务向别人提供一个场所，让他们去行使言论自由。

但现在，加州最高法院说：在加州，可以。结果这个案子打到联邦最高法院，最高法院 1980 年的判决结果是：（1）加州说可以就可以；（2）别的州如果认为可以，也没问题，每个州都可以给言论自由更大的权利，只要不跟联邦的其他法律冲突就行了。

美国联邦最高法院这个判决下来以后，美国有 30 多个州跟随了加州，它们的州宪法里面都明文规定要有言论自由的权利。当然也有十几个州拒绝跟随，甚至指责这种判决太离谱了，私人的领地怎么能被征用来从事公共用途呢？

不管怎样，判决下来以后，很多人就开始测试这个法律的边界。这个案件本身，讲的是一群中学生反对联合国的一个决议。按照相似的逻辑，反对失业可以吗？呼吁同性恋结婚合法化可以吗？要求捐款可以吗？自己讨钱可以吗？这就成了人们不断尝试的方向。

另外，从场所上看，法院判决的是购物中心可以。既然购物中心可以，居民区、停车场也是向公众开放的私人领地，那么在居民区、停车场里搞示威活动，去请愿、去征集签名，可不可以呢？这样做的结果就是，利用别人的物业来达到自己目的的行为，变得越发得寸进尺。

最后商场实在没办法，只好贴出醒目的布告，上面写着：

不要给兜售的人钱，我们对商店外面的兜售者给您带来的不便深表歉意。他们的言论和他们表达言论的方式，都跟我们无关。他们之所以出现在我们的物业区域，不是我们要他们来的，而是因为现在加州的法律允许他们这么做。如果您不想见到这些兜售者，那请跟您的州议员联系。

行使权利所要动用的经济资源并不免费

实际上，法官没有搞清楚的是，在解读美国宪法第一修正案时，要分清人们行使言论自由这种政治权利是一回事，在行使政治权利时，要动用一些经济资源，则是另外一回事。

经济资源本身是有主的，应该尊重这些经济资源的主人，尊重他们的产权。因为他们的产权跟法律所要保障的那些政治权利同样重要。

几年前我看到过一条欧洲的新闻，是一群失业者冲进了电视台的直播间，在里面宣读了一份声明："我们反对失业。"对于这种行为，好多人以为是一种政治权利的宣泄，但实际上电视台的直播间是私人财产，属于别人的产权，通过侵犯别人的私人财产来宣泄自己的政治主张，是一种侵权行为。

我们只要把政治上的权利，跟经济上的产权保护这两个概念区分开来，就很容易理解这件事情。

经济权利是人的基本权利

有很多人认为，政治上的权利要比经济上的权利高一个级别，这个观点也很值得商榷。

实际上，经济权利也是人们基本的权利之一，对我们的生活，对我们的言论自由、思想自由，都有非常重要的作用。

我们知道阿尔钦是公认的产权大师，他不仅在最权威的《新帕尔格雷夫经济学大辞典》里撰写了“财产权利”这个条目，同时也受邀在《简明经济学百科全书》里撰写“产权”条目。在全书中，他清楚明确地写道：

> 私有产权与人权并不冲突，它们都是人权。私有产权是人们使用和交换特定物品的人权。如果产权的行使受到抑制，那权利就会朝其他方向倾斜（也就是说，那些受权力机关恩准的个人特征，就会取代那些平等的非个人特征）。这是产权为什么那么重要的原因：产权保护个人自由。

可见，人们要行使政治上的自由权利，产权非常重要，经济基础非常重要。

思考题

如果你在汽车站忽然想要上洗手间，自己的行李需要请人代为照看。眼前有两个人，一个是衣着破旧的穷人，另外一位是西装革履的有钱人，你更愿意请谁来照看你的行李呢？为什么？

产权界定｜保护与限制

第 049 讲｜产权的兴起

从这讲开始，我们要深入分析产权的一些基本属性。

人类社会需要产权安排

首先要介绍的是产权兴起的过程。产权的兴起有两个动力，一个是外部性，一个是人口的集聚。

产权不是天然就存在于我们的社会之中的，它经历了漫长的发展过程。

由于产权的明确、产权的行使和保护都需要耗费成本，如果必要性不大，就不需要进行各种产权安排。如果我们要分一个馒头，掰一下就可以了。但如果我们要分的是金条，就需要用上天平和各种测量的仪器。只有当权利的安排带来的好处足够大时，人们才去考虑怎样界定产权，怎样才能行使和保护产权。

产权兴起动力之一：外部性

经济学家哈罗德·德姆塞茨（Harold Demsetz）曾经分析过产权在美洲兴起的过程。在美国，起初并没有非常明确的产权界定。当时人们打猎，见到一只动物，谁打到就是谁的，不需要进行非常明确的产权界定。

这种状况一直持续到航海的兴起。航海兴起后，动物的毛皮可以通过航海运送到欧洲去卖，毛皮变得值钱了，因此打猎的人越来越多了。打猎的人越多，动物的数量就越少。这时就产生了所谓的“外部性”，我们多打一只，别人就少打一只。因此，社会就逐步产生了对产权保护的需求。

但问题是，动物的产权怎么界定？动物到处跑，不能指着一个动物说“这只动物是我的，那只动物是他的”。这时人们就需要依靠自然环境的帮助。

在美国的东北部，大多数动物都是穴居动物，它们有个特点，就是离自己的窝不会太远。因此人们虽然很难界定动物归谁，但是可以界定哪个山头归谁。只要山头确定好了，基本就可以确定山里的动物归谁了。这时就形成了产权界定和行使的一个雏形，一个一个山头，就从原来的公有慢慢界定到集体所有，甚至界定到家庭所有。

美国西南部的产权界定：牛仔与铁丝网

与此同时，美国的西南部虽然也有大量动物，但在那里却没形成产权的制度安排。因为美国的西南部是大量的平原，那里的动物大部分是迁徙动物，经常从一个地方迁徙到另外一个地方，所以很难像美国东北部那样根据山头来判定动物的归属。

只有修墙才可以确定一大片平原的具体归属，但是一大片平原的修墙成本非常高。当时美国西南部用的是“人肉墙”，也就是通过牛仔骑着马巡逻的方式进行产权的界定。

而美国西南部真正的产权界定，是从铁丝网的普及开始的。

美国有产权经济学家做过研究统计，在19世纪60年代的那10年间，美国国家专利局颁布了360多项关于铁丝网使用的专利。而到了1880年，也就是在20年间，美国总共卖出了超过8000万磅的铁丝网，这些铁丝网能够修筑50多万英里的墙。这时候，美国才对这些大面积平原的土地产权进行了界定。

产权兴起动力之二：人口集聚

产权兴起的另外一个重要原因是，交通运输成本持续大幅下降，使得人和货物远距离的旅行和运输成为可能，而这导致的直接后果，就是人和货物的高度集聚。

人可以密集地居住在一起，这时人与人之间的各种冲突也就越来越多，于是便产生了对产权，也就是对“排他性权利安排”的需求。

美国黄石国家公园是一个保护大自然的天堂，但它不是由环保人士，而是由铁路公司建立起来的。因为当时美国有《宅地法》，一块地谁占了，谁在上面耕作，它就归谁，大片的荒地就这样被人占有了。

这时铁路公司发现自己的利益受到了损害。因为很多人坐火车，在铁路沿途观光也是一大需求，如果所有的地都被人开发了，沿途美景遭到了破坏，铁路公司的生意就会大受影响。于是铁路公司开始不断向国会游说，说要保护沿途的自然景观不受破坏。最后黄石国家公园就在这样的目的下建立了。

紧密联系而又生活丰富的现代人

我们今天生活在大都市里的人，每时每刻都在享受着交通成本下降、货物和人不断流动的好处。我看过一本童书，这本书讲的是过去的人和今天的人生活的对比。

过去人出生在哪里，他基本上一辈子就生活在那儿。吃的东西，都是方圆几十里地长出来的，不会吃到更远地方生产出来的东西。而我们今天生活在大都市的人，上午可以吃欧式早餐，中午吃泰国餐，晚上吃巴西烤肉。在大城市的市中心，基本上几公里的范围内，就能够吃到来自世界不同角落的食物。

与此同时，陌生人跟陌生人之间、各种资源之间的联系也变得非常紧密。

有一次我坐飞机，在办登机牌时乘务员告诉我："您坐的这趟飞机，因为天气原因晚点了。"我说："不对啊，我这趟是从深圳飞北京的航班，深圳和北京的天气都很好，可以起飞降落。"乘务员告诉我："不是深圳和北京的天气不好，而是这架飞机要从武汉飞过来，武汉天气不好，飞不过来，所以您没办法准点飞北京。"由此可见，现代人的生活，相互之间的制约、联系是多么的紧密。

陌生人之间的交往与合作

我们前面介绍过亚当·斯密对人性的看法，讲过人与人之间是有爱心的，但是人跟陌生人之间需要讲规则。这时候规则就取代了过去熟人之间常用的那些礼尚往来。

我们说，市场经济会不会使人情淡薄呢？从某个角度看，它确实使人情变得淡薄了，但是这种产权和制度的安排，使我们的物质生活变得更丰富了，同时也使我们的精神生活变得更丰富了。

那些物理距离较近的人之间，比如我跟邻居之间可能交往不多，但物理距离较远的人，却可以通过互联网更频密地交流彼此的思想和感情。人越来越能主宰自己的精神生活了。

思考题

过去在美国三藩市，也就是我们称之为旧金山的地方，人们发现了金矿，对金子有两种界定的办法：一是谁挖到金子，金子归谁；第二是谁发现了金矿，这金矿里面的金子就归谁。那么，对金子做产权界定和对金矿做产权界定，这两种界定哪一种更好呢？

第 050 讲｜产权：使用权、收益权和转让权

介绍完产权兴起的过程之后，我们来分析产权的三个要素或者三个重要环节——使用权、收益权和转让权。三权相加就是一个完整的产权。

使用权

产权的第一个环节是使用权，它的含义是我们能决定资源怎样使用。单独理解使用权并不难，难的是在它与所有权冲突时，该如何理解？

使用权与所有权的冲突体现在：如果一件物品的所有权归一个人，使用权归另一个人，而另一个人每时每刻都拥有使用权，那这个人的所有权又该如何体现？

为什么会有两个互相冲突的概念并行呢？原因之一是为了调解产权主张的冲突。也就是说，对资源使用有冲突的双方，各自为了让对方有台阶下，找了一种新的说法，说所有权归你，但使用权归我。这样就找到了一个双方都能接受的解决办法。

现实生活中这种冲突是非常常见的。举个例子，我们国家的《宪法》有几个版本，其中 1982 年的《宪法》在第 10 条第 4 款就明确规定：“任何组织或者个人不得侵占、买卖、出租或者以其他形式非法转让土地。”但到了 1988 年，《宪法》有了一次修订。修订后，《宪法》第 10 条第 4 款就变成了：“任何组织或者个人不得侵占、买卖或者以其他形式非法转让土地。土地的使用权可以依照法律的规定转让。”

前面写着转让不行，但紧接着后面那句话就写着“土地的使用权可以依照法律的规定转让”，这让人很难理解。

这次修订背后的原因是，在几个月前，也就是1987年12月1日，深圳拿出一块国有土地进行了拍卖。这就是历史上著名的“深圳第一拍”。那是在缺乏法律依据的情况下的土地拍卖。

当时深圳发展需要资金，但深圳市政府手上没有资金，外商就建议将土地卖掉换成资金。但是《宪法》明文规定不准转让土地，该怎么办？

好在深圳是改革的特区，它就试验了这土地的“第一拍”。拍卖几十天后，广东省人大才在年底通过了第一个地方性法规，确认城镇国有土地的使用权可以转让。到了第二年全国人大修订《宪法》，才确认了深圳的做法。

我们仅仅看法律条文，是没办法理解前后两个条文之间、字眼之间的冲突的。我们必须把它们放到一个经济背景里去看。一个新的说法，一个新的词，就能够把僵局解开，把资源释放出来，这是非常重要的。

除了找一种说法，让对方有台阶下，把僵局打破，所有权和使用权的区分还有别的作用。

例如，在英国，土地的所有权归英国女王，使用权归个人。意思是在平时不打仗时，土地怎么用归个人；而在打仗时，女王可以征用土地。所有权和使用权之分指的是在不同条件下的使用权。

还有一种有趣的现象：在很多国家，地主是土地的所有者，地主拥有土地的所有权；而农民拥有土地的使用权，他们决定在一片土地上耕种什么、如何耕作。这实际上是一种分工。因为地主通常直接跟国家机器打交道，负责交税、寻求保护，所以名义上他们拥有的是土地的所有权；而农民比较善于耕作，他们干的是技术活，他们决定土地该怎么使用、怎么耕作。因此一块土地分了两种权——所有权和使用权，实际上代表了一块土地、一份资源在不同环节、不同侧面的使用和分工。

收益分配权

产权的第二个环节是收益权，也就是收益分配权。

一份资产会不断地提供服务，提供服务就会有报酬，无论是产权的暂时拥有者，还是它的永久拥有者，都有权去分配资产得到的收益，这是资产的收益权。

能够支配收益权的人有可能是房东，也可能是一个公司的经理，或者是一位国资委的官员。这一点容易理解。

转让权

产权的第三个环节，也是最重要的部分，是转让权。

如果一个人对某一资产只拥有使用权和收益权，但没有转让权，那他往往只是暂时拥有这一资产。

因为转让权意味着把一份资产未来永久的、全部的使用权和收益权，一下子批发转让了。一个人，只有当他完全拥有一份资产时，他才能一次性地把一份资产未来每一个时刻的使用权和收益权都转让出去。

现实生活中，有人往往是暂时拥有某一资产。例如，一位国资委的官员，他控制着某一国有资产，他能决定这份国有资产当前如何使用，也能决定它当前的收益如何分配，但是他没有权利把它卖掉并把收入占为己有。这一点说明，他并非真正拥有这份资产。

从产权的角度看，人们是不是真正拥有某件物品，最有效的试金石就是看他有没有权利把它卖出去。

思考题

国有资产算不算是一种明确的产权？

第 051 讲 | 产权保护之一：财产原则

产权保护有三个基本原则——财产原则、责任原则和不可转让原则。这三个原则不是传统经济学的内容，而是法律经济学这门交叉学科的内容。

大教堂的一个视角

要介绍产权保护的三大原则，必然要提到一篇著名的论文，名叫《财产原则、责任原则与不可让渡性：大教堂的一个视角》(Property Rules, Liability Rules, and Inalienability: One View of the Cathedral, 1972)。这篇论文由两位法学家写成，一位是圭多·卡拉布雷西(Guido Calabresi)，一位是道格拉斯·梅拉默德(Douglas Melamed)。

第一位作者卡拉布雷西是美国第二巡回法院的法官，曾经担任过耶鲁大学法学院的院长，被认为是法律经济学这门交叉学科的四位奠基人之一。他是一位大学者，当年写这篇文章时不过40岁。另外一位作者梅拉默德，写这篇文章时年仅27岁。

这篇文章的题目非常有意思——大教堂的一个视角。大家知道，天主教堂八面玲珑，非常复杂，而作者将教堂的视角用在这里，意思是说人类进行产权保护的方式有很多种，文章中提出的三个基本原则，只不过是像大教堂这样非常复杂的事物里的一个角度，有点类似中国成语“管中窥豹”的意思。

文章说产权保护的原则分三种：第一种叫财产原则，第二种叫责任原则，第三种叫不可转让原则。

财产原则

什么叫财产原则呢？意思是：一个人想要剥夺别人的产权，只有一个办法，就是向这个人付费，付到他愿意放弃为止。如果是通过这种方法把产权从别人手里拿过来，那么这种产权就是根据财产原则进行保护的。在财产原则下，政府只对产权进行了一次干预，那就是确权。确权以后，产权人和其他人自愿进行的交易，政府不再干预。

责任原则

第二个原则叫责任原则。责任原则的意思是：当一个人侵害了别人的产权以后，侵害者就要向产权所有者赔偿，但是赔偿的金额不是由所有者确定，而是由第三方确定。

这个第三方可以是国家，可以是保险公司，也可以是政府官员或者法官。这个原则跟财产原则不同，财产原则是产权交换时，由产权人自己定价，而责任原则指的是，定价由第三方确定。

在实施责任原则时，政府往往做了两次干预：第一次是确权，第二次是当发生侵权行为时，由政府来决定赔偿的金额。

不可转让原则

第三个原则叫不可转让原则，顾名思义，就是政府禁止所有权人把他所拥有的资产卖给别人。

在不可转让原则下，政府对产权的保护进行了三重干预：第一，确权；第二，如果发生侵权行为，由政府决定侵权的赔偿金额；第三，政府禁止原来的产权所有者出让他的产权。

哪种产权保护原则更好

产权的这三种保护形式，在现实生活中往往是混合使用的。有人想要侵占我的房子时，我的房子受到的是财产原则的保护；当国家要建消防局，打算征用我的土地时，我的房子受到的是责任原则的保护，国家需要给我合理的补偿；当我喝醉酒不省人事签了卖房合同时，房子受到的是不可转让原则的保护，因为醉酒情况下签的合同无效。

这三种原则哪种更好？我们可能会说，政府干预越少越好，所以财产原则肯定比责任原则更好，而责任原则又比不可转让原则更好。是这样吗？不一定。

一般情况下，财产原则当然是很好的。有人看中了我们的手表，唯一的办法就是出价，出价高到我们愿意卖为止。这时我们才是这只手表真正价值的最好决定人，这当然是比较理想的状态。

但有时候，我们不一定能够完成这样的交易。比如人的手臂值多少钱，应该由自己来决定，但现实生活中却不一定。如果发生一起交通事故，受害者手臂受伤要截肢，对方负全责，这时受害者的手臂能不能通过财产原则，向肇事者出一个价，来赔偿自己的手臂呢？答案是不能。

因为交通意外已经发生了，如果让受害者来开价，可能不是20万元、200万元，而是2000万元、2亿元，导致事件最终没有办法解决。因此人的手臂在交通事故中值多少钱，得由第三方决定，这是责任原则。

也就是说，在交易费用非常高的情况下，在没办法进行事前议价的情况下，我们只能退而求其次，使用责任原则。

大量产权不能通过财产原则保护

卡拉布雷西和梅拉默德在我们前面提到的论文里也详细地讨论过，交通意外中受伤的手臂到底有没有事前定价的可能性。

例如，人们可以去保险公司，先给自己身体的每一个器官、每一个部位定个价，买好保险，假如发生交通意外，我们就能够得到相应的赔偿。这时候我们的身体似乎就可以通过财产原则进行保护了。

但实际上真要这么做，成本非常高：如果每个人要给身体每一个部位定价，即便保险公司认可，议价的成本也非常高，况且，很多部位是无法定价的；如果引入第三方来进行裁决，组织费用、行政费用会非常高；而如果定价不合理，也会出现碰瓷的现象。

因此在现实生活中，由于交易费用的存在，大量的产权不能通过财产原则进行保护，而只能通过责任原则来进行保护。

为什么要惩罚刑事犯罪分子

财产原则和责任原则的区分，还从经济学的角度给了我们一个启示，那就是为什么我们要惩罚刑事犯罪分子。

我们可能会想，如果有人侵权构成刑事犯罪后，不被投到监狱里，而是在外面继续工作，赚了钱赔给受害者，不就能减少无谓的损失吗？但事实上，没有哪个社会会这样做。原因是犯罪分子犯了两重罪：第一，他伤害了别人；第二，他改变了规则，把原来明明可以根据财产原则进行保护的资产，变成只能通过责任原则来保护。我们惩罚刑事犯罪分子时，其实惩罚的是两宗罪。

我们也经常会见到这样一种情况，即在刑事案件里，受害人受害后，不太愿意出来指证犯罪嫌疑人。这时我们采用由国家来追诉的方式，就是要阻吓犯罪嫌疑人，不让他们擅自改变游戏的规则，擅自把那些明明可以用财产原则保护的资产，变成只能用责任原则来保护。

思考题

我们对犯罪分子的惩罚，如果过轻会产生什么样的后果，如果过重又会产生什么样的后果？

第 052 讲 | 产权保护之二：责任原则

在美国法学院，只要讲到侵权法就一定会引用和讨论的经典案例，是 1908 年的“码头紧急避险案”（*Ploof v. Putnam*, 1908）。

码头紧急避险案

案情是这样的，原告带着妻子、孩子，在湖上开船玩儿，忽然遇到风暴，原告就把船绑到了被告的码头。这时被告的仆人发现有人侵入了自家的领地，就把这条船给解开了。结果船被风浪打翻，不仅船被摧毁，原告的妻子、孩子也受了伤，于是原告就起诉这个码头的所有者及其仆人，说他们导致了家人和财物的损伤。

这时我们遇到的是两种财产权之间的冲突，一个是码头的财产权，一个是船的财产权，到底应该保护哪一个呢？

我们从经济学的角度来推算一下，到底谁应该胜诉，谁应该败诉。

船绑到码头上，当然对码头有一定的损害，但是这样的损害是比较轻的。反过来，码头的主人为了保持自己码头的完整无缺，把别人的船解开，船漂到湖里后，受到的损失是巨大的。两害相权取其轻，我们的道德习俗会认为，这个时候我们应该让原告享有紧急征用、使用码头的权利，用法律术语说，叫“紧急避险权”。事实上这个案子进行了两审，不管是一审还是二审，都判决原告胜诉。

由此我们得到一个重要的启发：我们在保护财产权时，到底是用财产原则还是责任原则，很重要的一个权衡标准，就是看交易费用。因为在 1908 年的紧急避险案里，原告没办法跟被告——码头的主人进行任何协商，因为暴风雨已经来临，协商已经来不及了，这时他就可以紧急征用别人的财产。

而反过来，如果法院认为这个码头必须根据财产原则进行保护，那它可以颁布紧急禁制令，禁止别的船只停靠在这个码头上。

前面在介绍科斯定律时，我们曾经讲过一个案例：水泥厂如果不断排出污染物，居民起诉水泥厂，法院有一种可能就是向水泥厂颁布禁制令，禁止它继续生产。也就是说居民的健康得到了财产原则的保护，除非水泥厂向居民支付足够的费用，让他们自愿放弃自己的健康权，水泥厂才能继续生产。

这里的要点是，申请禁制令是一种按照财产原则对所有权进行保护的方式。

现代产权案件中的责任原则

再看一个现代产权案里法院怎样交替使用财产原则和责任原则的例子。

假设有一家药厂花了很多钱、用很长时间研制出一款新药，另外一家药厂仿制了它的新药。这时法官通常会采用财产原则来保护被侵权的药厂，即对仿造的药厂颁布禁制令，禁止它继续仿造。这是财产原则。

而在另外一些案子里——例如在软件行业，假设苹果公司或者微软公司的软件产品，几千万行、上亿行的代码中有一小部分侵犯了别人的专利——法官就不会采用财产原则来保护专利权人。法官不会勒令苹果公司或者微软公司召回所有的产品，改掉里面侵权的代码再重新销售。因为这样做的成本太高了，上亿行的程序里多多少少有点侵权还是正常的。这时法官通常会依照责任原则，勒令那些有侵权行为的公司对被侵权的公司进行赔偿，而赔偿的金额由第三方来决定。

因此，采用责任原则的一个核心理由是，采用财产原则来保护产权的成本太高，而伤害已经造成，这时只能由第三方对伤害做一个赔偿定价。这样的方式也可以延伸到合同法当中的违约赔偿上。

思考题

小船停靠码头案里面，如果船停靠在码头上又破坏了码头的设施，那么船主是否需要对码头的主人做出赔偿？

第053讲｜产权保护之三：不可转让原则

政府对财产的保护，通过不可转让原则这种保护方式也很常见。例如，一个人神志不清的时候，所签的协议是无效的；一个人没有到法定年龄，哪怕他自愿成为童工，所签的劳动合同也不合法；很多国家禁止卖淫，不管是男人女人，卖淫都是违法的。虽然说身体是属于个人的，但也受到政府的保护，因此个人无权出让自己的身体，也无权出租自己的身体给别人。此外，器官的买卖在大多数的国家也是非法的。

政府之所以要禁止交易，通过不可转让原则来保护产权，有多方面原因。

为避免社会麻烦而禁止交易

第一个原因是，政府认为一些买卖会引起很大的社会麻烦。允许买卖后，回过头再来处理买卖引起的各种矛盾，成本太大，因此一开始就阻止这个买卖。例如政府可能规定不能把土地卖给那些带来大量污染的工厂，或者把一些涉及国家安全的企业卖给外国人等。

第二个原因是，社会普遍认为一些买卖会威胁现存的道德观，例如卖淫、买卖器官，政府代表大多数人的意愿来禁止这种买卖。

父爱主义与不可转让原则

第三个原因是所谓的“父爱主义”，也就是说政府觉得自己比个人更了解他们的利益所在，就像父亲爱儿子一样，替个人做主。例如在有的地方，农地虽然是属于农民的，农民有居住权、耕作权，但他们却没有权利把土地卖掉。有很多学者认为，一旦农民把土地卖掉，就会变成失地者，成为游民，会给社会造成各种各样的问题。当然，我自己不赞成这种看法。那些生活在城里的人，生下来就没什么土地，但绝大部分都能独立生活。

自我执行的父爱主义

除了父爱主义，还有一种所谓的“自我执行的父爱主义”，也就是自己对自己信不过。这种情况也很常见。

例如，有很多人第二天有重要的事情需要早起，他们知道一个闹钟是不能把自己叫醒的，要准备两三个闹钟，而且要放到自己起床走几步才能按停的地方。这是一种“自我执行的父爱主义”，他们知道自己在某个时刻、某种情形下会失去理智。有很多人，在喝酒以前会先把车钥匙交给朋友，因为喝了酒以后，他是不会承认自己喝醉的。

不可转让原则在生活中非常常见。但我们从经济学分析的角度看，如果法律已经禁止人们买卖某件商品了，人们会做出什么样的行为？它的后果是什么？这种因果分析才是我们要分析的重点。

就拿器官买卖来说，很多人反对器官买卖，是因为相信到了自己没钱的时候，会真做出卖自己器官的事情。我猜大家可能也都不赞成器官买卖，有些人因为穷就出卖自己的器官，那个场面想起来就不舒服，于是索性就提前把这件事情给禁止了。

摩尔诉加州大学董事会案

关于器官买卖，以一个真实的案子为例，看看如果你是法官会怎么判。这个案子是“摩尔诉加州大学董事会案”（*Moore v. Regents of the University of California*, 1990）。

原告约翰·摩尔（John Moore），1976 年在加州大学的一个医学院里被诊断出患有白血病。在接受治疗前，医生让他签署了一份同意书，要切除他的脾脏。这份同意书里明确表明，医院有权全权处理他被切除的任何组织和器官。

医生切除完摩尔的脾脏后，发现他的血细胞非常独特，能够刺激产生一种蛋白质，这种蛋白质又能进一步刺激白细胞的生长，而这种白细胞又能抑制癌症。于是这个医学院就开始用摩尔的脾脏开发出一系列的产品来治疗白血病。

医学院的这些医生不仅拿了大笔的奖金，还成立了公司，在 1990 年这个案子判决时，公司的价值已达 30 亿美元。

但是医生一直没有告诉摩尔，他被切除的器官那么值钱。医生只是让摩尔反复到医院里复查，从 1976 年开始，摩尔一直不断地定期回访，直到 1983 年。这一年，摩尔要搬家到西雅图，就跟医生说回洛杉矶很远，能不能把病历转到西雅图去。医生说：“你还是回来，机票、住宿费我们给你付。”这时摩尔就觉得有点儿纳闷了。

1983 年，医院要摩尔再签一份合约，声明自愿放弃他或者他后代所拥有的一切由他的器官开发出来的产品的权利。摩尔也签了，但签完以后就越发觉得奇怪，后来他就拒绝去看病了，还找了个律师去调查这件事情，终于把真相调查出来了，于是他把加州大学告上了法庭。

这个案子从初审一直到加州最高法院，经过漫长的审判。这个案件的核心在于病人是否对他的器官拥有所有权。

案子到了中级法院的时候，大多数法官都认为摩尔当然拥有对自己器官的所有权。美国宪法和所有其他的法律，都没有明确反对个人拥有器官的所有权，所以大家的共识是器官自然应该属于个人。而且加州大学本身就利用了病人的器官进行一系列的商业开发，为什么加州大学可以买卖病人的器官，而病人自己却不能拥有对自己器官的所有权呢？因此中级法院的观点认为，人对自己器官的所有权跟他的其他财产权没有本质区别，人是应该具有这种权利的。

但上诉法院另外还有一位少数派法官持不同的观点。他说法官没有权力擅自立法，对于宪法里没写的事情，需要保持沉默。宪法和法律条文中当然没明确说个人不拥有自己的器官，但同时也没有明确说个人拥有对自己器官的所有权，因此法官不能随便跨越雷池，而应该保持缄默。

这位法官说，摩尔知不知道这个器官能够卖钱，那又有什么关系呢？摩尔自己也在法庭上承认，如果他知道自己的脾脏能够卖那么多钱，肯定会在不同的医院之间兜售，这就是明目张胆地出售器官。因此法院如果判病人摩尔胜诉的话，那就等于承认个人具有兜售自己器官的权利，这可不行。

这位法官的道德感非常强，他的判词掷地有声。他说，在文明的社会里，有一些东西不是钱可以买的，比如劳动力、爱情或生命。（There are in a civilized society some things that money can't buy, be it labor, love or life.）

最后这个案子到了加州最高法院，加州最高法院的法官认为，原告不具有买卖自己器官的权利，他自己身体里面所带有的这个独特细胞，所有权不归原告所有。

至于医学院的实验室，由于每天收到数量庞大的样本，这些样本来自四面八方，因此实验室也难以确定，这些样本本身取得的途径是不是合法的，所以医学院没有责任。

加州最高法院的法官们意见也不一致。一些法官认为，病人虽然不拥有对自己器官的所有权，但至少应该有知情权，应该知道自己的器官值钱。另外一些法官则认为，由于病人并不拥有器官的所有权，不能从中获利，所以并没有损失，既然没有损失，不知道也可以。

我自己的看法是，如果约翰·摩尔自己对器官没有任何所有权的话，那他当然一分钱也得不到。但是如果他拥有对自己器官的所有权，他能挣多少确实是个未知数。因为从一个极端上看，他对后来研发的产品没有任何贡献，因而拿到的钱应该不会很多。

但是与此同时，因为他有独特的细胞，能够产生非常有价值的科研成果，所以本身就包含一定的租值（只要能够带来收入的就叫资产，而对资产的付费就叫租）。因此一定会有许多医学院争相抢购这个细胞，如果他能够分到可观的收入，也不奇怪。

这个案子，我们的分析重点不是摩尔到底应不应该拥有自己的器官，而是搞清楚一个人如果拥有自己器官买卖权的话，会产生什么样的后果，如果没有这个权利的话，又会产生什么样的后果。

禁止器官买卖的是与非

我们来做制度上的因果分析，看看不同的制度、不同的约定，会产生哪些不同的后果。这样的分析，才是经济学关注的重点。

人类一直都禁止器官买卖，它带来的成本不是那么高，因为人类过去并不善于进行器官移植。起初，也有医生尝试做器官移植，但移植了新器官的病人很快就死去了。直到有一天，有医生在一对孪生兄弟身上进行器官移植，结果成功了，大家才发现，原来人是有器官异体排斥反应的。医学上后来攻克了这个难关，器官移植才变成可能。

当器官移植变成可能以后，再禁止器官移植的成本就变高了，而且随着器官移植的技术越来越成熟，器官移植的价格越来越低，这个禁令带来的损失就变得越来越大了。

今天，除了人的神经系统和大脑不能换以外，其他的器官都可以换了。如果再执行器官移植的禁令，受影响的病人就很多了。

我们当然要看到，不得不出售自己器官的人，可能是迫于贫困，其实并不情愿。但是我们也要看到另外一面：那些因为没有器官而在等死的人，本来可以得到器官，现在由于器官买卖禁令得不到了。

经济学的一个基本原理就是付费能够增加供给。很多人认为如果放开器官买卖，那么穷人就会因为想赚点钱，而不得不出售自己的器官。其实，如果器官买卖合法化，谁都斗不过死者，他们会成为最大的器官供应群。有很多因病而死的人，他们的许多器官还是能继续使用的。

每天因为交通意外而死的人也不少，他们提供的是更鲜活的器官。有什么办法能让人们主动捐献他们的器官呢？如果发生意外，一个人可以把所有的器官都卖出去，能够留几十万上百万元给自己家人的话，那么他可能就愿意在驾驶执照上注明：万一发生意外愿意出售器官。如此，器官的供应源就会比今天多得多。

我们看到，人们实施不可转让原则，背后是有各种原因的，而经济学分析的重点是：如果市场存在对某种商品的需求，但法律却禁止人们买卖，那会产生什么样的后果，这些后果是否符合我们当初的良好愿望。

思考题

如果你是法官你会怎么判？

公共服务｜公用品与私用品

第 054 讲｜经济学家论道路拥堵

中国乃至世界上的各大城市都面临一个共同的问题，那就是道路拥堵。

庇古的税收建议

100 多年前有一位名叫庇古（Arthur Cecil Pigou）的经济学家，最早讨论了道路拥堵问题。他出版过一部书，叫《福利经济学》（*The Economics of Welfare*, 1918）。在书中，庇古举了这样一个例子。在 A 地和 B 地之间有两条路，一条是快速通道，一条是慢速通道。快速通道的缺点是比较窄，慢速通道虽然很宽，但泥泞、坎坷。如果人们要从 A 地到 B 地，会选择哪一条道路？当然，第一个人会选择比较狭窄的快速通道，第二个人也选择快速通道，之后的每一个人都选择快速通道，但随着车辆越来越多，快速通道开始变得拥堵，车辆行进的速度就一点点地慢下来了。

最终会有那么一个人，还是继续选择了快速通道，但恰恰是由于这最后一人的进入，快速通道上车辆运行的速度进一步下降，下降到了跟那条慢速通道一样的水平。

庇古说，最后这个人的选择，对快速通道上的每一辆车都造成了影响，因此，自由经济不好。当每个人都追求自己的利益最大化时，就会伤害别人，所以政府应该管一管，要想办法阻止一些人进入这条比较窄的快速通道。

庇古提出用征税的办法，把一部分司机从这条路上赶走。庇古建议的这种税，被后来的经济学家称为“庇古税”。庇古是位大经济学家，他的书非常流行，他的思想也被大家接受。

被诺贝尔经济学奖遗忘的弗兰克·奈特

到了1924年，芝加哥大学有位叫弗兰克·奈特的经济学家，发表了不同的看法。弗兰克·奈特也是一位非常著名的经济学家，他自己没得过诺贝尔奖，但是他有好几位学生都拿了诺贝尔奖。

弗兰克·奈特在1924年发表了一篇论文，名叫《关于社会成本问题解释的一些谬误》(Some Fallacies in the Interpretation of Social Costs, 1924)。这篇文章写得非常好，我看完以后，很不理解这篇文章怎么会得不到诺贝尔奖?

1960年，科斯发表了那篇著名的《社会成本问题》。对照这两篇文章，我们不需要懂经济学，只要懂英文，就能知道它们讲的是同一件事情。事实上科斯年轻时是听过弗兰克·奈特的课的，弗兰克·奈特的文章写于1924年，科斯的文章发表在1960年。

我想人们对弗兰克·奈特这篇文章之所以关注得不够，可能是因为他的表达有问题，可能是他的例子不够生动，也有可能是他太超前了。他讨论这个问题的时候，其他人的注意力还不在这里。总之他的运气没有科斯好。

以产权私有及道路收费解决拥堵问题

庇古认为，人们争着选用那条狭窄的快速通道，说明放任的市场经济不好。奈特认为事实正相反，之所以那条路人们会争着使用，最后导致无序的现象发生，根本的原因是那条路没有主人，它缺乏私有产权的界定及相应的管理。一旦这条路有了产权、有了主人，这位主人就会善用这条道路，就会有积极性让这条道路保持畅通无阻，从而尽量使其发挥最大的经济价值。

这位主人会让多少司机上路呢？他不会只让一个司机上路，也不会让太多人上路。他会让上路的每个人缴纳一定的道路使用费或是拥堵费，使得道路在保持适当拥挤的同时，仍然是一条快速通道，这时这条路就能够发挥它作为快速通道的最大经济价值。

这是经济学家讨论拥堵问题的切入视角，他是从资源怎样才能发挥最大的经济效益这个角度来切入的。

道路要保持适当的拥挤，而什么才叫适当呢？当道路的经济价值发挥到最大时，道路的拥堵程度就算是适当的拥堵。这一点由谁来判断呢？由道路的主人来判断，由道路的主人来追求，由道路的主人来摸索。

这个思路是我们讨论拥堵问题时应具备的经济学思维。

思考题

很多人会说我不是不赞成收拥堵费，关键是收了以后这些钱用在什么地方？你也赞成这种说法吗？为什么？

第055讲｜拥堵费的实践

弗兰克·奈特建议通过收取拥堵费的方式来治理交通拥堵的问题，这种做法到底好不好呢？

拥堵费筛选的不是贫富，而是需求

假设在上下班高峰期，人们在原来交通费的基础上，单程再交200元的拥堵费，每天上下班双程，按20天工作日算，一个月就是8000元。这样的拥堵费实在太贵，一般人是付不起的。也就是说，单程交200元的拥堵费足以把多数人，甚至绝大多数人都挡在门外，不让他们上路，把道路空出来。

但这时如果有一个穷人，他太太要生小孩，赶着去医院。哪怕他付不起200元，他也能借200元来付交通拥堵费，将太太迅速送到医院。

这时候，问题就很清楚了。任何人，当他需要使用道路的时候，他会拿200元来使用这条道路，从而享受到每月支付8000元拥堵费上班的富人的待遇。

从这个角度看，交通拥堵费是巧妙的筛选标准。不是说有钱人就不在乎钱，会整天占着道路。再有钱的人也会在乎那200元，也会在他不需要的时候把道路让出来。有钱人也要省钱。因此，拥堵费筛选的不是贫富，而是需求。

交通拥堵费在美国的实践

我以前在美国首都华盛顿居住，第 495 号州际公路每到上下班高峰期就非常拥堵。此前这里是通过一些行政办法来治堵的，比如早上 7 点半以后的高峰期，不准一个人开车上路，车里必须至少坐两个人。

现在他们引进了一套“实时路权拍卖系统”，图 5–1 中路牌上标着的就是当时道路的价格。如果这条通道上的车多，价格就会往上蹿，上不封顶，一直升到这条道上部分人嫌太贵而离开。这使得这条车道上的车速得到保证。如果这条道上的车辆减少，价格就会往下降，鼓励司机使用这条道路。

图 5–1

这样一种收费系统，美国人一样不容易接受。道路管理部门在网站上打了广告，推动这种新生事物的应用。他们的网页上写着：

Designed to Provide a Predictable Trip—— “让出行更有计划”。

无论拥堵费如何使用，征收拥堵费本身都有意义

道路收拥堵费的想法，很多人接受不了，提出各种各样的质疑。最常见的一条，就是“不反对收拥堵费，关键是钱用在哪里”。

持这种观点的人，其实还没有完全理解收拥堵费的意义。收拥堵费是为了让道路产生排他性的使用权，让这条道路不至沦为公地悲剧，让这条道路仍然是路，而不是停车场。

无论收取的拥堵费用在哪里，收拥堵费本身都是有意义的。拥堵费收了以后，政府能不能善用拥堵费是一回事（我们当然希望这笔钱能够得到善用），该不该收拥堵费是另一回事。

征收拥堵费与优化城市道路可双管齐下

还有人说，别老是想着收拥堵费，道路拥堵的关键是城市道路规划设计得不合理，先把不合理的问题解决，再说收拥堵费的事情。

这种说法也没有理解收取拥堵费跟优化城市道路设计之间的关系。其实这两个做法并不矛盾，可以双管齐下。但是，我们要知道，一个城市的道路设计得无论多么完善，到一定程度它还是会发生拥堵的。

更何况，一个城市设计得越得当，提供的服务越周到，来这个城市生活的人可能就越多，拥堵只是迟早的事情。相反，有些城市规划得不好，发展得也不好，住在那里的人就会越来越少，想让它产生拥堵都很难。

征收拥堵费可以刺激道路供给

还有一种观点认为收费不能够刺激供给。

记得好多年前的一个晚上，一位经济学家朋友给我打电话，她问我在忙什么，我说我正在写文章，写一篇叫“论堵”的文章，我主张收拥堵费。

这位经济学家朋友很惊讶，她说：你不会真的这么想吧？我们经济学上说价格能够刺激供给，那是有条件的。比如玉米的价格高了，种玉米的农民就多了，玉米的供给就会增加，这时经济学原理是对的。但是对于道路，收了拥堵费之后，出行的成本增加了，但不会因为收了拥堵费，上班的路就多出几条车道来。提价不能够刺激供给，所以不能随便提价。

我回答说：收拥堵费当然不能够多出几条车道，但是收了拥堵费以后，那些需求比较弱的人就会被劝退，他们空出来的道路实际上就是增加了供给。

我们在介绍需求定律时说过，供给和需求并没有截然的区分，只要价格上升到一定程度，原来的需求者就会变成供给者。这个道理，用在治堵问题上也完全适合。拥堵费越高，人们就越乐意把道路让出来。

征收拥堵费的目的就是调节需求

还有人会说，如果这条路征收了道路拥堵费，其他的道路就会产生新的拥堵。

这是自然的。我们要让每一条道路都有其价格，都通过价格来调整。猪肉贵了牛肉当然会贵，牛肉贵了鸡肉也会贵，这时候人们就可以根据不同食品的稀缺程度，来选择他们的需要，从而使资源能够达到最佳的配置。

征收拥堵费有益于穷人

还有很多人认为收拥堵费对穷人是不利的。

在我看来恰恰相反，收拥堵费是对富人的惩罚，是对那些在上班高峰期还坚持一个人开一辆车的人的惩罚。而穷人——哪怕连公共汽车都要交拥堵费（我们先不考虑公共汽车是否应得到豁免）——可以联合起来，十几个人、几十个人一起跟那些一个人开车的富人竞价。

每当在冬天上下班时间经过公交车站，看着密密麻麻的人群在等公交车时，我就想，如果真的能收交通拥堵费，公交车都能准点到达，那他们每一个人只需要多付几分钱或几毛钱，就都能够得益了。

事实上，国际上有一些大城市早就开始征收拥堵费了，伦敦和新加坡都是很好的例子。当然，这种做法还没有得到更大范围的普及，其困难不仅仅在于技术，也在于思想。

思考题

如果你也认为实施交通拥堵费可以缓解交通拥堵问题，为什么在很多国家和地区，这种做法都得不到采纳和执行？困难来自哪些地方？

第 056 讲 | 公用品和私用品

经济学里有两个特别容易让人望文生义、产生混淆的概念，那就是私用品和公用品的概念。这两个概念对于我们理解政府和市场之间的分工有着非常重要的作用。

公用品与私用品的关键区别

私用品英文叫 private goods，公用品英文叫 public goods。大家可能以为私用品就是私人用的商品，公用品就是大家用的商品；也可能以为私用品是私人提供的商品，公用品是政府提供的商品。这两种想法都不对。

在经济学里，公用品和私用品有非常独特的含义。私用品最关键的含义是一个人用，别人就不能用；相反，一个人用的同时不影响别人使用的商品，叫公用品。

一个鸡蛋，我吃了你就不能吃；一个苹果，我吃了你就不能吃；一支铅笔，我在用你就不能用。一个人用别人就不能用的商品叫私用品。

公用品最好的例子是旋律，一首歌，我哼你也可以哼，我哼一万遍都不会破坏这个旋律，你也照样可以哼。一个科学定律，我用一万遍也不影响你用。这些都是公用品非常好的例子。

那么，道路是私用品还是公用品？大家不要以为道路是政府提供的，我们都可以用，就说道路是公用品。在相同的时段和路段上，一个人或一辆车占用，别人或别的车就没法占用，所以道路是私用品。

当然我们会说，有时候道路是空着的，谁都可以上去，不会影响。这空着本身，并不影响道路是私用品，即“在相同的时间和路段上，一个人或一辆车占用，别人或别的车就没法占用”这个基本的物理属性不会变。就好像鸡蛋，在商场里有很多鸡蛋放着，暂时没人吃，但不能因此说鸡蛋就是公用品。

老师讲课是私用品还是公用品？这比较难界定。一个课堂里坐着好多同学，这时多一个人进来听课，好像不会对其他同学造成影响，因此我们可能会说老师上课是公用品，一个人用不影响别人用。但是我们再想想，如果不止一个同学进来，而是十个、百个同学进来呢？答案是有影响的。老师上课还不完全是公用品，它也有一定的私用品的属性。

我们再看音乐厅的例子就更明显了。我们要订一场音乐会的门票，在网上看时，发现它的座位分了五六个等级，每一等的票价都不一样。这是因为每一个座位的观看质量都是不一样的。可见，每一个座位也都是私用品。

我们要理解私用品和公用品的区别，关键要看它们的基本物理属性，一个人用别人还能不能用。在运用这个标准时，有一些商品比较容易分辨，比如鸡蛋是私用品，旋律是公用品。但是好多商品处于模糊地带，不是那么容易分辨，我们要看具体的情况。

治安服务为什么是公用品

我们来看治安。一个警察站在街上维持治安，他提供的是私用品还是公用品的服务？

如果有人被小偷偷了东西，这个警察帮他把小偷抓住了。警察帮一个人抓小偷时，就不能帮别的人抓小偷了，这时警察提供的服务显然是私用品。

但实际上，有警察在就有威慑力在，他起的作用不仅仅是针对已经发生了的犯罪行为，他在那里，还阻吓了很多没有发生的犯罪行为。其他的人虽然没有直接得到这位警察的帮助，但实际上警察所提供的治安服务具有全局性和共享性，所以别人也能够从中获益。这时警察所提供的治安服务，就可以视为公用品。

跟警察相对照的是私人保镖。我们看私人保镖服务的对象就非常明确，他保护一个人就不保护其他的人，这时候私人保镖更大程度上是私用品，而不是公用品。

“竞争性”与“排他性”

在经济学教科书里，一个人能用，别人也能用，我们称之为“没有竞争性”；一个人用了别人就不能用，我们称之为“有竞争性”。有没有竞争性，是区分公用品和私用品的一个关键标准。

除此之外，对公用品和私用品还有另外一个维度的区分，叫作“排他性”。所谓的排他性，是指一件商品在实际使用时，物主能不能很方便地把其他的使用者排除在外。如果能比较方便地做到，就说它有排他性；不方便做到，就说它不具有排他性。

比如鱼塘里的鱼，首先它是具有竞争性的，也就是说一个人捕了一条鱼，别人就不能捕这条鱼，一个人用别人就不能用，因此鱼具有竞争性。但是鱼塘的边界很长，实际上我们很难把其他捕鱼的人赶走。这时我们说一个鱼塘里的鱼不具有排他性。

一张表格看懂公用品和私用品

表 5–1 把产品的竞争性和排他性做了一个分类，有四个格子，不同的商品能够落入不同的格子，我们看了以后就会有一个全盘的了解。

表 5–1

	排他性	非排他性
竞争性（私用品）	衣服、汽车、文具	鱼塘、地下水、森林
非竞争性（公用品）	有线电视、收费软件、著作版权	无线广播、开源软件、科学定律

左上角的是私人财物，比如我们穿的衣服、开的汽车、用的文具，这些物品一个人用别人不能用，所以它们具有竞争性。而同时我们也能够很方便地排除他人的使用：车上了锁别人就不会开了，文具在我们的书包里别人就用不到。

右上角的是共有的财物，比如鱼塘、地下水、森林，虽然它们都是竞争性的，也就是一个人用了别人就不能用，但是我们很难一下子把其他的使用者全部排除在外，实施产权保护的时候成本比较高。

左下角的是另外一种商品。首先它是非竞争性的，一个人用不影响别人用，比如有线电视里的信号，只要电视节目制作好了，多少人看都一样。但实际上有线电视台故意把这个产品变得很稀缺，我们要付了费才能看，所以它具有很强的排他性。它想控制多少人看就能控制多少人看。

右下角那个格子里的，是既具有非竞争性，又具有非排他性的例子。比如我们用收音机收听的广播节目，一个人收听不影响别人收听，它具有非竞争性，而同时我们也很难阻止别人去收听，所以它也具有非排他性。

我们看左下角的有线电视和右下角的无线广播，它们相同的地方是都具有非竞争性，一个人听或看不影响别人听或看。它们的差异在于，有线电视台能够严格地控制使用者的数量，不交钱就不给接入，所以有线电视具有非常强的排他性。而无线广播则很难控制和阻止别人通过收音机来接收信号，控制不了使用者的数量，所以无线广播具有非排他性。

思考题

牙科医院和传染病医院提供的是公用品还是私用品？为什么？

第 057 讲 | 灯塔的故事

保罗·萨缪尔森和罗纳德·科斯曾就公共服务有过一次非常著名的争论，争论的主题是：灯塔该由谁提供。

大经济学家萨缪尔森

科斯我们很熟悉，前面介绍科斯定律时，我们讲了很多他的故事和思想。

保罗·萨缪尔森也是一位大经济学家，他是第一位拿到诺贝尔经济学奖的美国经济学家。他写的经济学教科书就叫《经济学》（*Economics*, 1948），是全美销量第一的经济学教科书。我最开始学经济学时，看的也是商务印书馆翻译的这本书。萨缪尔森是一位非常厉害的经济学家，他是现代数理经济学（mathematical economics）的创始人。他的数学特别好，把经济学变成了一门带有科学性质的学科。

萨缪尔森：灯塔是公用品，应由政府免费提供

萨缪尔森提出了什么样的观点呢？他说灯塔是一种公用品，政

府有责任提供公用品。

一个灯塔远远地在海中央发出光芒，周围的船只看到了灯塔，就知道该怎样行进，怎样避开漩涡。灯塔发出来的光芒，一艘船使用并不影响另一艘船同样使用，因此灯塔提供的服务，是一种地地道道的公用品。而公用品不应该收费，因为无论多少船只使用这个灯塔，边际成本都不会增加。

如果非要收钱，哪怕只收很少的钱，也总会有一些穷的船主给不起这个钱。如果他给不起钱，不能利用灯塔发出来的光芒，就有可能误入歧途，船就可能迷失方向，遭遇不测。

提供灯塔，边际成本为零，而如果限制别人使用，带来的损失可能是巨大的。因此灯塔应该由政府提供，而且应该免费提供。

这是萨缪尔森的看法。

科斯：现实中灯塔不仅可以由私人建设，而且能够收费

看到萨缪尔森的看法后，科斯特意写了一篇文章——《经济学中的灯塔》（The Lighthouse in Economics, 1974），提出了不同的看法。

他说，萨缪尔森讲的是黑板经济学，是他想象出来的，实际上灯塔在英国早就有了，而且灯塔并不是由政府提供的，而是由私人提供的。私人从政府那里拿到特许以后，就修建了各种各样的灯塔。

私人修建灯塔后，怎么收回成本呢？科斯告诉我们，灯塔的建造者在码头设立了收费点，船只只要停靠在码头，就会有人在那里等着收钱。

科斯讲的故事是，灯塔虽然发出来的光芒是公用品，但实际上

它是由私人提供的，也是可以收费的。虽然灯塔发出来的光芒确实一个人用的同时不影响别人用，但建造灯塔以及维持灯塔运作，都需要耗费大量的资源。我们不能因为灯塔在被使用时没有边际成本，就得出结论说它应该免费，毕竟修建和维持都是有成本的。

同样，在网上搜索东西时，一个人搜索不会影响他人搜索，看上去搜索引擎提供的是一种公用品，但实际上像谷歌这样的公司，每年都会花费巨资进行基础设备的扩建。

商人乐于提供公用物品

五星级酒店也是很好的例子。人们一走进五星级酒店，就能感受到很多“一个人用的同时不影响别人用”的公用品。比如，五星级酒店一进门并不是房间，而是非常宽敞、任人免费使用的大堂，这是酒店为客人提供的公共空间。进来之后，我们会发现它的灯光设计得特别舒服，还有香味，有时还有人在那里弹钢琴，还有喷泉，沙发也整理得非常干净。所有这些都是对外开放的，每个人都可以享用。

当然，提供这些服务是要耗费资源的，所以应该收费，实际上也收了费——在客人付的房费里，早已包含了这些服务的费用。

除此之外，很多商家也乐于提供公用品。

在北京，我经常去一家很大的购物中心，叫颐堤港。这家购物中心里有很多很好的商铺，同时也有一个巨大的公共空间。

每次看到这个巨大的公共空间，我就觉得设计者特别有胆识。因为稍微唯利是图一点，稍微斤斤计较一点，这么大的空间一定是全部或部分拿来做商铺，收取高昂铺租的。但设计者没有这么做，他留下了这个空间，从而吸引了好多顾客。

图 5–2　北京颐堤港购物中心

现在很多城市的规划部门，对私人楼盘的设计都有很多过细的规定，比如要求他们公共空间要留多少，公共道路要留多少，给幼儿园、学校、医院要留多少。实际上只要是有点远见的开发商，都会充分考虑各种公共空间带来的好处，而且他们也一定有办法从中收费，取得补偿。

灯塔之争的两大启发

萨缪尔森和科斯之间的争论，给我们两个重要的启发：

第一，哪怕是公共设施，私人也有积极性提供，私人也能够从中收费。

第二，政府提供公共服务，尤其是私用品服务时，可以选择免费，也可以选择收费。如果收费，能达到两个效果：

（1）可以筛选需求。政府提供的私用品，比如道路，一个人用的时候别人就不能用，如果收费，就能筛选出需求来，谁更需要谁先用。

（2）能够进行经济核算。政府修了一条隧道，如果免费，我们无法知道它在经营上是否合算；而如果收费，我们就能计算出修这条隧道合不合算，并由此推测是否值得再修一条这样的隧道。

思考题

前些年我们国家修了好多高铁，高铁的平均时速如果从每小时250公里提升到每小时350公里，多提高这么一点速度，建造的成本就要大幅增加，这大幅增加的成本到底合不合算?

第6章 耐心

想象力决定生产力

当我们为一切事物——不管是选择、需求、价格还是权利——引入时间的维度后，需求就有了急躁、耐心之分，商品就有了现货、期货之分，价格就有了现值、期值之分，而这构成了整个金融市场的基础。

不确定性｜时间偏好带来的回报

第 058 讲｜易耗品与耐用品

从这章开始，我们介绍时间和耐心的作用。我们知道，每个人生活在世界上，都至少面临四种最基本的约束，那就是：东西不够、时间有限、互相依赖、需要协调。

之前我们讲的内容其实都围绕着第一个中心，就是东西不够。在东西不够的情况下，我们讲人与人之间怎么进行财富分配，怎么进行交换，怎么对财产进行所有权管理。我们讲这一切时，好像没有时间的存在，一切都好像在一瞬间完成的一样。

现在，我们要把世界观延展到一个新的维度，那就是时间的维度。人们通常所说的现货和期货，就是在时间维度上进行区分的。我们把今天的货物叫现货，明天的货物叫期货。现货跟期货如何交换，以实现更大的幸福，这是我们这一章要讨论的问题。

费雪及其名著《利息理论》

要讨论时间的维度，就不得不提一部重要的著作——美国经济学家欧文·费雪（Irving Fisher）的经典名著《利息理论》（*The Theory of Interest*, 1930）。

事实上，关于利息理论的各种概念，比如收入、回报率和利润等，在费雪出版这部著作以前就已经存在了。但这些概念都非常含糊，容易让人望文生义，以至利息理论一直都不太清楚。这就好比所有的珍珠都已经放在桌面上了，但就是没有人能够把它们串起来一样。

直到费雪出现，这个问题才得以解决，利息理论才清晰起来。费雪的研究以这部著作为高峰，将利息理论几乎所有的问题都解释清楚，从而坚实地奠定了利息理论的基础。

费雪认为，利息是人类社会最古老的现象之一，它起源于时间，起源于人的耐心。只要与时间有关的现象，都涉及利息。而根据时间的维度，世界上所有的产品、商品、资源，都可以简单地划分为两种：一种叫易耗品，一种叫耐用品。

易耗品

所谓易耗品，就是能一次性消费完毕的物品。一个苹果、一个鸡蛋、一杯牛奶，一次就能把它们消耗掉。一块奶酪也是易耗品，当然生产奶酪的时间要比牛奶长，但只是说它生产的时间长，并不是消耗它所用的时间长。

牛奶是现在拿来喝还是拿来做奶酪，这需要决策——是把牛奶当作今天的易耗品，还是当作未来的易耗品，这是一个选择。但无论是哪一种选择，我们都说牛奶是易耗品。

耐用品

耐用品是它提供的服务、发挥的功能，必须在一个时间段内慢慢发散出来。要花费较长时间才能享受的物品，叫耐用品。比如一幅油画，我们没办法一下子把它完全享受，必须在时间的流逝中慢慢欣赏它，所以油画是耐用品。

一棵苹果树是一件耐用品。它今年结 10 个苹果，我们吃掉 10 个苹果，明年后年再各结 10 个苹果，我们再吃掉。但我们不可能一口气把这棵果树将来可能结的所有苹果都吃掉，一棵苹果树是在时间的流逝中发挥出它所有功用的耐用品。

人力资本是一种耐用品

我们每个人的人力资本也是耐用品，必须在时间的维度上才能发挥我们的功用。

很多公司现在招人，都要求员工加班。而我们知道，按照规定，加班时间的工资相当于正常工作时间的两倍。假设一家公司非常规范，会如实给员工加班费，这时公司有两个选择：一个是给现有的员工加班费，另一个是多雇一些人两班倒。公司会选哪个？公司会选员工加班。

选择给员工加班费，公司能省很多固定成本，例如工位费、培训费、管理费，只要付一个人的就可以了。因此老板更愿意让员工加班。

但员工为什么愿意加班呢？过去有理论说，工作时间太长人就会异化，会忘掉自己是什么，因而我们应腾出更多的时间，好好充实自己，做一个完整的人。但实际上我们绝大多数人工作时间都超过 8 小时。原因很简单，因为我们每个人都集聚了大量的人力资本，这些资本是耐用品，而耐用品必须在时间的流逝当中才能兑现。我们不能一口气把它消耗掉，也不能一下子把它兑现。

比如我们读了一个博士学位，我们没办法把这个学位一下子卖掉。把这个学位价值兑现的唯一办法就是时间，因而需要工时，需要讲课、写文章。

一种耐用品，只有在时间的维度上才能体现它的价值，发挥它的功能。这是耐用品的含义。任何一种能够带来收入的资源、本领或者禀赋，都是一种耐用品。

油画是一种耐用品，一棵苹果树是一种耐用品，甚至儿童也是一种耐用品。

儿童也是一种可消费的耐用品

当经济学家加里·贝克尔第一次在演讲中说“儿童是一种可消费的耐用品”时，引起全场哄然大笑。儿童怎么会是消费品和耐用品呢？

事实上，加里·贝克尔的这句话是说，每个家庭生儿育女其实都是理性的决定，生小孩儿实际上是一种长期投资，是投资一个消耗品。小孩儿很可爱，可爱得我们有时巴不得啃他两口，但是我们不能真的把他吃掉，我们只能在时间的流逝当中去爱他、去欣赏他，从中得到快乐。

思考题

如果儿童是耐用品的话，那么为什么比较贫穷的社会，人们生小孩生得比较多？比较富裕的社会，人们生小孩反而生得少呢？

第059讲 | 不耐产生交易

我们这一讲再引入一个新的概念——“不耐”（impatience），也就是我们通常说的急躁、不耐烦。事实上，在消费的问题上，人有时间上的偏好，不耐是人的自然倾向。

不耐是人的自然倾向

今天，一个苹果放在这里，我们没有吃，准备明天再吃。但明天说不定会发生什么事情，导致明天根本吃不上这个苹果。

未来是不确定的。产生不确定的原因有很多，自然灾害、人为灾害等，还有一个很重要的谁都避免不了的原因，那就是人会衰老。生命是有限的。

因此只要其他情况不变，人们总是希望早一点消费，因为早一点消费是确定的消费，晚一点消费就是不确定的消费。所以有时经济学家也喜欢将“不耐”称为“确定性偏好”。

人们更喜欢今天确定的消费，而不喜欢明天不确定的消费。费雪把人的这种非常自然的倾向称为impatience，中国最早翻译费雪《利息理论》的陈彪如老先生，把它翻译成“不耐”，不够耐心的意思。这个词我们今天读起来有点奇怪，但这是一个很经典的翻译。

我们说不耐是每个人都有的自然倾向，但其实每个人不耐的程度是不一样的。有些人强一点，有些人弱一点；有些情况下强一点，有些情况下弱一点。那么，是什么因素决定了不耐的强弱呢？

什么因素决定了不耐的强弱

影响不耐的因素有很多，首先是年龄。老人和年轻人相比，老人的不耐就比较强，年轻人的不耐就比较弱，因为年轻人能够看到更久远的未来。

其次，想象力也能够影响不耐。大家可能听过一个著名的实验，老师跟几个小孩做一个游戏，老师把棒棒糖交给小孩，跟小孩说，如果你能坚持半小时不吃，老师会再给你一颗棒棒糖。结果有些小孩儿比较不耐，很快就把棒棒糖吃了；有些小孩儿能忍住，最后没吃，得到了奖赏。科学家还做了追踪，发现那些比较自律的孩子，他们的学习成绩比较好。

但自律背后可能另有原因，那就是想象力。那些想象力强的孩子，能够把以后得到的奖赏看得很大、很重，看得很具体、很明确，这种小孩自律能力就比较强。自律可能源于想象力。今天许多做出伟大成就的人，他们都是在黑暗当中坚持下来的，他们靠的是信念。信念其实就是对未来前景的想象。

耐心跟时局也有关系。兵荒马乱的年代大家看不到未来，觉得未来不明确，因此看手上的耐用品就觉得没那么值钱。而那些生活在和平环境里的人，他们看未来就看得比较远，这时文物就是非常耐用的商品，它们会从那些兵荒马乱的地方流转到和平的地方。因为这两个地方的人，对这种耐用品的估值不一样。

耐心跟其他一些莫名其妙的因素也有关系。我们姑且把这些莫名其妙的因素统称为“传统”或“文化”。每次我到上海外滩，到青岛，到香港，看到那里的洋房都是用石头砌成的，可以屹立一两百年不倒，就想，那些殖民者修这些房子时，真的认为他们能够殖民中国那么长时间吗？他们为什么要修这么坚固的房子呢？

这当中很重要的一个原因，不是因为他们觉得自己能在这个地方待多久，而是和他们的传统与文化有关。他们在做一件事情时，习惯把它做得很长远；修房子时，习惯把它修得很牢固。所以耐心跟传统和文化也有关系。

不耐产生交易

不管是什么原因影响了不耐，不管是年龄、想象力、时局还是文化传统，人与人之间的耐心不一样，他们对手上耐用品的估值就不一样。有些人看重商品今天发挥出来的效用，有些人看重商品未来所蕴含的价值。有些人喜欢要现货，有些人喜欢要期货。

这些偏好现货的人和那些偏好期货的人之间，就会产生交易，也就是说不耐产生交易。而在这个交易当中，现货和期货的比价，就是我们所说的利息率，简称利率。

不耐程度决定利率高低

到这里，我们要澄清一个广泛存在的误解，好多人以为存款之所以会有利率，那是因为存款自身会涨起来。东西会增长或增加，使得东西有利率，这种观念有问题。

任意一宗现货跟期货的交易之所以存在利率，关键是人们都有时间偏好，人们都愿意早一点消费，而不愿意晚一点消费。而那些想要换取现货的人为了说服别人，让他们推迟消费、接受期货，就只有一个办法，对他们进行补偿。补偿就是利率的基础。

未来越是不确定，补偿就越大；消费推迟得越久，补偿也越大。不耐是利率的基础，未来越是不确定，接受期货的人所要索取的补偿就越大，这时候利率就越高。

不能说在兵荒马乱的年代东西增长或增加得特别快，利率就特别高。而是相反，因为利率是人们推迟消费时索取的一种补偿，所以未来越是不确定利率就越高。

思考题

在一个原始社会里面，在一个连货币都没有的社会里面，有两幢房子，一幢是茅草房，它不是那么耐用；一幢是石头房，它挺耐用的。这时候人们发现石头房的价格相对于茅草房的价格下降了，石头房变得相对便宜了。这时候我问你，利率是上升了还是下降了？为什么？

第 060 讲 | 利率管制及其后果

正是因为利息是对人们延迟消费、接受不确定性的一种补偿，只要把时间这个因素考虑在内，收取利息就是一种天经地义的行为。

但是不知道为什么，在大多数国家，在人类历史上大多数的时间里，收取利息被认为是一种不道德的行为，甚至是被禁止的行为。

人们普遍反对收取利息

大多数的宗教、法律和舆论，都对收取利息的行为采取了批评和谴责的态度。例如天主教长期认为收取利息是不道德、不公平的行为，是不可以接受的行为。而放贷者是这些社会里的反面人物。

在美国，一直到 1980 年颁布了《储蓄机构放松管制和货币控制法》以后，才完全解除了对利息的限制。

在中国，根据《最高人民法院关于审理民间借贷案件适用法律若干问题的规定》，民间借贷利率不得超过年利率 36%，超过部分的利息不受法律保护。利率不能太高，这其实是一种价格管制。

反对收取利息的观点自古就有

公元前300多年，希腊哲学家亚里士多德就认为货币是没有繁殖能力的，钱就是钱，钱不能再长钱，因此收取利息是不自然的行为。

公元13世纪的神学家托马斯·阿奎纳认为，收取利息其实是两次收费。好比卖了面包不能再卖一次给别人一样，不能收两次钱，人家把本金还了就行了，不能再收人家的钱。

大家熟悉的莎士比亚名著《威尼斯商人》里，有一个反面人物犹太人夏洛克，他唯利是图，一心想要别人还他的贷款，还要加上利息，如果不给利息他就要切人家的一磅肉。在这样的文学作品里，收取利息都是不正当的行为，是被人讥笑、讽刺、谴责的行为。

所有这些宗教的禁律、人们的舆论、学者的观点、戏剧的情节，它们都有一个共同特点，就是忽视了时间的维度。

人们为什么反对收取利息

到今天为止，还有很多人认为，只有工人、农民才是真正创造财富的人，而那些靠借钱给别人赚钱的人不道德，他们收取利息是坐享其成。人们仍然认为，等待、承担风险、推迟消费、提供流动性，都不属于对社会的真正贡献。

对于古往今来的人们为什么反对收取利息，很难找到完整的解释，但有一点是非常有说服力的，那就是自古以来，人类的真实利息率是非常高的，高得令人觉得不正当。

我们前面一再解释，利息是对延迟消费的补偿。在过去，人类的生活高度不确定，人的寿命很短，各种自然灾害、人为灾害非常多。所以要劝人推迟消费，要给的补偿很高。那个时候利率普遍非常高，年利率从 30% 到 60% 都不奇怪。这么高的利率往往会给人一个印象，就是那些贷款出去的富人为富不仁、乘人之危、巧取豪夺、落井下石。可能是因为这样的原因，大家对收取利息普遍反感。

直到 16 世纪，随着医疗技术的发展，人的平均寿命得以延长，社会也变得文明，未来变得比较确定，这时真实利率才开始显著下降。可能正因为如此，从那个时候开始，人们才逐渐接受了收取利息的行为。

利率管制产生不良后果

不管人们为什么厌恶收取利息的行为，我们的关注点是：如果收取利息的行为受到人为的抑制——比如被宗教、法律、文化、舆论限制住了——也就是出现了利率的价格管制，那会产生什么样的后果。

我们知道价格受到抑制就会出现短缺现象，即人们不得不采取价格以外的竞争方式来竞争稀缺的资源。那么，具体到利率管制，其表现形态又会是怎样的呢？

第一个表现，人们不愿意借钱给别人。因为有钱人知道借钱给别人，人家顶多就是还本金，不会给利息，而当中的风险却要自己承担。因此没有人愿意让别人知道他是有钱可借的，装穷是第一个表现。

第二个表现，黑社会会应运而生。因为明规则不提供保护就需要暗规则，黑社会就是那些有信心、有本事让人还钱的人。因为他们有信心、有本事，他们也就愿意把钱借给别人。这时黑社会所经营的地下借贷市场，就成为公开市场的一种补充。

第三个表现，人们会选用迂回的办法支付利息。只要有人愿付，有人愿收，名目就不难找。例如表面上是一起合作做生意，实际上是借钱，将来不管生意是否做成，利息总是要以经营利润的名义归还。以非金钱的方式支付利息，如提供劳动力服务，也很常见。

不管怎样，社会越是谴责和限制收取利息的行为，人们借钱的方式就越曲折，借贷的交易费用就越高。

贷款利率越低，穷人贷款越难

对利率进行价格管制，还有一些事与愿违的后果。比如很多政府为了扶贫，指明给穷人的贷款利率要低一点。这当然是好心，但实际上后果会怎样呢？

我们知道，由于穷人还款的能力不高，有钱人是不太愿意把钱借给穷人的，这时如果收取的利息更低，他们就更不愿意借了。而政府规定的这种低利率，特别是低于市场标准的利率，实际上更容易被那些有钱、有势、有关系的人享用，穷人反而拿不到。

鉴于此，一些经济学家主张，要借钱给穷人有一个办法，就是给穷人的利率要比市场的利率稍微高一点，这时那些有钱、有权、有关系的人看不上这些利率，这些钱才更容易落到穷人的手里。这种主张听上去不公平，细想是有道理的。

思考题

你会通过哪些具体的现象来判断一个人或者一群人，甚至是一个民族对未来的耐心程度？请你来分析分析。

第 061 讲 | 利率变化支配资本现值

不同利率对资本的现值（即今天资本的价值）有举足轻重的影响。未来越不确定，补偿就越高，利率就越高。而未来越不确定，那些在未来才能实现的价值，在今天看来就越不值钱，打的折扣就越大。贴现率的概念就源于此。

贴现率的概念

贴现率就是未来价值（期值）转化为当前价值（现值）的打折程度。

有人要明年给我们 1 万元钱，这 1 万元在今天看来值多少钱，这跟贴现率有关。如果未来很确定，我们很有信心拿到这笔钱，也不在乎当中等待的时间，这时贴现率就低，打折的程度就低，明年的那 1 万元，今天的现值就比较接近 1 万元。

但如果我们把未来看得很不确定，贴现率高，打折程度就高，明年的 1 万元折算成今天的钱就没那么多。这就是贴现率的概念——未来价值在今天的打折程度。

贴现率变化影响人们的投资决策

贴现率的变化影响人们对未来投资的决策。

以教育为例。个人或政府，到底应该投资应用学科好，还是基础学科好？应用学科短平快，学了就能上手，学了就有收益；基础学科投入大，见效时间长，成功机会小。当然，在基础学科上一旦有新的发现，它对人类的认知能力会有量级的提高。投资哪一个，取决于我们怎么看未来。如果我们看的未来不是那么远，我们的耐心不是那么足，就应该多投入应用学科，做一些短平快的事情，追求即时的回报。所以在一些发展中国家，人们普遍愿意学一些容易上手的学科，这是合理的；而一些比较富裕的国家，他们对基础学科的投入比重就比较大，这也是合理的。

这是因为不同国家、不同人的贴现率不一样，也就是他们对未来价值打折的程度不一样。在这里，我们把应用学科理解为近期的商品，把基础学科理解为远期的商品。

同样地，在酿酒中，是出售新酒还是出售陈酒，这取决于我们对未来的看法、我们的贴现率。如果我们把未来看得非常久远，那就酿陈酒、卖陈酒。如果贴现率发生了变化，市场情况发生变化，对未来不那么有信心了，就赶紧把酒卖掉。

欣赏音乐也是如此。如果没有时间、缺乏耐心，追求短平快，听一些流行歌曲，三五分钟就能获得快感。但如果有耐心，就应该学习一些古典音乐的知识，享受一下古典音乐带来的更醇厚的音乐美感。到底打算欣赏哪种音乐，取决于我们的贴现率。

贴现率决定项目盈利前景

一个投资项目的盈利前景，跟贴现率也有莫大的关系。如果我们是项目经理，下属汇报一个投资项目，他跟我们说再过多少年就能赚钱，这时这个项目到底值不值得投资，选择一个什么样的贴现率就很关键。

如果选择一个比较高的贴现率，未来赚的钱在今天看来就不太值钱，这很可能就是一个不值得投的项目。但是如果我们的下属想要投这个项目，就会故意把贴现率说得低一点，打的折少一点，这时这个项目立马就变成一个值得投的项目。我们如果是决策人，就要特别小心：下属到底选择了一个什么样的贴现率，背后的原因又是什么。

贴现率影响个人自律程度

一个人是否自律，跟自己的贴现率也有很大的关系。我和周其仁老师曾经做过一个关于政商关系的研究，研究官员和商人贪腐的规律。其中有一条，就是好多人当年发生贪腐行为时，并没想到自己的官职或者生意能做这么大。当时觉得做这些事情无所谓，眼前能升上去或者活下来是最要紧的。那时他们对未来看得还不够远。

等到他们的生意做得很大、官做得很大时，就挺后悔当年做过的事情。当年做过的事情就被称为“老寒腿”，就是早年积攒下来的一些隐患。一个人越是能把未来看得远、看得重大、看得清楚，他对自己的自律就会越强。

贴现率选择与环境保护

在气候变化和环境保护问题上，贴现率的选择也举足轻重。2009 年，世界银行首席经济学家尼古拉斯·斯通（Nicholas Stern）发布了一个关于环境保护的报告。

也许有人会问，环境保护是自然科学方面的问题，经济学家有什么发言权？事实上，环境保护是一个经济问题：今天我们要限制多少能源的消耗，来换取明天更晴朗的天空、更美好的环境？今天我们要做出多大的牺牲，来换取明天的好处？

这是一个现货跟期货之间进行比较的问题。而现货跟期货是不能直接进行比较的，除非把它们换算成同一个时间点上的价值。而我们要换算现货和期货的价值，就必须选择一个适当的贴现率。

这个贴现率的选择，对我们的比较结果起着决定性作用。用通俗的话来讲，100 年后的更美好环境，如果值 100 元钱，那么为了赢得这 100 年后的 100 元钱，今天做多大的牺牲才算值得？

100 年后的 100 元钱相当于今天的多少钱？这取决于我们选择一个什么样的贴现率。

不切实际的斯通贴现率

下面有一个公式，来表示现值和期值之间的关系。

$$pv = \frac{fv}{(1+r)^n}$$

（pv：现值 fv：期值 r：利率 n：期数）

如果贴现率是 6%，100 年后的 100 元钱只相当于今天的 0.3 元。如果贴现率低一点，是 4%，也就是说，如果我们把未来看得更明确一点，100 年后的 100 元相当于今天的 2 元。

而 4%、6%，甚至 10%，是今天这个社会比较通行的贴现率。但是在报告中，斯通选择了一个非常奇怪的贴现率：0.1%。如果贴现率是 0.1% 的话，100 年后的 100 元相当于今天的 90 元。

选择 0.1% 的贴现率，意味着人们对未来极其看重，人们有超强的耐心，把 100 年后的事情看成好像是明天要发生的事情一样。如果是这样，我们今天就值得做出非常大的牺牲，来换取明天——而不是 100 年后的——那 100 元钱。

因而斯通整个报告的核心思想是：为了换取 100 年后更好的环境，我们今天要做出巨大的牺牲。而他得出这个结论的巧妙之处就在于，他选择了一个超低的、不正常的贴现率。

包括威廉·诺德豪斯（William Nordhaus）和凯文·墨菲（Kevin Murphy）在内的很多经济学家都站出来发表文章批评斯

通，说他故意选择了一个不切实际的贴现率，来支持他不切实际的环保政策。这些经济学家认为，只有选用通行的贴现率，才能提出合理的政策建议。

思考题

商人囤积居奇，也就是在商品紧俏的时候，商人还故意把商品存起来不卖，这种做法对公众来说，是有害的还是有益的？为什么？

有效市场假说｜时间维度上的平衡消费

第 062 讲｜投资就是时间上的平衡消费

投资和消费似乎是泾渭分明的：要么是投资，要么是消费。有人也许会问，它们之间的区别真的有这么明晰吗？

我们每天吃饭，是投资还是消费？吃饭当然是消费，但是不吃饭我们还能工作吗？为了能工作，每天吃的饭就是投资。

度假旅行，是投资还是消费？一般人会说这当然是消费。但我们也可以把它看作是投资，这是对记忆力的投资。将来我们老了、走不动了，只能坐在安乐椅上了，这时我们还能在脑海里播放昔日的美好时光。年轻时的旅行是为年老时的回忆所做的投资。

可见，投资和消费之间并没有必然的区别。

投资是时间维度上的平衡消费

欧文·费雪在他的《利息理论》里面有一句名言：投资是时间维度

上的平衡消费。(Investment is the balancing of consumption over time.)

投资其实就是消费，投资只不过是在时间维度上的平衡消费。这句话非常精彩，一下子就将投资和消费打通了。它们是一回事，只不过是人们为了追求最大的收益，在时间上做的一个平衡而已。

今天的年轻人有很多时间，今朝有酒今朝醉，把所有的时间都用来玩，这是可以的。连续玩一个星期，一个月，一个季度，都是可以的，但是如果一直这么玩下去，将来的日子可能就没这么好过了。

反过来，他们今天稍微吃点苦，多花一点时间来学习，将来的日子会更好过。这是一种平衡消费的观点。要知道，我们每一个人追求的，不是今天的消费最大化，也不是明天的消费最大化，我们要追求的，是终身每一个时间点的收入之和最大化。

这也让我想起阿尔钦在他的教科书里提过的一个有趣问题：我们都知道，要是连饿三天才吃一顿饭，那顿饭会非常香，感受也好极了。但是我们每个人，为什么不会为了追求那种特别美味的感觉，连饿自己三天才吃一顿，而是每天都吃三顿饭呢?

答案在于，我们追求的不是一刹那的最高幸福，我们追求的是幸福总量的最大化。所以我们每天都吃三顿饭，这样会使得幸福总量最大化。

未来预期决定一个人是否选择健身

人们追求收入总和的最大化，而不是某个瞬间的收入最大化，这个原理能解释生活中的很多现象。

比如人们选择到底抽烟还是不抽烟，健身还是不健身，这两个问题的正确答案，其实都因人而异。不同的人在不同的处境下有不同的选择。

过去生活普遍贫困，人均寿命比较短，人们看不到未来，及时行乐就显得比较重要，抽烟的人就特别多。今天人们可以选择的娱乐活动比以前多得多，对寿命的预期也大大提高，这时人们的消费观就会发生变化，今天节制一点，未来就能得到更大的享受，吸烟的人数就大大下降了。

节制饮食、运动健身，这些决定其实都跟人们对未来的预期有关，人们追求的是未来收入的最大化，而不是一瞬间享受的最大化。

同样的道理，有些医生就说，如果他的病人超过了 80 岁，他就不会让他们太过节制饮食，因为享受当下的快乐也挺重要的。

卡特尔组织能决定国际油价吗

对未来的预期也决定了许多商业上的决策。

我们知道，石油输出国组织（OPEC）是一个卡特尔组织，其组织成员在一起决定石油的产量和价格。因为在石油领域，它们是垄断者，能够决定石油的产量，也能够由此影响石油的价格。但石油的产量和价格，真是石油输出国组织自己定的吗？

现实的情况是，今天的石油大概 50 美元一桶。但是在现有设施不变的情况下，从地下多打一桶石油出来的边际成本差不多只有 1 美元。多花 1 美元打一桶石油，就能赚 49 美元，它们为什么不把石油都打出来赶紧卖掉，短期内实现利润最大化呢？

答案就在于，实际上多打一桶石油的真正成本不是 1 美元。因为成本是放弃了的最大代价，今天多打一桶石油出来，放弃的是明天这桶石油所能产生的收入，把石油从地底下抽出来的成本算不上什么成本，真正的成本，是放弃了的明天的收入。

假如现在权威机构发布了一个报告，说三年后每一个中国人都会买一辆烧汽油的汽车。如果大家都相信这份报告的预测，那么今天的石油产量会上升还是下降？答案是今天的石油产量会急剧下降。

因为石油输出国组织看到再过三年中国会有巨大需求，三年后它赚到的钱要比今天多得多。今天把石油用掉，放弃的代价就太大了。

市场力量决定石油产量和价格

假设上述这份报告被辟谣了，大家都不相信了，相反另外一条消息传出：北大化学系有三位教授共同研发出一种方法，能够把水变成石油。从明天早上开始，打开水龙头，采用这种方法，就能够把水变成石油。

假设这条消息是真的，那么今天石油的产量就会急速上升，石油输出国组织就会把所有蕴藏的石油，都拿出来卖掉。因为到了明天，石油就用之不竭了。

表面上看，石油输出国组织这个卡特尔机构垄断了石油，它能控制石油的产量和价格。但实际上，它仍然遵守“投资是时间维度上的平衡消费”这个原理。它要追求的，是在一个长的时间维度里赚最多的钱。石油产量表面上是这个组织定的，但实际上它是被动的，它必须看着未来石油替代品出现的苗头，来确定今天石油产量的高低。

表面上垄断者可以确定产量和价格，实际上它们的决策，也是受市场力量左右的。

思考题

经济学家研究股价历史，是否有助于预测股市未来的变化？

第 063 讲 | 股价究竟能不能预测

股价是否可以预测？研究股价变化的历史，是否有助于推测其未来的变化呢？这是个耐人寻味的问题。

做学问的基本信念：相信凡事皆有规律

当然，不是说研究了股价变化的历史，就一定能知道未来股价怎么变化，我们只是说，这些研究能否对预测股价有一点帮助。一般来说，我们做任何学问，背后都有一个基本的信念，那就是我们能够通过对事物的学习和研究，对已知现象的把握，总结出一些规律，这些规律能够帮助我们预测未来。如果这世界的变化是随机的，人类完全没办法掌握规律，那做学问就没有意义。从这个角度看，经济学家从早到晚研究价格，他们在股市上一定能够比别人知道得多一点。

但另外一方面，如果说研究了股票价格的历史就有助于预测股票的未来价格，那经济学家早就成为亿万富豪了，还有什么必要通过收取学费和接受捐助来补贴教育呢？

预期收入流决定资产的现值

我们前面讲过，一份资产的现值，等于它未来收入流的折现和。而未来收入是没有实现的收入，因而只能是“预期中”的收入。所以，资产现值的定义，就应该进一步扩充为：资产的现值就等于预期的未来收入流的折现和。

加入了“预期”这两个字非常重要，预期变了，现值就发生变化。预期什么时候发生变化，现值就什么时候发生变化。

这时我们面临的，就是两个分离的世界：一个世界是我们真实的世界、看得见摸得着的物理世界。在这里，一切都按照自然规律有条不紊地进行着。另一个是看不见、摸不着的观念世界。在那里，人们时刻在形成、比较、交换和修正对未来的预期。这些预期的变化直接决定着资产现值的变化。预期变了，现值就变；预期不变，资产的现值就不变。

消息披露过程决定价格变化节奏

那么，什么才会改变预期呢？新的知识。只要有新的知识，预期就会发生改变，也只有新的知识才能改变预期。

什么叫新的知识？顾名思义，就是那些今天不知道、明天才知道的信息。既然是今天不知道的信息，那它一定是意外。也就是说，只有意外的消息、想不到的消息，才会改变资产现有的价格。

既然如此，资产现有价格的变化还能预测吗？不能预测，因为我们没办法在今天知道明天才会知道的知识。

只有新的消息才能够导致资源现有价格的变化。如果是尽人皆知的消息，那它就已经是当前的消息，是被消化了的消息，因此不可能改变资产现有的价格。

我们刚才说的两个世界，在真实世界里，事物发展的规律决定了事物变化的节奏；而在预期的观念世界里，则是那些新消息被披露的过程，决定了价格变化的节奏：有新的消息披露出来，资产的价格就有变化；没有新的消息，资产的价格就不会发生变化。

价格的波动为什么是随机的

我们还是以苹果树为例。苹果树每年能结 10 个苹果，假设来了一场暴风雨，把这棵树劈掉了一半，从明年开始它每年就只能结

5 个苹果了。这时我们知道，这棵树的现值减了一半。

那这棵树的现值减一半，是现在就发生，还是明年才发生？是现在马上就发生。一旦我们知道这棵树被劈掉一半以后，这棵树的现值当场就减了一半，这棵树不会等到明年结果子时才贬值。你什么时候知道消息，这棵树就什么时候贬值。

在这棵树贬值的过程中，在我们重新估算这棵树现值的过程中，有没有运用我们的生物学知识？有的，因为专家会来检查这棵树受损的程度，根据过往的经验和科学知识，做出一个准确的预测，并重新评估这棵树的现值。这时已经使用了科学知识。

但是使用科学知识的过程、消化信息的过程是非常短暂的，消化完了以后，这棵树价格的变化也仍然是随机的。其根本原因在于，消息披露的过程本身是随机的，所以是不可预测的。也就是说，尽管经历了信息的消化过程，但由于信息披露的节奏是随机的，所以价格的波动也仍然是随机的。

人们对新消息做出反应需要多长时间

我们说使用科学知识的过程，消化信息的过程是非常短暂的，到底有多短呢？我举一个真实的例子。

2013 年 9 月 18 日的下午两点，美国联邦储备局要宣布一个重大的货币政策，这个政策会对当天的市场交易产生重大的影响。两点整消息一宣布，市场就做出了剧烈的反应。图 6–1 中我们可以清楚地看到这一点。

但那一天，有一个奇怪的现象，芝加哥的市场反应，竟然比纽约的市场反应要快那么几毫秒。

要知道，消息是在美国首都华盛顿联邦储备局的总部发出的，

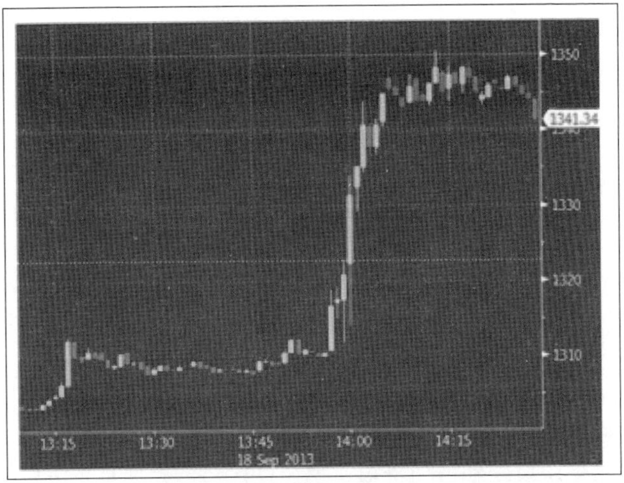

图 6–1　芝加哥商品期货交易所黄金 12 月期货合约及纽约股市黄金 ETF 交易情况

这个消息传到纽约需要 2 毫秒，传到芝加哥需要 7 毫秒。因此通常每一次在华盛顿发出新的消息，都是纽约市场要比芝加哥市场早几毫秒做出反应。

但是这一次，芝加哥的反应比纽约快。这是一个反常的现象。结果联邦储备局成立了一个专门的委员会调查这件事情，看消息是不是事前就泄漏了。

消化一条消息的时间只需要几毫秒，再晚就全晚了。想想看，我们每天辛苦加班后，回到家里洗完澡，吃完饭，打开电视听里面股评家分析未来股市的变化时，这些消息对预测股价还有价值吗?

普林斯顿大学教授马尔基尔（Burton G. Malkiel）写过一本投资经典，名叫《漫步华尔街》(*A Random Walk Down Wall Street*, 1973)。这本书不断地再版，卖了几十年，但它的中心思想没有变，它是教我们，不要再做研究了，买一揽子的股票放在那里，就等着它升值好了。

这本书第十一版的中译本2018年出版。它前言里有段话是这么说的：

> 最新版本严格地检视了以前各版本一直持有的有关股市“随机漫步”的基本观点：股市对股票的定价非常有效，连被蒙住眼睛的猴子朝报纸股票行情版投掷飞镖，完全随机地选出的投资组合，也能获得和专家管理的投资组合一样的业绩。经过40年，这一观点一直颠扑不破。

思考题

股市到底有没有泡沫？为什么？

第064讲｜股市到底有没有泡沫

我们前面讲了，每当事物发生了新的变化，形成了新的消息，这个消息很快就会被人们接收并消化，然后体现在对资产价值的重新估算上。在美国股市上，这个消息消化的过程有时快到只需要几毫秒的时间。

也许有人会有这样的疑问：这个消化的过程，平时真的有那么顺畅吗？

股市泄露天机

再讲一个关于经济学家阿尔钦的故事。

话说阿尔钦1941年从军队退役回来，在加州大学洛杉矶分校

（UCLA）教书，而当时一家非常出名的智库——兰德公司（RAND）也在洛杉矶，兰德公司雇用阿尔钦做它的经济顾问。

兰德公司承接了很多军方项目，它雇用经济学家主要从事成本核算、生产规模等方面的工作。当时兰德公司内部的员工，正在热烈地讨论大家都很好奇的一个问题：做氢弹的原材料是什么。

这些可能的原材料包括了锂（lithium）、铍（beryllium）、钍（thorium）等。但到底是哪种材料，众说纷纭。不久，阿尔钦便写了一篇短文，在兰德公司内部流传，这篇文章的题目叫《股市告诉我们》（The Stock Market Speaks）。他声称知道氢弹是什么做的。

经济学家怎么可能知道氢弹是什么做的？难道他去刺探军事秘密了吗？当然没有。他只是请朋友去查了一下生产这几种材料的公司的股价。他发现，大部分公司的股价在过去半年内都没有明显变化，只有一家除外。在过去 8 个月里，这家公司的股票价格从只有两三美元，一口气升到了 13 美元。阿尔钦说就是这家了。

结果，阿尔钦这篇文章在兰德公司内部流传几天之后，上司就打电话给他，说你这篇文章要被收回。当然，背后的原因是他说对了。

这个故事告诉我们，有很多所谓的“秘密”，其实早就不是秘密了，早就有人泄露出来，体现到资产的价格当中去了。

尤金·法玛与有效市场假说

经济学家尤金·法玛（Eugene F. Fama）后来把这个思想系统地表述出来，提出了“有效市场假说”（efficient market hypothesis）理论。这个理论的核心含义是，资产的价格已经反映了关于资产内在价值的所有可得信息，所以它们的价格就是最有效的价格。

有效市场假说分为三个版本：

（1）弱版本。市场上所有的关于价格和其他重要市场指标的数字，都已经被人们彻底消化了。这些数字已经没有研究价值了。这是它的弱版本。

（2）半强版本。除了那些跟市场交易相关的数字以外，所有的公开信息，包括政府文件、各大公司年报、公告、新闻等内容，全都被人们消化了。人们不用再去研究了。今天资产的价格已经充分反映了所有这些公开信息包含的内容。这是半强版本。

（3）强版本。不仅跟市场交易相关的指标和公开的信息被消化了，连那些秘密的、私人的信息，其实也已经体现在资产现有的价格当中了。人们也不需要再做研究了。这是强版本。

法玛的有效市场假说要告诉我们的是，资本市场没有泡沫，资产价格的波动非常有效，已经准确反映了所有可得的信息。

罗伯特·希勒与市场泡沫论

还有另外一派经济学家，他们认为市场是存在泡沫的。这一派的领袖之一是经济学家罗伯特·希勒（Robert J. Shiller）。

希勒的一本书就叫《非理性繁荣》（*Irrational Exuberance*, 2000）。希勒指出了一次又一次的股市泡沫，他证明市场并不是那么有效的，资产的定价有时候过高，有时候过低；人是非理性的，人们的反应有时候不足，有时候又过激。事实证明，很多时候他都说对了。

资产价格与博傻行为

关于价格泡沫的讨论，最复杂的地方在于，人对自己的预期会产生预期，预期重重叠加，就会产生测不准现象。

部分经济学家认为，资产的价格最终是由资产本质的、内在固有的价值决定的。一个女孩儿最终能不能赢得选美大赛，取决于她本身是否漂亮。

但另一部分经济学家却持相反的观点。经济学家凯恩斯（John Maynard Keynes）就曾经在他的名著《就业、利息和货币通论》（*The General Theory of Employment,Interest and Money*，1936）中提出了关于股市价格的“选美理论”。他认为，资产的价格不取决于资产内在的价值，而仅仅取决于人们认为它是否有价值。一个女孩儿最终能不能赢得选美大赛，取决于人们觉得她能不能赢得选美大赛。

人们投票选美的时候，选的不是他们心目中最漂亮的那位，而是他们认为的别人会选的人。一个女孩，你觉得她漂不漂亮不重要，关键是你觉得别人会不会选她。

一只股票，哪怕它的业绩很差，不存在什么持续的盈利能力，但只要你相信有人在炒这只股票，有人愿意买这只股票，你就会继续增持这只股票。你知道这么做是傻的，但是你还这么做，因为你期待后面有人比你更傻，能够以更高的价格接手你的股票。这就叫“博傻”。

非理性行为有无规律

尤金·法玛的有效市场假说和罗伯特·希勒的市场泡沫论，哪一个更正确呢？

这个问题真难，不仅是我们觉得难，诺贝尔经济学奖评审委员会也觉得难，最后他们把2013年的诺贝尔经济学奖同时颁给了尤金·法玛和罗伯特·希勒。可能评审委员会也实在分不出到底谁比谁更正确。

我自己则更偏爱尤金·法玛的有效市场假说。因为他说的是，知识、规律一旦被人们掌握，就会融入他们对新的消息的消化过程当中去，哪怕罗伯特·希勒所讲的泡沫理论是对的。

今天兴起一个新的学科，叫行为金融学，专门研究人的各种非理性的行为：什么时候反应会过激，什么时候反应不足，什么时候会犹豫不决，什么时候会有“博傻”的行为，等等。要指出的是，这些研究一旦取得成果，人们那些愚蠢的行为一旦被发现是有规律的，这些规律就会被人们掌握，就会被用来预测股票和其他资产价格的变化。从这个意义上讲，尤金·法玛的有效市场假说概括能力更强。

思考题

既然股票价格不可预测，为什么市场上还存在那么多的分析师？包括基本面的分析师、技术派的分析师，他们为什么还会存在呢？

第 065 讲｜肥猪丸与回报率

经济学里有一个基本规律：所有资产的回报率都会趋向于相等。我们可以通过一个虚拟的“肥猪丸”的故事来理解这个道理。

养猪有很多生产要素，包括场地、资金、劳动力、管理、技术等。有一天，一位营养学教授发明了一种肥猪丸，猪只要吃一颗就能长 100 斤猪肉。

肥猪丸发明出来以后人们发现，它的生产成本几乎为零，而一颗肥猪丸吃下去就变成 100 斤猪肉，由此引发了一连串问题。

生产力增加是否会改变社会真实利率

第一，这位营养学教授发明的肥猪丸，是否会改变社会的真实利率？答案是不会。社会的真实利率取决于人们的不耐程度，也就是人们用现货和期货进行交易时发生的比价。教授发明肥猪丸，基本上不会影响人们的耐性，所以利率不会因此发生改变。

第二，养猪场的回报会不会增加？答案是肯定会。因为一颗肥猪丸的成本基本为零，猪吃下去以后多长 100 斤猪肉，回报自然会增加。

资源回报归谁

第三，猪肉多了 100 斤，收益归谁呢？答案是基本上归教授所有。

这位营养学教授发明肥猪丸以后，会向不同的养猪场兜售。第一位买肥猪丸的养猪场主人肯定会压低肥猪丸的价格，假设他给这位教授 1 斤猪肉的回报，自己留 99 斤猪肉的回报。但这位教授会找不同的养猪场，第二家会提高一点收购价，第三家会再提高一点，结果这位教授的收入就逐渐接近 100 斤猪肉的收益。也就是说，到最后这颗肥猪丸的市场价格，将会接近于这颗肥猪丸带来的边际收入，也就是 100 斤猪肉的收益。

我们说接近于而不是全部，原因在于，这 100 斤猪肉不完全是肥猪丸带来的，光是肥猪丸还长不出猪肉来，那新增 100 斤猪肉的功劳，还得在养猪场参与饲养的各种要素之间进行分配，但营养学教授的贡献占大头。

通过这个例子，我们解释了一个非常一般化的经济学原理，那就是在竞争之下，任何资源所能够获得的回报，会接近于这个资源本身所能带来的边际收入。

为什么回报增加，回报率却没有增加

第四个问题是，养猪业的回报率会不会因为肥猪丸的发明而提高呢？答案是不会。回报当然会增加，但回报率没有增加，原因在于肥猪丸本身的价格在上涨。

当人们充分地认识到肥猪丸的作用以后，肥猪丸的价格就会上涨到一个合理的程度，这时候养猪场的回报率就会趋向社会平均回报率。

出租车服务由多种生产要素共同提供

用上面的道理，我们可以对传统的出租车行业做一个符合经济学原理的分析。

很多城市都有打车难的问题，有许多司机在高峰期不愿意出车，包括我在内的一些经济学者就建议，要提高高峰期的出租车费，这样才能增加出租车司机出车的积极性。

但也有反对意见认为，别老是想着通过涨价来提高司机的收入，提高司机的收入还有另外一个办法，就是降低司机的份子钱。

持这种观点的学者认为，可以通过行政命令减少司机的份子钱，增加他们的收入，而不需要增加车费。这样打车难的问题又能解决，乘客又不用多交费。

这种说法是有问题的。

事实上，出租车是一种综合服务，它综合了各种生产要素，包括车辆、司机、汽油，以及一个很重要的资源：垄断性的经营牌照。垄断性的经营牌照本身，就是能够带来收入的资产，它所带来的收入叫“垄断租”。而这些一起组成出租车服务的生产要素，每一种要素都会取得各自相应的市场回报。

乘客坐完一程以后，交给出租车司机 20 元钱，这 20 元钱只是出租车司机“代收”的钱。这 20 元里包括了汽车折旧的费用、汽油钱、司机劳动力的报酬，当然很重要的一点，还包括了出租车牌照的垄断租。司机只不过是代收而已。

我们就可以设想一下，份子钱被迫降低，比如降低了 1000 元，司机的工资就等于涨了 1000 元，司机这份职业的吸引力也就随之增加了。原来有好多在别处收入比出租车司机更高的人，现在觉得当出租车司机更划算，也会参与竞争，来抢这 1000 元。

他们愿意花多少钱来抢 1000 元呢？ 1 元值得、10 元值得、100 元值得、500 元也值得，最后他们愿意花接近 1000 元，来争夺这份更具吸引力的工作。这不就是一种价格受到抑制之后的短缺现象吗？

如果通过行政命令硬性降低司机所要交的份子钱，司机和出租车牌照的所有者之间就要重新签订合约。那些出租车牌照的主人，就可以开始挑人或私下接受好处了。最后或明或暗，出租车牌照的主人还是会把由于行政命令白白给出去的那 1000 元收回来。该他们得的，还是会被他们得到。

因此，硬性改变出租车司机跟出租车牌照主人之间的合约，降低份子钱的做法，从长远看不仅不能增加司机的收入，而且也不能解决乘客在高峰期打车难的问题。

要解决打车难的问题，我们需要双管齐下：让车费自由浮动，这样才能鼓励出租车司机在高峰期多拉活；放开牌照管理，以共享经济的方式，让更多车辆被利用起来。

思考题

投资绩优股的回报率更高，还是投资垃圾股的回报率更高？为什么？

预测未来｜债券、保险与期货

第 066 讲｜买债券后回报率上升就是亏钱

债券是常见的金融产品。政府可以发债券，公司也可以发债券。

债券的含义

从投资人的角度看，债券是一种投资人（债券购买人）凭着它定期收取利息，到了到期日还能收取本金的证书。

转过来，从举债人（债券发行人）的角度看，它是一种期票，是一种对未来付款的承诺。债券发行人据此答应投资人，在未来的某些具体的日子里，他得支付利息和还本。

值得解释的是，债券和股票都算是投资产品。两者的区别在于：买股票是买了公司的一部分产权，将来的收益高低不限，取决于公司未来的业绩；而买债券只是买了举债人定额付款的承诺，将来的收益是固定的，举债人的业绩再好也不会多分一点给债券投资人；

但举债人如果经营失败，也还可能违约不付款。

要记得，举债人答应的是未来的钱，是期值。而且他也指明了，这份债券所依据的利息率是多少。这个利息率是约定了的——既可能是固定的，也可能是根据约定的规则变化的。根据这个利息率，就能算出这份债券今天值多少钱，也就是债券的现值。

市场利率越高债券越不值钱

接下来有意思的是，当投资人购买了一份债券后，市场的利息率发生了变动，也就是说，市场利息率与约定利息率之间发生了偏差，那投资人就会产生盈利或亏损。

如果市场的利息率（一般人所说的市场回报率）下降，即人们对未来的看法变得更有耐心了，那么举债人所答应的那份期货，在今天看来就比原来的更值钱了。这时候，人们就愿意以更高的现价来购买这份期货。那就意味着投资人赚钱了。

反过来，如果投资人购买了一份债券以后，市场的利率（市场回报率）上升了，那就意味着人们的耐心减少了，债券的现值就下降了，投资人就亏钱了。

买债券后回报率上升就是亏钱，这个道理要记得。受过训练的人明白这一点，但有时候一个不小心也会犯错。这就是从利息理论的角度出发，对债券所必须掌握的基础的知识。

政府举债与李嘉图等价理论

关于政府的债券，经济学家们有一个长期的争论，那就是政府高额举债到底是不是个问题?

最早是两百多年前的李嘉图（David Ricardo），他提出了一个

“李嘉图等价理论”（Ricardian Equivalence Theorem）。他说：政府需要开销，钱不够从哪儿来呢？有两个办法：一个是征税，一个是借钱。

要是政府选择了借钱，那么借的钱越多，征的税就越少。税少了，老百姓高兴。借了钱以后，政府会花到每个老百姓身上，老百姓就更高兴了。

问题是，借的钱总是要还的。老百姓只要是有理性，他们就会明白，到明天政府总要增加税收，来还他当年承诺的这些债务，这时候税收就增加了。

今天借钱明天要还，那么政府举债跟政府征税，在原则上就没有区别。唯一的区别是，如果政府决定征税，那缴税的人是被迫付钱；而如果政府决定发债，那么买债券的人是自愿付钱。

但是到明天，政府要还债的时候，明天的人就要被迫交税了。也就是说，政府发债和政府征税唯一的不同，是政府强迫以后的人缴税还是强迫今天的人缴税而已。

接着，经济学家就发生分歧了。

政府是否应该高额举债

有一派经济学家说，政府举债没问题。政府向我们借钱，钱用在我们身上，将来又向我们征税，税款还给我们自己。自己欠自己，政府债务再大也没问题。前几年获得诺贝尔经济学奖的、长期在《纽约时报》写专栏的经济学家克鲁格曼（Paul R. Krugman），就持这样的观点。

当然，还有另外一派经济学家老早就批判这种想法，说这种想法太不合常理了。比方说更早在1986年就得诺贝尔奖的经济学家布坎南（James M. Buchanan），在1958年发表的《公共债务的公共原理》这部著作里就表明了他的反对观点。

布坎南说，从宏观经济学家的角度看，这种说法可能是对的，因为宏观经济学家关心的只是加总的数据，今天借的等于明天还的，最后是相等的。宏观经济学者不关心具体的人，他们可以这么说。

但是你仔细看一下社会，每个人在做出判断的时候，是根据他自己的感受来的。

今天掏钱购买债券的人、今天因为政府举债而免于缴税的人、明天被迫缴税以偿还先前政府债务的人、通过转手而买到债券并在将来收取政府还款的人，以及受惠于政府债券所资助的公共项目的人，这五种人很可能不是同一种人。

没有人会觉得这是一样的事情。哪怕是一个家庭，只涉及几个人，他们对外借债也会出现有些人得益、有些人受损的情况。“李嘉图对等理论”从加总的意义上可能说得通，但是从每一个人的感受来说是不一样的。

这两派的争论，现在还经常能看到。我的看法是，与其泛泛地讨论政府借债的对错，不如具体地讨论政府借债的用途。政府哪条路是值得修的，哪个工厂是值得建的，哪项科研是值得资助的，这些才是更面对现实的争论。

当然，不管这些争论怎么展开，政府高额举债都会出现一个不可避免的结局，就是人与人之间财富的大量转移。

思考题

假设有两个社会：一个社会里每个人的手都放在自己的口袋里面花钱；另外一个社会里，每个人的手都放在别人的口袋里面花钱。

这两个社会发展下去会有什么不同？

第067讲｜未雨绸缪：储蓄还是买保险

中国有句话叫未雨绸缪，意思是今天要为未来的不确定做准备。有意思的是，储蓄和买保险，都是应对未来不确定的方法，两者有什么不同呢？

人的三种风险偏好

我们先介绍三种对待风险的不同态度：一种叫风险厌恶，一种叫风险偏好，还有一种叫风险中性。

举个例子，我愿意给你10元钱，但有不同的给法。第一种给法，直接给你10元，没有任何风险；第二种给法，给你10%的机会拿到100元，当然也有90%的可能一分钱都拿不到。

如果选择第一种给法，那么你是一个“风险厌恶型”的人，你不要任何风险。如果你喜欢第二种带有风险的选择，而且风险越高你越喜欢，那你是一个“风险偏好型”的人。当然还有一种人，处于这两者中间，哪种给法都无所谓，那么他们就属于“风险中性”的人。

好多年前我在拉斯韦加斯，进赌场换了20元钱的筹码后，心里就想着一件事，赶快把这20元赌光，就可以好好休息了。我是一个“风险厌恶型”的人，不喜欢赌博。

在赌场里我看到另一个人，他胸前抱着一桶筹码，双手不停地往三台老虎机里塞钱。人之所以会赌博上瘾，原因就在于他特别想重温那种赚大钱的感受，为此他先亏多少钱都在所不惜。这种人就是“风险偏好型”的人。

储蓄的原理

解释完风险厌恶、风险偏好和风险中性三个概念以后，我们再看储蓄和买保险之间有什么区别。

一个人现在还年轻力壮，但将来年纪大了可能会生病，为了预备将来治病的钱，有两种做法。一种是现在就开始存钱，每个月拿出 10% 的收入存起来；另一种是每个月拿出 10% 的收入去买保险。

这两种做法的区别在于，如果是用储蓄来未雨绸缪，将来年纪大了没生病，储蓄没有被花掉，就赚了。但是如果运气不好，生了大病，这份储蓄就会被用掉，个人财富就会减少。

通过储蓄来未雨绸缪，它的特点是未来的结局可变，是有风险的：要么保有原来的这份储蓄，要么这份储蓄被用掉。

保险的原理

买保险的原理不一样。买保险的人是风险厌恶型的人，不喜欢变化，不喜欢未来收入跌宕起伏，他只想要一种服务：无论未来如何，自己的收入都一样。

要注意，不是说他希望未来的收入都很高或者都很低，他是希望无论自己未来如何，获得的收入都是一样的。他要的是那种“收入一样”的感觉。

有人有这种需求，就有人会提供这种服务，这种服务就是保险的服务。

一个人如果通过买保险来未雨绸缪，每个月拿 10% 的收入去买保险，如果将来生病了，保险公司会替他支付医药费；如果不生病，保险公司也不会还他的钱，因为这笔钱是用来购买“未来收入一样”的服务的。

通过买保险来未雨绸缪，它的特点是未来不论生病还是健康，未来的收入都是稳定的，但这种稳定性得花钱来购买。而保险公司就是为了满足我们的需求，专门提供“未来收入一致性”服务的一种商业机构。

保险服务的三个前提条件

我们在保险公司投保时，投保的事项必须符合三个基本前提条件：事件的概率性、概率的不相关性和概率的独立性。

第一，投保的事项一定要有概率性，不能是确定的。如果已经生了病，那就不能买健康保险，因为生病已经是确凿无疑的事情了。生病之后，保险公司还要保，那就是做慈善，或者补贴，而不是商业行为。

第二，每一个投保人所具有的风险概率是互不相关的。也就是说，投保的风险不能是全局性的，不能是涉及所有人的。比如全球性的核污染、气候灾害，这种风险保险公司没办法保。

第三，概率事件是独立于投保人意愿的。也就是说，投保人自己不能够控制风险的概率。生病，投保人没办法控制，这可以保；交通意外，投保人没办法控制，这可以保。但是谈恋爱分手，这不能保，因为分手与否，投保人有很大的主观能动性；考试不及格，不能保，因为考试及格与否，投保人也有很大的能动性。

因此，投保的事项，也就是保险公司理赔的事项，一定是有概率的，互不相关的，而且是独立的。

思考题

商业保险公司，它们的功能究竟是能够减少社会上总的风险，还是不能够减少社会总的风险，而仅仅能够重新分摊社会上既有的风险？

第 068 讲 | 保险的运作原理

我们前面讲到，保险公司是一种向客户提供“未来收入一致性”服务的机构。那它们是怎么提供这种服务的？相互之间又是如何竞争的呢？

保险公司的运作和竞争

我们先假设，社会上只有一家保险公司，它接受所有人的投保。为了讨论的简便，我们再假设每个人都有生病的机会，但每个人生病的机会只跟年纪有关：年纪越大生病的机会越大，生病的风险就越高。

在这种情况下，一家保险公司接受所有人的保险，所有人都在这家保险公司里投保，会发生什么事情呢？这时候，年轻人基本上不生病，但也要交保费；年纪大的人常常生病，也和年轻人交同样的保费。结果，老年人就占了年轻人的便宜。

保险公司竞争招数之一：细分

设想有另一家保险公司站出来，跟所有人说：这家保险公司的经营模式不够好，我们会提供一种更好的投保方式，我们准备把投保的人群分为两种：一种是年轻人，一种是老年人。年轻人买年轻人的保险，保费比较低；老年人买老年人的保险，保费会高一些。

当这家公司出现后，许多年轻人就到这家公司来投保，因为他们被占便宜的机会减少了，当然他们要交的保费也就下降了。

这时又有第三家保险公司站出来说：我们公司不仅把人群分为两种，还会把投保人分成100种，同岁的人放在同一个组里。可以想见，第三家保险公司又比第二家保险公司更具吸引力。

照这个逻辑推下去，保险公司之间的竞争会更加白热化。它们不仅把人按照同岁的标准来区分，它们还按月、按天、按出生的时辰把人做区分。分得越细，同一个细分组里人的风险就越接近，他们被别人占便宜的可能性就越低，要交的保费也越低，人们也就更愿意到这样的公司买保险。

这就是保险公司之间展开竞争、提高产品质量的一个重要办法：细分（segregation），把不同人的风险做精确的划分。

人群划分越细，被占便宜的情况越少

当然，我们刚才只是单纯假设人生病只跟年纪一个因素有关，现实生活中，一个人生病跟很多因素有关。

这时，保险公司就要请精算师来仔细区分不同因素造成的风险到底有多大，从而对复杂的人群进行比较准确的细分。比如，在美国要给汽车买保险，那就得访问不同保险公司的网站，回答一系列的问题，包括年龄多大，驾龄多长，单身还是已婚，家庭住址的邮编是多少，公司的邮编是多少，开的是什么车，曾经有过多少次违章，等等。

根据所有这些因素，保险公司能够精确地计算出驾驶者是一个什么样的人，开车是否小心，每天上下班发生交通意外的概率是多少。这是保险公司在背后做的一系列计算，把投保的人做细分。

保险公司把人群分得越细，每个细分组里的成员被占便宜的机会就越小，交的保费就越低，这份保险的吸引力就越高。

实施歧视符合保险运作原理

现在新技术的发展——如基因技术——可以使保险公司比较准确地预测一个人将来得病的可能性。但这种基因技术，由于可能涉及歧视，未必可以推广。

从经济学的角度看，歧视其实就是区别对待，是一种很自然的行为。而在保险业里实施歧视，也就是把人做细分，也是一种很正常的、符合保险运作原理的做法。但有趣的是，根据基因把人做区分，这一点目前在美国是非法的，原因在于政治家和大多数民众普遍认为这是一种歧视，他们认为人人都应该公平地享受保险的服务。

可见，保险到底是一种人人按偏好自愿购买的商业服务，还是一种对所有人公平开放的社会福利，这个问题还在争议之中。

保险公司竞争招数之二：加总

除了细分，保险公司还会做另一件事，那就是加总（aggregation），即在每一个细分的组里，增加每一个细分组成员的人数。

同样风险的人越多，根据数学定律，他们之间产生风险的数学期望就越准确，离差就越小——这是大数定律的原理——这样的话，每一个小组所要交的保费也越低。

这样，保险公司通过双管齐下，同时运用这两招——细分和加总——就能够使它的保险产品性价比更高，吸引更多的顾客，而保险产品因而也就能成为一种适销对路、满足市场需求、能够自我维持的商业产品。

思考题

既然买保险是一种个人的选择，是一种买卖商品的行为，为什么有些国家，比如美国，它们要强迫所有的人都买保险呢？理由是什么呢？

第 069 讲｜那些不是保险的保险

在现实生活中，有很多所谓的保险，虽然被称为保险，其实不是保险。它们要保的事件，并不满足我们前面讲的那些能够投保的事项的前提条件。

失业保险是一种社会补贴

有很多国家的政府会提供所谓的失业保险。问题是，失业本身既不是随机的事件，也不是独立的事件。失业和就业一样，都是人自愿的选择。可能有人会说，至少有一种失业叫非自愿失业——被人解雇了并不是自愿事件。真的有非自愿的失业吗？

我们说这个世界最基本的事实是，资源是稀缺的。既然资源是稀缺的，劳动力就必然是一种有价值的经济商品，需要劳动力的工作岗位就是充分的，到处都是：道路需要更多的人打扫一下，幼儿园的小朋友需要多几个人陪他们玩儿……如果不计较报酬多少，到处都是工作。

但为什么很多人没有一失业就去工作呢？从经济学的角度看，一个人失业以后，花多长时间找到下一份工作，取决于他能够付出多少搜寻的成本。谁也不会一见到工作就做，因为这当中有很多考虑。

第一是机会成本。一见到工作就做，后面如果有更好的工作，就没机会去比较和选择了。第二，一个人的工作履历本身也很重要。比如我在大学当老师，如果丢了现在这份工作，至少需要花上几个月甚至半年去找另一份教书的工作。我不能马上就去做别的工作，那会导致我的履历很不好看。

一个人在被解雇的一刹那，不是自愿的；但是紧接着他没有一看见工作就做，那就是自愿的了。他在自愿付出搜寻成本，寻找下一份值得干的工作。因此，失业保险本质上不是保险，是一种社会补贴，政府用来补贴那些没有工作的人。

失业保险金越高，失业率越高

有一个普遍的经济规律是，政府向什么征税，什么就会减少；而政府补贴什么，什么就会增加。例如，政府补贴失业，失业率就会上升。

这很容易理解。假设不工作，每个月能得到1000元的失业救济，工作了以后，却只能得到2000元、3000元钱的工资。这时，人们发现辛苦工作一个月，得到的额外收入很少，还不如不工作。

因此，社会福利越高的地方，失业保险金或者失业救济金越高，失业率就越高。

养老保险为何不可持续

养老保险其实也不是保险。每一个人都会老，这不是一个随机事件。养老保险实际上也是一种政府补贴，一种转移支付，把财富和收入从一群人手中转移到另外一群人手中。

很多国家（比如美国）的养老保险并不是人们以为的那样：每个人有自己的一个账户，年轻时自己替自己供款，政府替他管好这个账户，让账户里的钱保值、增值，等他年老时这些钱归他自己使用。

实际情况是，政府在做转移支付——向那些正在工作的人征收一笔钱，直接把这笔钱给那些已经退休的人。这是一种在同一时期里、在不同的人群之间进行财富分配的办法。

这种办法有一个问题，那就是今天缴纳养老保险的人，等他们退休以后，社会上必须有相应的年轻人在工作，他们才能够得到补贴。因为他们年轻时付的那些钱，已经被当时的老人们用完了。

美国和欧洲很多国家实施的所谓养老保险，实际上就是不断地靠年轻人加入才能维持的制度。他们在设计这个制度时，没想到的是，人们在退休之后寿命会越来越长，年轻人越来越不愿意生小孩、养小孩，而医疗费和生活费也涨得越来越快。

这些国家的养老保险实际上不是一种可持续的商业保险，而是一种不断地靠新人来维持的补贴制度，已经一步步走向破产的边缘了。

鼓励风险的“灾难保险”

还有一种保险，是美国政府提供的，专门保那些商业机构不愿意保的保险，其实质也不属于可自我维持的商业保险，而只是一种政府补贴。

美国有一个叫 FEMA（Federal Emergency Management Agency，联邦突发事件管理机构）的机构，专门负责国家的洪灾保险计划，对那些保险公司不愿意提供保险的房屋，以远远低于市场价格的保费提供保险。

美国著名节目主持人约翰·司托索（John Stossel），曾经记载了这样一件事，他说：

> 我在海边建了一栋非常棒的房子，四间卧室，每个房间都可以看到大西洋的风景。
>
> 这栋房子的建筑地点非常独特，因为它就紧紧靠在海边。我父亲跟我说别那么做，太危险了，不应该把房子建到离海那么近的地方。但我还是建了。
>
> 因为我那位设计师跟我说了，他说赶快建，没问题，反正你的房子遭到海水破坏以后，政府又会出钱给你盖一栋新的。出了事，政府理赔。

可见，政府的这种做法，是用纳税人的钱，去补贴那些商业保险公司不愿意理赔的高风险事件，实际上不是在减少风险，而是在鼓励风险。

思考题

在很多国家的健康保险里面，都有所谓的扣除（deductible）和分担（copayment）部分，也就是说，低于多少钱的医药费保险公司不付；而高于多少钱的，病人和保险公司共同承担。很多健康保险都有这种安排。你认为，这种安排合理吗？为什么？

第 070 讲｜当商品不被当作商品

戴着经济学的眼镜看世界，就会发现生活中总是有不少值得思考的现象。有很多保险，名叫保险，其实不是保险，比如我们上一讲提到的失业保险、养老保险；而有很多商品，明明是商品，却又不被当作商品，比如教育、医疗等。

那些不被当作商品的商品

在日常生活中，我经常看到很多人都喜欢说这样的话：

我是市场经济的坚定支持者，但是——医疗很特殊，不能用市场化的办法来解决；教育很特殊，不能用市场化的方法来解决；能源、交通很特殊，不能用市场化的办法来解决；住房很特殊，不能用市场化的办法来解决。

说这些话的人，往往学过经济学原理，知道经济学原理自洽，但他们在情感上还是接受不了，他们不愿意见到这些商品成为商品，当然很可能也是因为自己不愿意为此付费。

那怎么办呢？他们的办法是声称这些商品不是商品：教育不是商品，医疗不是商品，交通不是商品，能源、用水、住房，都不是商品。好像只要说它们不是商品，给它们贴上“必需品”“公共品”“特殊品”的标签，它们就真的不是商品了，就能摆脱经济规律的制约了。

我们要问的是，教育、医疗、交通、能源、用水、住房，究竟是否符合商品的基本特征？它们的生产需不需要耗费真实的资源？

它们的品质有没有高低之分？人们会不会对它们展开争夺呢？

如果答案都是肯定的，那么实际上它们就是商品。明明是商品，又不准人们以商品来对待，会产生什么样的后果呢？

看病难为什么在世界各地普遍存在

以医疗为例。我们从需求者的角度看，医疗资源无疑是短缺的。人人都要，但价格又特别低，这样的后果是，人们只能展开价格以外的竞争，那就是排队。

在中国，排队挂号的现象已经持续了很长时间。为了挂上一个号，要排几天几夜都是很常见的事情。明明是医生和医院应该赚的钱，现在却落到了黄牛党的手中，而病人并没有少给。

在挂号费不够高的情况下，人们需要花很长的时间排队，这种现象并不是中国独有的。每一个挂号费不够高的地方，每一个实施低价公费医疗的国家，都会出现这样的现象。在英国、加拿大、美国，排队都是一种非常普遍的现象。

约翰·司托索在他的书《不！他们不行！》（*No, They Can't*, 2012）中讲过一件有趣的事：

> 在加拿大，到任何一个公立医院看病，病人都得排队。但是有一种患者，到医院就不用排队，只要到了诊所，就能够享受最先进的诊断和治疗，不用等。
>
> 你猜这是一种什么样的患者？你可能以为他们是有钱人吧？不是。你可能以为他们是很有权力的人吧？不是。你可能以为他们是明星吧？也不是。它们有一个特点，它们都有四条腿，它们是宠物。宠物到医院里看病、接受先进的治疗不用等，

人到医院里要等。

为什么？因为人有政府提供的免费医疗保险，而动物没有。动物享用的是市场化的服务，所以动物到了就可以得到服务。人不行，人得等，因为人享受着政府的补贴。有很多时候，一个人生的病其实并不重，拖垮他们身体的，是等待的时间太长了。

追求绝对公平不如实行“双轨制”

在这些国家里，有人等得实在不耐烦了，于是就提出，能不能换个思路，实行价格双轨制，可不可以排两条队：一条是便宜的甚至免费的，爱等的人在那里等；而另一条是付费的，要付高价，那条队就可以快一点。

这本来是一个不错的解决方案，但有很多人反对，因为他们认为这样做有违公平。因为这么做的话，好的医生都会去为那些付高价的病人服务了。

这种追求绝对公平的想法其实是有问题的，因为除非资源足够充分，人人都能够同时得到快速的服务，否则最后谁都快不了。

其实，给人们多一种选择，总是更好的。在英国，每一个离境的游客，都可以在海关把在英国购物所交的税退回来。这个退税的队伍很长。虽然英国是一个强调公平的国家，但就在这长长的退税队伍开头，我看到了一个牌子，上面写着：如果你付钱就可以不排队。

这是多好的一种制度安排，为什么就不能用到医疗上去呢？

政府提供廉价医疗，将产生庞大管制和管理费用

政府提供免费或者廉价医疗，产生的另外一个问题是，在医疗

服务的提供者一端，会形成事无巨细的开支管制，以及庞大的行政管理费用。

我们知道，每当有免费午餐出现，资源就会被滥用。而为了使这个机制延续下去，政府就一定要对这种滥用行为进行管制。

想象一下，我们今天到餐厅里，爱吃什么吃什么，只要付钱就可以。但如果政府提供免费的食品服务，这时餐厅就会出现好吃的东西不够或被抢光的现象。为了维持这个制度，政府就不得不规定，每个人每个星期最多吃多少鸡蛋，最多吃多少斤猪肉和牛肉，请客吃饭每个月不能超过多少次，举办生日派对不能超过多少人……

这些管制措施是必需的，是这个制度维持下去的必备条件。但与此同时，就会产生大量的行政管理费用，而且也会诱发餐厅服务的惰性。这是我们前面讨论过的，补供方和补需方之间的区别。

把明明是商品的商品不当作商品来处理，这种心态和做法，出发点可能是好的，因为人们往往会以为不用交费或者少交费，穷人就能够得到。但实际上，不管我们怎样称呼和处理这种商品，背后的经济规律都在起作用。那些不恰当的分配方案，反而会引发更多的问题。

要避免问题连环出现，根本的办法还是回到问题的起点，把那些本来就是商品的商品，毫不含糊地当作商品来对待。

思考题

当商品不被当作商品，就会产生一连串无解的问题，除了医疗以外，你还能举什么例子呢？

第 071 讲 | 用期货合约来重新分配不可避免的风险

除了保险，还有一种用来对付未来不确定性的产品，那就是期货合约和期货市场。

在很多人的印象中，炒期货是一种高风险的行为，是一种赌博和投机的行为。在期货市场里，价格大起大落，有时确实会赚大钱，但有时会亏得一塌糊涂。

很多人认为，炒期货的人都是坐在电脑前、在交易室里工作，从事的是一种虚拟经济活动，没有参与真正的生产，所以应该将这种虚拟经济跟工业、农业、交通运输业等实体经济区分开来。在他们眼里，虚拟经济不值得我们鼓励。

但事实上，这种看法完全误解了期货的作用。

期货市场满足人们对确定性的需求

实际上，期货跟保险一样，满足了人们的一个基本需求，那就是对确定性的需求。总有一些人，他们希望无论未来发生什么情况，其收入或者支出都是稳定的。

比如全国连锁的咖啡厅，店主就不希望出售咖啡的价格天天变动，否则消费者的感受就会很差，他们对咖啡的价格无法形成稳定的预期。但是咖啡豆的价格，其实是波动的。有什么办法，能在咖啡豆价格变化的时候，让咖啡厅出售的咖啡的价格保持不变呢？

注意，咖啡厅想要的并不是高或者低的咖啡价格，它们要的是稳定的咖啡价格。这时就有人愿意给咖啡厅提供这样一种服务，即无论天气怎么变化，咖啡豆的价格都一样——这就是期货市场的功能。

期货合约的基本安排

期货的全称是期货合约，它是这样一种安排：其中一方被称为期货合约的买方，他答应在未来规定的时间内，按照规定的价格，向期货合约的卖方购买规定数量的某种产品。

而期货合约的签约人，必须包括三方，不仅包括买方和卖方，还包括期货市场，后者是中间方。双方通过期货市场进行交易，买期货合约的人，是向期货市场买合约，而卖期货合约的人，是把期货合约卖给期货市场。通过中间人交易的好处在于，买卖双方都免除了对方不能履行合约的风险，因为期货市场具有不管发生什么事都会履行单边合约的信誉。

交易者通过期货市场表达对未来的不同看法

前面在解释利息理论时我们说过，任何资产的现值，都取决于人们对这份资产收入预期的折现和。但是对于未来商品，也就是期货的价格，人们通常会出现不同的看法。每当人们出现不同看法时，就会通过期货市场来表达，并从他们的不同看法中获益。

如果人们对未来的价格没有异议，没有不同看法，那就不会有期货。只有人们对某种商品未来的价格产生不同看法时，才会出现期货合约的买卖双方。

而随着时间的推移，交割日越来越近，未来价格的不确定性就会越来越小，交割日产品的价格就越来越清晰、越来越稳定，期货合约买卖双方的意见不一致就会慢慢地收窄。到了期货交割日，真相大白，大家就不会有不同的意见。

这时购买期货合约的人获得了稳定性。比如刚才说的咖啡厅，它的报价如果是10元，到时它就会以10元的价格购买到咖啡。如果当时咖啡的价格已经涨到15元，它就免除了高价购买咖啡的风险。这样咖啡厅的饮品单就不需要重做了，消费者的良好感受也能够维持。

但如果到时候咖啡的实际价格已经跌到了8元，而不是10元呢？这时咖啡厅也不会生气，仍然以10元的价格购买到了咖啡。为什么它亏了钱还高兴呢？那是因为，它额外付出的这两元钱其实是购买稳定性的代价，就跟购买保险是一样的。一个人买了大病保险以后没生病也高兴，因为他的财富是稳定的。

期货市场的本质：分配风险

这里要指出的一点是，期货合同本身并不能够减少风险。风险是我们生活的这个世界特有的，没有人能够彻底消除风险。期货合约起的一个重要作用就是重新分配风险。有些人喜欢风险，让他们承担风险；有些人不喜欢风险，让他们少担风险。在这种重新分配当中各得其所，他们的愿望都得到了满足。

还记得我们在开篇《战俘营里的经济组织》里讲到的那位随军牧师吗？他手里拿着一罐奶酪、五根香烟，在军营里走了一圈，手里就多了一袋食物。

这多出来的一袋食物到底是怎么来的？我们在文中解释过，这一袋食物，是这位随军牧师为交易的各方提供了更多幸福的证明。更直白地说，是军营里有人对这位牧师说："你要是能给我弄一块面包来，这个苹果就归你了。"另外一个人说："你要是能给我弄两根香烟来，这个橘子就归你了。"

最后，随军牧师手里多了好多个苹果，好多个橘子。当然，军营里的物资总量并没有变，但每个人的幸福感都提升了。

回过头来看期货市场，也是一样的。在整个世界里，虽然风险的总量没有变，但是由于风险的分摊发生了变化，人们的满足感得以普遍提升：那些讨厌风险的人，哪怕多付一点钱，他们也得到了满足；而那些喜欢风险、喜欢大起大落的人，他们得到了金钱的补偿，也非常满意。

在期货市场里，我们总能见到那些赚大钱的人，如果仔细问问他们，他们也曾经有过一次甚至多次大亏的经历，但他们喜欢那样。期货市场不是赌博，它只是重新分配了本来就不可避免的风险。而赌博是制造了本来并不存在的风险，期货市场跟赌博是有本质区别的。

因此，期货市场不是一个零和游戏——所谓零和游戏，意思是整个社会总的幸福程度没有提高。相反，期货市场是一个正和游戏——人们经过一系列的制度安排、重新分配风险以后，每个人的幸福感都得到了提高。

期货市场鼓励人们对未来做更准确的预测

在期货市场上，对未来价格的预测越准确，就越有机会赚钱，所以人们会孜孜不倦地分析他们手中的所有信息，做深入的研究，以便更准确地对未来价格做出预测。期货市场实际上是一个发现价格的良好机制，因为我们的判断正确自然会得到回报，判断错误会受到惩罚。

我们经常会看到这样的情况，人们为了某个观点争论不休，但是一旦有人提出“我们赌一赌”，马上就变得非常谨慎了。那是因为言论是廉价的，但是要承担后果的话，就得谨慎了。

我们猜猜看，对天气的预测，到底是气象局更准，还是期货专家更准？经济学家理查德·罗尔（Richard Roll）的研究表明，期货市场对佛罗里达州未来气温变化的预测，比国家气象局还要准确。

其实他的研究结果一点也不奇怪。仔细想一想，气象局的专家预测天气的变化，气温高一点、低一点都没什么要紧的。但是对期货市场里的当事人来说，气温的预测直接影响对农产品产量的预测，直接影响对期货商品价格的预测，准确率高一点可能就是赚大钱，准确率低一点也许就血本无归。

期货市场的这个特点，鼓励了人们系统深入地研究相关信息的活动。

思考题

在 2003 年，有一位经济学家罗宾·汉森（Robin Hanson），他要建立一个恐怖袭击的期货市场，让人们去预测什么时候、什么地方，将会出现什么样的恐怖袭击活动。

因为预测准确了会得奖，人们就会把各种各样的信息，反映在期货市场上面。这时候，政府就可以利用这个恐怖袭击的期货市场，来进行反恐的活动。

这样一个关于恐怖活动预测的期货市场，是否可行？它会造成什么样的问题？

第7章 供应

好钢用在刀刃上

如果要在经济学中找一个最普遍适用，又最违反直觉的原理，那么首推的就是比较优势原理。比较优势原理，是经济学里坚如磐石的基本原理之一。

在讲完利息理论、引入时间概念以后，再来讨论这个原理，我们的理解就会变得更加丰满，更加具有现实感。

比较优势 | 天生我才必有用

第072讲 | 比较优势原理

如果要在经济学中找一个最普遍适用，又最违反直觉的原理，那么首推的就是比较优势原理（the principle of comparative advantage）。比较优势原理，是经济学里坚如磐石的基本原理之一。

比较优势原理的含义

比较优势原理，最早是大卫·李嘉图（David Ricardo）在《政治经济学及赋税原理》（*On the Principles of Political Economy and Taxation*, 1817）中提出来的。

这个原理的含义是说：在一个社会里，每个个体如果把有限的资源，包括时间和精力，只用来生产对他们来说机会成本比较低的那些产品，然后跟别人进行交换，这样整个社会产品的总价值就能达到最大，而且每一个个体的境遇都能得到改善，而不论他们的绝对生产能力是高还是低。

比较优势原理有几个要点：

第一，它指的个体可以是个人，可以是家庭，也可以是地区，甚至可以是国家。

第二，它有一个前提条件，那就是每个个体的时间和资源都是有限的。这看上去像是个假设，但其实是一个基本事实。任何人每天就只有 24 小时，而每个人、每个家庭、每个国家，天生的禀赋和掌握的资源也都是有限的。

第三，比较优势来自自己跟自己的比较。自己跟别人比，可能样样都比别人差，但是自己跟自己比，一定会有比较优势。我们只要生产一种产品，从事一种活动，就得放弃其他的机会。我们在放弃的机会之间进行比较，找到机会成本最小的那种，就是我们的比较优势。

第四，如果每个个体都集中生产自己具有比较优势的产品，把有限的时间、精力和资源，放在那些放弃的机会最小，也就是成本最小的生产活动上，那么整个社会总产量就会达到最大。每一个个体的处境，通过交换，就都能够得到改善。

分工与合作给人们带来更大财富

改革开放之初，中国人生产袜子的成本高，还是制造飞机的成本高？答案是，中国人制造飞机的成本更高，因为放弃了能卖钱的袜子，而做出来的飞机恐怕还找不到买家。所以中国工人在当时的条件下，就应该集中精力生产袜子。

有人会问："两个人的情况不同，因此每个人总能找到自己的比较优势。但如果两个人的情况完全一样呢？他们的 DNA 都一样，是孪生兄弟，这时候分工合作还有好处吗？"这个问题，我们需要请经济学大师亚当·斯密来回答。他说：即使两个人是完全一样的，他们随机掷骰子各自选择一个职业，全力以赴专注地干下去，然后进行交换，也会比他们两种工作都做会更好。

也就是说，两个人即使天生的禀赋是完全一样的，李嘉图所讲的比较优势原理也仍然有效，分工和合作仍然能够替双方带来更大的财富。

亚当·斯密解释道，之所以会有这样的结果，原因有三个。

分工可以减少工作之间往返的成本

大家在大学时代，往往没有固定学习的位置，学习的成本就比较高。因为早上好不容易跑到图书馆找到一个座位开始读书，读了一会儿，中午吃饭时又需要把东西收拾好离开。下午和晚上又要重复这个过程，往返折腾的成本很高。

而在一些公共图书馆，如果有的读者经常去，图书馆会提供一种专门位置服务，读者借的书不用每天都还，他可以把书摊在那里，明天来了继续坐下看就可以了。这就减少了往返折腾的成本。

分工也是如此。专注地做一件工作，可以减少人们在工作当中切换往返的成本。

分工促进“熟能生巧”

另一个原因，是分工可以促进熟能生巧。专注地做同样一件事情，能力就会逐步提高，甚至达到别人不能企及的高度。

我跟着周其仁老师去做过调研，发现周老师做调研的能力非常强。不仅有亲和力，能够很自然地跟各种各样的人打交道，而且很善于把不同的故事编织起来，形成一个合理的整体。用他的话说，就是能够把事情缝起来。我说真佩服你这种能力。他说很简单，干一万个小时就可以了。他是说，专业化可以促进熟能生巧。

分工使机器替代成为可能

亚当·斯密说的第三个原因，是分工能够使机器替代成为可能。一个人做一件事情，看着很复杂，但是经过分工变成很多道工序以后，有些工序就可以由机器来替代。亚当·斯密在《国富论》里有这么一段非常生动的描述：

> 一个没有受过训练的工匠，即使竭尽所能，一天也做不成一根别针。但是把整个工作分成18道工序，配备十多个工人，抽铁线、拉直、切断、削尖、磨平……每道工序都可以用机器设备来辅助工作。工人们努力工作，一整天下来，能够做出12磅别针，相当于每人做出4800枚别针。

两位经济学大师，大卫·李嘉图加上亚当·斯密，为我们今天的分工合作、自由贸易，奠定了坚实的经济学理论基础。

李嘉图的比较优势原理的核心，讲的是自己跟自己比，总有效率比较高、成本比较低的生产项目，专注这种生产项目然后跟别人进行交换，整个社会的财富就能够增加，而个人的财富也能够增加。

亚当·斯密的分工协作原理的核心是：哪怕是天生禀赋一样的人，只要专注某个细分领域的生产，就能够减少在工作当中切换往返的成本，能够熟能生巧，能够让机器的替代成为可能。

以比较优势为指导，分工合作一定是对双方都有百利而无一害的。

思考题

会不会存在一些生产能力比较强的国家，它们对外出口的数量，总是大于进口的数量？同样，会不会也存在一些生产能力比较弱的国家，它们出口的数量，总是少于进口的数量？这种情况值得担心吗？为什么？

第 073 讲 | 顺差逆差，孰优孰劣

理解比较优势原理并不难，难的是在现实生活中能够很好地应用它。

我们经常在电视里看到一些专家，忧心忡忡地讨论国家和国家之间所谓贸易顺差、逆差的问题。这就是没有搞清楚比较优势的表现。

贸易顺差或逆差都不重要

贸易逆差，就是一个国家从另外一个国家进口的产品，多于这个国家向另外那个国家出口的产品，货币净流出的那个国家会出现贸易逆差；反过来，出口多于进口的国家，即货币出现净流入的那个国家，我们就说它出现了贸易顺差。

要注意的是，每当我们谈起贸易顺差或逆差，都是针对特定的两个国家而言的。同一个时刻，同一个国家与两个不同的国家之间，会产生各自不同的顺差逆差关系。

那么，特定的两个国家之间，如果产生并且长期存在贸易逆差或者顺差，是一件值得担心的事情吗？

我们先从个人的情况来看（见图 7–1）。我每天到楼下的咖啡馆买一杯咖啡，这时我跟咖啡馆之间的关系，永远是我付钱，它提供咖啡。也就是咖啡馆和我之间，永远保持着商品的单向流动，我和

咖啡馆之间存在着贸易逆差。我跟家附近的杂货店、出租车公司、社会上所有为我提供服务的商家，都存在着贸易逆差。而只有我跟我的工作单位之间存在着贸易顺差——永远是我在提供服务。

这种贸易失衡的关系有可能调整过来吗？不可能。这要紧吗？不要紧。虽然我单方面跟工作单位保持着贸易顺差，跟其他的商家保持着贸易逆差，但总的来说，我个人的收支是平衡的。我付出的劳动跟我获得的享受是大致相等的。具体我跟谁有贸易顺差、跟谁有贸易逆差，这不重要。

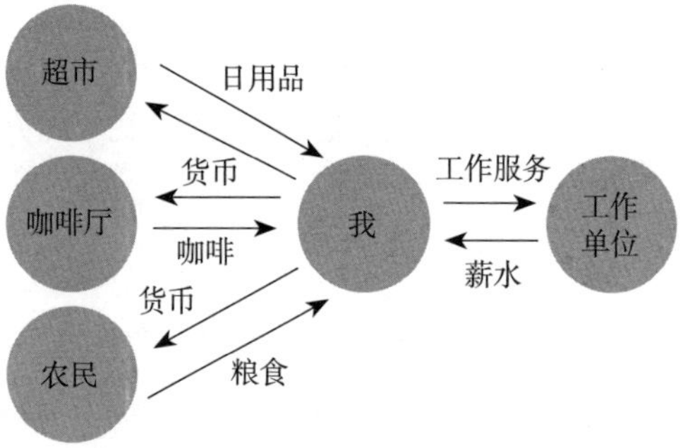

图 7–1

上升到国家跟国家之间的关系，道理也是如此。美国永远买中国的纺织品，这要紧吗？不要紧。因为美国也源源不断地把它的电脑卖到意大利去，而意大利又源源不断地把它的皮具卖到中国来。

这时如果单独地看美国，由于一直从中国进口纺织品，它对中国保持着贸易逆差；意大利一直从美国进口电脑，它对美国保持着贸易逆差；中国一直从意大利进口皮具，对意大利保持着贸易逆差（见图 7–2）。

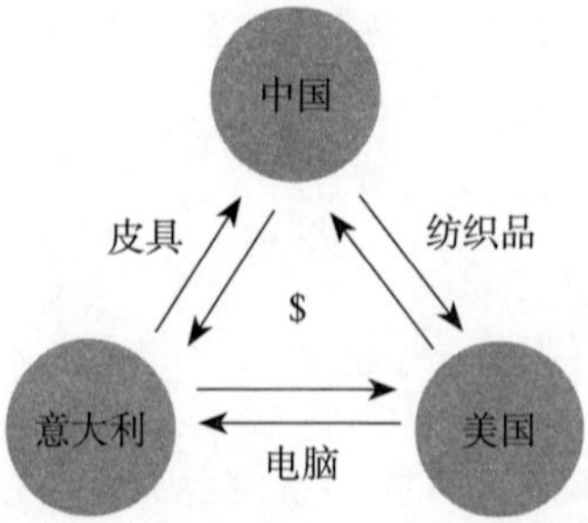

图 7–2

这都不要紧，因为我们把这三者都放到同一幅图里看时，就会发现，它们的收支是相抵的。单边的顺差或者逆差不重要。

通过这种国际分工和合作，每一个国家都专注于生产它们擅长生产的产品，专注于生产它们具有比较优势的产品，专注于生产对它们来说成本较低的产品，然后进行交换，每一个国家都能够从中获益。

为什么总有人反对自由贸易

也许有人会问："既然分工合作能使所有国家都受益，为什么每个国家还有那么多声音反对自由贸易、反对分工合作呢？"

原因在于，因为任何一个国家都不是铁板一块，都存在一个抽象的国家利益。所谓的国家利益，最终都会落实到一个行业、一个地区、一个集体，最后是每一个个人。

任何一宗国际贸易，至少涉及三方人士：本国的消费者、本国的生产者、国外的生产者。所以任何一宗成功的国际贸易，本国的消费者从国外的先进生产者那里买到商品以后，本国比较落后的生产者就受损了，他们就会说分工和合作的各种坏话。

如果这种跨国的贸易持续进行下去，本国的落后生产者就难以为继，他们就得另外找新的职业了，而再找新的职业需要付出很大努力。这就是为什么我们经常看到本国的生产者会以各种各样的理由反对国际贸易的原因。

每个国家都能保持收支平衡

有趣的是，在新闻里，我们不仅会听到抱怨贸易逆差，还会听到抱怨贸易顺差。当人们抱怨贸易逆差时，说我们国家的钱都被外国人赚走了。这时，他们没有提到，由于进口了许多外国商品，他们国家的人享受了许多优质商品。当人们抱怨贸易顺差时，他们会说，我们国家的资源都被外国人给买走了。但这时他们没有提，我们赚了不少外国人的钱，从而获取了将来进一步享受外国人提供的商品和服务的机会。

这些抱怨都是没有道理的。我们本来就生活在一个分工合作的社会里。我们不能仅仅因为贸易出现了逆差或者顺差而抱怨或者赞扬。这个现象本身没有给我们足够的信息来判断顺差和逆差到底是好是坏、是否值得。

任何一个人，不可能对谁都保持贸易顺差，也就是说他不可能长期只工作不消费。国家也一样。同样，任何一个人也不可能对谁都保持贸易逆差，也就是他只消费不生产，永远不劳而获。国家也一样。

从长期而言，从整个世界的格局而言，每一个国家，都是能够保持收支平衡的。

思考题

很多人会说：“自由贸易虽然好，但是贸易必须对等。如果一个国家不对另外一个国家开放，那么另外那个国家也不应该对这个国家开放。贸易自由必须以贸易对等为前提。”这个说法对不对？为什么？

第 074 讲 | 贸易对等和贸易报复

反对贸易自由化的理由当中，有一个很受欢迎的观点，那就是贸易必须对等。

贸易报复将伤害国内消费者

很多人说：“自由贸易固然好，但是它不切实际。你想公平贸易，可人家不干，所以每当遇到那些对我们进行贸易封锁、贸易限制的国家，我们就只能以牙还牙，对它们的产品也进行封锁和限制。贸易自由必须以贸易对等为前提。”

我们前面说过，不管是国家还是个人，只要专注自己的生产，进行分工合作，处境就会得到改善。但是贸易对等的观点却认为，必须对等才能进行交换。哪种观点对呢？

举个例子。中国向美国出口纺织品，美国的纺织品生产者有意见，美国对来自中国的纺织品实施了贸易保护和配额制度，这当然对中国的纺织品生产者造成了伤害。但是我们是否应该因此就对美国进行贸易报复，对美国人卖到中国的电子产品进行贸易保护，施行配额限制呢？

如果我们把上一讲的基本原理，也就是把每一宗国际贸易所涉及的三方都考虑进去，就很容易明白：如果美国对来自中国的纺织品进行贸易保护，那么受损的是美国国内的消费者和中国的纺织品生产者。如果我们再进一步对来自美国的电子产品进行贸易报复，那么中国的消费者和美国的生产者也会进一步受损。

如果有人说：“美国人，你们已经在我的左腿上插了一刀，伤害了我们的纺织品生产者，我打算在我右腿上再插一刀，伤害我们中国电子产品的消费者。正是因为你插了我一刀，所以我还要插自己另外一刀。”那你肯定会觉得，他这话讲不通。

两次损失，并不等于没有损失；两错加起来，并不等于一个正确。

关于贸易战的很多很深的误解，其实来自对“战”的错误比喻。闭关自守的年代，别人要来卖东西，被说成是“狼来了”。如果别人的商品真是狼，那当然要击退。问题是，那不是狼，而是价廉物美的商品，因此比喻错了。用关税来阻挡别国的商品，被说成是“宣战”。如果真是宣战，那当然要以其人之道还治其人之身。但问题是，那不是宣战，只是自残，因此比喻也错了。

既然别人已经愚蠢地捣毁了贸易的道路，双方都已遭受了损失，我们就不应该靠进一步捣毁贸易的道路来报复对方，因为这样做只会加重双方遭受的损害，而且往往会诱使对方变本加厉。

当然，我们可以在特定的场合虚张声势，说我要报复你，但并不是要真的报复。因为真的报复，就会造成二次伤害。打开国门，欢迎自由贸易，解除贸易壁垒，解除我们国家对外国进口货物的限制，这永远都是对的。

解除贸易壁垒不是让步

中国在 2000 年前后正式加入世界贸易组织时，有一种流行的说法：我们中国做出了巨大的让步，才加入了世贸组织。我对这种说法很不以为然。

在 1999 年，中国加入世贸组织的谈判取得重大成果时，我就写过一篇文章，题目叫《愈让步，愈进步》。我说中国所做出的那些解除贸易壁垒的承诺，其实不是让步。

我们想想看，进口更多的美国汽车，这不叫让步；进口更多的美国电影，这不叫让步；让我们的银行业、让我们的保险业早一点开放，这都不叫让步。只要把贸易的三方都考虑进去，我们就能明白一个道理：贸易双方总是得益的，受损的只是落后的第三方。所谓的让步，其实是进步；愈让步，愈进步。

中国加入世贸组织的最大好处

有人可能还会问："既然打开国门解除贸易壁垒本身就是好的，我们单方面就可以这么做，为什么还要那么辛苦地谈判，去加入世贸组织呢？"

确实，我们只要自己开放就可以了，不需要征得别人的同意，我们就能够从中获益。但加入世贸组织的一个重要好处，是倒过来根据一个国际协议逼迫国内的保守势力进行改革。

因为，比较优势原理逻辑上虽然非常强，但要打开国门进行自由贸易，一旦涉及具体的行业，就会遇到具体的利益团体。每一个行业的既得利益者都会说："自由贸易当然非常好，但是我这个行业非常特殊。"每个行业都强调自己的独特性，结果改革开放就寸步难行。

因此，我们就要在事前规则和事后酌情之间做一个取舍。我们先签订一个一揽子国际协议，把这件事情从原理上、原则上给确认下来，然后回到国内，一个行业一个行业突破，这要容易一点。

要不是出于这个原因，我们确实可以不参加任何国际贸易组织。

我们让每一个行业都自己开放就可以了。

值得注意的是，这些年还出现了一些新型的国际贸易组织，它们要求国家和国家之间要有平等的交换条件，各国劳动者的工作条件必须相同。这些条款其实是限制贸易的条款，因此要加入这样的国际贸易组织，我们反而要谨慎。

思考题

一个国家如果在它还不够强大的时候就打开国门，它的很多行业，就会受到国外更强的竞争者的冲击，就会产生企业倒闭和工人失业的问题，所以我们是不是应该等到国力加强了以后，才打开国门呢？

第 075 讲 | 贸易保护理由辨析

一个逻辑清晰的理论，在现实生活中经常会遭遇各种各样的挑战。我们有时会遇到这样一种状态，就是我们明明知道那个原理是对的，但是面对与之矛盾的那些方案、说法、观点，还很难一下子就指出其错误所在，还需要具体情况具体分析。

国家安全

反对自由贸易的第一个常见理由是国家安全。从概念上看，这确实是一个理由，但到了具体的行业和产品，我们还是要进行实事求是的考察和权衡。

按理说，要论国家安全，最应该强调的是一个国家的军事领域。但我们看到在军事上，很多国家的军队往往使用的是外国人生产的武器和通信设备。那为什么到了平民使用的电脑产品、通信设施或者是老百姓吃的粮食，反而不能依靠外国的供应呢？

以粮食为例。很多人认为，我们有必要保有相当面积的农地，自己种粮食。理由是万一跟外国人打仗，外国人不给我们提供粮食怎么办？原理上是有这个担忧，但仔细想想，我们的边界线非常长，要封锁我们不是那么容易。一旦打起仗来，中国的粮食价格上升，愿意向中国提供粮食的国家就会多起来，积极性也会大为提高。另外，我们种一季水稻、番薯，三个月或者半年时间就够了。如果国际贸易的渠道真的完全被切断，那么我们自己种粮食，三个月、半年也就能种出来。况且，今天的大部分粮食，都不是给人直接食用的，而是用来饲养牲口或投入工业生产的。

当然，要理解粮食安全这个概念，我们还需要综合政治等多种因素做具体的分析。

扶持幼年工业

反对自由贸易的另外一个常见理由，是说一个国家必须扶持它的“幼年工业”（infant industry）。

所谓幼年工业，就是一个国家还没发展健全的工业。很多人认为，国家如果不对其幼年工业进行保护，如果不逼着国内的消费者买这些幼年工业生产的产品，大家都一窝蜂去买外国的产品，那么这些幼年工业就永远长不大。

然而，很多国家也有不少这样的经验教训：那些经过扶持的幼年工业，越扶持就越长不大，最后变成年迈的幼年工业。

力主扶持幼年工业的主张，其根本问题在于没有看到，其实只要国家政策得当，私人也能够做出非常长远的规划。一个项目只要收益足够大，私人等多久都愿意。

今天研制一款新药，平均要花费 10 年以上的时间、数以亿计的美元，这么长的投资回报期、这么巨大的投资金额，私人也愿意投资。可见，如果幼年工业本身是值得投资的，私人也会投资，并不需要政府的介入和扶持。反之，如果幼年工业根本不值得投资，那政府也没有必要浪费资源和精力去保护了。

把钱留在本地

反对自由贸易还有一种观点，是认为我们应该把钱留在本地，把钱留给自己人赚，别让外人给赚了。

这种说法的真实含义，实际上就是让消费者倒退回过去的时空，让他们享受小范围内分工合作的成果，而不是大范围内分工合作的成果。如果有人跟我们说，我们应该只吃家里种的食物，只穿家里织的衣服，想想看，那会是什么品质的粮食，又会是什么品质的衣服呢？

长期不练会生疏

反对自由贸易还有一个理由，叫作“长期不练会生疏”，还有经济学者专门为此写过文章。

以农业为例。农民长期不种地，都跑到工厂里工作，都到城市里经商，对种地确实会生疏，但并不要紧，这是值得的。农民需要重新回去种地的时候，头一两个月是有点生疏，但很快就熟能生巧了。

当然，有一些产业技术要求比较高，需要长时间的技术积累，如果断档了，重建的时间会相当长。这种把时间维度上的预期考虑在内的想法是正确的。这时，我们要比较的是在合理的时间范围内，对技能投资的收益和成本。练毛笔字和背英语单词，都需要长时间积累，都不是捡起来就能上手的技能，但人们也仍然需要做出取舍，在有限的时间内主攻其中一项。

工作流失

人们反对自由贸易还有一个理由，就是工作流失论。他们认为，一个国家实施自由贸易以后，工作机会会流到外国去，结果本国的工人就没有工作可做了。

美国现任总统特朗普，在竞选总统时就信誓旦旦地说："如果我当了总统，我就要把工作从日本人手里抢回来，从墨西哥人手里抢回来，从中国人手里抢回来，让美国人有工作可做。"

他的这种观点其实是犯了一个错误，他认为一份工作好像一把椅子、一张桌子一样，是一种有形的物资，人们可以抢来抢去。但实际上，我们在分析失业保险时就已经指出，工作是一种机会，人们只会选择那些有价值的工作来做。

美国著名经济学家曼昆曾经在美国国会以专家的身份做证，说自由贸易让绝大多数的美国人能够享受更多物美价廉的产品，自由贸易对每一个美国的消费者来说都是有好处的。

而对于美国工人而言，在新的国际分工和合作的格局当中，他们应该找到自己的位置，不断地学习，进一步突破劳动力市场的各种限制，这才是他们提高竞争力的正确方向。

贫富分化

人们反对自由贸易还有一个理由，说它会加剧贫富分化。但这跟现实肯定是不相符的。自由贸易能把那些先进国家的资本跟落后国家的廉价劳动力结合起来，这对生产力的提升有莫大的帮助。越是贫困的国家、越是有大量廉价劳动力的国家，在开放、分工、合作、自由交易的过程中，得到的好处越大。

对于发达国家而言，现在资本都跑到发展中国家去，跟那里的廉价劳动力相结合了，这些发达国家的劳动力，确实被后来居上者排挤甚至替代了。他们该怎么办？正确的解决办法，是不断学习、不断提升、不断自我迭代，而不是故步自封，企图通过阻止竞争来保住自己的地位。

我到欧洲旅游时，发现有些景点规定必须让当地人做导游带游客参观，但这些当地的导游其实什么服务都没提供。很显然，这是一种保护当地人就业机会的规定。这种规定表面上看对当地人有好处，但从长远看，实际上把当地人自我更新、自我迭代的机会给剥夺了。

过去改革开放刚开始时，大量的外地人涌入上海，上海为了保护当地人的工作机会，就曾经规定，在餐厅里跑堂的必须有上海户口，在后院洗碗的可以是外地人，因为跑堂的收入要比洗碗的高一点。这种规定，短期看对当地人是有好处的，但长期看，反而把当地人进一步发展的能力给削弱了。

你不找竞争，竞争会来找你。不断迭代，不断学习，才是长久之道。

思考题

有人认为，如果中国人总是靠低工资跟外国人竞争，自己的收入不足以投资孩子的教育，那么中国人将来永远只能给世界打工，你是否同意这种观点？为什么？

价格歧视｜定价和竞争的策略

第 076 讲｜受价者和觅价者

根据比较优势的原则，我们可以确定从事哪个行业的生产更好。而东西生产出来后，我们该如何定价呢？这就涉及对产品定价的问题。

完全竞争状态与受价者

关于定价，经济学里有两个概念——“完全竞争状态”（perfect competition）和“不完全竞争状态”（imperfect competition）。

完全竞争状态是指：市场里有数不清的买家和卖家，交易的都是同一种商品，任何一位买家或者卖家，都不能通过控制买卖量来影响价格，因为他个人的买卖量跟整个市场的买卖量相比是微不足道的。与此同时，任何一位买家或者卖家，都可以随时进出市场；市场的信息也是完全自由流通的，大家都知道他们要买卖的商品是什么，价格是多少。整个市场的交易费用也很低，没有讨价还价、尔虞我诈的过程。

这样一个状态，在经济学里就被称为“完全竞争状态”，或者“理想竞争状态”。

在现实生活中，小农经济体中的农产品市场比较接近这个状态。由于农产品市场上农民数量相当多，而农产品的质量差距非常小，农民自己的产量跟整个市场的产量相比也微不足道，所以只能被动地接受市场的价格，这时农民就是“受价者”（price taker）。所谓受价，就是接受价格的意思。

更典型的例子是股票市场。在股市中，我卖 1 股苹果公司的股票，跟你卖 20 股苹果公司的股票，没有质的区别。股票交易中，定价比市价高一点，股票就不能马上卖出去；定价比市价低一点，一下子就能卖掉。当买卖的股票数量不是太大，不占市场显著份额时，我们就是地道的受价者。

不完全竞争状态与觅价者

跟完全竞争状态相对的另外一种状态，我们称之为“不完全竞争状态”。它是指市场上每一位卖家所卖的产品，在品质上都不一样。当然，我们也假定，在这样的市场里，信息不完全流通、不完全对称，交易费用是正的，存在讨价还价、尔虞我诈的现象。

因为每一位卖家卖的产品品质不同，所以买家不能够在不同的卖家之间进行自由的切换。

一家厂商的产品跟另外一家的产品，总有一些区别是消费者在意的，正因为这样，卖家哪怕把价格提高一点，消费者也不会像在受价者市场里那样完全跑掉。如果卖家把价格降低一点，虽然能够多卖一点，但也不会把全世界所有的买家都吸引过来。

在这种市场里，卖家具备一个最重要的特征，就是他们对价格和产量具有一定的操控权。换句话说，卖家面对的是一条倾斜向下的需求曲线，我们把这种卖家称为“不完全竞争者”。

大家想一想倾斜向下需求曲线的样子——当价格定得过高时，需求量就会萎缩为零，这时卖家获得的收入或者利润等于零。同样，这种卖家也不会把价格降得过低，因为价格降得过低，虽然可以扩张市场份额，但他们总的收益或者利润也会受影响。他们要追求的是收入和利润的最大化。他们要想办法摸索一个合理的价位，而这个价位能够使其总收入达到最大。

看一下图 7–3，就更容易明白这一点。在这幅图里，这个卖家所追求的，是需求曲线下面那个矩形的面积最大化。

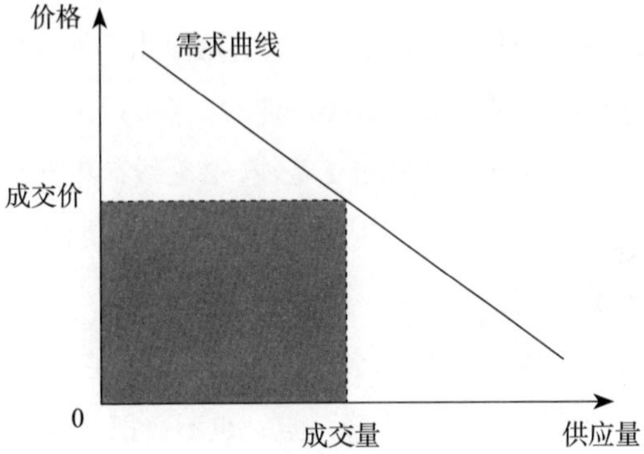

图 7–3

问题是我们所说的需求曲线都是示意性的，画一条倾斜向下的直线即可，而在现实生活中，整个市场的需求曲线是怎样的，没有人能把它画出来。

到底定价多少才合适呢？如果价格涨一点，消费者会少买多少？价格降一点，消费者又会多买多少？这些问题都不好回答。卖家必须不断地摸索才能知道。

也就是说，怎么定价、怎么定产量，才能使得销售的总收入达到最大，需要卖家不断地寻找和摸索。正因为这样，我们把这种卖家称为“觅价者”（price searcher）。所谓觅价是寻找价格的意思。

在现实生活中，我们见到的几乎所有的生产商都属于觅价者。比较明显的，我们用的不同品牌的手机，它们之间的区别很大，小米、锤子、苹果，它们的品质不一样，风格不一样，侧重点不一样，价格也不一样。

事实上，哪怕是我们所在小区的小卖部，也属于觅价者，而不是受价者。表面上，它卖的水跟别家卖的水是一样的，但实际上它提供的服务是独特的。它卖的不仅仅是一瓶矿泉水，它还在那个具体的位置卖水给我们。因而我们买到的这瓶水、得到的综合服务，跟我们在别的小卖部买一瓶水是不一样的。

这家小卖部如果每瓶水涨价 1 毛钱、2 毛钱，甚至 5 毛钱，我们可能还会买它的水，因为这家店铺的地理位置，决定了它所提供的综合服务具有独特性。

小卖部的水涨价，我们不会跑掉，还是会买它的水，只不过可能少买一点。如果它把价格下降一点，也不会把全世界要买水的人都吸引过来。因此一个小区里的小卖部，实际上也是觅价者，而不是受价者。

不完全竞争才是市场常态

完全竞争状态对应着受价者，不完全竞争状态对应着觅价者。

而在真实生活当中，只有极个别的市场符合完全竞争的模式，而其他大量的场合都处于不完全竞争的状态。

很多人似乎认为，真实生活中的市场，最好是完全竞争状态。如果现实中的市场不符合完全竞争状态，那我们就说这是不理想的。

事实上，这种看法不仅不可取，而且是有害的。事实上，那种所谓的完全竞争状态，所有的厂家都生产同样的产品的状态，是一个静止的、僵化的，也是落后的状态，并不值得向往。

真实的世界中，每一位供应商都力争给消费者提供不同的产品，力争把自己的产品做得更有特色，这样的社会才是理想的竞争状态，才是完美的竞争。

遗憾的是，很多人把这两个词给搞反了，所谓理想的状态，恰恰是不理想的；被批评为不理想的状态，恰恰是我们每天都会遇到的、商人和消费者都孜孜不倦地追求的状态。

对此，经济学家哈耶克在《竞争的含义》（The Meaning of Competition, 1948）中指出：

> 竞争的本质就是动态的过程，但这个本质却被经济学家们——那些追求静态分析的经济学家们——完全忽略了。大多数人似乎认为，判断真实生活中的效率标准，就是所谓的完全竞争状态。如果现实中的市场不符合完全竞争状态，那我们就说这是不理想的。这种看法不仅不可取，而且是有害的，我们不应该用完全竞争状态来作为制定经济政策的标准。

不管怎样，这两个术语已经被广泛误用，改也改不过来了，我们只能在心里记得把它们改过来。

思考题

请你举例，有哪两个品牌的产品是完全同质，一点儿差别都没有的？对你来说有没有这样的两个产品？

第 077 讲 | 价格歧视能给觅价者脱罪

很多商学院的课程里，都讲到价格歧视的内容。现实生活中，我们也在不同场合听说过价格歧视。甚至在法学院的课程里，也会提及价格歧视。一般人都认为“歧视”是个贬义词，但我们前面已经解释过，“歧视”在经济学当中是个中性词，它讲的只不过是“区别对待”而已。

价格歧视，就是区别定价，就是卖家根据用户不同的身份、位置、购买量、购买时间等，收取不同的价格。这样做的理由是什么？这样做究竟是促进了福利、增加了公平，还是相反呢？

觅价者的“罪过”

前面介绍了，所有的卖家就分为两类：一类叫受价者，一类叫觅价者。觅价者的特点，就是他们面对的是一条倾斜向下的需求曲线，他们能够通过适当地调整产量来调整价格，从而追求利润的最大化。

觅价者涵盖的范围非常广。我们前面讲的小区里的小卖部属于觅价者，我们通常所说的各种各样的垄断者，包括在市场竞争中取得一定支配地位的民营企业，具有垄断经营权的国有企业，它们都是觅价者。

既然是这样，那么觅价者或者我们说的垄断者，到底有什么问题呢？经济学的教科书通常是这么说的：

> 假定觅价者/垄断者永远只收取统一的价格，而面对的是一条倾斜向下的需求曲线，即价格高一点，消费者买得就少一点；价格低一点，消费者买得就多一点。那么，觅价者/垄断者在寻找合理价格时，就会遇到这样一种情形：如果他想多卖一些产品，就必须降价。
>
> 他每降一点价格，当然可以多卖一点产品，收入也可以增加，但问题是，他每降一次价格，他前面卖出去的所有产品也都降了价，这样他的收入就会减少了。
>
> 这一增一减，就会产生一个平衡点，过了这个平衡点，他如果还继续为了多卖产品而降价，他虽然可以多卖，但由于之前他卖的每一个单位产品都要降价，他的收入反而会减少，他的总收益就会出现下降。
>
> 因而觅价者就必须在某个适当的时候，停止生产、停止销售，停在这个使他的利润能够最大化的平衡点上。

这时觅价者/垄断者的罪名就来了。经济学家通过简单的计算能够证明，觅价者/垄断者停下来的这个平衡点，即他们追求利润最大化的这个产量和价格，比他们本来能够生产的量要低，比他们能够提供的价格要高。

也就是说，觅价者为了追求个人利益的最大化，不惜使得产量变得过低、价格变得过高。而他们有一部分生产能力，本来可以发挥，却没有发挥，结果被白白浪费掉了，成为经济学家所说的“无谓损失”（deadweight loss）。

这就是觅价者在定价的过程中所犯的“罪过”。

经济学家眼中的“无谓损失”

翻开任何经济学的教科书，在垄断定价的这个章节都能看到一幅图（见图 7–4），这幅图中用阴影画了一个三角形，这个三角形区域所代表的，就是经济学家所说的“无谓损失”。

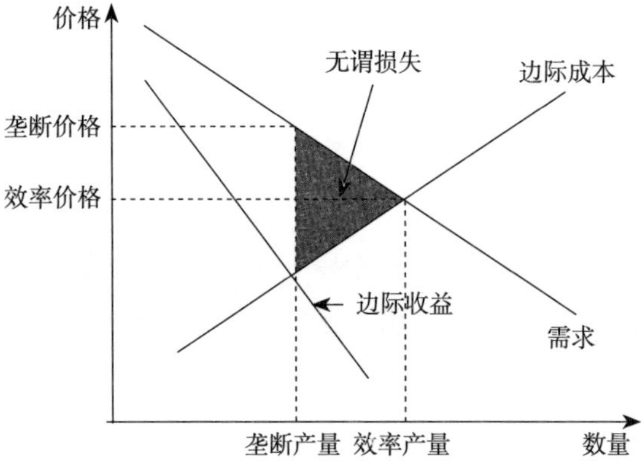

图 7–4

经济学家的视角是很独特的，在我们讲寻租概念时曾经讲过，经济学家会问：“小偷为什么对社会不好？他偷东西只不过是转移了财富而已。”只要社会的财富总量不变，财富发生转移本身并不会使得经济学家做出谴责。经济学家真正责难小偷的地方在于，小偷增加了做锁的成本，做锁消耗掉的真实资源叫作“无谓损失”。只有当经济学家看见无谓损失时，他们才会谴责。

同样的道理，当觅价者 / 垄断者在追求利润的过程中产生了无谓损失时，经济学家当然会说他们有过错。

但仔细想想，这些经济学家、教科书，说得对吗？

价格歧视可消除无谓损失

只要仔细看我们前面推导的逻辑就会发现，一部分产品之所以没被生产出来，是因为经济学家们假定：商家每多卖一件新的产品，就必须对他以前卖的每一个单位产品都降价。也就是说，经济学家做了一个简单的假定，就是商家卖东西必须卖统一的价格。也只有在这样的情况下，才会出现有一部分产品没有被生产出来的现象。经济学家为什么要假定卖家必须收取统一价格呢？那是因为，价格统一，他们讨论起来比较方便。

问题是，我们曾经解释过，人不仅会追求利润最大化，也同样会追求损失最小化。如果明明存在着一块无谓损失，那卖家和买家就会想办法消除它。消除这块无谓损失的办法很简单，那就是卖家在不同情况下对商品收取不同的价格就可以了。

也就是说，只要我们抛弃这个假定，允许生产者对不同单位的产品收取不同的价格，顺着需求曲线一级一级地走下来，经济学教科书里那个无谓损失的区域就会消失。只要供应者、生产者能够对消费者实施价格歧视，对不同的人、对不同的销量，在不同的时间、地点收取不同的价格，那些经济学家假定的“本来可以生产却没有被生产出来的产品”，就会被生产出来。

经济学教科书所指责的那些觅价者制造无谓损失的这个“罪过”，恰恰是由于经济学家们自己的假定——假定生产者只收取统一的价格——而产生的。价格歧视是好事，它能够帮助生产者根据买家需求量的递减规律，尽量地生产、尽量地销售，同时帮助消费者尽量地满足自己的需求。

有了价格歧视，觅价行为本身就没有过错。

思考题

既然垄断者或者觅价者，实施价格歧视本身并没有过错，那么我们还有什么理由来反对垄断呢？或者说垄断还会造成哪些不良的经济后果和社会后果呢？

第 078 讲 | 价格歧视的策略

我们之前解释过，价格歧视其实是一种非常有意义，能够促进生产、减少浪费、增加消费者满足感的商业行为。但同时它也是被深深误解的。

价格歧视的三种方法

在经济学里，价格歧视通常分三种：

第一种叫完美的价格歧视，也就是卖家对消费者所消费的每一个单位产品，都分别收取最高价格。

我们前面讲交易剩余时讲过，任何一宗交易的成交价，都比买家心目中的最高价要低，要比卖家心目中的最低价要高，因而买卖双方是皆大欢喜的，他们都获得了剩余。

这部分剩余我们称为“交易剩余”，其实这部分剩余，是他们双方共同产生、共同拥有、共同瓜分的，谁多得一点、谁少得一点，没有必然的对错。但在这里，完美的价格歧视，指的是卖家把交易剩余全占有了、全夺走了。

卖家会向一个饥肠辘辘的消费者说：“来，我一口一口地卖给你食物，第一口你愿意出的最高价是多少？”这个很饿的人说：“我出的最高价是100元一口。”卖家先赚第一个100元，然后说：“第二口你愿意出的最高价是多少？”消费者说：“第二口是99元，第三口是98元。”这样一口一口地卖，结果交易剩余就全归卖家占有了。

这种价格歧视——对顾客消费的每个单位产品都分别收取最高价格的办法，就叫完美的价格歧视。当然，这只是一种理论上的假设。在现实生活中，要实施这种完美的价格歧视，有很多障碍，实际上做不到。

更常见的是“二级价格歧视”，也就是对不同的购买量收取不同的价格，多买就便宜一点，多买多送。

但有时候，要仔细衡量消费者到底买了多少，还是比较麻烦。于是卖家就会采用第三种更加粗糙的价格歧视办法，叫“三级价格歧视”，就是对不同的人群或不同地域的人收取不同的价格。

我们知道，很多产品有学生版、有家庭版、有专业版、有终极版，它们针对的就是不同的人群。也有很多产品，它们在不同的地域、不同的国家，有不同的销售策略、不同的定价。这是由于不同地域、不同国家的消费者，对同样一种产品具有不同的需求弹性。

还记得需求弹性的概念吗？它是指消费者的需求量对价格变动的敏感程度。人们对一种产品趋之若鹜的地区，价格就定得高一点；相反，如果一个地区的消费者对一种产品的需求弹性很大，对价格的变动很敏感，那么定价就低一点。

要成功实施价格歧视，最重要的就是要防止消费者之间对同样的产品进行转售。越是难以阻止消费者转售的产品，就越难实施价格歧视。

例如瓶装的可口可乐，就很难在校园里实施价格歧视。如果卖给学生一个低价，卖给教授一个高价，教授就会让学生代自己购买，价格歧视策略就会失败。但对于那些不能转售的商品或者服务，商人就会进行大量价格歧视，比如在餐厅里喝的水和饮料，和餐厅以外的便利店比，它们的价格差距就非常大。

不同行业的价格歧视

航空公司

实名制的飞机票，也是大量实施价格歧视的典型案例。我们坐飞机时环顾四周，身边几乎没有一个人付的机票价格跟我们的是完全一样的，虽然我们获得的服务完全一样。

航空公司可以说是机关算尽，用尽了所有的办法，把不同需求的乘客区分开来。它们按照乘客买票的时间段、乘客所买的舱位、乘客同行的人数，以及乘客和同行人之间的关系来做细分，收取不同的价格。航空公司之所以能这么做，是因为机票不能在乘客之间自由转售。

教育机构

同理，在教育机构，学生的学籍不可以在学生之间自由转让，学校就有条件对学生实施价格歧视：成绩好的、成绩差的同学待遇不一样；第一次到这个学校读书的学生跟祖孙三代都在这个学校读书的待遇不一样；同样一所学校，读的年级不一样，收费也不一样。

除了在同年龄段的学生之间进行价格歧视，大学往往还会在跨层级的学生之间进行价格歧视。一般来说，本科教育是比较同质化的教育，大学更倾向于认钱，只要学生符合相应的条件，学校就招收，但学费不会减免；而研究生是教授选择的研究伙伴，大学就更倾向于认人，研究生往往不仅不需要交学费，而且还能拿奖学金和补贴。不管怎样，教育机构也是一个常常实施价格歧视的地方。

旅游景点

很多旅游景点也暗中实施价格歧视。比如我到美国的环球影城去游玩，进去后每一个游玩的景点都需要重新排队，基本上都要排一个小时。也就是说，这个影城放进来的游客过多，游客实际上一天下来只能体验 1/3~1/2 的游乐项目。而与此同时，环球影城还卖另外一种不用排队的门票。这种门票的价格是普通门票的两倍。

对环球影城的游乐项目不是很热衷的游客，大概一天能够体验 1/3；而那些特别着迷的游客，多付一倍价格，就能把所有的游乐项目在一天内玩遍。不同的消费者按不同的价格，这是隐性的价格歧视。

图书

图书出版也常有价格歧视的安排。在欧美，一般新出的书都是精装，精装的书比平装的书成本要高一点，但定价却高很多，它的目的就是向那些特别热心、特别渴望读到这本书的读者收取更高的价格。

等过了一段时间，出版社再出平装版，让那些需求不是那么强烈的读者，能够以较低的价格、在较晚的时间读到这本书，这也是一种价格歧视的办法。

演唱会

还有一种非常有趣的价格歧视：歌星在发售演唱会门票时，有时会刻意把门票的价格降低。

如果演唱会门票价格过低，歌迷就不得不展开价格以外的竞争，那就是排队等候。什么人更愿意排队等候呢？是那些时间成本比较低的人，通常是年轻人。这样做的结果，是能够把那些更年轻、更热情、更奔放的歌迷吸引到演唱会现场，这样演唱会的现场就会更加火爆。

思考题

世界各大城市的迪士尼乐园，都提供两种门票：一种是年票，一种是单次入场的票，而这两者的价格差距是很小的，原因是什么？

第 079 讲 | 行业竞争程度不看企业个数

一个行业、一个市场的竞争激烈程度，不应该取决于这个行业里竞争企业的个数。

企业合并是为了应对更激烈的市场竞争

一个小区门口有几家卖早餐的摊位。有一天，其中两家摊位合并，变成一家摊位。请问，在这个小区，卖早餐这个行业的竞争程度上升了还是下降了？

很多人会说，两家摊位变成一家摊位，竞争者的数目减少了，竞争程度肯定降低了。但我们仔细想想，这两家卖早餐的摊位，它们合并会有什么样的后果呢？答案是它们的竞争力更强了。

如果把视野放宽一点、看得更远一点，我们就会发现，这两个早餐摊位合并后，变成了一家竞争力更强的摊位，它们之所以合并起来，是为了在更大范围内跟更多的竞争者展开更激烈的竞争。竞争程度没有减少，反而很可能增加了。

我们看任何一个企业，都应该通过这样的角度来理解。今天我们看所有的大企业，内部都有高度紧密的结构。没错，在企业内部，人与人之间是合作关系，不是竞争关系，但这种合作的目的只有一个，那就是在别处展开更激烈的竞争。

企业规模大小由企业家摸索确定

企业的规模多大才合适，两个企业何时应合并为一个，一个大企业又该何时分为若干小企业，这都需要企业家在竞争当中不断摸索、不断尝试。外人，不管是经济学家、政府官员还是各种社会贤达，都没有办法在事前给出一个标准答案。

很多时候，企业的数量取决于市场的规模。例如，在一个小区里，可能有一家理发店就够了。那这家理发店收取的，是垄断价还是市场价？

如果政府规定，小区内的居民只能到这家店理发，别的理发店不能进入小区经营，那么这家店收取的就很可能是垄断价。但如果小区内的居民可以随意选择到别的理发店理发，别的理发店也可以随意进入小区营业，那么即便小区里只有一家理发店，它收取的也只能是市场价。它的价格太高，居民就会离开。

理发店究竟收取的是垄断价还是市场价，不取决于小区内理发店的数量，而只取决于行业的入口有没有人为设置的障碍。

同样的道理，在市场中，竞争程度到底激烈不激烈，不看企业的数量，只看行业入口有没有人为设置的障碍。

竞争激烈程度的衡量标准：市场准入

下面有一个表格，它按照两个不同的标准——受价者和觅价者的标准，以及开放市场和封闭市场的标准，把世界上各种不同类型的供应商、生产者分成了四大类（见表 7–1）。

表 7–1

	开放市场（放开准入）	封闭市场（限制准入）
受价者 （面对几乎水平的需求曲线）	完全竞争 （如个体农产品销售者）	卡特尔 （如农产品卡特尔、石油卡特尔和工会会员）
觅价者 （面对倾斜的需求曲线）	垄断者 不完全的竞争者 有市场支配地位的卖家 （如苹果、微软）	受政府保护的专营者或垄断者 （如中石油 / 中石化和中国移动） 专利权人 版权所有人

在开放市场里有受价者，他们是个体农产品的销售者，这一点我们可以理解。在开放市场里，也有所谓的垄断者 / 觅价者，例如在市场竞争状态下取得一定支配地位的企业，比如苹果公司、微软公司。它们的市场支配地位，是通过创新、通过产品的特色、通过消费者的投票来获得的。

而在封闭市场里，受价者就会形成所谓的卡特尔，比如在许多国家就有农产品的卡特尔。石油输出国组织卖的石油高度同质，并在行业的入口处设置了行政障碍，形成了所谓的石油卡特尔。还有工会，实际上也是一种卡特尔。

在封闭市场里，也会形成觅价者 / 垄断者。那些具有专营权的国有企业，那些受政府保护的专利权人和版权所有人，都属于在封闭市场里形成的觅价者。

衡量一个市场的竞争程度，主要的一个标准，就是看一个行业的入口处有没有行政设置的障碍。有，这个市场竞争程度就有限；没有，市场就是激烈竞争的。一般来说，只要在行业入口处没有行政设置的障碍，这个市场就是充分竞争的市场。

这里只有一个例外，那就是政府授予的专利权和版权，这是一种促进发明创造的行政准入。虽然少部分经济学家对此有争议，但大多数经济学家还是支持政府对知识产权实施人为保护的。

思考题

民营的垄断者和公营的垄断者，它们有没有不同？为什么？

第8章

信息不对称

谁的话语权更大

信息不对称反映了经济学近半个世纪以来最重要的研究成果，但这些研究成果在目前流行的经济学教科书中，还远远没有得到充分的展示。

表面上看，信息不对称这个概念大家很熟悉，它甚至已经成为我们日常生活中的一个常用术语，但事实上，它丰富的含义被大家严重低估了。它所包含的内容、它带来的启发、它对经济政策造成的影响，要比我们想象的深入得多、有力得多、常见得多。

信任的建立 | 直面信息不对称

第 080 讲 | 柠檬市场的故事

从这讲开始，我们将进入一个非常重要的篇章——信息不对称。

之所以说它重要，是因为它反映了经济学近半个世纪以来最重要的研究成果，但这些研究成果在目前流行的经济学教科书中，还远远没有得到充分的展示。

表面上看，信息不对称这个概念大家很熟悉，它甚至已经成为我们日常生活中的一个常用术语，但事实上，它丰富的含义被大家严重低估了。它所包含的内容、它带来的启发、它对经济政策所造成的影响，要比我们想象的深入得多、有力得多、常见得多。我们有必要深入细致地探讨信息不对称及其造成的问题，并理解和欣赏人类社会为了克服信息不对称所衍生出来的种种精妙的解决方案。

我们首先来看现实生活中信息不对称有哪些表现。

信息不对称的表现

现实生活中，信息不对称有很多不同的表现。

表现之一：欺骗（cheating）。例如，卖假货给别人，就是明晃晃地骗人。

表现之二：偷懒（shirking）。例如，两个人在搬一块石头，石头朝其中一人倾斜，说明这个人没有真的卖力。

表现之三：逆向选择（adverse selection）。例如，银行把贷款利率提高，本来是要吸引那些有还款能力的人，结果跑来借钱的，可能是那些根本就不打算还钱的人。

表现之四：道德风险（moral hazard）。例如，保险公司卖保险本来是要冲抵掉意外所产生的成本，但人们买了保险以后，做事情掉以轻心，反而增加了意外发生的机会。

表现之五：敲竹杠（hold–up）。例如，河流上游的人跟下游的人说，我们一起修一个大坝吧，下游的人答应了。等大坝修好了，上游的人跟下游的人说，我们重新谈谈分成的比例吧，如果你不答应，我就把河水引到别的地方去。要是没有水，下游修好的大坝就成了废品，下游的人只好答应。

生活当中，这些现象比比皆是，而人类社会又是如何应对这些问题的呢？

柠檬市场的故事

经济学家乔治·阿克罗夫（George A. Akerlof）有一个关于柠檬市场的研究。柠檬就是我们吃的水果柠檬，它在美国也是个俚语，是指那些成交以后买家才发现有问题的汽车。

我们都知道，买一辆汽车特别是二手车，有些毛病不是买车的时候就能发现的，有时需要开上一段时间，甚至要开上一年，经过四季气候的变化，我们才知道它到底有哪些问题。

阿克罗夫关于柠檬市场的研究做了这样一番假设：他先假定有100位二手车的卖家，这些卖家的二手车价值从1元钱到100元钱平均分布。同时，另外有100位买家，而且这些买家对每一辆车的估值，都比卖家要高50%。所以这100辆车每一辆都能够顺利卖出去，买家和卖家皆大欢喜。

但如果把条件改一下，假定只有卖家知道自己车的质量，而买家只知道这100辆二手车的质量分布，不知道具体某一辆车的质量，那会发生什么样的情况呢？

买家可以预见，他们随机买的话，能买到一辆平均质量为50元的车。按照我们前面的假定，买家对车的估值要比卖家高50%，所以买家最高愿意付75元来买这些他并不知道具体质量的车。这时，车的质量高过75元的卖家就会离开市场，不卖了。

这时市场就只剩下比较低端的汽车，也就是品质从1元到75元之间的汽车。买家知道这个消息后，又进一步调低他们的期望值。如果市场上汽车的品质只是1元到75元之间的，那么汽车的平均价值就降低到37.5元，而买家愿意出的最高价，就下降为56元。这时候，那些手上汽车的质量比56元更高的卖家，也离开了市场。

于是，在这个市场里剩下的车的平均质量，又进一步下降。这个过程循环往复几次，卖家就都跑光了。

结果，原来每一辆车都能顺利卖出去、买家和卖家皆大欢喜的局面就不复存在，市场崩溃了。市场之所以崩溃，并不是因为市场里有低端的产品。有低端的产品不要紧，低端的产品可以低价卖。

市场崩溃的根本原因，在于买家不知道每一件商品具体的品质。

人际互信并不天然存在

阿克罗夫写好这篇文章以后，就把它寄给一些大名鼎鼎的经济学期刊，包括《美国经济评论》。但这些期刊都拒绝了他的文章。1970 年，阿克罗夫终于在《经济学季刊》(*Quarterly Journal of Economics*) 上发表了这篇文章——《"柠檬"市场：质量不确定性与市场机制》(The Market for "Lemons": Quality Uncertainty and the Market Mechanism, 1970)。

这篇文章发表以后，经济学家们才开始意识到，阿克罗夫讲的那种状况，其实是人类社会一开始就遇到的约束条件：人与人之间本来是不存在互信的。于是，大家开始关心互信是怎样慢慢建立起来的。人们展开了各种各样的讨论，去发现、去解释那些帮助人们建立互信、克服信息不对称的方法，当然他们在做这些研究的时候，都需要引用阿克罗夫的文章。结果，阿克罗夫在 31 年后的 2001 年，获得了诺贝尔经济学奖。

这篇文章的重要性在于，阿克罗夫揭示了一个基本的道理：那就是人和人之间本来是没有互信的，高品质的产品要把自己彰显出来，与低品质的产品区分开来，需要很大的成本。如果这个问题不解决，就会出现劣币驱逐良币的现象。当消费者无法分辨哪一件是高品质产品、哪一件是低品质产品时，他们就会离场，卖家也同样会离场，市场就会崩溃。

因此，一个卖假冒伪劣商品的人，伤害的不仅仅是那些买了他商品的消费者。他的这种行为，还有严重的外部性，那就是他也伤害了那些本来在卖优质产品的商人。因而商品质量有高低之分不要紧，问题是怎么把商品的品质准确地体现出来，这是解决信息不对称问题的核心。

思考题

人与人之间本来是互相不信任的，有哪些办法能够帮助人们逐渐建立信任？

第 081 讲 | 何谓优质

将优质商品与劣质商品区分开来，这是解决信息不对称问题的核心。

那么从经济学的角度看，什么才叫优质呢？

品质稳定才是优质

我们平时讲的优质产品，指的都是质量上乘的产品，比如商品的材质更好，功能更强大，使用更安全。但从经济学的角度看，答案并不完全是这样。

在经济学里，优质的第一层含义是指匀质。换言之，不是说厂商能把产品的品质做到多好，而是说产品的品质要维持一个稳定的水平。同一批产品当中，一件产品的品质，跟另外一件产品品质之间的差距不能大，而且差距越小越好。

例如，大型的国际快餐连锁店，它里面卖的食物我们可以喜欢，也可以不喜欢。但它有一个特点，就是努力做到在世界任何一个角落，只要我们走进它的连锁店，吃到的东西的品质、烹饪的口味，还有享受到的服务，都是一样的。

好的餐厅也是如此。我们今天去是这个味道，明天去是这个味道，两年以后去、5 年以后去，甚至 10 年以后去，还是同样的味道。无论何时，顾客都能享受到毫无意外、恰如期望的味道，这就是经济学所说的匀质。

性价比相当才是优质

优质的第二层经济学含义是指，为了提高产品的质量所要付出的边际成本应该跟它得到的边际收益相等。当提高产品质量的边际成本等于边际收益时，我们说它达到了优质的标准。

我们这里讲的，不是质量绝对的高或低，而是讲，在提高质量的过程中，边际收益应该等于边际成本。通俗来说就是，不是质量越高越好，也不是价格越低越好，而是性价比越高越好。一分价钱一分货，对用户而言是值得的，这才是好的。

1976 年，经济学家弗里德曼在康奈尔大学有过一次演讲，当时有位年轻的学生站起来挑战他，问了他一个不容易回答的问题。这位年轻的学生名字叫迈克尔·摩尔（Michael Moore），现在是一位非主流影片的导演。

摩尔说：某个汽车公司生产的一款汽车，设计有点问题，如果汽车发生追尾，汽车的油箱就会爆炸，很容易造成车里人的伤亡。这时如果汽车公司在油箱旁边加一块挡板，这块挡板只需要 16 元，就能大大降低伤亡的数字。汽车公司知道这个情况，但他们算过一笔账，如果每辆汽车都加一块 16 元的挡板，成本就会增加很多，超过了他们对意外的赔偿，所以他们宁愿赔偿那些伤亡者，也不愿加这块挡板。

摩尔举这个例子是想说明，市场经济有它的问题，因为生命是无价的，而有些厂商为了追求利润置人命于不顾，这是不道德的。摩尔问弗里德曼如何评价这家汽车公司的做法。

弗里德曼当时的回答非常准确，他说：

> 驾驶坦克可以避免你说的事故，但显然你并不主张汽车公司停止生产汽车，而只向市场提供坦克。为什么？因为坦克太贵了。只要你承认这个事实，那么你就和汽车公司一样，是在“成本”和“生命”之间权衡和取舍。你们都在进行计算，而只是计算的结果未必相同而已，可见你也并不认可“生命无价”的说法。

实际上，汽车制造商要不要给汽车加一块挡板，表面上看是制造商自己的决定，但其实最终是消费者的决定。我们要明白，要提高汽车的安全性能，加一块挡板是可以的，换一种材质、刹车设计、安全气囊都是可以的。但这里加一点，那里加一点，汽车的总价就上升了。这些加起来，都会成为汽车的成本，由消费者承担。

消费者接受不接受呢？消费者愿意把他们最后一元钱放到安全性能上呢，还是汽车的功能上？还是放到汽车外形的美观上？不同的消费者有不同的选择，结果在汽车市场上，我们见到各种各样的汽车，有些是以安全性能著称的，有些是以舒适性著称的，有些是以耗能低、省油著称的。如果我们说生命是无价的，安全性是我们不惜一切代价都应该追求的目标，那我们就再也不会在马路上见到我们今天见到的那些汽车了，马路上跑的只有坦克。

弗里德曼强调的就是我们这里所说的优质的第二层含义。对消费者来说，并不是质量越高越好，也不是价格越低越好，而是价格和品质要相当，成本和收益要相当。这才是他们最看中的品质。

生活中，像汽车挡板这样的例子也很多。

好几年前，一辆校车发生意外，造成了严重的伤亡，社会各界人士出来说，应该制定校车的安全标准。我的一个朋友也参与了这一标准的制定，但后来他放弃了。因为他发现，如果不计成本凭空制定校车的安全标准，最后校车的标准快要接近坦克车的标准了。

一个国家很大，贫富有差距，并非每个学校和家长都能负担得起这样标准的校车。标准太高，就会逼着很多学校，尤其是农村的学校放弃提供校车，家长们就只能使用安全性能更低的交通工具，比如自己骑自行车或雇用黑车等，结果是孩子们享受到的安全保障反而降低了。

思考题

我们在市场上能买到的牛奶，里面的蛋白质含量有高有低，如果政府规定所有牛奶的蛋白质含量必须达到一个最低的标准，这样的规定会导致什么样的后果？

制度的对策｜缔约自由比自由更重要

第 082 讲 | 重复交易与第三方背书

在柠檬市场的故事中，阿克罗夫说，人与人之间本来是不存在互信的，信息不对称的问题是不可避免的。那么现实生活中，人们是通过哪些办法逐渐建立信任、克服信息不对称造成的障碍的呢？

重复交易

第一个最常用的办法，是重复交易。信任起源于重逢，克服信息不对称的问题，重复交易是一个好办法。人们知道将来会再次见面，为了避免见面被戳穿或者被抓住，就会减少欺骗。

过去，人们生活在熟人社会里，祖祖辈辈都互相认识。谁做了不地道的事情，人们总能找到他，记住他，之后会尽量避免和他再做交易。

重复交易是克服信息不对称、逐渐增加信任的一个办法。当然，它也有成本，需要我们有机会重复交易才行。

第三方背书

第二个办法，是通过第三方的背书。买家和卖家互相不信任，但如果他们都认识一个中间人，通过中间人担保，买家和卖家就可以克服信息不对称的障碍。

推荐人、推荐信这种办法很常见。在国外，学生要挤到某个好的学校读书，就会找人写推荐信。在国内推荐信之所以不受重视，是因为人与人之间互信程度比较低，找人说几句好话几乎没有什么顾忌。但在国外，要把对别人的评价正式写下来，成为一封推荐信，是一件很严肃的事情，所以它的分量就特别重。

更重要的是，要衡量一个学生的品质有很多维度，仅仅看成绩远远不够。这时，一个有身份有地位的人作为中间人写的推荐信，其说服力就比单纯的成绩要强得多。

在美国有一家做得特别好的二手车经销商，叫卡尔迈克斯（CarMax），读音跟卡尔·马克思（Karl Marx）接近。当年我离开美国回中国教书时，车就卖给了卡尔迈克斯。他们的服务非常周到。当时我把车开到了他们公司的一个营业厅，经理就请我坐下来喝咖啡，工程师在车间验车和定价。验车之后，他们说，只要我一个星期之内把车开回来，他们就不再检查，还是会按照这个价格付钱给我。

卡尔迈克斯这家二手车商所起的作用，就是在买家和卖家之间充当中间人。他们付给我的钱，要比我亲自把车卖给买家少一点。我虽然亏了一点钱，但省了很多麻烦，而且我能保证拿到的支票不是空头支票。与此同时，这家车商还会把它收到的车，好好地检查、修理一番，然后以更高的价格卖出去。这样，买家也得到了产品质量的保障。

通过增加附加成本发信号

要提高信任程度、克服信息不对称，还有一个办法，那就是增加产品的附加成本。

我们学过需求第三定律——“好东西运到远方去定律”，只有那些品质更高的产品，才配得上更高的附加值。

倒过来，人们也会根据一件产品所配置的附加值高低来判断这件产品质量的高低。餐厅里的餐具如果是用银子做的，那么它请的厨师手艺应该不会太差，否则就糟蹋了这么高档的餐具。

有些学生要申请国外的学校或者找工作，来找我签推荐信。我发现他们准备推荐信的认真程度远远不够，用的纸不够好，每一行字也不够整齐。大家要知道，我们前面十几二十年积累的求学经历，写在简历里，经过别人手时，可能就是几分钟，甚至几十秒钟的时间。如果我们对自己的简历都不怎么认真，别人怎么会认真呢？

美国医学院毕业生去医院面试，一身行头就要几万美元，这是向别人发出信号，我的手艺、我的本事配得上这一身行头。

思考题

在互联网时代，互联网技术有没有减少信息不对称？它又有没有增加信息不对称？为什么？请你举一个例子。

第 083 讲 | 担保、延保与共享合同

除了上一讲介绍的重复交易、第三方背书、增加附加成本发信

号外，应对信息不对称问题，还有一种非常重要的办法，那就是实施质量保证。

以品质三包替代品质检验

常见的三包——包修、包换、包退，就是对产品质量的一种保证。当消费者对产品没信心时，厂家实施三包政策，让他们试用感受一下，这有助于克服信息不对称造成的问题。

当然厂家实行三包还有一个原因，那就是产品质量检验是需要成本的。当产品合格率从 50% 上升到 60% 时，比较容易做到，从 60% 到 90% 也比较容易做到；但是从 90% 到 99% 就很难了，从 99% 到 99.99% 就更难了。

产品合格率提高的同时，质检的成本也在急速上升，上升到一定程度时，厂家就不值得再花钱去找那么一两件次品了。这时，它就会把产品先卖出去，实施三包，让广大用户自己来发现那些次品，只要承诺一旦发现次品包退包换就可以了。

有意思的是，信息不对称是双向的。顾客不了解厂家的产品，厂家对顾客也有信息不对称的问题。

现在有许多电商实施七天无理由退货的政策，本来是非常好的，但是有些顾客却滥用了这种政策。比如有些商家在搞键盘促销，刮开键盘上面的标签就能够兑奖，结果有人竟然买了几千套键盘回去刮奖，刮完以后全部拿来退货。这给厂商造成了很大的损失。

因而，克服信息不对称也是双向的。不仅厂商要取信于顾客，顾客也要珍惜自己的信誉。而整个社会的互信程度提高时，每一个人——不管是厂商还是顾客——都会从中受益。

以延保合约甄别用户

厂家除了实施三包以外，有的还会提供延保的服务。延保就是延长保质期。

我们到苹果店里买电脑时，店员通常会问：要不要加一点钱买个延保？每台苹果电脑自动有一年的保质期，再加一点钱可以把一年的保质期延长为三年。

问题是这延保的价格并不低，因而很多人都不会选择买这种服务。既然很多人都不买，厂家为什么还要提供呢？

要回答这个问题，我们得先看看什么人会买延保。

一般人如果不买延保，会怎样对待自己的电脑呢？他们会特别小心爱护，买个套、买个包，轻拿轻放，注意别把咖啡洒到键盘上，一年后电脑坏了，商家已经不包修包换了。

另外一些买家，有的知道自己粗心大意，经常把咖啡洒到键盘上；有的知道自己经常出差，电脑容易受到碰撞；有的知道买来是给员工用的，员工对公物的爱惜程度本来就欠缺一点；还有的是对电脑品质特别挑剔，容不得屏幕上有任何一个盲点——这样一些人通常会买延保。

从厂家的角度看，延保的选项，巧妙地把这类“重度用户”甄别出来了，既然他们愿意支付更高的费用，那就给他们更久的服务。

甄别出这些顾客，厂家就不需要生产出要求过高的产品了：电脑的键盘，不需要做到绝对的防水；屏幕，不需要坚硬到可以抵抗小刀的涂刮；机身，不需要坚固到可以抵抗几米高度的坠落。绝大部分想省钱的顾客，只要平时稍加注意，或者增加一点投资买个套，就可以让产品达到耐用的效果，而不需要厂家生产那些成本极高、供极端环境下使用的产品。

这就是经济学中“优质”的含义：哪怕是为了提高质量，也不应该做无止境的投入。当边际成本上升到与边际收益相等的时候，就应该停止了。

以共享合约保障品质

要建立信任、克服信息不对称的困难，除了质保和延保以外还有一种办法，那就是买卖双方签订共享合约。

我们在进行交易时，有些产品的质量比较容易判断，一眼就能看出来；有些产品的质量则很难判断，事前无论规定多少维度，都很难保证产品的质量，这时使用共享合约就是一个不错的选择。

报纸杂志向作者付稿酬时，通常有几种不同的方法：一种是按篇付费，一种是按字付费，还有一种是按收入分成来付费。这三种不同付费方式下的文章，哪一种质量高一点，哪一种普通一点？

文章质量最普通的，是那种按篇付费的。因为报社这时关心的，是把版面填满。作者写的文章，只要符合标准的文法，交代了时间、地点、人物、事情的经过，就能拿到稿酬，这样的文章质量通常一眼就能看出来。

专栏文章的质量则较难判断。报社通常会给作者较大的自由。比如我写的专栏，就是按字数付费的，文章可长可短。这时我就可能滥用这种约定。比如刚下馆子吃饭花了 300 元钱，这 300 元哪里来？我就会在文章里多加一个设问句，然后再回答一下这个设问句，这样 300 字就出来了，300 元也就到手了。

但问题是，每一个专栏作家，都要对自己的专栏质量负责，他如果老这么做，声望就会下降，收入也会下降。专栏作家能享受到的“租”并不是太多的。事实上我从来没用过这一招，因为我明白只有简练、清晰、开门见山、为读者省时间的文章才是值得读的好文章。

而第三种付费办法，是先把作品卖出去，然后作者和出版社再按比例分成。

这是为了解决作者和出版社之间信息高度不对称的困难而采用的。例如出版社请我写一本书，名叫《我和罗振宇不得不说的故事》。如果出版社答应给我一笔固定收入，而不论我写的内容如何，那么我在书里就不会爆什么猛料，我的料会放到另一本书里再去爆。这样，出版社就吃亏了。反过来，如果我爆的料实在很猛，书卖得非常好，这时我分到的这笔固定收入就太少了，就轮到我吃亏了。因而，为了促使双方都尽力把事情做好，出版社通常会和作者签订收入分成的合同，共享收益，共担风险。

以上就是人们克服信息不对称的三种办法：质保、延保和收入共享合同。通过质保，我们可以让消费者帮助发现质量问题，有效降低质检成本；通过延保，商人也可以把那些对产品质量要求比较高的消费者甄别出来，让他们承担更高费用，从而让产品的生产成本与收益更加接近；而收入共享合同，则可以鼓励合作各方尽力保证自己所提供产品或服务的质量。

思考题

在给图书定价的时候，作者的偏好和出版社的偏好不一致，这种矛盾有什么办法能够比较好地解决？

第 084 讲 | 沉没成本、人质与抵押

为了克服信息不对称，建立互信，人类社会构想出了各种各样有趣的解决方案，从重复交易到第三方背书，从质保、延保，再到收益共享。此外，还有三种非常接近的建立信任的办法：付出沉没成本、给出人质或者给出抵押。

以沉没成本取信于人

沉没成本是不能够收回的成本。按照常理，我们都应当尽量避免付出那些不必要的沉没成本。但如果我们故意付出一些不必要的沉没成本，就会让别人觉得我们打算长期干下去，不会事情做到一半就走人，就能够取信于人。

比如很多好的酒店，它们的地毯、器皿、床单、毛巾上都印着或者刻着酒店的名字，这些带有名字的物品在市场上很难按原值回收，这是酒店开店前就付出的沉没成本。这些沉没成本说明它们打算把生意做得很长久，不会轻易离开。

恋爱的人，如果在身上文上一些特定的符号，甚至是对方的名字，如果分手了再和其他人谈恋爱，不容易解释，这也是沉没成本。但如果一对恋人真这么做，就说明他们当时是义无反顾的。当然，贴上去的文身纸就不算了。

银行是一个很难取信于人的行业。因为客户把钱交给银行，万一哪天银行把钱卷走了，客户就会血本无归。为了建立信任，好银行往往把总部设在城市最繁华的地段，而且不是租的，是买的，或者是自己盖的。这能让人相信，它们打算一直在这里，不会搬走，它们要做 50 年、100 年。

喝酒也是获取信任的办法

以沉没成本取信于人的做法中，常见的还有喝酒，喝很多酒。

喝很多酒是一种伤身的做法，是一种自残的行为。我在北大上课，跟一些外国学生讲到这个观点时，这些外国学生都不同意，他们说不对，薛老师，喝酒是娱乐！

我说在中国可不是这样，在中国的酒文化中，下属会对上司、晚辈会对长辈说："您随意，我喝三杯。"这里的喝酒显然并不是享受，而是自残。这时上司、长辈心里就会想，这个人自己无端地自残三杯，付出了一定的沉没成本，说明他的表达是有分量的，他将来会好好地珍惜我跟他之间的关系，否则他今天付出的代价将来是收不回来的。

越是愿意自残的人，越是容易取信于人，所以中国人才有所谓"感情深一口闷"之类酒桌上的谚语。

可以推测，当我们这个社会信任机制建立得越来越健全，人与人之间可以通过其他各种各样的方式来建立信任时，通过喝酒等自残的方式来建立信任的办法就会用得越来越少，而喝酒就变得纯粹是娱乐了。

以人质与付出抵押取信于人

跟付出沉没成本相似的另外一个办法，是给出人质。一个大国的国王跟小国的国王说："你放心吧，我不会侵略你，你们不要搞军备、不要武装起来了。"小国相信吗？小国不相信。但如果大国国王把自己的女儿嫁到小国去做人质，小国就比较容易相信了。

当然，除了交出人质以外，付出抵押也是同样的办法。如果既没有人质，又没有抵押，那该怎么办？还有一些比较便宜的办法，就是互相分享一点秘密，互相交个底，说点自己以前见不得光的事情，那也算是一种无形的抵押。

比如演员和经纪人之间也存在信任的问题。经纪人为了捧红演员，对演员有大量的投资。如果经纪人投入了很多，演员红了之后跳到其他公司，经纪人就会有很大的损失。为了防止这种现象出现，那些还没有红的演员，就需要向经纪人证明自己是信得过的、值得投资的，如何才能做到这一点呢？要么给出人质，要么给出抵押，要么分享一点秘密，都可以。一些没红也没钱的演员，就会专门制造一点秘密，把这些秘密告诉经纪人，算是质押，让他们吃个定心丸。

思考题

在有些行业里面，人们离开自己原来的工作单位非常困难，比方说足球运动员要交很高的转会费，才能到别的球队踢球；医生需要院长审批，才能到别的医院行医。而有些职位的跳槽却没那么多障碍，当中有什么规律？

第 085 讲｜广告代言与形象打扮

现代社会中，很多商家花大价钱请明星做代言人，为它们的产品做广告。我们知道，广告的基本作用是传达信息，如果仅仅是为了传达信息，这些商家为什么愿意请那么贵的明星，花那么多的钱来做广告呢？

明星是否应该为广告代言负责

邀请明星做广告，有一个重要的问题，那就是明星是否应该为其代言的产品质量负责。

在美国有过这样的规定，专门用来约束那些明星代言人——如果明星为某种产品做代言，要亲自使用这种产品；如果为电视做广告，家里要装这种电视；如果为某种矿泉水做广告，就需要喝那种矿泉水；如果为某种洗发水做广告，洗头时得用这种洗发水。

这种规定有何不妥？不妥之处在于：第一，很难监督明星是否真的使用了他们代言的产品。即便真的用了，怎么才能知道他们用了多少次、频率是多少呢？第二，更重要的是，明星不是生产这些产品的专家，他们不可能迫于代言的责任，去运用专业知识来改进产品的质量。

明星在决定接受或者不接受代言邀请时，主要考虑的是他们赚的钱够不够多，如果赚的钱够多，他们就接这单生意。将来万一这个产品出了问题，他们顶多就是道个歉，说自己也是受害者，自己也不知道。这种规定的代言责任，不能转化为质量的提高。

巨额广告的作用

那么巨额广告的作用究竟在哪里呢？为了回答这个问题，我们先举一个矿泉水的例子。

我们想象一下，在矿泉水厂商和消费者之间，谁更容易操纵谁呢？

作为顾客，消费者基本上只有两种办法欺负厂商，那就是不付钱或者付假钞。相比之下，矿泉水厂商有无数的办法操纵和欺骗消费者。比如，装矿泉水的瓶子，当室温达到40度以上时，就可能散发出一种有毒的物质，但平时30多度、20多度时，不容易被发现；又比如，矿泉水有一批是干净的，另外一批是有问题的，但普通消费者是喝不出来的，也不会马上生病……厂商跟消费者之间，存在着严重的信息不对称问题。

如果消费者没办法分辨哪一家矿泉水的质量更好，就会导致完全不敢喝矿泉水，这时整个矿泉水市场就会萎缩、崩溃。

厂商有什么办法能取信于消费者呢？其中一个办法，那就是花一个亿，请一位明星做一个广告。这一个亿花出去就成为沉没成本了。厂商用实际行动告诉消费者，我已经花掉了一个亿，将来只有一个办法才能把这一个亿收回来：那就是在未来若干年里，持续地卖出10亿瓶水，每瓶水都保证质量，每瓶水都多收一毛钱。在出售这10亿瓶水的销售期内，如果被发现质量问题，消费者就会减少甚至停止购买，厂商前面付出的那一个亿就打水漂了。

厂商通过先花这一个亿的成本，就把操纵消费者的地位自我削弱了，把主动权交给了消费者。厂商花巨额资金做广告的作用，就是通过明星来把钱挥霍掉，从而取信消费者，以此来表明自己不会欺负消费者的决心。这些被挥霍掉的钱，最后是由消费者支付的，但它买来了厂家的商誉，买来了厂家持续监督产品质量的积极性，买来了消费者的安心，钱没白花。

餐厅如何取信顾客

同样的道理，在餐厅和顾客之间，谁更容易操纵谁？顾客可能只有两种办法欺负餐厅的老板，那就是吃了不给钱或者给假钞。而反过来，餐厅却有无数种操纵顾客的办法。这种地位的不对等，顾客知道吗？顾客知道，所以他不敢随便进餐厅吃饭。

这时，餐厅就要做出各种各样的姿态来示弱，取信于顾客。他们把顾客说成是上帝，他们提供微笑服务，把餐厅装修得干净整洁，服务员穿上整齐的制服。所有这一切，都是要向顾客表明，他们虽然是强者，虽然有能力操纵顾客，但他们不打算这么做，他们今天心情很好，做的菜不会有问题。

表面上的强者，那些被尊称为上帝的顾客，其实是弱者；表面上的弱者，那些殷勤而周到的厨师和侍者，其实是强者。

学校如何取信学生

老师和学生也是这种关系。学生没办法欺负老师，但老师操纵学生的方法就多了。他们在课上所传授的知识是真的吗？没有过时吗？真的对将来的就业和工作有用吗？这在学生看来，信息太不对称了。这时学校和老师要如何取信于学生呢？

学校会做出各种各样的努力，说明自己办校的历史，证明自己师资的质量，还有学生的就业去向，等等。越是收费高的学校、越是信息不对称的专业，学校就会付出越大的努力来做出各种姿态。

医院如何取信患者

病人和医生之间的信息不对称情况，也是非常严重的，医院需要做出种种的姿态来取信于病人。

医生和护士要穿上白大褂，医生的职称、履历要清楚地挂出来，医院用种种方式维护自己的声誉。而一位医生如果是连续三代行医，就能加不少分。因为医生的声誉是不容易积攒起来的，连续三代行医，那说明行医的质量是有保证的。

在市场交易中，商家需要做出种种示弱姿态，要花大量功夫来打扮自己，来证明自己的本事，来表明自己不会欺负消费者的决心，只有这样才能取信于消费者。

思考题

在检验产品质量的时候，通常会遇到两种不同的机制，一种是消费者本身就是品质的最好检验者：一部电影好不好看，消费者说了算；一个明星是不是明星，消费者说了算。

但另外一些情况，例如老师是不是好老师，不是由同学定的，通常是由老师之间互评而决定的；医生是不是一个好医生，不是由病人定的，而是由医生之间互评决定的。

为什么会有这样的区别？

第 086 讲｜特许经营合同中的强者和弱者

在商业社会里，普遍存在“不公平合约”的问题，尤其是在特许经营合同中，一直存在着强者和弱者之间不对等的现象。

所谓的特许经营模式，就是很多家独立的店铺参与经营同一个品牌的商品，提供统一标准服务的商业模式。多家独立的店铺叫加盟店，它们经营的共同品牌的所有者叫总店。美式快餐店麦当劳、肯德基就是这种经营模式。

表面上的强者与弱者

总店和加盟店谁是强者、谁是弱者呢？看看它们之间签的合同和实际的做法，答案似乎是显而易见的。

一家加盟店要参与总店的经营，首先要向总店交一笔加盟费，然后根据总店的明确要求，租店铺、装修、购买设备和餐具、培训员工、进原料、生产、提供服务……每一个细节都必须按标准做到位。而这还不够，任何时候，只要总店不满意，就可以终止合同，甚至连理由都不公布。谁是强者、谁是弱者，似乎一目了然。

问题是，这种强者和弱者不对等的关系，为什么能够一直维持下来，得不到挑战呢？

理论上说，在竞争之下，总会有一些别的品牌总店，它们稍微对加盟店友善和宽容一点，加盟店就更愿意加入它们的品牌经营，或者提供更好的服务，或者缴纳更高的加盟费。这样，随着时间的推移，这种强者和弱者不对等的关系就会逐渐拉平。

但为什么我们见不到这种现象？强者和弱者的关系为什么会一直持续下来呢？

真正的强者与弱者

我们前面在讲何谓优质时曾说过，像麦当劳、肯德基这样的国际快餐连锁店，它的核心价值就在于向顾客提供匀质的食品。不是说它的食品质量特别高，也不是说它的食品特别便宜，而是说它食品的味道、品质、烹调方式，在世界任何一个角落都是完全一样的。

如果有加盟店为了节省成本，在品质管理上打擦边球，导致食品的口味发生了变化，那么当顾客走进这家加盟店，吃到不合口味的食品时，他不会怪这家加盟店，只会怪这个品牌。每一家加盟店所做的违规之事，账最后都会算到品牌头上，继而让其他所有的加盟店共同承担。

用经济学的术语说，每一家违规的加盟店都对其他的加盟店具有很强的“负的外部性”。也就是说，这家加盟店短斤缺两，会让自己得点好处，但其他加盟店就得一道背黑锅。

以“不平等合约”保护真正的弱者

由此看来，强弱关系是正好颠倒过来的。加盟店才是真正的强者，它们随随便便就能把总店的牌子砸了；总店才是真正的弱者，它战战兢兢，如履薄冰，要监督成千上万家加盟店日常经营的每个细节，而这是近乎不可能完成的艰巨任务。

正因为这样，总店才要对加盟店做出种种看上去很不公正的约束，用“不平等合约”来加强自己的地位，约束加盟店的行为：任何时候，只要总店不满意，总店就有权随意终止合同（termination at will）。这种“随意终止合同”的条款，经常出现在各种商业合同中，它往往是为了解决信息不对称问题而专门制定的。

不仅如此，总店往往还会要求加盟店提供额外的服务，从而提高整个品牌的价值，哪怕在某项具体的生意或活动中，这个加盟店可能暂时蒙受了损失。例如，很多眼镜店就会免费给顾客洗眼镜、换眼镜鼻托，哪怕这个眼镜不是在它的眼镜店里配的。这时表面上看它们是有损失的，但是整个连锁品牌的价值因此提升了。

我们也许会问，这样会不会助长总店为所欲为的倾向呢？总店确实有可能滥用它的权利。但是总店滥用权利的倾向，可以通过合同之外的途径来约束。如果总店滥用手上的权利，消息很容易就会传出去，这时总店对加盟店的吸引力就会急速下降。通过这种方式，加盟店就会利用他们人多势众的优势，反过来制约总店为所欲为、滥用权利的倾向。

在特许经营中，总店和加盟店都有违约的可能，但是由于它们所处的地位不一样，监督的成本不一样，数量比例不一样，约束的办法也就不一样。这是商业社会里非常奇妙的一种现象。

每当我们看到一种合约形式不公平，但是它却很持久、存在很广泛时，我们先不要抱怨、不要指责，我们要想想为什么，我们要去解释它背后的原因。它背后的原因是：合同表面看上去是不公平的，但它的目的很可能是要去纠正现实社会中的另一种不公平。

思考题

你能不能在你所从事的行业里面，举一个类似的例子，表面上看上去是一种不公平的合约，但实际上，它是为了纠正真实生活当中的另外一种不公平现象的？

第 087 讲 | 如何保障食品、药品和化妆品的质量

前面我们集中讨论了一连串人们建立信任、克服信息不对称的办法。接下来，我们将围绕一些特殊的商品——食品、药品和化妆品，深入讨论信息不对称的问题及其对策。

零部件产品与管道产品的区别

中国改革开放 40 年，很多产品的质量都有了大幅度的提高，不仅洗衣机、空调、冰箱质量没问题了，连手机、电脑的质量也都没问题了。不仅没问题，甚至非常好，iPhone 是中国人生产的，联想

电脑也是中国人生产的。

但说到食品、药品、化妆品，质量又怎么样呢？大家普遍觉得不够好，原因是什么呢？

原因在于，前一类商品，冰箱、洗衣机、空调、电脑、手机，它们都是零部件构成的产品，每一个零部件都是可追溯的。哪怕一颗小小的螺丝钉，装得不对、用料不好，我们都能够追溯，知道是谁干的。正因为生产的人知道自己会被追溯到，他们就会尽力保证质量。

但是另一类产品不是零部件产品，而是管道产品。

以我们最常喝的牛奶为例。一瓶牛奶有问题，可能是包装盒造成的，可能是运送的过程造成的，可能是加工的过程造成的，可能是挤奶的过程有问题，可能是牛本身有问题，还可能是牛吃的草有问题……而一旦一桶有问题的牛奶倒进了奶罐车里，人们就几乎不可能再追溯问题的出处了。生产的不可追溯性，提高了质检的难度，降低了品质的可靠性。

管道产品质量控制的难度

好几年前，中国奶制品市场出现了三聚氰胺事件，到现在消费者对奶制品质量的担心还没有完全消除，连质量有保障的奶制品人们都不敢相信了。

当时为了做关于中国产品质量问题的调研，我还跟周其仁老师特意去了趟内蒙古，参观了一家奶制品工厂。

我们来到这个厂区，那是一家完全现代化的工厂。它的整个流程，从牛奶被倒进储存罐，到低温消毒、加工、包装、入库、发货，都实现了全封闭的自动化生产。

参观完这样一个现代化工厂，我有一个强烈的印象，那就是这个工厂的投入非常大，沉没成本也非常大，他们不会主动将一些毒素放到奶里来自毁长城。

那么三聚氰胺又是从哪儿来的呢？是从奶农那里来的。因为加工厂每天要向许多奶农收集牛奶，而从那么多的奶农处收集到的牛奶，一旦倒进奶罐车，追溯就很难了。

这位工厂的负责人跟我们说，工厂跟奶农收集牛奶，这些年来一直在跟他们斗智斗勇。奶农一开始掺水，后来掺盐水、掺淀粉，还掺其他杂质，工厂只能见招拆招。

就连开奶罐车的人也不能完全信任，有时他们会把车开到非指定地点收集牛奶，于是工厂只好给奶罐车装上 GPS，跟踪车的走向。

以垂直整合保障管道产品的品质

三聚氰胺事件出现以后，工厂就想出了一个克服信息不对称、增加牛奶可追溯性的办法，那就是办托牛所。奶农把他们的牛送到统一的地方挤奶，每次挤完奶后，托牛所会用试管留下样本。等奶罐车把奶送到工厂通过了检验，工厂就会打电话给托牛所，说通过检验了。这时托牛所的人就会把试管洗了，以备后用。如果奶罐车里的奶有问题，他们就通过试管里的样本来追根溯源。这样，一个小小的发明解决了大问题。

这里我们能总结出一个重要的规律，那就是散养的奶牛不容易进行品质管理，把它们集中到托牛所就容易管理了。我们想想看，将来托牛所如果能直接跟加工厂合并在一起，加工厂自己养奶牛，品质管理就更容易了。

当然，加工厂有自己的奶牛还不能完全解决问题，因为奶牛吃的饲料对奶质也有很大的影响。加工厂不仅要有自己的奶牛，还要有自己的饲料来源，这样整个产品的垂直链条才能建立起来。产品的垂直链条越完整，企业和企业之间换手的环节就越少，品质检验的成本就越低，品质就越有保障。

这时，有意思的结论就来了。从斯密和李嘉图开始，我们就知道分工能够提高生产效率，分工越细，人们就越能够集中生产自己擅长的东西，然后进行交换，这样人们的整体福利就能得以提高。

但是我们这里讲品质管理时是反其道而行之的，我们要做的是垂直整合：加工厂不仅要有自己的奶牛，还要有自己的饲料来源。从种草、割草、送草，到养牛、挤奶、检验、加工，全是一家企业内部完成的工序。

这么做跟分工合作的原理是背道而驰的，但它获得的是另外一种好处，那就是半成品在工序与工序之间转换时，所需要的质检成本大为下降，因为它们都是在一个工厂内部完成的。

那么什么时候应该分工，什么时候应该垂直整合呢？比较一下奶粉和鲜奶，午餐肉罐头和生鲜猪肉，其中的规律就是：如果半成品或者成品的检验成本比较低，换手的次数就可以多些，就可以进行更细的分工；相反，如果品质检验的成本比较高，就需要更多地进行垂直整合，减少中间环节。

生产链条的整合或拆分，不是无缘无故的，背后包含了对解决信息不对称问题的考虑和设计。

以“多样性损失”换取“产品可靠性”

在美国，今天人们在日用品商店里买到的各种食品、药品和化妆品，看上去琳琅满目，其实就是由几家屈指可数的大企业生产的。

一家叫作 OXFAM 的研究机构曾发布过一份研究报告，报告说美国上百种不同日用产品的品牌，实际上是由 10 家左右的大企业——比如可口可乐、雀巢、联合利华等公司——提供的。

当然很多人看到这样的结果，会持批评态度，说我们日常生活中那么多的东西都被几家大企业垄断了，很不公平。

但如果我们换个角度，从产品品质检验和保障的角度出发，这种垂直整合、大企业垄断的趋势，恰恰能够保证产品的质量，降低问题产品带来的风险。

因为只有这样的大企业，才有足够的研发能力；只有这样的大企业，其沉没成本才足够大；万一产品质量出了问题，也只有这样的大企业才能赔得起。

我相信，随着人们越来越注重身体健康，越来越注重食品、药品和化妆品的品质，也由于这些商品的质检成本非常高，不确定性非常大，信息不确定的障碍非常多，人们最后会宁愿放弃产品厂家的多样性，而在为数不多的大企业所生产的产品当中做选择。

损失掉一部分品牌的多样性，换来的是稳定性和可靠性，这么做可能是现代社会提高产品质量可靠性的一种趋势。

思考题

很多报社都会有自己专有的印刷厂，而大多数的出版社却并不拥有自己的印刷厂，这是为什么？

第 088 讲 | 婚姻经济学

人类有一个非常古老的合约现象——婚姻。从经济学的角度，人们是怎么看待男女关系、怎么看待婚姻的呢？

以风俗习惯替代婚姻合同条款

早在 1887 年，就有一位美国法官说过：婚姻当然有它浪漫的一面，但是法官只看重它商业的一面。我们把婚姻看作一个商业合同，我们关心的是，双方怎样才能缔结一个比较公平的合同，这合同怎样才能更好地履行下去，从而促进婚姻双方的幸福。

这是法官的观点，实际上也是经济学家的观点。

日常生活中，如果双方要约定的事情比较简单，那合同就比较简单；如果事情比较复杂，合同也就复杂起来。但是婚姻很奇特，由于男女双方的责任、权利和义务太复杂，要写条款的话，写都写不完，于是他们干脆就签一份简单的婚约，只有一张纸，而且里面几乎没有任何实质条款。

但这并不意味着婚姻双方不在乎，他们只是采用了另外的办法——依照社会习俗、社会舆论、双方的生活习惯等等——来确定婚约的条款和履行。

在婚姻中，人都有浪漫的一面，他们喜欢对对方说“你是我一生中唯一的真爱”。经济学家听了会宽容地一笑。

大经济学家弗里德曼的一个侄子曾经给他写信，说要为了女朋友放弃事业，跟女朋友到另外一个城市去，因为这个女朋友是他一生中唯一的真爱。

弗里德曼就回信说：当然，你可以做你自己的决定，但是如果你真的认为这女孩儿是你一生唯一真爱的话，那么我以一位统计学家的身份告诉你，世界上两个唯一真爱的人相遇的概率是零。

也就是说，世界上有 70 亿人，我们想象一下，在一个大缸里有 70 亿颗绿豆，另外有两颗红豆，它们是一生中的彼此唯一，那把它们放进缸里去，搅啊搅啊，它们会碰上吗？茫茫人海，在短暂的一生中，它们不会碰上。

经济学家的解答听起来不那么浪漫，但我们不得不承认的是，我们山盟海誓，许下终身承诺的那些人，很多时候只不过是觉得时间差不多了，就从身边挑选的比较合适的人而已。

在综艺《奇葩说》里我也说过，年轻人应该谈容易的恋爱，做难做的工作。这是因为婚恋是在筛选合作关系，而工作是在积累人力资本。合作关系讲究搭配，在现代社会里其主动权有一半是在别人手里的；而人力资本旨在超群，其产权永远只属于自己。要是反其道而行之，恋爱迎难而上，工作决不吃亏，就比较容易人财两失。这也是一种不够浪漫的想法。

为什么女人往往嫁给年纪比自己大的男人

经济学家还解释了另外一个现象，那就是为什么古往今来，女人往往嫁给年纪比自己大的男人。我们知道女性的平均寿命比男性长，而如果她们还找一位年纪比自己大的男人结婚，那就相当于延长了她们将来守寡的时间。那她们为什么要这么做呢？

有一位法律经济学家名字叫劳埃德·科恩（Lloyd Cohen），他写过一篇很有意思的文章，名字叫《结婚、离婚和准租》，他说题目也可以叫《我把最美好的年华给了他》（Marriage, Divorce, and Quasi Rents; Or, “I Gave Him the Best Years of My Life”，1987）。

科恩在这篇文章里解释说，男性跟女性的价值高峰期不一样。通常我们怎么称赞女人？我们说她年轻、漂亮、身材好，这些都跟生育有关，而生育发生在人生的早期。我们通常怎么称赞男人呢？我们说他有事业、有成就、有安全感，而这些品质通常都发生在人生的中年，甚至中老年。

在高中、大学期间，女性的价值已经彰显出来的时候，男性的价值还远远没有彰显。这时女性的追求者比较多，女性就比较挑剔。跟女性同龄的那些男生要追求这些女生的话，就显得比较吃力；而那些较为年长的男生，优势就比较突出，因为他们的才能和价值已经逐渐彰显出来。

如果一位女生在大学期间就跟同班同年龄的男生谈恋爱结婚，那会发生什么事情呢？这位女生就会先对家庭做出各种投入：养育孩子、照顾家庭、扶持丈夫。随着时间的推移，那位丈夫会逐渐积累他的人力资本，走上事业的高峰，取得越来越多的选择机会；与此对照，女生生理上的价值，却会随着时间的推移而逐渐降低。这时候男生就增加了背叛女生的概率。

这种情况正在谈恋爱的女生知道吗？她们知道。即使她们不知道，她们的父母也知道。女怕嫁错郎，女孩儿的家长会教育女儿要以小见大，带眼识人。

如果女生找一位年纪比自己大、个人价值已经彰显出来的男生，那么这段婚姻的不确定性就会减少，婚姻关系就会比较牢固。这就是为什么大多数女生会嫁给年纪比自己大一点的男生，而第二次结婚时——如果有的话——男生会娶比自己年纪小更多的女生的缘故。

当然这篇文章所谈的只是问题的一个侧面。今天随着科技的进步、女性受教育机会的增加，现代女性的价值早就不单靠生理条件来展现了。教育、修养、见识都是男人和女人越来越重要的品质。

钻石恒久远，一颗永流传

恋人为什么要结婚？来去自由不好吗？为什么要互相绑定？

来去自由与互相绑定，是各有利弊的。来去自由虽然有灵活性，但双方会失去深度投入的意愿；互相绑定确实会减损自由，但这能激发双方的深度投入，并分享由此带来的果实。婚姻不是必选项，人们是否选择结婚，取决于他们对利弊的权衡。

想一想家庭成员们所扮演的角色吧：亲密伴侣、厨师、裁缝、护士、采购员、司机、秘书、室内设计师、心理辅导员、清洁工、搬运工、水电工、形象顾问、前程顾问、公共关系助理、人力资源的创造者（母亲）、保育员、教师、保安员、会计师、园丁等等。要是每个家庭都雇用其他家庭的成员来提供这些服务，那么“记录在案”的国民收入就会暴增！

家庭的这些产出，仅仅靠来去自由的浪漫，是难以长期稳定供应的。必须要有深度的绑定。从这个角度看，结婚就像是办企业，就是签合同，办的是家庭企业，签的是一张终身批发的期货合同。其目的，都是保障双方能享受深度投入所带来的果实。

问题是，男女双方拿自己的资源出来办企业，具体的资源是不太一样的，有体力、有脑力、有品格、有容颜、有生育能力、有家庭关系、有增长的潜力。

每个人给出来的资源不一样，其发挥作用的节奏也不一样。有些人早一点，有些人晚一点。通常是女方早一点付出，生育、抚养孩子、照顾家庭；男方晚一点，30 岁、40 岁以后，事业才开始起步。

这时候就会发生一个问题，一方播种、施肥，另一方是负责收割。后面负责收割的人，就比较容易敲前面播种、施肥的那个人的竹杠，这是古往今来的一个规律。而对冲风险的办法，通常就是男方提前给女方一点抵押，为未来有可能出现问题的婚姻做一点保底。

保底的方法有很多。男方给女方一颗钻戒，价值相当于自己好几个月的工资，是一种方法；馈赠彩礼，也是一种方法；在房本上写上女方的名字，也是一种方法。这些方法不约而同地出现在古今中外的习俗当中，目的都是调整男女在婚姻中信息不对称的位置。

要注意的是，这些方法并不足以确保婚姻的幸福和稳定。企业的功能是参与者共同应付未来的变化，家庭也不例外。关键是共同应变的潜力。这时候，增量就比存量重要，事业就比彩礼重要。在确定婚姻关系的时候，只看彩礼房车存款，就容易因小失大。重要的还是要考察双方的合适程度，考察对方自身持久的生产能力。

一夫一妻，谁得谁失

经济学还能解释一夫多妻和一妻多夫的制度，它的分析结论也让很多人感到意外。很多人会觉得一夫多妻制对男人有利，对女人不利，但根据经济学的分析，结论恰好相反。

首先，一夫多妻和一妻多夫在逻辑上好像是对等的，两种婚姻模式都有人尝试过，但最后从历史上看，一夫多妻要比一妻多夫更常见，原因是什么呢？

原因很简单，因为子女的产权在一妻多夫制下并不确定，妈妈是谁当然是确定的，但爸爸是谁很难确定。不确定爸爸是谁，孩子的抚养义务就不容易落实，养育的效果就会大打折扣。而一夫多妻就没有这个问题，妈妈是谁很清楚，爸爸是谁也非常清楚。

一个社会中，如果实施一夫多妻，那会产生什么样的结果呢？

即便一个女人不喜欢、不接受一夫多妻制，一夫多妻制对她来说也是有好处的。因为虽然世界上不见得每一个女人都愿意和别人分享一个丈夫，但只要社会上有一些男人和女人愿意实施一夫多妻，那就会有更多的男人空出来，女人的选择范围就扩大了。

对于男人而言，情况刚好相反。只要社会上有一些男人和女人愿意实施一夫多妻，那未婚女人的数量就会加速减少，男人的选择范围就会缩小。个别男人娶了多个女人，而有一些男人就可能终生娶不到老婆了，而即便能够娶到，由于选择范围缩小，也没有一夫一妻制下的好了。

实际的结果是，那些赞成一夫多妻制的男人——绝大部分是比较普通的男人，他们在一夫多妻制度下，情况反而变糟了；而女人，哪怕她们自己是反对一夫多妻的，但只要有别的女人进入了一夫多妻的婚姻状态，她们自己的选择范围就增加了，她们的处境也变好了。

波斯纳法官在他的名著《法律的经济学分析》（*Economic Analysis of Law*, 2014）中清楚地指出，一夫一妻制实际上就是一种对成功男人限购的政策，它的效果是财富转移。它让女人的选择范围减少了，让成功的、更有吸引力的男人的选择减少了，而让那些年纪较轻、收入较低的男人处境变好了。

思考题

为什么在现代社会，不论是男生还是女生，越来越多的人推迟结婚，甚至不愿意结婚了？你能不能从经济学的角度解释这个现象？

责任的分担｜让防范的成本最小

第 089 讲｜汉德公式

上一个单元，我们集中探讨了信息不对称的问题和相应的解决方案。这些解决方案有一个特点：它们都是市场化的解决方案。但要想应对信息不对称的问题，光有市场是不够的，还需要政府、法院也参与进来。

我们这一讲就介绍政府监管中非常重要的一个内容：汉德公式。

汉德（Learned Hand）是美国一位著名的中级法院的法官。这位汉德法官很有思想，他写下的判决书是美国中级法院法官中被引用最多的，他的英文名字看上去也有点奇怪，直译起来是“熟手”的意思。

美国诉卡罗尔拖船公司案

汉德公式的来源，是 1947 年的“美国诉卡罗尔拖船公司案”，

（*United States v. Carroll Towing Co.*, 1947）。在这个案件中，有一艘叫“Anna C”的驳船，它是一种自己不带动力的货船，需要接驳到别的拖船上才能被拖走。

这艘叫“Anna C”的驳船当时装载了一船美国政府的面粉，跟其他船绑在一起拴在码头上。这时一家叫“卡罗尔”的拖船公司，为了拖走跟Anna C绑在一起的一艘船，就解开了绳索，但是船员没有把绳索重新绑好，Anna C就漂离了海岸。

当然卡罗尔拖船公司的人没发现这一点，他们拖着自己要拖的船驶离了海港。而Anna C一点一点地漂移，与旁边一艘油船相撞时被撞坏了，而油船的主人也没发现撞坏了Anna C。过了整整21个小时，Anna C沉没了，装在Anna C上的满满一船美国政府的面粉也都泡汤了。于是美国政府就告卡罗尔拖船公司，要它赔偿驳船以及驳船上装的整船面粉。

汉德公式

这个案子到了汉德法官手里。

我们发现，这个案子有趣的地方是，最早的肇事者是卡罗尔公司，他们没把绳绑紧让Anna C漂了出来；但对Anna C造成致命伤害的是那艘油船，是油船撞坏了Anna C；而这艘船被破坏以后，之所以造成了更大的伤害，是由于船上装满了美国政府的面粉。

这个重大的损失应该由谁来承担责任呢？显然卡罗尔公司是有责任的，那么油船公司有责任吗？Anna C的船主有责任吗？美国政府本身有责任吗？

在这个案件中，造成重大损失的整个过程是环环相扣的。如果卡罗尔公司的人把船都绑好了，那么Anna C就不会漂出来；即便

Anna C 漂出来了，如果油船不把 Anna C 撞坏，Anna C 也不会沉没；哪怕是油船把 Anna C 撞坏了，只要有人在 21 小时内尽早地发现，也不至于发生全船沉没、整船面粉都泡汤的结果。

到底责任在谁呢？这时，汉德法官说出了他著名的“汉德公式”。

他说在绑满了船的码头上，每一艘船实际上都有可能被松绑，都有可能碰到别的船，因而任何一位船主在这样的码头，都有注意的义务，都有避免意外的义务。而船主在自己的船受到意外碰撞产生损失时，是否承担责任，则取决于这样三个因素：

（1）这艘船发生意外的可能性；

（2）这艘船发生意外的严重程度；

（3）他为了避免意外所要付出的成本。

当船主避免意外所付的成本低于意外发生的概率乘以意外发生以后产生的损失（预计的损失）时，船主就应该承担责任。

汉德法官还把他的想法用公式写了出来，他把避免意外的成本记作 B，把产生意外的概率记作 P，把意外所产生的损失记作 L，那么船主应承担责任的条件就是 $B<P\times L$。这就是著名的汉德公式。

$$B<P\times L$$

根据这个公式，汉德法官做出了以下判决：首先，卡罗尔公司没把绳子绑好，这一点卡罗尔公司要负全部责任；而正因为绳子没有绑好，Anna C 撞到了别的船上，这个损失是直接由卡罗尔公司造成的，所以卡罗尔公司要承担这艘驳船被损坏的全部责任。

但是，这艘驳船被损坏以后，在海上漂了足足 21 个小时，没有人照看，而它上面竟然是装满了美国政府的面粉，那是宝贵的财富。负责绑绳子的卡罗尔公司不知道这艘船那么值钱，旁边的那艘油船也不知道 Anna C 这么值钱，只有 Anna C 的主人知道自己船上装的是什么。

根据汉德公式，船没有绑好被别的船碰上的机会是有的，P 是大于 0 的，潜在的损失 L 是巨大的，这两项相乘，预计的损失是相当大的。而要避免这么大的损失，Anna C 的主人只要派一个人到船上时不时查看一下就可以及早地发现风险，减少损失，甚至完全避免损失。

这时汉德公式的条件满足了。也就是说 Anna C 的船主负有责任，原告美国政府也负有责任。最后的判决是卡罗尔公司不需要做出全额赔偿，原告美国政府及其承运人 Anna C 的船主要承担相当一部分的责任。

有意思的是，在整个案件里，Anna C 的船主或者美国政府本身似乎没做错什么事情，只是由于船上的面粉够值钱、潜在的损失够大，他们就被判定应该为自己的财富负有一定的“注意义务”，要为避免潜在的损失采取适当的预防措施。

邻居把墙打穿应该如何赔偿

现实生活中，汉德公式有着广泛的应用，可以帮助当事双方合理地确定责任。

比如，我的邻居在装修，不小心把我家的墙给打穿了，这时他应该付全额的赔偿。因为根据汉德公式，装修时把别人的墙打穿，这种可能性并不大，而且哪怕是墙给打穿了，损失也可能就是几千元钱而已。

但是我要避免这种意外所要付出的代价却很高。我怎么才能防止邻居装修时不把墙打穿呢？我得守着它吗？那样的话成本就太高了。所以我自己不需要为此担负责任，邻居真的把墙打穿了，那他全额赔偿就好了。

但是如果我们把场景改变一下，不仅我家的墙被打穿了，而且我那墙上挂着的价值一亿元的名画也被打穿了，这时邻居要不要付全额的赔偿呢？

我们看汉德公式，这时邻居把墙打穿的概率是不变的，但是由于我在墙上挂了一幅上亿元的名画，潜在的损失就增加了上万倍。

这时我付出很大的成本，采取很多的预防措施，来防止意外的发生，就变得有意义了。汉德公式右面的一项增大了，左边那一项也就相应地增大了。

普通民宅的邻居，怎么知道你在房间里会挂一幅上亿元的名画呢？只有我自己知道，所以我有责任，责任还挺大的。这就是汉德公式的含义。

铁路检修工诉铁路公司案

1986 年，法律经济学的领军人物波斯纳法官也审理过一个案子——“铁路检修工诉铁路公司案”（*Davis v. Consolidated Rail Corp.*, 1986），他在审案中就严格应用了汉德公式。

在这个案件中，有一个铁路检修工钻到火车底下检修火车，铁路公司的人看见他钻进去了也没吭声。过了没多久，这辆火车忽然开动了，工人来不及爬出，一条腿被轧断了。于是这个工人就把铁路公司告上了法庭，要求赔偿 300 多万美元。

工人要求赔偿的理由有三点：第一，铁路公司的人明明看见他钻到了火车底下，却没有汇报给铁路公司，竟然让火车开动了，铁路公司有责任赔偿。

就这一点，波斯纳法官的裁决是，根据汉德公式，这一点不成立。因为那是一个火车站，有工人爬到火车底下检修是非常正常的事情。如果铁路公司的人凡是见到有工人爬到火车下检修就要去公司总部汇报，那么避免意外的成本也太高了，所以铁路公司没有责任。

工人说的第二个理由是：铁路公司的工作人员在火车开动以前，应该检查每一辆车厢下面是否还有工人在工作。波斯纳法官判决这一点也不成立，因为列车很长，如果要检查下面有没有人，检查完一轮以后，又得检查第二轮了，那这火车永远都不用开了。

工人提出的第三个理由是：火车司机在开动列车时没有鸣笛。波斯纳法官说这个理由成立，因为不管火车站是否嘈杂，不管这个检修工人是否能够听得见鸣笛声，火车司机在开车以前鸣一下笛，成本是非常低的，而这一声鸣笛所能避免的潜在损失可能是很大的。

这样汉德公式所列出来的条件就符合了，火车司机负有责任。就因为火车司机没有鸣笛这一点，波斯纳法官最后判受伤的工人胜诉，获得300多万美元的赔偿。

思考题

一位女病人在长期接受了医院的输血以后患上了艾滋病。当然根据汉德公式，我们会想医院应该负有责任。

但是问题在于，这个案件发生在1983年，那一年人类才刚刚发现有艾滋病这回事。在这以前整个医学界是不知道有艾滋病存在的，在这种情况下，医院或者血液的提供者是否应该承担责任呢？为什么？

第 090 讲 | 监管要看边际效应

我们上一讲介绍的汉德公式中有三个变量：避免意外的成本、发生意外的概率、意外所产生的损失。如果避免意外所付的成本低于意外发生的概率乘以意外发生以后产生的损失（预计的损失），那么具有避免意外义务的人就应该承担责任。

在实际的侵权法当中，责任的分摊不是黑白分明，而是有灰色过渡带的。针对责任的强弱不同，还存在一些典型的不同比例的责任分摊类型，包括疏忽责任、严格责任、连带责任等。

生产商的“严格责任”

1944 年，美国发生过一宗跟可口可乐相关的案子（*Escola v. Coca Cola Bottling co. Fresno*, 1944）。可口可乐公司给一家餐厅送了几箱玻璃瓶装的可口可乐，这家餐厅把这些可口可乐放在炎热的室外足足 36 个小时。当餐厅的一位女服务员把这些可口可乐放进冰箱时，其中一瓶发生了爆炸，女服务员被炸伤。

女服务员要求可口可乐公司赔偿，但根据当时的法律，原告必须提出证据证明可口可乐公司在生产过程中存在疏忽。在一审时，陪审团一致认为，可口可乐公司有疏忽。但可口可乐公司不服，它说：“我们的生产过程一直是这样，我们生产和送货都有严格的程序，没有证据证明我们存在疏忽。而且这几箱可口可乐已经交付给客人，在客人那里放了 36 小时，我们的责任早就完结了。”

这个案子到了上诉法院，上诉法院勉强地裁定肯定存在可口可乐公司疏忽的证据，于是维持了原判。但在判决当中，有一位法官提出了“协同意见”（concurring opinion），意思是他跟大多数法官的判决结果相同，认为可口可乐公司有责任，但是他有不同的理由。

这位法官认为，可口可乐公司之所以要负责，并不是因为存在可口可乐公司疏忽的证据，而是因为可口可乐公司应该无条件地负责。他的理由是，在这种产品发生意外对顾客造成伤害的案件中，要让顾客提出证据证明厂商存在疏忽是非常困难的，顾客必须是专家才有可能提出证据。

他认为只要产品出现明显的质量问题，无须证据就可以判企业疏忽，企业应该对自己的产品负有严格的责任，顾客不需要提供关于疏忽的证据就能够获得赔偿。这种无条件的责任叫“严格责任”。

也就是从这个案件开始，“严格责任”的概念在产品安全案件中越来越被人们广泛接受，厂家对自己生产的产品担负严格责任就成了常态。

这样的做法有其合理之处。因为一件产品销售给千家万户，每一位顾客都有不同的使用场景，如果用玻璃瓶装的可口可乐，在一些比较正常的状态下也会发生爆炸，那就要求每一位顾客都成为专家，对气温、压强、搬动的程序等，都有比较深入的了解，否则意外就难以避免。这样，整个社会避免意外发生的成本也太高了。反过来，只要可口可乐公司能够把瓶子做得更结实一点，就能够一劳永逸地解决问题，所有顾客都不需要担心了。因此让商家承担严格责任，是有必要的。

商家责任过大会事与愿违

但从经济学的角度看，我们要盯住的，永远不是某一个指标的最大化，而是多个指标之间的平衡。换句话说，我们要盯住的是边际收益和边际成本之间的平衡。任何事情都需要有一个度，因为过分的安全、过大的责任也会带来事与愿违的结果。

所有生产者，当法律给他们分配了一定责任以后，他们会怎么做呢？他们会依次做以下几件事情：

首先，根据他们的学识、才能，看看能不能避免意外。如果能而且值得这么做，他们就会这么做，这么做的好处大于因为意外所要赔偿的金额，他们就赚了。因而法律把责任压到这些有能力避免意外的人身上，就能以较低的成本减少意外。

但是如果责任人事实上是没有能力解决问题、避免意外的，他会怎么办？他的一个合理做法是去买保险，将风险分摊给其他人。与此同时，他也可以提高产品的售价，把自己所要承担的风险重新分摊给所有顾客，让所有顾客一起来承担。

如果他的责任还是太大，既没有办法通过买保险来分摊，也没有办法通过提高商品的价格来分摊，那么他就会面临两个选择：一个是铤而走险，继续生产，一旦出了事就破产、坐牢；如果他小心谨慎一点，会做第二个选择，那就是不再生产，完全退出市场。

这时有人会提出，如果引入一个第三方——政府机构（非营利的），让这个机构对产品的质量加以监管，就有可能很好地解决产品质量的问题。

政府监管产品安全的理由与成本

我们再来讨论让政府来监管的问题。

以美国食品药品监督管理局（Food and Drug Administration, FDA）为例。它负责对美国的食品和药物安全进行监督。在很长一段时间里，它的监督都比较低调。一种新的药品要上市，送到 FDA 审批，审批的标准只有“安全”。如果FDA在60天之内没给答复，这种药品就可以上市了。

而在20世纪60年代，FDA成功阻止了一种安静剂的上市，这种安静剂对孕妇会造成严重的影响。受这种药物影响的孕妇，生下来的小孩儿四肢是不健全的。欧洲的药监机构并没有发现这种副作用，结果这种药物在欧洲大行其道，以致欧洲出生了大量四肢不健全的婴儿。其数量之大，使得市场上都出现了批量生产的为残疾儿童定制的假肢。

FDA成功阻止这一安静剂的上市，确保美国没有出现欧洲那样的情况。1962年，当时的美国总统约翰·肯尼迪还专门给FDA的局长颁发了一枚勋章，以表彰FDA的贡献。

从此，FDA的功能就大大加强了，它的监管活动从过去的低调变成了高调，它要负责的不仅仅是要确保药物和食品的“安全”，还要确保它们“有效”。安全和有效这两个标准加起来，厂商就不容易满足了。

大家会说提高食品和药品的质量总是好的，但经济学的分析告诉我们，凡事都有成本。与销售利润没有任何牵连的审批官员，他们确实不会像商家那样追求利润，但他们追求产品的极致安全，而追求产品的极致安全，本身是有成本的。

其中的时间成本就不可低估。官员越是谨慎，审批的时间越长，新药上市的时间就越晚，而许多病人因为吃不到新药病情恶化了，或者他们只能吃市面上那些质量相对差的药，副作用加大了，但这些都没有纳入监管官员的绩效考核中去。

药物滞后（drug lag），是FDA监管当中发生的一个事与愿违的严重社会后果。现在，时不时就有艾滋病人和他们的家属，跑到

FDA 总部门口去抗议，要求加快新药的审批过程。他们说："我们不需要那么安全的药，我们剩下的日子已经屈指可数了，赶快让我们试试那些新药。"

追求过分安全，也得付出金钱和机会的成本。美国有一位叫艾伦·乔（Ellen Chow）的医生发明了一种眼科治疗技术，能够让盲人复明。但是这种手术一直没有通过 FDA 的认证，原因在于这个认证过程得花很多钱，而这位医生没那么多钱。

在市场上，潜在的接受这种治疗的病人本来就为数不多，把他们能够付的钱凑起来，也不够 FDA 审批所要花的钱。一些病人就对着那些来采访的电视台记者说："我们不需要那么安全，我们本来就看不见东西，最坏也就是这样了，让大夫给我们做手术，我们不需要 FDA 来监管。"

当然，FDA 还是要监管的，问题在于监管官员追求的目标跟病人的目标并非总是一致的。

思考题

如果我们让厂商把产品的所有副作用都清楚地列出来，也就是说政府强迫厂商对产品的所有副作用都做出强制性的披露，然后让消费者自己做一个选择，这会不会是一个好的解决安全问题的监管方式呢？为什么？

第 091 讲 | 监管本身也要引入竞争机制

在这一章，我们先讲了信息不对称造成的问题，又讲了市场化的解决方案，也讲了政府在监管中应该发挥的作用。但是我们发现，政府监管本身也会产生问题，有时候它把监管的标准提得过高，也会产生边际成本大于边际收益的后果。这一讲我们接着讨论政府的另外一种监管方式：强制披露（mandated disclosure）。

广受欢迎的强制披露令

所谓强制披露，是指政府命令厂家把产品的所有副作用清楚地列出来告诉消费者，让消费者自己来做决定。

这种办法开始时挺受各方欢迎的。

首先，学者觉得这种强制披露的办法，很适合解决我们今天社会中遇到的复杂问题。产品有不同的特性，消费者有不同的偏好，每个人根据自己的情况做决定，不搞一刀切。如果一刀切，就要求有一个全社会都适用的标准，那样就太难了，成本也太高了。

其次，普通消费者也欢迎，因为它符合自由经济的理念。自由经济的一个很重要的理念，就是认为每个人都应该对自己的福利负责。比如，晚上过了 11 点还不睡觉伤不伤身体？会伤，但有些人就喜欢熬夜，这些人对自己负责就可以了。再比如，有些药刚刚研制出来，还没有经过周全的测试，但有些病人比较喜欢冒险或者他们根本就等不及了，他们要先行先试，也可以。这时，只要厂家把可能的副作用都告诉他们，他们对自己负责就可以了。

另外，政府官员也欢迎这种做法，因为这种做法不会增加多少立法和执法的成本，只要发一个命令，让所有的厂家都把相关的信息披露出来，一张纸就可以了。

大家都会认为，这种做法哪怕效果不是那么明显，至少是无害的。厂家把副作用列出来增加产品的透明度，总归是好事。如果做得不好，我们还有机会再修正，要求厂家披露得再详细一点。

强制披露令为何失败

纸上谈兵容易，但真的实施起来，强制披露令还是遇到了很多问题：

第一，很多人对文字和数字不敏感。在说明书里，如果出现了大量专业术语，还有很多关于剂量的数字，人们就搞不清楚了。

第二，信息负担过重。一个简单的产品，有厚厚的一本说明书，看不过来。

第三，决策厌恶症。如果一个人面临一个决策，他可能会花心思去考虑，两个决策他也可能会仔细再想想，但如果面临50个决策、100个决策，他可能就懒得再去做任何决策了。简单地说，复杂性削弱了强制披露可能带来的好处。

芝加哥大学法律经济学研究中心主任欧姆瑞·本·沙哈尔（Omri Ben–Shahar）教授与其他人合著了一本书，名叫《过犹不及：强制披露的失败》（*More Than You Wanted to Know:The Failure of Mandated Disclosure*, 2014），这本书就举了许多强制披露失败的例子。

我们在电脑上安装音乐管理软件 iTunes 时，会遇到一份电子协议书，我们得同意了才能继续安装和使用。事实上这份电子协议书从来没人仔细看过。欧姆瑞把它拷贝下来，用最小的 8 号字打到 A4 纸上，能打 30 多页那么长。他每次演讲都带着这么一卷纸去给现场的观众看，令人印象深刻。

这么长的协议书是不会有人看的，在这里，强制披露根本没有起到预期的作用。

被误导的消费者

披露的信息过多，还会对消费者产生意想不到的误导作用。

欧姆瑞举了一个非常生动的例子，他说有这么一个实验，这个实验是要让那些被测试者去猜测一罐装满了硬币的瓶子里到底有多少钱。

被测试者分成两组，每一组的测试者都配备了一位专家顾问，这位专家顾问很有经验，能比较准确地猜出一罐硬币到底值多少钱。专家顾问提供参考意见，由被测试者自己决定猜测的数值。

不同的是，在第一组，专家只是给出意见，没说别的，被测试者根据专家的意见做出自己的选择。第二组，专家不仅给出意见，同时也告诉被测试者，他的劳动报酬是跟他所预测的金额相挂钩的，预测的金额越高，分得的利益越高，也就是说他有夸大预测结果的倾向。他提前说明了自己的利益相关性。

实验的结果表明，被测试者们更愿意相信那些提前声明了利益相关性的专家，他们预测的数字更接近专家给出的建议。简单地说，专家把自己的缺点说得越多，就显得越可信。

欧姆瑞还举了一些国外常见药品的例子，这些药品也密密麻麻地列出了很多副作用。但是，当人们看见这些副作用以后，反而更信赖这些药品了。

也就是说，一开始看起来既受学者、消费者欢迎，也受监管官员欢迎的强制披露令，事实上在实践中很难达到它的目的。

监管机构也要有竞争机制

为什么会产生这样的问题？原因在于我们通过强制披露令想解

决的是信息不对称的问题，而要解决信息不对称，不是要让每一个人都变成专家，而是通过分工、交易的办法，让那些专家来提供信息的收集、整理、分析服务。

我的看法是：垄断性的监管机构很难在信息高度复杂的社会里，为情况多样的消费者做出正确决定。

解决的办法是什么？为监管引入竞争。监管机构不能只此一家，别无分店，而是应该多家竞争。不同的认证机构根据不同的标准、不同的风格、不同消费者的偏好给出认证，消费者不需要知道具体的知识，他们只要选择不同认证机构的品牌就可以了。让监管机构之间也形成竞争的态势，让它们的专业判断成为一种商品，在自由竞争的市场上互相比较，供消费者选择。这是让“专业知识”和“选择自由”得到协调的好办法。

思考题

经济学家弗里德曼很多年前就建议，要取消统一的、由官方发放的医师职业认证，改为由不同的医院发放职业认证。

不是不要认证，而是不同的医院有不同的认证标准，有些高一点、有些低一点，有些保守一点、有些激进一点，从而让不同的认证标准之间展开竞争。你认为这种做法是否可行？为什么？

第9章 合作

为何同工不同酬

从信息不对称的角度来看，企业的场景尽显文明之光。

理解了经济学眼中的企业，就能深刻地理解什么叫文明。企业构造了许多精妙的人际关系规则，让人们能够以非常体面、迂回的方式进行竞争，进行合作，进行生产和创造。

决策权｜谁来当老板

第 092 讲｜企业的团队本质

信息不对称，讲的是人与人之间既要合作，又要防止互相欺负、互相牵制、互相支配、互相敲竹杠的问题。我们也可以从这个视角出发来理解企业的本质。

解释之一：企业存在是因为有交易费用

为什么会有企业存在？一个人要到企业里工作，需要放弃很多自由，还得听人指挥，而如果在市场里单干，就能够自己做主，爱干什么干什么。那为什么很多人会选择企业，而不选择自己单干呢？

经济学家科斯写了一篇重要的论文《企业的本质》（The Nature of the Firm, 1937）。在这篇文章里，他提出了这个看上去有些天真的问题，然后给出了一个非常深刻的回答。

他说人们之所以要进入企业工作，而不在市场里单干然后互相交易，原因在于市场有很高的交易费用。如果单干的话，需要每天跟很多的陌生人打交道，跟别人讨价还价，才能把产品或者服务卖出去，每天都要应付各种各样不靠谱的行为。

而如果进入企业工作，上面说的这些成本就会大大缩减：每天跟熟悉的人一块工作，互相信任，配合会越来越好；我们付出的劳动力，一次性地批发给企业，不用每天、每个小时、每件工作都去议价，议价的成本基本上都省下来了；企业内部有各种各样的规章制度，企业的经理也可以协调解决内部的问题和冲突，做出适当的奖惩。

因而，市场上存在巨大的交易费用，企业内部的交易费用则很低，这是人们愿意放弃自己一部分的自由和权益，进入企业、听别人指挥的原因。

交易费用限制企业规模

但紧接着又产生了一个新的问题。既然进入企业能够节省交易费用，而企业之间进行交易仍然有大量的交易费用，那为什么企业与企业之间不进行不断的合并，最后变成一家超级大的企业呢？这样不是可以极大地节省交易费用吗？为什么我们还会看到有那么多的企业并存，这些企业没有选择无限地做大呢？

科斯接着又做了回答。他说企业之所以不会越做越大，是因为企业内部也有管理成本，管理成本会随着企业内部员工人数的增加而急剧增加。

科斯的理论非常简单。为什么人们会进入企业工作呢？因为市场有交易费用。为什么企业不会无限做大呢？因为企业内部有管理费用。这就是科斯的企业理论。

解释之二：企业存在是因为团队效应

而对于社会上到底为什么会形成企业，还有另外两位著名的经济学家也做出了解释，一位是我们熟悉的阿尔钦，另外一位是德姆塞茨，我们在讲产权兴起时也提到过他的贡献。

这两位著名的经济学家在《美国经济评论》上发表了一篇文章，题目是《生产、信息成本和经济组织》(Production, Information Costs, and Economic Organization, 1972)。

在这篇文章里，两位经济学家说之所以有企业，是因为企业是一个团队，而团队具有这样一个明显的特征：团队能够带来比每一个成员的产出之和还要大的产出。有一组资源，把它们凑在一块带来的效用，比这一组资源中每个要素所能带来的效益加起来还要大，这就是一个团队。

两个球队一起打一场比赛，它带来的娱乐效果，要比球队中每一位球员轮番上场表演所带来的娱乐效果之和大，所以球队是一个团队。

一个交响乐团演奏一首交响乐，要比每一个成员轮番上场表演加起来的效果好，所以交响乐团是个团队。

一杯苦的黑咖啡再加上一块甜的芝士蛋糕，搭配起来享用给人带来的享受，要比我们单独嚼咖啡豆、喝点水、吃点面粉，再吃点糖，再嚼一块芝士，带来的享受要大得多，所以黑咖啡加上芝士蛋糕是一个团队。

一盘麻婆豆腐好吃，它要比我们先吃豆腐然后再吃调料感觉要好得多，所以麻婆豆腐也是一个团队。

换句话说，这两位经济学家认为，团队具有一种神秘的功能，它把东西加起来以后，就会无中生有地产生一些新的效用，使得团队能够带来比每一个要素所能带来的效用加起来还要大的效用。

而这些新的效用，是没办法全部逐一追溯到构成这个团队的每一个要素上去的。一首交响乐很好听，但无法说出这首交响乐到底谁的贡献大，整个效果是每一个要素加起来一起产生的。球赛、咖啡芝士蛋糕、麻婆豆腐也都如此。

科斯、阿尔钦和德姆塞茨，三位经济学家提供了两种不同的理论，你喜欢哪种？我自己则更喜欢阿尔钦和德姆塞茨的理论。

边际贡献决定单个成员在团队中的贡献率

阿尔钦和德姆塞茨的理论，认为团队能够无中生有地产生一些新的效用，这是人们结成企业的根本原因。

接着便产生了一个问题：如何判断团队中每个成员对团队产出的贡献？例如，一首交响乐，是不可分割的、浑然一体的产品。那在这个团队中，乐团指挥的贡献到底有多少呢？

阿尔钦和德姆塞茨的回答是：要看边际贡献。同样一个乐团由不同的人指挥，这个人带来的边际收益，就是乐团指挥所带来的边际贡献。同样是柏林爱乐管弦乐团，卡拉扬指挥一场，别人指挥一场，没有人指挥的情况下再表演一场，看这三场演唱会的收入就会知道，有了卡拉扬整场音乐会增值多少，没有指挥的情况下它的价值是多少，由别人指挥这场音乐会贬值多少。

简单地说，企业是能够无中生有地带来额外收益的一种经济组织，每一个成员的收入取决于他对团队的边际贡献。当然，在企业里面每个人的边际贡献，并不是印在每个人的额头上，一望而知的，所以每个企业人力资源部的工作人员，都会通过各种线索，来判断每一位员工对企业的边际贡献，从而给他们厘定工资。

思考题

既然团队的每一位成员都对团队的最终产品有贡献，那么他们应该都是平等的。那为什么在团队里面，也就是在企业里面有些人整天指手画脚指挥别人，而有些人却要听从别人的指挥呢？

第093讲 | 谁来当老板：资本和劳动力

既然团队中每个成员都对这个团队有贡献，那么他们的地位就应该是平等的。为什么在企业中，有人负责发号施令，而有人就得听从指挥呢？

人们为什么不会争着当老板

新员工入职时，都会拿到一本厚厚的员工手册。这本员工手册告诉他该做什么、不该做什么。但是新员工入职时，却不会给老板一本相同厚度的老板手册，指明老板应该做什么、不应该做什么。由此很多人得出一个看上去很合理的结论，那就是资本家通常都有能力支配、指挥劳动力，由此推论，资本家天然具有剥削工人的倾向。

但问题是，如果资本家天然就可以剥削劳动力，那为什么人们不去争着做资本家呢？

你可能会说当资本家需要有资本，但事实上资本家有大有小。现在的打工者年薪一般是几万元、十几万元、几十万元，而像苹果、微软这样公司的 CEO（首席执行官），他们的收入是千万级别的，他们仍然在打工。而要当一位小老板，可能投资一两万元就可以了，为什么大家不争着去当小老板呢？

资本与劳力：谁是弱者谁当老板

我们在“特许经营合同中的强者和弱者”一讲中提到，因为加盟店更容易欺负总店，总店才会签订不平等的条约，来加强弱者（总店）的地位，削弱强者（加盟店）的地位。

合同中反映出来的强者与弱者，跟现实状态中的刚好相反。医生和病人之间有这样的关系，餐厅和顾客之间、老师和学生之间都有这样的关系。表面看上去的弱者其实是强者，表面看上去的强者其实是弱者。

那在企业中，是资本家强还是劳动力强？谁更容易牵制、操控、剥削对方呢？

我们知道在一个团队中，劳动力和资本要形成良好的搭配才能够有效率。而资本家建好工厂、铺好生产线，把资金投入以后，他们基本上就没有退路了。东西已经在那个地方，他们想撤并不容易。而劳动者投入的是他们的劳动，他们随时可以付出，也随时可以收回。

一个有趣的对比是：资本家所投入的无论是厂房、生产线还是资金，他的脑袋无法安在这些资本上面，他不可能 24 小时看着自己的资本；而劳动者付出的刚好是劳动力本身，他的脑袋长在他的身体上，随时可以掌控他所提供劳动力的品质和数量：偷懒很容易，假装卖力很容易，多吃多占也很容易。因此我们说在资本和劳动力之间，资本往往是弱者，劳动力往往是强者。

企业管理的本质：防止劳动力滥用资本

到此，我们就能够回答上面提出的问题：在一个企业里谁当老板？

第一个准则是，谁提供的资源更容易被滥用、被支配、被牵制，这种资源的所有者就充当老板。而与此对应，那些更容易偷懒、更容易滥用别的资源、更容易虚张声势假装卖力的资源所有者，会充当被管理者的角色。

当我们把资本和劳动力做比较时会发现，资本是更容易被欺负、被滥用的；而劳动力则更容易偷懒、更容易滥用资本。企业管理的核心问题，就是如何防止劳动力剥削、滥用、操控资本，而不是相反。大量关于企业管理、企业文化建设的经验，目的都只有一个，那就是让劳动力的利益向资本的利益看齐。

思考题

（1）在创新创业的热潮当中，究竟是资本追逐创新，还是创新追逐资本？资本家和创业者，到底谁更需要谁？

（2）在经济不景气时，资本雄厚的大企业为什么往往会裁员而不是增员？

扫码试听本讲

第 094 讲 | 谁来当老板：专用资源和通用资源

上一讲我们介绍了在企业内部，资本和劳动力之间应该由谁来当老板的第一个准则。我们说，在企业里哪一种资源更容易被支配、被滥用，这种资源的所有者就应该成为指挥者。这一讲我们来解释第二个准则。

专用资源与通用资源：谁更在乎企业成败

我们先来设想一下：我在某家汽车制造企业担任设计师，专门设计汽车外形。我花了几十年的时间钻研这么一门学问，知道车怎样才好看，知道如何减少空气阻力，怎么才能省油，汽车在高速行驶时怎样才能更稳定。

除了设计师，这家企业里还有很多其他的工种，行政秘书、出纳、保安、门卫、清洁工……那么我跟他们在一起，谁更可能是企业的管理者呢？答案是，我更可能是企业的管理者，而他们是被管理者。

为什么？仅仅是因为我提供的人力资本比较稀缺吗？不见得。在一个企业里，很多工种的人数也非常少，比如保安和门卫人数就不可能很多，负责内部审计的人也非常少。这些审计、门卫，不可能因为人数少就成为企业的经理。

我们提供的同样是劳动力资本，但是我所提供的劳动力资本跟行政秘书、出纳、保安提供的有一个很大的不同，那就是如果我们共同服务的这家企业经营不善倒闭了，我们各自的再就业前景很不同。

如果这家汽车制造商倒闭了，专门负责汽车外形设计的设计师，也就是我，在世界上还能找到几家同类的汽车制造公司给我提供类似的职位呢？

是的，奔驰如果倒闭了，那还有宝马，还有英菲尼迪，还有特斯拉，还有宾利，但是也就屈指可数的这么几家。如果不在这些企业工作，我的收入肯定会大减，我所积累的人力资本就会大大贬值，因为我的本领在别的地方基本用不上。

但是刚才我说的其他同事，行政秘书、出纳、保安，他们可以获得类似收入的工作有多少？很多，可以说成千上万。他们不在微软工作可以到苹果工作，可以到谷歌工作，而且他们在这些不同的公司里发挥的功能差不多，获得的收入也差不多。

经济学家把那些高度依赖于所在企业平台的资源，称为企业的专用资源（firm specific assets）；而把那些无论放到哪个企业平台都能发挥差不多的功能、获得差不多收益的资源，称为企业的通用资源（firm independent assets）。

如果我们让企业专用资源的所有者来充当企业的管理者和决策者，而让那些通用资源的所有者接受命令、服从管理，这时那些专用资源的所有者，因为更在乎企业的成败，就会成为更好的掌舵人。

专用资源必须在特定平台上发挥作用

我们要强调的是，企业的专用资源必须是在特定的平台上才能发挥作用。

以我为例。我是一位经济学老师，过去花了很长时间钻研一门学问，我擅长给学生讲解什么才是地道的经济学思维。但我必须在一个非常独特的环境里、非常独特的平台上，才能发挥我的价值。一般说来，我要在大学里——在一个已经解决了信息不对称问题、已经招收了好多学生、已经建立了讲台、已经安排好上课时间的环境里，才能发挥我的所长。只有在这样的条件下，我给同学们讲解需求曲线为什么一定是倾斜向下的，大家才觉得有意思、有收获。

杰克逊与灯光舞台

再举一个例子，美国的大歌星迈克尔·杰克逊（Michael Jackson）也是劳动力的提供者，而他做一场秀则还需要大量的资本，包括灯光、音响、舞台和特效等。这时谁是这个团队的通用资源，谁是专用资源呢？

杰克逊本人当然是这个团队的专用资源，他知道自己的舞姿稍有瑕疵，就会显著影响他受欢迎的程度，影响他的收入。他如果不当歌星，离开舞台，他的价值就会极大地降低。

而相对的，那些提供舞台、灯光、音响设备的资本家，他们所提供的这些资源其实就是团队的通用资源。一个麦克风给杰克逊用可以，给其他歌星用也可以。

因此，在杰克逊和这些资本家构成的组合里，杰克逊虽然是劳动者，提供舞台、音响、灯光的是资本家，但杰克逊具有更大的决策权，杰克逊说了算。

要注意的是，这个原则（企业通用资源和专用资源的权衡），跟上一讲介绍的原则（当资本和劳动力相遇，通常是资本所有者当老板），就有一定的冲突。我们需要根据具体的情境，来决定采用哪一个原则，从而决定谁来当老板，即谁来运筹帷幄和发号施令。

资深律师与年轻律师

我们再看一下在律师事务所里，哪些是企业的专用资源。是律师事务所的办公楼吗？家具吗？电脑吗？写法律文书的本领吗？还是资深律师的客户名单？

一个律所最核心的资本，当然是资深律师的客户名单，资深律师走到哪儿这份名单跟到哪儿，业务就跟到哪儿，而其他都是从属的。所以在律所里，资深律师被称为合伙人，他们是企业的专用资源，他们说了算。

而其他资本的提供者，包括那些年轻律师，他们虽然也提供专业的本领，但他们的专业本领太同质化了、太通用了，放到哪个律所里价值都差不多，他们就在更大程度上处于从属的地位，得根据指令来工作。

职业确实没有高低之分，那些所谓的老板、发号施令的人，他们之所以这么做，是因为他们承担着更大的风险。如果企业倒闭，他们所拥有的资本，不管是人力资本还是有形资本，放到别的地方去都会大打折扣。而那些企业的通用资源，基本上到哪儿都能够旱涝保收。

我们每个人，是应该努力把自己变成企业的专用资源，还是变成企业的通用资源呢？这得视个人具体的条件、情况和偏好来定。但不管怎样，更多地让专用资源的所有者成为企业的老板，或者说企业的管理者，是一种妥善解决信息不对称问题的普遍的制度安排。

思考题

根据你的工作性质，你觉得你是属于通用资源，还是专用资源呢？你更愿意成为通用资源，还是专用资源？

第 095 讲 | 谁来当老板：固定收入和剩余索取

前面我们讲了在企业里面谁当老板的两个准则：第一个准则是

哪种资源更容易被滥用，这种资源的所有者充当老板；第二个准则是区分企业的通用资源和专用资源，企业专用资源的所有者更在乎企业的成败，因此应该让他们来掌管企业。

这一讲我们继续讲第三个准则，即通过区分固定收入和剩余索取来支付报酬。

一明一暗带来的监督难题

很多年前，张维迎老师曾经举过一个非常生动的例子。

假定有两个人共同构成一个企业，他们一起生产某种商品。这两个人分别负责两道不同的工序：负责第一道工序的工人需要在阳光下干活，而第二道工序的工人则要在黑屋里工作。

在第一道工序工作的工人，到底有没有卖力、有没有偷懒，黑屋里的那位工人是能够看见的。但反过来，黑屋里的那位工人，工作有没有努力，阳光下工作的那位工人是没办法监督的。

一个在明，一个在暗。

假设这两道工序对产品的贡献都是 5 元钱，这个产品最终的价值就是 10 元钱。这两道工序的工资就应该是各占一半。如果最终的产品生产出来值 10 元钱，那阳光底下的工人拿 5 元钱，黑屋里的工人也拿 5 元钱。

但问题是，由于黑屋里工作的工人不受监督，工作会偷懒，这时他的贡献可能只有 3 元钱，那么整个产品卖出去就只值 8 元钱。如果还按照对半分成的分配方案，那么阳光下的工人虽然卖力工作，也只能得 4 元钱；黑屋里的工人虽然偷了懒，他的实际贡献只有 3 元钱，但也得了 4 元钱。外面的工人亏了 1 元钱，里面的工人赚了 1 元钱，这不公平。

如果你是制度设计者，你会怎么解决这个问题呢？

大家可能会说实行轮岗，里面的人有一段时间到外面工作，外面的人有一段时间到里面工作。但这未必实际，因为我们知道，每一份工作都需要经过长期的培训和许多经验的积累，我们不能有两天在车间工作，有两天到办公室工作，还有两天到厨房工作。专业分工这个假定不能改变。

大家也可能会说，能不能派一个人到黑屋里去监督？我们说不行，因为我们所做的这个假定不能改变，即这个人在黑屋里工作卖不卖力是没办法监督的。

大家可能还会说，那我们通过绩效考核（KPI）的办法，来确定里面的人到底有没有卖力，可以吗？这个办法也不可行，因为绩效考核标准的制定本身是根据每个职位应有的贡献来决定的，是我们先知道了每个职位应该贡献多少，企业才会制定相应职位的绩效考核标准。而在刚才的例子中，我们说在黑屋子里工作的人肯定是要偷懒的，如果他总是偷懒，那么人们就会以为，在黑屋里工作最多就只能做 3 元钱的贡献，因此给里面的人的绩效考核标准就是 3 元钱，结果他真的就做了 3 元钱，大家以为他已经尽力了。所以通过绩效考核，还是不能解决黑屋里工作的人持续偷懒的问题。

以“剩余索取权”激励难以监督的合作者

有一个办法能够很好地解决问题，那就是通过固定收入和剩余索取权的区分来支付报酬。

每当这个企业生产出的产品卖了 8 元钱，这 8 元钱先支付外面那个工人——那个提供的劳动力很容易被监督、衡量、计算的工人——的工资，赚了 8 元钱后先分给他 5 元钱。

外面这个工人的工资，是按照他的投入来计算的。为什么？因为他的投入容易观察、容易衡量、容易被监督。赚来的 8 元钱，付完这 5 元钱的固定工资以后，剩下的给黑屋子里的人。在黑屋子里工作的人，被经济学家称为“剩余索取者”（residual claimant）。

剩余索取者的收入不根据他们的投入来计算，而根据企业产出——剩余的利润——来计算。企业剩下多少他们拿多少，他们越努力企业剩下的就越多，他们得到的就越多。因此不需要再有人监督他们的工作，监督他们到底卖不卖力。他们自己监督自己。

企业中有很多管理工作，都属于这种在黑屋子里工作的性质。一位企业经理，一上班就把自己关在办公室里，百叶窗一拉，在里面干什么谁都不知道。

他给别人打电话，别人是客户还是朋友？中午约人吃饭，是在发展个人友谊还是发展公司关系？到了周末还到北大上 EMBA（高级管理人员工商管理硕士）班，这到底是为了提高自己的人力资本，还是对企业的发展有贡献？谁说得清楚？永远不可能有明确的衡量标准。

怎么办？我们让这种人拿企业剩下的利润，让他们自己监督自己。因此在企业里，对这种工作业绩很难用固定的方法来衡量的人，最好的办法是让他们当自己的老板，让他们成为剩余索取者。

制度经济学，让人耳目一新的科学分支

我们接连三讲的内容，从信息不对称的角度，解释了在一个企业里什么人来当老板的普遍问题，我们的答案跟以前在别的地方学到的非常不一样：（1）我们看哪种资源更容易欺负别的资源，让那种容易被欺负的资源的所有者当老板；（2）我们看哪种资源是企业

专用的资源，我们让这种资源的所有者当老板或者管理者；（3）我们看哪种资源的投入容易观察、衡量与监督，我们对这种资源的所有者先给予固定的回报，而对于那些不容易观察、衡量与监督的资源，我们对其所有者采取剩余分配的方式，让他们拿企业剩下的利润。

我们这个单元讲的所有这些企业理论，都是非常新的经济学的发现。

在过去很长时间里，经济学家关心的都只是一些非常宏观的经济概念，比如说GDP、汇率、失业率等等。在他们眼里，像企业、家庭、组织、政府这样的机构看起来都不过是社会大生产当中的一个黑盒、一个原子，它里面没有固定的结构，只要投入就能有产出。

而经济学家是在大约50年前，才开始深入研究这些不同的机构、组织内部的治理关系，刻画、描述、解释这些组织内部的责权利关系。

这门学问在经济学里就被统称为“制度经济学”，这是一门让人耳目一新的分支学科，它的研究成果在今天很多流行的经济学教科书里，还没有得到充分的反映。

思考题

人们在规则越多的公司里面工作越卖力，还是在规则越少的公司里面工作越卖力？

收入分配 | 政府是否应该劫富济贫

扫码试听本讲

第 096 讲 | 收入的高低和节奏由什么决定

劳动力获得的报酬不仅有金额高低的问题，还有发放的节奏问题，不同的行业、不同的工种有不一样的收入节奏。这一讲我们将解释劳动力收入的高低以及收入的节奏是由哪些因素决定的。充分了解这些因素，能让我们在看到各种各样工资收入差异时，保持理性的态度。

员工的议价能力取决于他在别处的机会

一个人的收入高低是由什么决定的呢？

员工在一个企业里的议价能力，取决于他在别处的机会。他在别处的机会越多，他在这个企业里议价的能力就越高，因为他随时可以选择离开。而如果一个人在别处的机会已经用尽，目前的收入已经是众多选择里最高的了，那么他就没什么议价能力可言，只能老老实实待在这个企业里工作。

但像月嫂这样看似散兵游勇的职业，近年来工资却越来越高了。这是为什么呢？那是因为总有别的人在别的地方给她们开更高的工资。因而哪怕月嫂没有形成一个组织，没有进行什么集体议价，她们的工资也仍然节节上升。

边际贡献决定团队成员的收入水平

我们在讲肥猪丸的故事时，提到有一位教授发明了一种肥猪丸。一颗肥猪丸能使猪多长 100 斤，那么这位教授的收入应该约等于他带来的额外贡献，即接近 100 斤猪肉的收益。这是决定收入高低的一个非常重要的原则——任何个人在团队里得到的回报，跟他给这个团队带来的边际收入应该相称。

出租车司机收入和份子钱高低无关

根据这个原理，我们也讨论过出租车司机的收入跟份子钱之间的关系。

份子钱是由出租车的专营权决定的，它是垄断权带来的收入。如果我们硬性地修改专营权所有者和出租车司机之间的合同，硬性地提高出租车司机的收入，那就会吸引其他行业的劳动力来竞争这些职位。这些新来的竞争者最终还是会把出租车司机的实际工资压低，把他们应得的收益还给经营者。

在一个团队里谁拿多少，是由他们带来的边际收入决定的。专营权这种垄断权也是带来收入的一种资源，它该得多少，也是由市场的力量决定的。

信息费用高低影响收入分配方式

我们之前还讲了收入分配的一种方式，那就是在一个企业里，有的人拿固定工资，有的人拿剩余的收入。

有些人的工作绩效比较容易衡量和监督，这种人就根据他们工作的投入来获取工资回报，拿固定工资。而另外一种人，他们对企业的贡献很难衡量、很难监督，这种人就后拿收入，拿企业剩下的收入，他们被称为“剩余索取者”。

这里的一个核心要点就是，工资是由市场的力量、市场的规律来决定的，而不是由老板的慷慨或者贪婪决定的。

时薪、月薪与年薪的区别

我们再来看，收入的节奏是由什么因素决定的。

如果我们仔细观察不同的职业，它们的工资支付方式有很大的不同。例如，有些工作叫小时工，是按小时计算的；有些工作叫计件工，是按产量来计算的。

还有一些工资支付的时间要长一点，工资按月支付；再长一点计算的就是年薪。时间跨度越大的薪水，给人的空间就越大。空间越大，人的灵活度就越高，就越有机会做一些新的尝试，眼光也越长远。例如，教授拿的是年薪，就不需要每天都有贡献，这样就有机会做一个周期长一点的科研和教学计划。

以投入与产出划分收入节奏

有些工作是按照投入来支付的，只要干了就有收入。扫地的工作、打字的工作、营业员的工作，付出了劳动就获得收入。

但有些工作却不是按照投入来支付的，而是按照成果来支付的。一些歌唱比赛的第一名可以获得一份唱片公司的合约，从此名闻天下，第二名、第三名就几乎什么都得不到了。这种工作风险性很大，它根据结果来支付报酬，与前期投入多少几乎没有关系。

工作品质鉴别难度决定收入节奏

我们再来看另外一种有趣的现象。在一部电影拍摄过程中，群众演员和大明星的收入都是在很短时间内就支付完毕的。群众演员拍电影时可能就已经拿到收入，明星在电影上映以后不久也应该能拿到已经产生的收入。

与此相对，大学老师的收入是在很长时间里支付的，很多大学老师签的是终身合约。为什么演员不签一个终身合约，一辈子做演员、一辈子做明星呢？而教授为什么不一下子拿一大笔钱，而是要把工资收入摊在一个漫长的时间里，一直拿一份不太高的收入呢？

那是因为演员所提供的产品的品质很容易鉴别。一部电影受不受欢迎，几乎在电影上映几天后就能够知道；但是学者的作品，无论是论文还是思想观点，往往需要很长时间的鉴别、评估和比较，人们才能够正确地认识他们所做的贡献大小。

我自己做过一个不完全的统计，我把自己喜欢的诺贝尔经济学奖得主得奖的时间跟他们得奖作品的问世时间计算了一下，发现其中最幸运的得奖人，其作品发表 19 年以后就获得了诺贝尔奖；运气最差的那位，等了 40 年才获奖。

经过了这么漫长的时间，他们的生产力往往已经下降了，如果根据人们最后的评估来决定他们的收入，那可能会产生许多不对称、错位的现象。

因此人们想出一个解决的办法，那就是先让教授们工作一段时间，当他们的绩效达到一个基本水平以后，学校就跟他们签订一个长期的合同，工资虽然不算高，但他们也能够衣食无忧，安心做研究了。

产权保护需要决定收入节奏

有些收入是当场给的，有些是终身给的，这个跨度还不算最大，还有些收入是代际支付的，在两代人之间支付。

例如，以前的师父跟徒弟之间的关系，徒弟在很长时间里获得的工资都很低，不仅低，还要有各种各样的付出，来赢得师傅的赏识。加起来，工资甚至是负数。原因之一是师父的手艺往往得不到知识产权的保护，一旦教会了徒弟，师父就没饭吃了。所以师父教徒弟时会特别小心，他选的不是普通徒弟，而是忠心耿耿、像儿子一样的徒弟。

这种师徒关系就要经历一个很长时间的训练期、试用期，等到师父完全放心了或者师父根本就做不动了，他才会把生意的命脉交给徒弟。可能有人会说这徒弟不是亏了吗？其实徒弟没亏，多年媳妇熬成婆，当徒弟成了师父以后，他就可以“剥削”下一代的徒弟了。

只要这个风俗习惯、这个传统能够一代一代地传承下去，那么谁也不会亏，谁也不会赚。问题就在于，如果这种传统忽然间发生改变，那么就会有赢家和输家。

例如一个老徒弟，好不容易当上了新师父，这时传统上的师徒关系被打破了，这位新师父就要蒙受亏损了。

这跟社会上另外一种现象也很像。过去我们都尊重老人、孝敬老人，以此类推，自己的子女长大以后，他们也会孝敬我们。而现在习俗忽然发生了改变，父母不再依靠子女来赡养，子女长大就有他们的天地了。在这个年代里，上有老下有小的人，他们可能就要蒙受亏损了。

高估一年与低估十年

由于节气和日历的存在，人们习惯每年都总结过去、展望未来。但是，职业发展的节奏与节气和日历无关，所以人们在做年度展望时，往往会高估了一年所能够做的事情，而低估了十年或者更长时间所能够积累的变化。

想要吃鱼，空手去岸边摸鱼，摸的是小鱼。但如果能有余粮，那么退而结网，退而造船，就可以出海打大鱼。结网造船，就是迂回生产；扬帆出海，就是迂回生产带来的回报；支撑迂回生产的余粮，就是资本；而从结网造船到撒网捕鱼，就是收入的节奏。

不同的职业，有不同的收入节奏。每个人的发展，都有独特的道路。理解了这一点，我们就能够既随喜别人的成就，也遵循自己的节奏；就不会只看得见别人捕鱼，而看不见别人织网造船；就不会对收获者产生误解，也不会由于自己尚未收获而感到慌乱。

思考题

（1）有些人会说工人的工资实在太低了，因为市场竞争并不完善，所以如果政府规定企业主给工人多付一点工资，这样是能够保障工人最起码的、有尊严的生活的，你怎么评论这种想法和做法？

（2）你比较愿意选择哪一种收入节奏的工作？

第 097 讲 | 事与愿违之同工同酬法

上一讲我们讲了工资收入的高低和节奏都是由市场因素决定的。也许有人会说，市场竞争是不完善的，有很多人的工资其实一直偏低，同工不同酬现象到处都存在。

这一讲我们就来好好探讨一下这个问题。

竞争之下同工不同酬现象趋于消失

在北大上课时，我总是喜欢先发问：世界上是否存在同工不同酬现象？同学们都会异口同声地说“有”。

那好，我们就先来构造一个同工不同酬的现象。我们假设在一个企业里有一男一女两位打字员，两位员工的工作质量完全一样：打字速度一样，错字率也一样，这叫同工。

但是老板是有歧视的，给男员工的工资是 100 元，给女工的工资是 80 元。完全相同的工作，付不同的工资，这就叫同工不同酬。

我们可能从一个角度出发，说这是不公正的，政府应该管一管，立一个同工同酬法，通过法律来保障妇女的合法权益。但我们也可以换个角度看，如果政府不干预，市场会做出什么样的反应。

我们假定所有的老板都喜欢男员工，不喜欢女员工，但总有那么一些老板，在喜欢男员工的同时更喜欢钱。一旦存在这样的老板，他们就多多少少愿意克制自己重男轻女的倾向，招一些女工，因为每多招一位女工他们就节省或多赚 20 元钱。

竞争之下，这些偏见稍微少一点的雇主，他们的竞争力就会更强。老板越是能够克制自己重男轻女的倾向，他的竞争力就越强。换句话说，老板越贪钱，他重男轻女的倾向就越弱。

我们之前在讲歧视时也讲过这个话题，如果那些少数派——无论是性别上、性取向上的少数派，还是个人宗教信仰上的少数派——遇到一位唯利是图的雇主，那就是他们的福音，因为这位雇主以貌取人、戴着有色眼镜判断别人的倾向会比较弱。

最后的结果是企业之间由于竞争的压力，不得不去雇用女员工，越是竞争激烈的地方女员工就越吃香，女员工的收入就会节节上升，最后接近男员工的收入。

哪里存在同工不同酬现象，哪里就存在廉价的优质员工。市场竞争的压力越大，雇主寻找廉价优质员工的积极性就越足，结果会使得同工不同酬的现象趋于减少和消失。这是我要说的第一点。

岗位相同不等于工作相同

有人也许会说，有很多数据表明，女性的收入还是远远不如男性，女性的收入只占男性收入的百分之七八十，这又怎么解释呢？

举个例子。假如我家请了一位阿姨，负责料理家务，她的月薪是 2000 元钱，每个月工作 20 天，平均每天工资是 100 元。这位阿姨有一天和我说："能不能这样，我爱来工作就来工作，来的那天你付我 100 元，不来的那天你就不付钱？"

如果这样的话是她赚了，还是我赚了？答案是她赚了。

我付的这 2000 元，可不仅仅是日薪，而是月薪。我期望的是她在上班时间在岗，随时提供服务。其实她每天的日薪不值 100 元，可能只值六七十元，我付 100 元，要的是一种持续的服务。而她如果爱来不来，她就不能够提供这种持续的服务，所以是她赚了，我亏了。

通过这个角度我们再反过来看，女性收入为什么会低一点。

在一个夫妻双方都工作的家庭里，妻子如果要生小孩，比如连生两个小孩，再把两个小孩养到三四岁，他们上幼儿园了以后，妻子再重新回去工作，那么这当中至少有三四年甚至六七年的时间。

有什么工作是我们撂下六七年回去干还能够马上捡起来的？程序员的工作？投资家的工作？工程师的工作？可能都不是。相反很可能是秘书的工作、图书管理员的工作。也就是那些低风险、低回报的工作。因为家庭的缘故，女性做出了很大的牺牲。

因此从持续工作的角度看，男性和女性提供的工作质量并不完全一样，他们不同工。他们的收入之所以存在区别，是因为从工作的持续程度上看，他们其实不同工。这是我要讲的第二点。

但我要赶紧补充，现在随着科技的进步，大量白领工作涌现，在这些岗位上，女性的禀赋往往比男性强；与此同时，随着医学的进步，生育带来的干扰和风险也在显著降低，加上很多女性也推迟了生育的时间，这解释了为什么近几十年女性在职场中的地位一直都在稳定上升。

同工同酬法让弱者失去竞争武器

让我们再做一个武断的假定，男员工的工作质量就是比女员工高。假定男员工的工作值 100 元，女员工就只值 80 元。请问，这时女员工有没有可能跟男员工展开竞争？答案是，有的，只要女员工要求一个合理的工资就可以了。

如果她的贡献是 80 元，而她要求一份 80 元的工资，那么在唯利是图的老板眼里，这位女员工跟那位男员工就是没有差别的。而如果女员工再少要 1 元，她说我要 79 元就可以了，这时这位女员工就能秒杀那位男员工。

换句话说，绝对竞争能力比较低的人要求一份合理的工资，有时甚至要求一份比市场价格稍低一点的工资，是他们与绝对竞争能力比较高的人展开竞争时的强有力的武器。

但这时如果一个国家、一个地区实施了所谓的“同工同酬法”，那就意味着老板必须付出高额的工资——100 元。既然老板横竖都要付 100 元，那他会雇用谁？

他当然只会请那些配得上这个工资的工人。结果，那种貌似公平的高工资，对那些竞争力实际上比较弱的工人来说，就是一个致命的打击。不管同工同酬法的用意多么善良，在实际效果上，它是剥夺了那些竞争力比较弱的人跟竞争力比较强的人展开竞争的强有力的武器。

这时就会产生一个事与愿违的结果，也就是我们刚才假设的那位女员工，在同工同酬法的保护之下连工作都找不到了。

从经济学的角度看，我们可以针对同工同酬法做三点评论：（1）市场竞争能尽量消除由于性别歧视而引起的同工不同酬现象；（2）男女工作绩效是否相同，必须从多角度进行评估；（3）硬性的同工同酬法会剥夺弱者与强者展开竞争的最强武器，从而导致事与愿违的结果。

思考题

既然同工同酬法是一种事与愿违的法律，那为什么现在还有那么多人在积极推行这种法律呢？

第 098 讲 | 事与愿违之最低工资法

生活中有很多事与愿违的现象，除了同工同酬法，世界各国普遍推行的最低工资法也是一例。

最低工资法之所以在世界各国普遍推行，其中一个原因是它符合大多数人的良好愿望。大多数人会认为，如果没有法律的约束，处于强势的资本家就会随意支付工资，工人得不到应有的报酬。

但从经济学的角度看，这种符合大多数人良好愿望的法律，会导致什么样的后果呢？

最低工资法会导致失业

在最低工资法刚刚实施时，或者在已经实施了最低工资法，最低工资水平在政府推动下进一步提高时，那些刚好顺利找到工作的人得益了，因为他们已经在岗位上了，这样他们就能够获得更高的收入。

但我们在讲需求第二定律时讲过，人是有弹性的，人是会寻找对策的，而且随着时间的推移，他们能找到的对策会越来越多，弹性会越来越强，老板、资本家也不例外。

在最低工资法刚刚开始实施时，老板没有办法，只能多付工资，但是随着时间的推移，他们可能就会增加机器的投入，减少对劳动力的需求。他们甚至干脆把工厂迁到别的地方去，这样当地的工作岗位就越来越少了。最低工资法会导致失业，这是绝大部分经济学家都具有的共识。

最低工资法被用来提高竞争对手的成本

在推崇最低工资法的人当中，有相当一部分是因为他们未能把善良愿望和实际结果区分开来。但还有另外一部分人，他们在身体力行地推动最低工资法，他们是希望通过最低工资法来提高对手的竞争成本的公司或者个人。

如果法定最低工资标准被提高，大公司和大商场基本不会受影响，因为它们的员工工资，本来就高出法定最低工资标准不少，但小工厂和小商场就会受到冲击，因为它们的工人工资本来就比较低，为了达到新的法定最低工资标准，就不得不加薪，而工资成本的上升，可能会危及它们的生存。

黑人经济学家沃特·威廉姆斯（Walter Williams）出版过一本名为《南非的反资本主义之战》（*South Africa's War Against Capitalism*，1989）的著作。书中介绍，在南非那些清一色由白人组成的工会里，工会章程就有这么一条纲领：致力于支持政府针对黑人的最低工资法，因为这是让工会会员保有工作机会的有效手段。

如果最低工资法得到了贯彻执行，法定最低工资水平得到了提高，那么工作机会就会从黑人那里流回到白人手上。白人工会不是爱黑人，而是爱自己；不是关心黑人的收入，而是想要增加黑人的竞争成本。

最低工资法剥夺穷人自立自强的机会

工作机会对于改变人的命运是至关重要的。威廉姆斯说，一个黑人青年只要做到“三不”，就能够找到得体的工作，就能够脱离贫困，出人头地。这“三不”是：不坐牢、不未婚先孕、不游手好闲。

根据统计，在美国没有实施最低工资法前，黑人青年的就业率其实要比白人高。原因是什么？我们前面解释过，能够失得起业、能够挑三拣四、能够付得起寻找下一份工作的成本的人，是那些比较有钱的人、积蓄比较多的人、家庭情况比较好的人，他们通常是白人。

而黑人青年，由于他们的积蓄比较少，家庭情况比较差，他们不得不一见到工作就做，所以曾经有很长一段时间，黑人青年的就业率要比白人青年高。

但是最低工资法实施、法定工资标准逐步提高以后，雇主倾向雇用经验更丰富的工人，黑人青年的就业率就变得比白人青年低很多了。失去了工作机会，也就失去了在社会阶层中逐渐爬升的梯子。最低工资法实际上损害了它本来想要保护的那些人的利益。

思考题

现在很多国家越来越流行一种制度，那就是女性雇员如果生小孩的话，当爸爸的也要放产假，这种政策是女权主义者提出来的。你知道是为什么吗？

第 099 讲 | 基尼系数与收入分配

今天社会上很多人都很关心收入差距问题，认为收入差距本身就是个问题，他们希望通过政府的政策进行收入再分配。这一讲我们就来看一下收入差距的问题。

直观而优美的基尼系数

我们用两个非常简单的图表来解释这个问题。

第一张图里有一个坐标轴，横轴和纵轴由 B 线代表，横坐标代表的是人口百分比，纵坐标代表的是收入百分比（见图 9–1）。

我们从左往右看。如果一个社会里 1% 的人群，其收入占所有收入的 1%，2% 的人群占所有收入的 2%……以此类推，我们就能画出那条对角线，即 A 线，这种社会是一种收入绝对平等的社会。A 线代表的是一个收入绝对平等或者平均的社会状况。

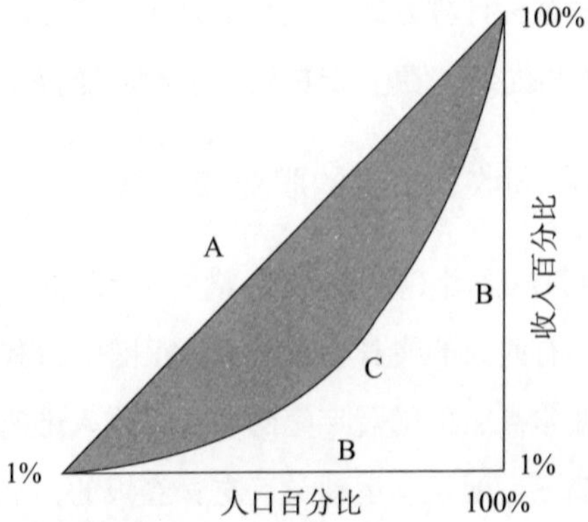

图 9–1

而另外一个极端是社会上 1% 的人群，其收入在所有收入中的占比是 0，2%、3% 及至 99% 的人群的收入占所有收入的比例都是 0，只有最后 1% 的人群占整个社会 100% 的收入。如果是这种情况，那就是收入极端的不平均，这时我们用两条 B 线来表示。

但我们知道，实际上任何一个社会都不可能出现这两种极端的情况。也就是说，他们的收入不可能是绝对平均的，也不可能绝对的不平均。真实社会里的状况，很可能如图中 C 线所表示的那样。

这条 C 线处于 A 线（绝对平均线）跟两条 B 线（绝对不平均的状态）之间。C 线越是靠近 A 线，说明这个社会越接近收入平均的状态；C 线越是靠近两条 B 线，说明这个社会的收入越不平均。

C 线跟 A 线所构成的区域面积，这时就被经济学家非常巧妙地用来表示一个社会收入不平等的状况。这个区域的面积越大，这个社会收入不均的状况就越严重；区域的面积越小，这个社会就越接近于收入平均、平等的状态。这个区域的面积，经济学家就用基尼系数来表示。

基尼系数的这种计算方式在数学上是非常漂亮的，充分体现了数学方法的简单和优美，但它在经济学上却很成问题。

在现实中具有不同收入节奏的职业和人群

我们再来看第二张图（见图9–2），横坐标是年龄，纵坐标是收入。

这个社会上有些人的终身收入节奏，跟图中的B线相符，他们在年轻时收入非常高，但随着年纪的增长，收入迅速下降，到了中晚年收入几乎为零。明星、运动员、吃青春饭的，都属于这种“少年得志”的类型。

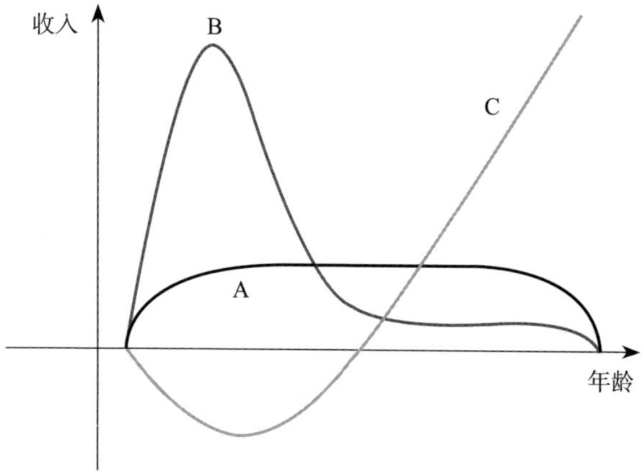

图 9–2

注：A线（平平淡淡型）：早工作，早受益，低风险，稳收入；B线（少年得志型）：大部分收入集中在中青年以前；C线（大器晚成型）：大部分收入集中在中青年以后。

另外有一些人，他们终身收入的节奏跟图中的A线相符，一直很平稳，既不上也不下，比如公务员、事业编制的老师、洗碗工、体力劳动者等，都属于这种“平平淡淡”的类型。

还有一种人，他们终身收入的节奏是用C线来表示的，一开始有相当长时间是在负的区域，也就是说他们年轻时很长时间是负债的，但是随着年纪的增长，他们的收入稳步提高。博士、医生、教授等，都属于这种“大器晚成”的类型。

不能以瞬间收入衡量收入差距

那么，人们在这三种不同的职业类型中，到底选哪一种才最好呢？

我们前面讲利息理论时讲过，人追求的不是瞬间收入的最大化，而是终身收入的最大化。人们应该根据自己对未来的预期，选择那些能够使自己终身收入最大化的职业，也就是说要选择那些曲线在坐标轴之上的面积减去坐标轴之下面积之差最大化的职业。

人对未来的预期不一样，选择的职业就不一样。当然，人的兴趣不一样，选择的职业也不一样。这时我们再回过头来看基尼系数的计算方法，会发现它有一个致命的缺陷，那就是它算的是瞬间人与人之间收入的差距。

从图9–2可以看出，事实上，在任何一个瞬间，人与人之间的收入都是有差距的，有时候B线比C线要高，有时C线又比A线和B线都要高。不管我们选哪一个瞬间，看到的都是社会收入的不平均，而我们完全忽视了终身收入这一个维度，只有终身收入才是更好地衡量人们收入差距的指标。

今天很多人穷的一个重要原因是他们年轻。今天收入中等以上水平的人群，10年前、20年前也是穷人。

这就是我对使用基尼系数来衡量收入差距的批评。基尼系数计算的，只不过是人与人之间瞬间收入的差距。它忽略了一个基本事实，那就是不同的人会选择不同的职业，不同的职业有不同的终身收入节奏。而不同的终身收入节奏，会极大地影响我们在每一个时刻所计算的收入差距。

收入不平均与收入不公是两回事

仅仅通过基尼系数的高低，来判断一个社会收入分配的状况，还会犯另外一个错误，那就是忽视了社会不同阶层之间的流动性。

有很多人喜欢说，今天富人跟穷人之间的差距，比以前富人和穷人之间的差距拉大了。当人们这么说时，忽略了一个重要因素，那就是今天的富人可不是昨天的富人，收入阶层之间是流动的，每一个收入阶层里的人都是变化的。

特别需要注意的是，收入不平均与收入不公，并不是一回事。造成收入不平均的原因有很多，年龄、职业、天赋、勤奋程度、行业兴衰、经济周期等，此外还有一个原因是不公，例如贪污腐化、违法乱纪等。所有这些因素，都会造成收入的不平均。

我们要弄清楚的是，究竟要对付收入的不平均，还是要对付社会中存在的不公？如果要对付的是不公，那就直截了当去对付不公，用不着拿收入的不平均说事儿。

一个社会如果仅仅看见基尼系数上升、人与人之间收入的差距增大，就执行所谓的收入再分配政策，那就不仅不能准确地打击那些不公的行为，反而会使得那些造成合理收入差距的因素，受到不正确的抑制。

思考题

今天的医学越来越发达，人的预期寿命越来越长，退休以后的日子还很长，你心目中退休以后的第二职业会是什么呢？

第 100 讲｜工人违约是否应该成为权利

我们前面在讨论劳动力和资本之间的关系时就曾介绍过，因为资本一旦投入，就很难收回。它也缺乏实时的监管，资本的所有者——资本家——不可能 24 小时守在他投入的资本旁边；而劳动力的主人——劳动者——时刻与劳动力在一起，能够非常自如地控制劳动力的强度和质量。结果是，劳动力更容易欺负资本。以下几讲，我们要更深入地了解劳动力市场的内在规律。

阿拉斯加捕鱼案

在美国劳动关系法中，有一个非常经典的案例——阿拉斯加捕鱼案（*Alaska Packer's Association v. Domenico*, 1902）。1902 年，有一家渔业公司雇用了一批渔民，从旧金山出发到阿拉斯加捕捞三文鱼。他们在出发以前说好了条件，基本工资是 60 美元，每捕一条三文鱼加两美分。到了阿拉斯加，这群渔民就临时要求把底薪从 60 美元提高到 100 美元，不然就不干活了。

捕捞三文鱼是讲季节的，船开回去谈好条件再开过来，就会错过渔期。这时船上渔业公司派来的经理就签了一个合约，说愿意把底薪从 60 美元提到 100 美元。但是这个经理在签合约时，口头上也一再强调，他自己觉得没权签这样的合约。

这群渔民工作完回到旧金山以后，渔业公司不认账了。渔业公司只愿意支付原先答应的 60 美元底薪，而不愿意提高到 100 美元，这时渔民就把渔业公司告上了法庭。那到底是谁违约呢？

从法律角度看，渔业公司的经理答应额外多付的这 40 美元只能算是给工人的一种奖赏，工人并没有提供额外的服务。这种奖赏没有所谓的对价，而是一种礼物。

当时法庭辩论的要点就是：由于没有对价，这样一种单向的礼物有没有法律的约束力？最后法官判定，那额外的 40 美元只是一种无缘无故的礼物（用法律术语来说就是“缺乏约因的礼物”），没有法律的约束力，渔业公司不需要向渔民支付 40 美元。

但是在这个案子的审讯过程中，还有另外一种考虑被提出来，那就是渔业公司所派的这位经理原本可以让船驶回去，回到旧金山重新谈条件。如果到时候渔业公司不答应渔民的条件，渔民违约，对渔业公司造成了损失，渔业公司完全可以起诉渔民。

理论上这种说法好像站得住脚，但实际上渔业公司告这些渔民有一个具体的问题，那就是渔民哪怕是打输了官司，也未必付得起这笔赔款。这种情况在英美习惯法里叫作“judgment proof”，即无执行力判决——不管法院怎么判，法院都拿被告没办法，反正他们就是赔不起。

渔业公司为了防止这种情况发生，只能在现场临时答应这些渔民，结果造成渔业公司自己的被动，反而成了被控诉违约的一方。说到底，遇到这种被工人临时放鸽子、敲竹杠的情况，哪怕官司打赢了，老板通常还是会吃亏的。

工人违约的案例屡见不鲜

这个案子虽然发生在1902年，好像很古老，但其实在1902年以前，就有这样的案子发生。就算是今天，类似的案子也屡见不鲜。

一个葡萄园种好了葡萄等着收割，收割的季节非常短，只有一两个星期，工人需要在这一两个星期里把全年的葡萄采摘完毕。但这时工人罢工了，只要他们罢工一两个星期，全年的收获就会泡汤。这种情况该怎么办？

精心装配、高度协调的流水线一旦安装成功，工人就必须每天开工；高温锅炉火一旦生起来就不能再灭，需要一直生产。但这时工人要罢工，怎么办？

学校好不容易把学生招来，坐在教室等着上课，这时老师忽然跟院长说我要涨工资，不涨工资这堂课就不上了。所有的固定投入，从教室到招生都已经安排好了，最后劳动力来敲竹杠，这时该怎么办？

这就是我们前面一再说的，出资本的人和出劳动力的人相比，出资本的人通常会比较吃亏、比较容易被人敲竹杠。但是根据需求定律我们知道，随着时间的推移，人的弹性，也就是寻找不同替代方案的本事会逐渐增加。

资本家、雇主头一次遇到劳动力敲竹杠、违约的情况可能束手无策，只能乖乖就范给工人涨工资。但随着时间的推移，院长就会跟其他的老师提前说好，如果那个老师再次临时敲竹杠，你们就顶上去；葡萄园主会跟别的地方的工人预先说好，如果我的这些工人再临时敲竹杠，我就不用他们了，你们顶上。

可见，老板不是完全没有对策的。

“黄狗合约”有助于劳资双方达成合作

在美国，老板要对付工人临时敲竹杠的一个办法，就是在他们的劳动合同里加一项“我不罢工”条款。每当招工签合同时，摆在工人面前的是两份几乎一样的合同，一份是标准合同，另外一份在标准合同的基础上附加了一个条款，就是保证“我不罢工”。让工人选择到底签哪个。

有些人不愿意冒风险，他们觉得只要勤勤恳恳地工作，能拿到老板答应给的这份工资就很不错了，就会签那个保证不罢工的合约。对这些工人，老板愿意多给一点工资，因为这多给的工资相当于一笔保险费。

只要法庭认可这种合同，雇主就能够通过增加合同条款的方式，避免工人敲竹杠。这种保证“我不罢工”的条款，在过去经常被人讥笑为“黄狗合约”（yellow–dog contract），它的意思是说签这种合约的人太懦弱了，怎么能答应老板说自己不罢工呢？

但我们知道，人与人之间必须互相依赖，才能达成合作，守信、守约是我们能把饼做大的一个关键要素。现实生活中，这种“黄狗合约”不论听上去多么不光彩，它对企业的平稳生产都有很大的帮助。

思考题

你认为工人面对资本家到底应不应该有罢工的权利？如果没有

的话，那工人的权利应该怎样才能得到保障？但如果有的话，资本家的权利又如何得到保障？

第101讲 | 罢工的性质

在工人违约中，我们提到了劳动关系中长期存在的一种现象——罢工。对罢工这种现象，我们也可以从经济学的角度来分析，从而获得非常独特的认识。

罢工的违约性质

人们通常认为，不上班就是罢工，但事实上，不上班，叫旷工；大家约好一起不上班，叫集体旷工；大家约好了再也不干了，叫集体辞职。

那么什么叫罢工呢？罢工有两个特点：第一，是在关键的时候提出不干活，也叫敲竹杠；第二，是自己不干活的同时还阻止别人干活。

正是因为这样，经济学家对西方社会里罢工的描述，跟一般人的看法非常不一样。比如在《简明经济学百科全书》中，关于“工会”这个条目是这样写的：

> 研究工会的经济学家——包括其中公开支持工会的经济学家——通过分析都得出一个结论，那就是这些工会组织只不过是一种卡特尔，它们通过限制公司和企业的劳动力供给，来获得高于竞争市场的工资水平。

经济学家将工会看作是一种卡特尔，也就是垄断组织。只不过美国的反垄断法有一条特赦令，说工会这种卡特尔不在反垄断法限制的范围之内，因为劳动力很特殊。

事实上，在美国历史上对工人罢工的权利的确认，最重要的是1935年的《瓦格纳法》（Wagner Act）。这部法律规定，一旦一个企业确定要成立工会，没有参加工会的工人，也需要参加工会的集体行动。因此那些不愿意参加罢工的工人，最后也只能参与罢工。

1947年，美国又通过了另外一部法案，对《瓦格纳法》做出了修正，这部法案叫《劳动权法》（Right–to–work Law）。《劳动权法》规定工人有劳动的权利，禁止工会强迫那些非工会会员参加罢工。

罢工的经济后果

有些经济学者发现，那些有工会的工厂、可以罢工的工厂，工人的收入比较高，因此得出结论说，罢工能够帮助工人增加集体议价的能力，使得他们的收入增加。

这种看法跟我们前面一再强调的“每一种生产要素应得的回报应该跟它的边际贡献相配”这个规律是矛盾的。

没错，那些爱罢工的工人的工资水平会比较高，因为老板在短期内没办法，只能给这个工资。

但是从长期来看，老板会减少工人的数量，增加机器的投入，所以从全局的角度看，部分工人工资的增长是以其他人的收入下降为代价的。这里所说的其他人包括了老板、消费者、投资者，也包括了那些非工会的、得不到雇用的工人。

另外，既然加入了工会就能享受更高的收入，那么希望进入工会的人就会越来越多，罢工带来的额外利益就会被越摊越薄。

其结果就是已经进入工会的人，会逐渐提高门槛，阻止外部人的进入。

最早的门槛很简单，那就是肤色。美国最早的白人工会为了标榜自己的品质，曾经在产品上印上“白人制造”（Made by White Hands）的标志。当然，这种种族主义倾向的做法今天已经行不通了，但是尽可能地把外人赶出去，保持工会人数的最小化、福利的最大化，这点要求并没有改变。

现在人们采取的是一些更迂回、更隐秘的做法，其中一种非常常见的做法就是实施执业资格准许制度。每一个行业都要进行考试，考试的内容通常都是由这个行业内已经获得执业资格的人来设定的。他们设定的考试标准越来越难，能够通过的人越来越少。

例如，在美国，理发师就要经过培训，拿到执照才能够给人理发。有些州规定，理发师必须先到美容美发学院学满 1600 小时的课程，考完试才能拿到执业的资格，而且每年还要进行年审，还要再交费。

这是我们要讲的罢工的第二个性质，那就是它的经济后果。它确实能够使得部分已经进入了工会或者拿到了执业许可的人增加收入，但同时它会使其他的人，包括老板、投资者、消费者和其他没有得到雇用的人蒙受损失。我们既要看到局部收益的增加，也要看到全局收益的损失。

罢工事与愿违的性质

我们前面花费了大量的篇幅，讲述人类为了解决信息不对称问题发明的种种制度安排，这些安排的目的，都是为了增加互信，从而刺激生产和提高福利。但罢工恰恰是反其道而行之，它的本质就是集体违约，其结果是破坏了雇主和雇员之间的互信。

罢工本来的目的是要帮助工人获得更高的收入，但是由于他们的做法违背了合作的原则，违背了“每一种生产要素应得的回报应该跟它的边际贡献相配”这样一个经济原则，所以长期而言，投资者就会以别的方式、在别的地方寻找替代方案。爱罢工的长远效果，就是连工作的机会都消失了。不难理解，越爱罢工的地方，生产力水平就越容易下降。

思考题

在一个经常罢工的国家比较容易找到工作，还是在一个不经常罢工的国家比较容易找到工作？

第 102 讲 | 工作权利遇到的障碍

人与人之间的竞争，是在各个不同的层面展开的。不同的劳动力之间，首先要比拼的是服务质量。都是做鞋子的，看谁的手艺更好，谁的价钱更低。这是一种层面的竞争。

但竞争还有别的层面。在劳动力市场上，就经常发生用别的办法来打压竞争对手的情况。比如，大家很可能会说，通过诚实的劳动获得收入的工作权利，是一种非常基本的人权，但现实生活往往不是这样，人们在试图行使工作权利时，还是会遇到各种由竞争对手设置的障碍。

竞争者会利用法律来提高对手的成本

美国在劳动法的执行上，有一个非常经典的案子——“面包师加班案”（*Lochner v. New York*, 1905）。

美国纽约州当时有一条法律，规定工人每天的工作时间不能超过 10 小时，每周不能超过 60 小时，超时工作就是违法。

结果有一个小面包作坊的主人就被纽约州政府控告，据说是违反了纽约州的劳动法令，工人每天的工作时间超过了 10 小时。当然，这些面包作坊的工人都是自愿加班的。这个案子的法律争议是：自愿加班算不算一种基本的权利？政府是否应该保护这种自愿加班的权利？

美国联邦最高法院研究了纽约州的劳动法令后认定，纽约州政府的这种劳动法令缺乏合理的依据，它管得太宽了，伤害了雇主和雇员之间自由签约的自由。

自从 1905 年联邦最高法院对这个案件做出判决以后，美国各州的法庭就对 200 多项类似的法律做出了裁决，推翻了这些法律。

后来的学者对“面包师加班案”做了很多分析之后发现，其实面包师的工作时间并没有超过 10 小时。因为这个面包作坊比较小，雇用的面包师比较少，他们就住在面包作坊里。而这些面包师在两班倒的过程中是有休息时间的，但是由于他们没有离开面包作坊，就被当成了一班倒，他们的工作时间就被算成超过了 10 小时。

但为什么有人会针对这样的小面包作坊呢？那是因为那些大面包作坊能够实施非常正式的两班倒、三班倒的做法，每个工人的实际工作时间都可以低于 10 小时，它们因此就倾向于支持这种对工作时间做出限制的法律。因为这种法律影响不到大作坊，对它们的竞争对手，也就是小作坊，倒是能够构成威胁。能够提高小作坊的经营成本，对大面包作坊来说是好事。也就是说，竞争者之间会有意利用法律来提高对方的竞争成本。

竞争者可能设法提高对手的进入门槛

竞争对手也可能会设法提高对手的进入门槛。我们前面提过，行业准入制度的门槛，通常是由那些已经获得执业许可的人来设定的，他们有一个积极的倾向，就是不断地提高准入的门槛。

怎么样才算是一个好医生，怎么样才算是一个好教师，怎么样才算是一个好的美容师、理发师，这些标准本来都应该由市场来决定。如果一味地拔高这些行业的执业标准，最后会使进入这些行业的劳动者人数减少，消费者就会为此付出过高的成本。

但是现在美国存在这样一个现象，那就是就业许可制度越来越流行。美国现在至少有 1/5 甚至 1/3 的职业，在至少一个州里要受到就业许可的限制。

那些建立就业许可制度的人、推动就业许可制度的人，以及为就业许可制度制定实施细则的人，其实就是那些行业内部的人，而不是消费者。这些人存在着既得利益。

就业许可制度的常见要求

就业许可制度通常包括四个基本的要求：个人的身份得符合一定的标准，必须要在正规学校培训，要有一定的经验，要完成必要的考试。

对就业者的身份有要求。美国有很多行业规定从业者必须是美国公民，但实际上很少人知道，要求一个行业的执业者是美国公民这一点是违反美国宪法的。

1981 年，美国联邦最高法院就曾经做过一项这方面的裁决。当时路易斯安那州要求一位医生必须成为美国人以后才能行医。这个案子告到联邦最高法院，最高法院裁决说，美国宪法并没有要求一个人要成为美国人才能够执业，宣布路易斯安那州的规定违宪。

但实际上美国各州有大量类似的法律，不仅要求执业者是美国人，有些甚至还要求他取得绿卡 5 年、10 年后才能执业。这种法律除非有人起诉，除非法院受理，否则不可能被废除。如果没有人起诉，它就仍然在那里发挥着作用。

要求有正规学校的培训。这一点有很多行业实际上是不需要的。在美国首都华盛顿特区就曾经有过这么一件纠纷，一家美发店（Cornrows and Company, Washington, D. C）的店主一直在帮黑人女孩梳小辫子，而华盛顿特区的美容协会三番五次骚扰店主，要他取得牌照，到正规学校接受培训，通过考试。原因是他这个店属于美容店，凡是美容店的从业人员都要进学校学习。这起纠纷斗了好多年都没结果。

执业许可通常要求有经验。关于执业经验的要求，有时候到了匪夷所思的地步。在美国伊利诺伊州曾经发生过这样的事情，在该州当一名管道工所要求的工作时限，甚至要比医学院毕业的学生当上主治医生的时间还要长，直到有人起诉，法庭才叫停了这种做法。

考试也是必不可少的门槛。考试的门类繁多，考试的内容跟工作相去甚远，大部分内容是工作时根本用不上的，但仍然要考。曾经有经济学家做过研究，各种考试的不及格率跟当年的失业率有高度的相关性，也就是说工作越不好找，这个行业允许新人进来的门槛就越高。

当然还有内外有别的问题。行业协会组织考试的目的，表面上是要提高整个行业的服务水平，但实际上它们实施的是双重标准。

对那些还没有进入行业的人，它们高标准、严要求；但对于那些已经进入行业的人，如果做错什么事情的话，这些组织的人通常是睁只眼闭只眼，以偏袒保护为重。

提高执业门槛事与愿违

事实上，提高执业门槛会产生事与愿违的后果。

根据西德尼·卡罗尔（Sidney Carroll）和罗伯特·加斯东（Robert Gaston）在1981年的一项研究，美国各个州电工资格证考试的难度，跟这个州触电死亡的人数之间存在着人们意想不到的相关性：电工资格证考试越难的地方，触电死亡人数越高。这背后的原因是，电工资格证考试越难，考过的人数就越少，市场上提供服务的人数也越少，收费就越高，能够请得起他们的家庭就越少，人们宁愿自己动手去折腾家里的电器电路，结果触电死亡的人数也就越多。

提高资格证考试的难度，表面上看来是为了提高服务质量，结果却事与愿违了。

思考题

很多国外的劳工组织对中国工人的工作条件特别关心，原因是什么？

第103讲｜最富裕的穷人在今天

我们前面讲的都是劳资关系：谁来当老板，谁来发号施令。劳动力工资水平的高低，是由劳动力对企业所做的边际贡献决定的，我们不能人为地拔高工人的收入，否则就会产生适得其反的效果。我们也讲了罢工、不合作、违约等做法都不是持久地提高工人收入的好办法。

但是大家还是免不了反复问一个问题：那穷人怎么办？

穷人怎么办：追求个人进步

什么才叫穷？严格地说，穷在中文里面就是“尽”的意思，就是没有前途的意思，只有没有前途的人才是真正的穷人。很多穷人只是暂时贫，但并不穷。不过，我们这里还是按照约定俗成，把贫者也说成是穷人。

只要是有前途，有一技之长的人，按照比较优势原理，哪怕是在绝对能力上比所有人都差，但是只要自己跟自己比，也一定能够找到自己的比较优势，在分工合作当中改善自己的生活。

而更重要的是，每个人都能够通过教育积累自己的人力资本。有一位经济学家名叫托马斯·索威尔（Thomas Sowell），他写过一本书叫《美国种族简史》（*Ethnic America: A History*, 1981）。他说如果把美国人的平均收入水平定为100美元，在美国国内不同种族的收入相差甚远，其中犹太人是172美元，日本人是132美元，波兰人是115美元，中国人和意大利人是112美元，而黑人只有62美元，印第安人只有60美元。

索威尔提到，犹太人特别重视教育投资。犹太人喜欢学习，有可能跟他们的命运有关。犹太人经常遭到迫害，流离失所，投资土地风险太高，做珠宝买卖比较容易流动，而真正能够走到哪儿跟到哪儿的，只有头脑里的知识。索威尔说在纽约求生存的犹太人，白天工作不管多忙，晚上还坚持去听讲座。他们的成功不是偶然的。

表 9–1　美国家庭收入指数

种族群	收入指数	种族群	收入指数
犹太人	172	爱尔兰人	103
日本人	132	菲律宾人	99
波兰人	115	西印度群岛人	94
中国人	112	波多黎各人	63
意大利人	112	黑人	62
法国人	107	印第安人	60
盎格鲁–撒克逊人	107	**全体美国人**	**100**

资料来源：托马斯·索威尔《美国种族简史》。

同样，中国人、日本人也有相似的地方，他们非常努力。虽然他们在美国的政治地位并不高，行为也不高调，但这些都没有影响他们的经济收入。相反，黑人群体要求的政治权利就很高，但是他们的经济收入并没有同步增长。

托马斯·索威尔本身就是个黑人，所以当他对黑人有所批评时就显得特别有说服力。

另外一位黑人经济学家沃特·威廉姆斯写过一本书叫《种族与经济学：有多少可以归咎于歧视？》(*Race and Economics: How Much Can Be Blamed on Discrimination*, 2011)，他在这本书里提出一个观点：一个种族经济条件的改善，不需要以政治权利的提升为前提。

这个看法非常重要。那些政治地位很高的人群、得到了很多福利的人群，其生存能力反而会削弱，其经济收入因此会减少。

那么穷人怎么办？最重要的出路就是自强，增加自身的人力资本投资，提高自身的素质。简单地说就是要不断学习、终身学习。

穷人怎么办：改变地理位置

人口学创始人格兰特（John Graunt，1620—1674），早在 17 世纪时就研究过当时伦敦教区定期公布的洗礼数和葬礼数。他发现伦敦的死亡人数多于出生人数。这意味着周边较落后地区的人，会迁移到收入较高的伦敦地区谋生和终老。

人往高处走，穷人要改变命运，常见办法就是走出去。

穷人到城里，不怕被富人欺负吗？贫富是互相依存的。高收入人群的时间成本越高，低收入人群的工作就越值钱。有人爱说“不患寡患不均”，但穷人只跟穷人在一起，就更加没有机会。

另外，城市就是给穷人准备的。那里更讲规则，更多机会，真实的生活成本也更低。想想看，要在山里通上自来水，那是很贵的；但要公寓里有自来水，那就不在话下。集中居住显著降低了生活设施的人均成本。

改变地理位置，更重要的是改变了见识。有人曾戏言，在美国你是一个穷人，那你有一辆车、一栋房、一条狗，你生活在阿拉巴马州；在美国你是个富人，那你也有一辆车、一栋房、一条狗，你生活在纽约上东区。这是说，人们终极追求的，是位置，是见识，是跟谁在一起的机会。

穷人怎么办：与异质资本搭配

什么是资本？资本就是能够带来收入的资源。劳动力能够带来收入，所以也是资本，专称为人力资本。它包括了体力、脑力、经验、良好习惯和人际关系等。

刚打开国门的时候，经常有人问：欧美的工人、技术人员、工程师，收入怎么这么高？我们中国人辛辛苦苦、勤勤恳恳，为什么收入低？区别在哪里？

因为劳动生产率不一样。劳动生产率，就是一个单位的产出和这个产出需要多少劳动力之间的比值。劳动生产率高的地方，一个单位的产出只需要搭配很少量的劳动力。反过来，如果一个单位的产出需要很多劳动力，它的劳动生产率就比较低。

高和低是由什么决定的？其中重要的一点是，你手头的资本是什么？你手头的工具是什么？你用手来挖地？还是用铁锹来挖地？还是用推土机？你没变，但搭配的资本变了，你的劳动力价值就变了。

为什么要强调资本必须是“异质”的呢？因为同质的资本互相竞争，异质的资本互相成全。

同质的员工之间竞争，同质的老板之间竞争，但异质的员工和老板不竞争，而是互相成全。老板来得越多，员工的处境不是变得越糟了，而是变得越好了。改革开放以来，我们大量引入国内所缺乏的外资，中国的劳动生产率就因此提高了。

穷人怎么办：搭社会进步的顺风车

穷人改善自己生活的另外一个办法，就是随着社会的进步参与分享，搭社会进步的顺风车。

20 世纪 70 年代，曾经有一本书非常出名，叫《增长的极限》（*Limits to Growth*, 1972）。这本书是当时一个叫“罗马俱乐部”（Club of Rome）的协会的成员通过计算机模拟的方式写出来的。当时这本书的主题是说，地球上的资源非常有限，而人口不断地增加，因而世界的发展快要到极限了。他们在书里预测这个极限还会提前到来，因为人的寿命在增加，各种资源的消耗在加速。

几十年过去了，罗马俱乐部预言的增长极限并没有到来。事实上在过去200年间，人类的生存条件有了前所未有的改善：虽然人口的数量急剧上升，但伴随着人口上升的是大量先进技术的发明和使用，包括了蒸汽机、织布机、铁路、电话、汽车、盘尼西林、DNA的发现等等。

人口不仅在增加，而且人的寿命也在翻倍。在1900年，全球的人均寿命是31岁；而到了1950年，全球人均寿命是49岁；到2010年时是67岁。人类整体的生活条件无可置疑地改善了。

经济学家发现，人均寿命的基尼系数在缩小，也就是所有的人，不管是有钱人还是穷人，普遍长寿。教育的基尼系数也在下降，不管是穷人还是有钱人，受教育的年限越来越接近。

消费的基尼系数，不管是穷人还是有钱人，他们的消费也在趋同，过去只有超级富豪才能享受到的服务，例如越洋快递、国际长途电话、家庭影院等，现在穷人也可以享受到了。

由于社会进步，全球的贫困正在急剧减少，那些每天消费少于1美元的赤贫人口，在1970年占全球人口的25%，而今天下降到了不到5%。

与此同时，每个家庭开销的结构也发生了变化。根据美国经济分析局（BEA）的统计，家庭用于现代生活基本开销的比例，1950年是53%，1970年下降到44%，现在已下降到32%，换句话说，70%的支出是不必要的。我们经常说，看自己是变穷了还是变富了，就看看自己的支出、买的东西到底有用没用。如果每天买的东西大量是没用的，那证明我们变富了。

最富裕的穷人在今天

《华尔街日报》在1998年有过一篇报道，题目叫《最富裕的穷人在美国》。

那篇报道说，美国有七成的贫困家庭有汽车，其中有27%的家庭有两辆以上的汽车。绝大部分家庭都有彩电，有一半的贫穷家庭有两台以上的彩电，当然他们也有微波炉、空调、自动洗碗机等等。大多数穷人的孩子营养过剩，他们长大以后比1944年登陆诺曼底的美军平均高1英寸（2.54厘米）、重10磅（4.5公斤）。

这说明哪怕是穷人，只要社会在进步，只要整个社会的饼在做大，他们得到的物质享受比过去一个中等收入家庭的人所获得的都要多。一个社会能够把饼做大是非常重要的。

经济学家诺德豪斯在2004年做过测算，发现发明家和企业家的收入，仅占他们的发明给社会带来的总价值的2%左右。也就是说，每当我们看到那些企业家、发明家赚了很多钱的时候，我们要想到，他们赚的只不过是他们给社会贡献的一个零头而已。

科技创新使得社会上每一个人都能够得益，包括那些最贫困的人。

思考题

如果你可以重新选择生活的年代，你愿意生活在哪个年代？为什么？

第10章 协调

众人如何彼此影响

宏观经济和公共选择两个领域，都研究个人在集体中互相协调的规律。

每个人都想多挣一点钱，但如果政府有求必应地多印钱，那每个人都会变穷；每个人的意见都应该得到尊重，但如果每个人都去投票，投票的结果可能恰恰会损害大部分人的利益；人人都赞成把富人的钱分一点给穷人，但真正受益的可能是中产阶级；都说群众的眼睛是雪亮的，但越是让陪审团员来判案，错判的概率可能越大。

让我们来探讨这些众人互相影响的规律。

货币规律｜货币像水又像蜜

第 104 讲｜货币的起源

我们开始一个新的篇章——宏观经济学。整个宏观经济学研究的其实是协调的问题，而协调的核心手段，就是货币。换句话说，宏观经济学的关注点，就是整个社会是如何通过货币来达成合作和协调的。

货币为什么有用

货币，我们现在都觉得有用，但早期的哲学家反思金钱的作用时得出一个结论——钱没什么用。哲学家亚里士多德就说钱是无用的，翻译成英语就是“Money is barren”。barren 是贫瘠的、没有价值的意思。

金钱真的没用吗？如果真的没用，它怎么会在这么长的时间里，这么普遍地被使用呢？

奥地利学派的鼻祖卡尔·门格尔（Carl Menger）写的《论货币的

起源》(On the Origins of Money, 1892),是回答这个问题的经典文章。

门格尔在这篇文章里说，货币非常有用，而它之所以有用，在于人人都觉得它有用，人人都觉得别人愿意接受它。货币的起源和形态，跟语言非常相似。一句话、一个词能不能流行开来，不仅在于说的人喜欢怎么说，还在于听的人是否能接受，在于别人是否也愿意这么说。

奥地利学派里有一个重要的概念叫“自发秩序”(spontaneous order),它的意思是，我们今天在社会上看到的秩序，不是由哪一个个人或者哪一个权威机构一厢情愿地设计出来的，它是由无数人的行动汇合而成的。我们日常使用的语言是一种自发秩序，货币也是一种自发秩序。

货币作用之一：避免交易中双重偶然性的要求

货币提供的第一个帮助，就是人们用不着满足交易中对双重偶然性(double–coincidence)的要求了。

在物物交换的年代，人们达成交易是有条件的。我有面包要出售，同时我需要牛奶，这时我必须遇到一个刚好手上有牛奶要出售，同时又需要面包的人。只有这样，我才能够达成交易。这就是所谓的双重偶然性。

遇到一位卖牛奶的人，这是第一重偶然性；这个人也需要我的面包，这是第二重偶然性。两重偶然性加在一起缺一不可，这并不容易。两个人相亲相爱，也需要满足双重偶然性，所以也很不容易。

幸运的是，有了货币的帮助以后，交易就不需要满足双重偶然性了，只要满足一重偶然性即可。

在货币的帮助下，我只要遇到想买面包的人，我们就可以完成交易。我把面包卖给他，然后把赚到的钱存起来。同时，只要我见到卖牛奶的人，在货币的帮助下，我就可以用存起来的钱向他买牛奶了。这就是货币带给我们的极大便利。

我不赞成人们视金钱、视货币如粪土的看法。货币代表着机会，多挣钱不代表人们爱的只是钱，钱多只代表人的机会更多、选择更多。至于一个人怎么使用这个机会，是个人的选择，不同的人有不同的志向。

货币作用之二：降低质量检验成本

货币的第二个作用，是使得交易当中的质检成本大大减少。

如果没有货币的帮助，人们只能进行物物交换。我作为卖面包的人，屠夫来买面包时，我得学会检验他交换给我的肉合不合格；酿酒商来买面包时，我得品尝他的酒合不合格；裁缝来买面包时，我得检验他的衣服合不合格。

没有货币，我需要成为天下所有商品的质量检验者；有了货币，我只要能够检验货币的真假就行了。

货币作用之三：增加市场交易量

货币的第三个作用，是在货币的第一和第二个作用的基础上产生的。我们不需要满足双重偶然性的要求，质检的成本大减，结果是什么？结果是交易量大增。社会上每一个参与交易的人，幸福感都得到了极大的提升。

所以在任何社会，哪怕是在战俘营里，人们都会很自然地享受货币带来的好处。至于用什么来做货币，相对来说是个次要的问题。

曾经做过货币的物品，五花八门，无奇不有。历史上几乎所有东西都曾经做过货币。比如羊、猪、牛、马、大米、盐、酒、茶叶、铁、铜、金、银、象牙、指甲、动物的毛皮等等，当然还有最常见的石头。由此看来，并非这些东西适合做货币才成为货币，而是人们极其需要货币的帮助，逮着什么是什么，它们就成了货币。

思考题

一个国家发行货币，货币发行量的多少，究竟是根据某个客观的标准来定，还是根据货币发行人自己的意愿来定的呢？

第 105 讲 | 商业银行创造货币

不管哪个社会，都需要货币的帮助。当万物皆备于我，任何东西都可以做货币的时候，哪种东西会脱颖而出成为更流行的货币呢？

劣币驱逐良币符合经济效率

在选用何种商品作为货币的问题上，500 多年前，16 世纪英国的伊丽莎白铸币局局长格雷欣（Thomas Gresham）发现了所谓的“劣币驱逐良币定律”。

这个定律讲的是，一旦一个社会确定了用某种商品作为货币，这种商品在流通当中的质量就会发生变化。质量较高的品种会被人们保存下来，质量较低的会留在流通当中，质量不高的货币会把质量较高的货币驱赶出流通领域。这就是人们常说的“劣币驱逐良币”。（Good money is driven out by cheap money.）

问题是，货币之所以有用，就在于人们相信它有用；而只要人们相信它有用，它就不需要用那么高质量的商品来充当。选用劣币就行了，选用劣币才是有效的。因此，劣币驱逐良币是对的，但人们还应该补充一句“劣币就是有效的货币”。（But cheap money is efficient money.）

到今天，人们基本上抛弃了用真实的商品来充当货币的做法，大家用的都是纸币，甚至是电子货币。只要我们相信它有用，它就有用，这就行了。

商业银行如何创造货币

我们再来看商业银行是怎么创造货币的。

假设一个封闭的社会里有 1000 元钱在流动，人们利用这 1000 元钱进行交易。而这个社会里有一个商业银行系统，专门帮人把钱存起来，然后再贷出去，从中赚取利息的差价。

我们想象一下，这 1000 元白天落进每一个人的口袋里，到晚上下班时人们迫切要做的一件事情，就是把这笔钱再存到商业银行体系里去，这时商业银行多了 1000 元。

而商业银行收到钱以后，它最迫切要做的事情是把钱再贷出去。那些借到钱的人，最迫切要做的事情就是要把钱花出去，因为借钱本身是要支付利息的。

这些借钱的人把钱花出去以后，到第二天下班时，所有口袋里有钱的人，他们迫切想要做的一件事情，又是把钱存回到商业银行体系里去。

经过这两天的过程，我们看到商业银行的账户，从第一天只有 1000 元，变成了第二天的 2000 元，到第三天变成 3000 元。一天一天地累积下去，银行账户上的钱，在无止境地增长。

但这个社会原来总共流通的货币也就只有1000元钱，这就是一个创造货币的过程。

当然，这个过程不是无止境的，商业银行体系不能这么肆无忌惮地创造货币。实际上政府对每一家商业银行都有规定：它们在收到储户的存款，再把这笔钱贷出去以前，必须留下一部分作为所谓的“法定准备金”。

假定政府规定的法定准备金率是20%，那意味着银行第一天收到1000元以后，只能拿出其中的80%，也就是800元贷出去；

第二天这800元放到市场里去，再回流到商业银行体系里，商业银行又必须留下其中的20%，也就是160元作为准备金，于是只有640元可以贷出去。

这样循环往复，最后1000元钱在20%的法定准备金率限制下，就只能创造4000元钱的新生货币。再加上我们称之为基础货币的1000元，就导致整个社会只有5000元的货币在流通（见表10–1）。

表10–1　商业银行创造货币

时期	新通货存款	法定准备金（20%）	新增活期存款
第一天	1000	200	800
第二天	800	160	640
第三天	640	128	512
第四天	512	102.4	409.6
……	……	……	……
总计	5000	1000	4000

注：商业银行创造货币原理：每增加1元基础货币，商业银行系统就能创造出超过1元的活期存款。

这就是商业银行创造货币的过程。它创造货币的能力跟法定准备金率成反比，法定准备金率越高，它能够创造货币的倍数就越低。

商业银行固有机制催生流动性风险

我们再来仔细地看一下，商业银行创造货币的过程：整个社会有1000元基础货币，有1000元纸币或者硬币，在20%的准备金率下，商业银行就能够创造出5000元账面上的流通货币。这是商业银行本身固有的特征。

假设这时社会上有传言说，商业银行里存的钱——那些看得见摸得着的纸币或者硬币——实际上是不能满足所有储户的兑换需求的，大家赶紧把钱取出来吧。如果大家听信了这个传言，都去取钱，商业银行的钱够不够给大家取？答案是不够。只要所有的储户听到传言去挤兑，商业银行就一定会倒闭。这并不是商业银行经营不善，这是由商业银行能够创造货币这种固有的机制造成的。

这种商业银行无法满足所有储户提现要求的现象，我们称之为"流动性困难"（convertibility problem）。遇到这种困难，我们不能怪任何一家商业银行。这时我们需要商业银行背后有一个更强大的支撑，去尽量满足所有兑换的要求，平息人们的传言。只有这样才能挽救整个商业银行系统。

什么样的银行困境值得挽救

但问题的另一面在于，每一家商业银行都是商业机构，它是通过对货币的低买高卖——向储蓄客户支付较低的利息，并向贷款客户收取较高利息——来赚取利润的。从这个角度看，商业银行跟我们楼下的小卖部本质上没有区别。而经营不善、资不抵债，是任何一家商业机构都可能遇到的困难。

“资不抵债的困难”（insolvency problem），是商业银行系统所面临的另外一类困难。如果遇到这种困难，这家商业银行就该倒闭，就跟任何一家经营不善的小卖部都应该倒闭的道理一样。

于是，商业银行同时可能遇到两类困难：一类是整个银行系统本身所固有的“流动性困难”。如果有了挤兑的传言，大家只有携手来帮助它，才能挽救整个银行系统。但同时，它又面临另外一类困难，即由于经营不善而面临倒闭的“资不抵债的困难”。遇到这样的困难，我们就应该让它接受市场的惩罚。如果连经营不善也不用倒闭，那就不会有人负责任地经营了。

但问题就在于，在任何一场金融危机中，我们要很好地分辨一家有问题的商业银行，到底是流动性的困难造成的，还是资不抵债的困难造成的，往往并不容易。这也是为什么每当金融危机发生时，对于政府应不应该出手相救的问题，人们会争论不休。这个问题不好解决，但我们至少明白了经济学家们、官员们究竟为什么而争论。

思考题

我们常听说一句话叫“大而不能倒”，用到银行业中说的是，越是大的银行，我们越是不能让它倒闭。但问题是，那些银行家越是知道有这个保护伞，他们就会越不顾风险为所欲为。你赞不赞成“大而不能倒”这种政府干预原则？为什么？

第 106 讲 | 通货膨胀的根源

“通货膨胀”这个词我们经常听说，非常熟悉。接下来的几讲，将介绍通货膨胀的概念、根源、产生及其与失业的关系，有助于我们在工作和生活当中做出各种决策。

通货膨胀的定义

通货膨胀是指物价的持续增长。这里的“物价”指的不是某种商品的价格，而是指一般的物价总水平。通货膨胀的概念有两个关键点：第一，它指的是总的物价水平；第二，是持续的增长，不是暂时的增长。

衡量通货膨胀的指标有很多，其中一个很常见的叫“消费者价格指数”（consumer price index, CPI）。在美国，这个指数是每个月由劳动统计局（U.S. Bureau of Labor Statistics）公布的。

比如说，如果消费者物价指数是 120 元，它指的是原来用 100 元就能够买得到的一篮子货物，现在需要用 120 元才能买得到。这一篮子货物是事前约定好的、不变的，它并不等于我们日常所要消费的具体货物种类。消费者物价指数上涨到 120 元，并不意味着我们的日常开销就肯定会增长那么多，这只不过是一个大致的统计。

除了通货膨胀以外，还有另外一个概念叫“恶性通货膨胀”（hyperinflation）。恶性通货膨胀指的是每个月的通货膨胀率超过了 50% 的情况。

历史上有很多国家都经历过恶性通货膨胀，例如德国，就曾经经历过每个月的通货膨胀率持续达到 322% 的情况；“二战”之后的匈牙利，也经历过每天 19% 的恶性通货膨胀率。

理解通货膨胀的基本视角——货币数量论

理解通货膨胀，有一个古老、扎实、到今天还被广泛使用的理论框架——“货币数量论”。经济学家通过这个理论框架，来分析理解通货膨胀这种现象。

这个理论用一个简单的公式来表示：货币流通量乘以货币流通的速度，等于一个社会里货物的总量乘以平均物价。用符号来代表就是：

$$MV = PY$$

（M 指的是货币流通量，V 是货币流通的速度，
P 是平均物价，Y 是社会的货物总量）

我们稍微做一个移项（$P = MV / Y$）就能看到，一个社会的平均物价跟这个社会的货物总量成反比。换句话说，货物总量越大，产生通货膨胀的机会就越小。而社会的平均物价跟货币流通量成正比，货币流通量越大，产生通货膨胀的机会也越大；同时它也跟货币流通的速度成正比，货币流通的速度越快，通货膨胀的机会也越大。

就这么简单的四个变量之间的关系——货币数量论——到今天为止都是经济学家理解通货膨胀的最基本框架。但对于其中的细节，宏观经济学家经常有很多争论。例如，如果货币发行量过大，M 无限增大，当然最后会体现在物价上涨上，但有些经济学家却会说，如果货物的总量也同时增大的话，那么通货膨胀的现象就会被抵消掉。

也有经济学家争论道，哪怕货币流通量根本不变，货币流通的速度发生了改变——比如今天大家都用信用卡或网上支付，货币流动的速度会大大增加——也会产生通货膨胀，不能只怪那些印钞票的人造成了通货膨胀。

还有经济学家认为，M 本身就会随着市场对货币的需求变化而变化，它并不是仅仅由货币发行者操控的。用专业术语来说，它不是一个外生变量，而是一个内生变量。有时候，货币即使发行了，它也还沉睡在账户里；有时候，沉睡在账户里的货币会苏醒过来，变得非常活跃，乃至即使没有新增货币投放，也会出现通货膨胀现象。

不管怎样，每当见到通货膨胀现象时，宏观经济学家们就会争论，问题到底出在什么上：货物总量不够大？货币流通量太大？还是货币流通的速度加快了？归根结底，根据货币数量论的公式，同时影响社会平均物价水平的因素至少有三个，究竟哪几个因素起了多大的作用，是不容易精准确定的。

对通货膨胀成因的两派解释

对于是什么导致了通货膨胀，经济学家基本上分两大学派。

一派认为造成通货膨胀的原因是多种多样的，年轻人急着要买房结婚，造成了通货膨胀；工会组织起来要求加工资，造成了通货膨胀；女士们喜欢买国外进口的名牌包包，进口数量和金额都大增，也造成了通货膨胀；庄稼的收成不好，大豆贵了、葱贵了，也能造成通货膨胀。这是一派经济学理论，我们经常能够遇到。

而另外一派的经济学家，他们一成不变地认为通货膨胀的成因只有一个，那就是钱印多了，货币流通量太大了。

这一派的经济学家说，虽然影响一般物价水平的因素至少有三个，但在相当长的一段时间里，一个国家的货物总量是基本不变的，而货币流通的速度也是基本不变的。在公式 $P = MV/Y$ 里，分母 Y 基本不变，分子里的 V 也基本不变，所以大部分情况下物价 P 的上涨都可以归咎于 M 的增长，即货币流通量的增长。

应对通货膨胀的两种办法

由于理解通货膨胀的成因不同，这两派经济学家提出来的对付通货膨胀的措施也就不同。

根据第一派经济学家的观点，既然通货膨胀是由各种各样的原因造成的，那么要抑制通货膨胀，措施也应该是各种各样的。

如果是进口货物造成的，我们就要限制进口；如果是农产品的收成不好造成的，政府就应该对农产品进行补贴；如果是年轻人买房买得多造成的，我们就得限购；如果是餐厅老板故意提价，那我们就要实施物价管制，政府就要发文规定不得随意涨价。

另外一批经济学家认为，通货膨胀的原因只有一个，那就是钱发多了，解决的方案也只有一个，很简单，就是少印钱，严格控制货币发行量。

思考题

通货膨胀只不过是货币数量不断地增加而已，而货币本身只不过是一个记账的符号，如果每个人的工资、收入、支出都加一个零的话，那对真实生活会有影响吗？为什么？

扫码试听本讲

第 107 讲 | 通货膨胀的过程

通货膨胀对我们的真实生活有很大的影响，这种影响表现在多个方面。

通货膨胀的坎蒂隆效应

如果政府每多印一批钞票，都用直升机在整个国家平均撒下去，每个人得到的货币增量都一样，而且所有商品和服务的标价也同时灵敏地做出调整，那么货币增发对我们的真实生活不会有影响。

但现实生活中新增的货币总是通过某个出口逐渐流向社会的，这个流动的过程需要一段时间，货币对整个经济生活的影响是不均匀的，这时它对人们的决策和行动就会产生影响。

这种货币要经过一段时间才逐渐在整个社会里摊匀的现象被称为坎蒂隆效应（Cantillon Effect）。经济学家哈耶克曾经这样描述过，他说这种效应更像我们把一种黏性液体，例如蜂蜜，倒入一个容器时发生的现象：

> 这个液体会有扩散到整个瓶底表面的趋势，但是液体流动、扩散会有一个过程，刚开始时，蜂蜜倒下去会有一个小小的隆起，而这个隆起会慢慢地向外扩散，即使我们不再往里倒更多的蜂蜜，要达到完全持平的表面仍然需要一段时间。

周其仁老师就曾经写过一篇文章解释这种现象，文章的题目是《货币像水还像蜜》。每当货币增发时，这种像水又像蜜的过程就会对我们的行为产生一系列的影响。

通货膨胀让人做出错误决策

通货膨胀最重要的影响就是，在经济生活当中，每个个体很难分辨物价的上涨究竟是相对价格的变化还是物价整体水平的变化。

举个例子。一家餐厅的生意最近越来越好，客人也越来越多，人们来了之后越来越愿意花钱。这有两种可能：一种是这家餐厅的饭菜可口、服务好，把顾客从别的店吸引过来，它所提供的产品和服务具有了更高的相对优势；另一种可能是政府多发了货币，整个社会都变得有钱了。

经济体里的任何一个个人、任何一家企业都难以判断，这两种可能中到底哪一种起了作用，而这又会直接影响人们的决策和行动。

如果是自己的相对优势增加了，那就应该扩大生产，多招人、多开分店。如果这只不过是普遍的物价上涨，在收入增加的同时要承受更高的工资成本、原料成本、房租成本，那就应该按兵不动。这是两种完全不同的决策。

但我们在物价刚刚上涨时是很难分辨这二者的不同的，通货膨胀的发生、扩散和人们采取对策并不是瞬间完成的，它是一个渐进的过程。在这个过程中有些人相对得益，有些人相对受损。

通货膨胀具有转移社会财富的效果

通货膨胀是钱太多了，钱相对于物来说不值钱了。

所以在整个通货膨胀发生的过程中，财富主要以钱的形式保存的人会受损，而财富主要以物的方式保存的人会相对得益。那些靠固定收入过日子的人会受损，而那些靠不断出售他们的资产兑现现金的人会得益。

例如，有大量人力资本积累的年轻人，他的工资在通货膨胀过程中一定会水涨船高，这时他可能因此获益，至少比那些拿固定收入的人损失要小。

通货膨胀与商家涨价无关

人们不是一下子就能判断出通货膨胀效应的，这一点还带来一个重要的后果，那就是我们经常能够观察到某些人、某些行业、某些企业会对已经来临的通货膨胀率先做出反应。有些企业先涨工资，有些房地产开发商卖的楼盘先涨价，有些人会先借一大笔钱来买房，他们这么做是要对一步一步逼近的通货膨胀做出反应，调整自己资源的定价，调整自己资源的组合方式，从而减少损失，甚至增加收入。

于是，人们很容易会有一个错误的印象，那就是通货膨胀是由上述这些人或企业造成的：急着提高工资的企业，把房价抬得非常高的房地产商，争先恐后去买房的消费者。如果不是这些人，通货膨胀就不会发生了。

这个问题跟上一讲说的关于通货膨胀成因的两派经济学观点之争有关。

如果我们认为通货膨胀是各种各样的原因造成的，我们就会谴责这些提价的人、提高工资的人、买房的人。但如果我们认为通货膨胀的根源就在于发行的钞票过多，我们就会觉得这些提价、涨工资和买房的行为是对通货膨胀的一种合理反应，就跟冰是冷的、石头是硬的、水往低处流一样，没什么可指责的。通货膨胀并不是这些人造成的，只不过是这些人察觉出来率先做出反应而已，而惩罚这些人，限制他们所采取的行动，并不能改变正在发生通货膨胀这个事实。英文有句谚语叫"不要枪毙信使"。（Don't shoot the messenger.）枪毙信使并不能改变坏消息，说的就是这个意思。

通货膨胀是一种无形的税收

在通货膨胀发生的过程中，在私人和政府之间也会产生财富的转移，政府多印钞票，政府的购买力就会增加，而民众的购买力就会下降，这实际上是政府向民众征收的一种无形的税。

同时，通货膨胀也会使得纳税人因为被迫上档而多交了税。所谓的被迫上档，是因为在很多国家里都有累进税的制度，收入越高税率就越高。通货膨胀使得他们的工资水平上了一个档次，结果要承受的税率就更高了。他们的实际财富并没有增加，在累进税制度下，通货膨胀使纳税人多交了税。

当然，政府也向那些持有债券的人征了税，因为政府将来向民众偿还债务时，这些还款的实际购买力是下降了的。

思考题

既然通货膨胀有这么多不良的后果，那么要避免通货膨胀，你认为最有效的办法是什么？

扫码试听本讲

第 108 讲 | 通货膨胀与失业

市面上有一种观点，到今天还广为流传，那就是通货膨胀跟失业之间具有反比的关系。也就是说，每当社会上出现比较高的失业率时，人们可以通过制造一些通货膨胀来解决它；相反，失业率越低，也就是就业率越高的话，社会的通货膨胀率也会越高。

这样的说法有没有道理呢？

经济学家关于通货膨胀和失业之间关系的认识，集中体现在对所谓的菲利普斯曲线（Phillips Curve）的看法上。

菲利普斯曲线的原意与由来

威廉·菲利普斯（A.W. Phillips）是英国的一位经济学家，他在1958年发表了一篇论文，题目叫《1861—1957年英国失业与货币工资变动率之间的关系》（The Relationship between Unemployment and the Rate of Change of Money Wage Rates in the United Kingdom, 1861–1957, 1958）。论文中，菲利普斯研究了失业率和货币工资的变化率两个变量之间的关系（见图10–1）。

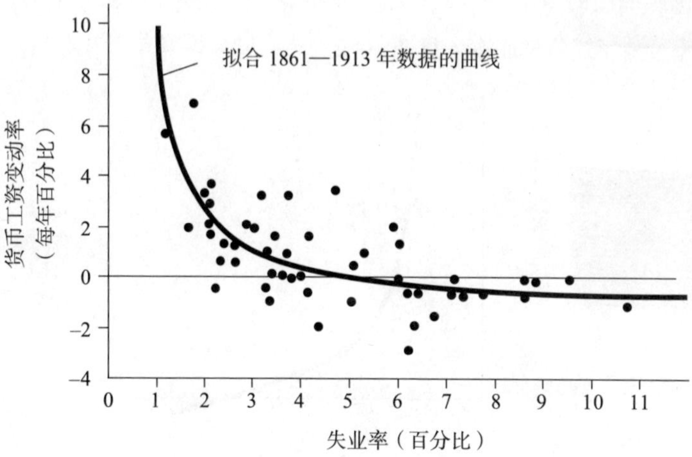

图10–1　原来的菲利普斯曲线（英国）

注：根据原来的菲利普斯曲线，货币工资越高，失业率越低。

他根据英国在1861年到1957年的统计数据标出了很多点，他把这些点串联起来，能够看到一个从左上角到右下角倾斜向下的趋势，即货币工资变动率跟失业率成反比。这本来是符合常理、不难理解的。

如果一个社会的货币工资变动率比较高，人们就愿意出来就业，失业率就比较低；相反，货币工资变动率比较低时，人们就更愿意停下来寻找更好的工作机会，就业水平就比较低，换句话说，失业率就比较高。

菲利普斯曲线为何失灵

但是后来的经济学家把当中的一个重要概念改了一下，把货币工资变动率改为通货膨胀率。他们画出了一个新的图，注意，这个新图跟旧图的横坐标不变，都是失业率，但纵坐标就从货币工资变动率变成了通货膨胀率（见图 10–2）。

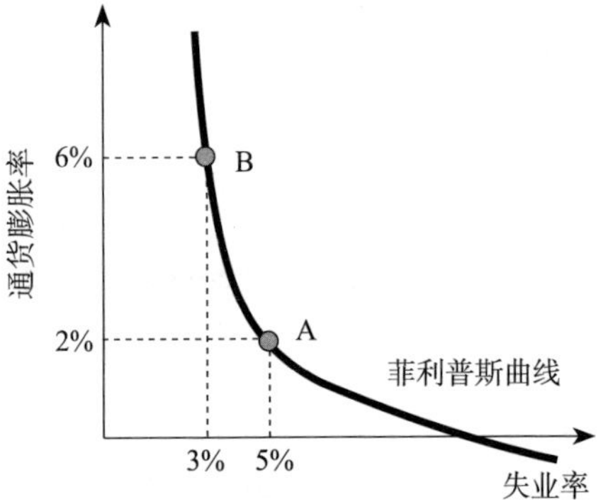

图 10–2

注：经济学家把货币工资变动率改为通货膨胀率，表示通货膨胀率越高失业率越低。

这时经济学家又往前迈了一步，他们把问题理解为：根据英国的统计数据，失业率跟通货膨胀率之间存在着反向的关系，通货膨胀率越高失业率越低，失业率越高通货膨胀率也就越低。

出于这样往前迈了一步的理解，越来越多的人相信，制造通货膨胀是对付失业的一个有效措施。当出现比较严重的失业率时，政府就可以通过制造一点通货膨胀来解决问题。实际上，当人们真的付诸行动，真的制造出通货膨胀时，他们确实看到失业率有所下降。其原因就是我们在上一讲讲过的道理，每当发生通货膨胀时，新增货币的扩散和人们对通货膨胀来临的认识是需要时间的。在这个过程中，人们就会被迷惑，做出错误的决定。

通货膨胀刚开始时，餐厅老板发现他的客源不断，最开始他不太相信，觉得这可能只是一两天生意好而已。一个星期以后，老板还是不敢轻举妄动。但一个月以后、两个月以后、三个月以后，老板终于被自己说服了："这真的是我们经营有方，我们应该扩张，多招人、多开分店。"

这时，被制造出来的通货膨胀开始有了"正面"的效果：雇主开始招人，人们的收入增加，消费也增加，失业率下降，人们期待的通过制造通货膨胀来对付失业的想法实现了。

但问题是，上一讲我们说了，货币像蜜又像水，它在开始的时候像蜜，但它的分布是不均匀的，能够误导人们。随着时间的推移，它会向整个社会、整个经济体扩散出去。人们逐渐明白，这只不过是一场通货膨胀而已，我收入增加的同时，我的人工、铺租等成本全涨上去了。

终于有一天，政府不得不采取行动以抑制通货膨胀时，我需要的资金就接续不上了，招来的人可能就要被解雇。这时，通货膨胀率和失业率之间那条优美的曲线、亦步亦趋的反向关系，就会被打乱。

换句话说，如果人们对通货膨胀预测的能力在提高，那么通过制造通货膨胀来减少失业率的努力，就会越来越不管用。

以通胀对付失业可能出现滞胀

1968 年，两位经济学家——其中一位是我们熟悉的弗里德曼，另外一位是埃德蒙德·菲尔普斯（Edmund Phelps）——分别发表了论文，他们认为，从长期来看，不存在通货膨胀率和失业率之间的反向关系。

如果政府反复地使用通货膨胀来对付失业，失业率就降不下去了，到时候有可能会出现通货膨胀和高失业率同时并存的现象。这就是所谓的滞胀——既存在通货膨胀，又存在经济停滞的现象。

果然，他们说中了。

图 10–3 是美国、英国和加拿大通货膨胀率和失业率的关系曲线。我们会发现，早期在经济学家预测的模型当中的那条优美的倾斜向下的曲线不见了，取而代之的是好像蜘蛛网一样乱七八糟的曲线，通货膨胀和失业之间没有必然的关系了。

弗里德曼是在 1968 年预言滞胀的可能性的，仅过了两年滞胀就出现了。他因此名声大振，在 1976 年获得了诺贝尔经济学奖。而另外一位和弗里德曼同期发表相同观点的经济学家埃德蒙德·菲尔普斯运气就没那么好，到了 2006 年，也就是 30 年后他才获得诺贝尔经济学奖。

到今天，大多数经济学家都有一个共识，那就是从长期看，菲利普斯曲线是垂直的。也就是说，不论通货膨胀率多高多低，失业率或者就业率都是一个比较固定的常数。

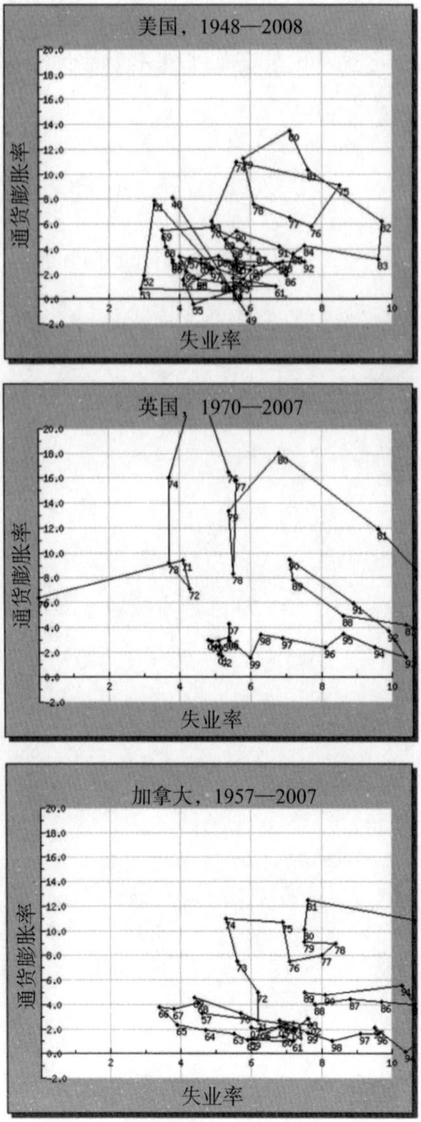

图 10–3 通胀率和失业率的关系曲线

资料来源：Brian Snowdon, et.al., *A Modern Guide to Macroeconomics*, 1994。

思考题

当一个社会出现了比较高的失业率以后，政府应不应该有所作为？政府应该做些什么呢？

经济周期｜聪明人彼此不同意

第109讲｜奥地利学派看经济周期

自从1929年美国发生大萧条以后，世界各国都经历了大大小小的经济周期，这使得经济学界产生了一个持久且迫切的需求，那就是研究经济周期，并探讨人们能否通过人为干预来调节经济周期。

经济学家在分析经济周期的过程中形成了不同的经济学派，最著名的包括奥地利学派、凯恩斯主义学派、货币主义学派和理性预期学派等等。

这些学派希望通过宏观经济调节达到以下几个目标：

第一，消除经济周期，实现生产、就业、财富的稳步增长；

第二，实现低的或者平稳的通货膨胀率；

第三，实现高的就业率，所有的资源，尤其是人力资源能被充分地调动起来；

第四，实现生产力和GDP的高速增长。

对于如何实现这些目标，不同的学派提出了不同的理论，我们这个单元会逐一介绍这些学派的观点。这一节首先要介绍的是奥地利学派。

奥地利学派的兴起

奥地利学派对经济学的贡献非常大，它提出的一些基本概念已经成为经济学理论框架非常重要的组成部分。因为这些内容太重要了，以至于没人再说这是奥地利学派的理论了。

奥地利学派最早是经济学家门格尔和他的学生庞巴维克（Eugen Bohm–Bawerk）共同创立的。而“奥地利学派”这个名称则是由他们的理论对手——当时德国的历史学派——提出的。历史学派认为经济现象中不存在普世的规律，每一个经济事件都有它发生的独特环境。但是门格尔和庞巴维克却认为，纷繁复杂的经济现象背后有一般性的规律，比如由门格尔总结的边际的概念，就具有很强的普世性。

当时门格尔和庞巴维克都在奥地利的维也纳大学任教，德国的历史学派的学者就把门格尔这一学派戏称为奥地利学派，以嘲讽他们远离德语世界的学术主流。而事实上，奥地利学派之后就没继续在奥地利发展了，他们的研究方式、研究范围转移到了整个欧洲，其他不同国籍的学者也纷纷加入了这个阵营。

我们今天在讲奥地利学派时所指的经济学家，不仅仅包括来自奥地利的门格尔、庞巴维克、哈耶克、米塞斯，还包括英国的经济学者亚当·斯密和大卫·休谟（David Hume），甚至包括美国的学者费雪、布坎南、科斯和图洛克等。奥地利学派指的不再是学者的国籍，而是一种特有的研究方法和思路。

奥地利学派的基本主张

奥地利学派有什么基本的主张呢?

第一，只有个人才能做出选择。今天我们看这个主张觉得理所当然，但是当年并不是这样。那时人们经常讲一个国家怎样、一个集体怎样，甚至一个部门怎样，仿佛一个国家、一个集体、一个部门都是能够思考的个体。事实上真正能够思考、能够行动的只有个人，只有个人才会有感受，才会有意图，才会采取行动。

第二，研究交易所在的市场是研究经济学的焦点所在。世界上没有抽象的交易，所有的交易都是在某个市场里完成的。市场里有不同的规则、不同的约束、不同的前提条件，不去看这些具体的情况，我们就没办法理解交易的本质。

第三，研究经济现象要研究人的动机，要了解相应的人文背景。我的一位经济学导师，奥地利学派的专家彼得·柏特克（Peter Boettke）就经常举一个例子。他说如果我们看美国纽约中央火车站，看里面的人不断地从列车里走出来又走进去，如果仅仅分析这些数据，可能会得出这样一个规律：人们每到 7 点钟就会走进一个盒子，这些盒子把人从城市的一头运到另一头，到下午 5 点钟这些盒子又会把人从城市的另一头运回这一头。但我们没办法解释为什么到了周六、周日，这种现象就变得非常不明显了。我们只有明白人们周一到周五要工作、周六周日休息的这个人文社会背景，才能充分地理解经济现象。

奥地利学派关于经济周期的基本观点

具体到经济周期，奥地利学派有三个基本的观点：

第一，主张货币不是中性的。我们前面讲过货币像水也像蜜，货币从长远来看像水，它能渗透到社会的每一个角落。如果我们每个人的存款都加一个零的话，真实的经济体中人与人之间的相对关系不会发生什么变化，但这个过程却是漫长的。

在货币蔓延到社会每一个角落的过程中，货币像蜜，它对人的行为会产生引导的作用。如果政府发行货币的数量和过程不得当，就会对人们的行为产生误导。

第二，资本是异质的，不是同质的。也就是说资本有它独特的使用方式，它不像金钱那样能够随时灵活地在不同的用途之间挪用，厂房、设备、大楼，乃至人力资本一旦投资、一旦形成，就不能轻易地转移到别的用途上去。奥地利学派的这个主张是说，错误的投资决策一旦做出，要修改就得花费很大的工夫，就要付出代价。

第三，各种社会机构和安排是人们共同行为的结果，而不是计划的结果。我们理解社会上各种纷繁复杂的社会机制时，要明白这些机制不是单个人的设计，而是人们共同行动自然形成的结果。

根据这三点基本的方法论，奥地利学派是怎样看待在欧洲和美国发生的多次经济周期的呢？

奥地利学派看经济周期的起源

奥地利学派认为，经济周期的起源是政府过度发钞。

政府多印了钱，通过政府部门或者银行系统注入经济体以后，整个社会的货币流通量增加，短期内人们借钱就变得容易，借钱所需要付的利息就下降了。利息下降本身就发出一个信号，那就是未来商品会更值钱。

我们在讲利息理论时讲过，利率是衡量人们耐心的一个指标，利率越高耐心越低，利率越低耐心就越高。真实利率如果下降，那就意味着人们觉得未来的前景更明朗，期货在今天看来就越值钱，于是人们就会觉得投资未来是有利可图的。也就是说，政府大量发钞会导致利率下降，尽管这种利率下降是暂时的，是名义上的，而不是真实的，但它还是会误导人们增加对未来的投资。

社会上一开始会出现一种欣欣向荣的景象，人们制订长远的规划，筹措大笔的资金，雇用那些本来不会雇用的劳动力，摩拳擦掌准备大干一番。但这时政府增发的货币也悄悄地像蜂蜜一样，向整个经济体的每一个角落慢慢地渗透。尽管这需要一定的时间，但人们还是开始感觉到物价在飞涨，钱即便挣了也买不到原来能买到的那么多东西了，人们迟早会恍然大悟，真切地感觉到通货膨胀来了。

这时政府就会遇到一个两难的选择，要么继续增发货币，对通货膨胀袖手旁观，对民众的抱怨充耳不闻；要么顺应民意，放缓增发货币的步伐，甚至停止增发。事实上，没有哪个社会能忍受日益恶化的通货膨胀，政府迟早会采取行动，收缩货币的发行量。这时，当初人们制订的那些长远规划就找不到足够的资金来维持，资金链断裂、泡沫破灭了。这就是奥地利学派理解的经济周期发生的过程。

奥地利学派认为，要避免经济周期最根本的办法就是政府抑制住乱印钞票的冲动。关于如何抑制政府乱印钞票，奥地利学派提出了两个基本的主张：第一是要回到金本位，第二是实施自由发钞制度。

奥地利学派建议之一：回到金本位

所谓金本位就是以黄金的数量为发钞的依据。奥地利学派认为在一个国家里或多个国家组成的经济体里，乃至整个地球上，黄金的数量是有限的、基本不变的。如果以黄金作为发钞的依据，就基本可以锁住货币发行的总量。他们的想法很简单，就是要找一种世界上数量不变的东西作为发钞的依据，这样货币发行的总量也就不变了。

但事实上，金本位的想法并不能解决问题，原因在于：第一，经济体在发展，用金子所衡量的货物和服务本身在变化，因此物价不可能稳定。第二，金子的数量本身也在变化，如果将黄金作为货币的本位，人们去发现、开采，甚至人工合成黄金的积极性就会大增。

奥地利学派建议之二：实施自由发钞制度

奥地利学派的第二个主张是实施自由发钞制度。我们知道，货币本身的作用是度量衡的作用，因此货币越稳定越好。但如果货币由一家唯一的中央银行发行，这家银行由于缺乏权力的制衡，就可能滥用手上的权力。如果允许多家银行同时发行它们自己的钞票，这些不同银行发行的钞票之间就会存在一种竞争关系，谁乱发钞谁的货币就会贬值，谁的货币就不被人接受，就会被淘汰出局。

事实上银行自己发钞的做法在世界上有过很多的先例，到今天都没有完全停止过。中国以前不同的银庄之间发行的银票就是自由银行制度的一种体现，而今天流行的数字货币也是一种备受关注的尝试。奥地利学派的自由发钞制度或者说自由银行制度虽然实施的难度很大，但到今天仍然是彻底解决通货膨胀问题的一个备选方案。

这就是在经济周期问题上，奥地利学派的见解。

思考题

让私人银行自由发钞，当然会形成一种自由竞争的态势，但即使今天钞票是由国家发行的，那么国与国之间不同的钞票本身，是不是也形成了一种互相竞争的态势呢？

第 110 讲 | 凯恩斯主义学派看经济周期

上一讲我们讲了奥地利学派对经济周期的看法，这一讲我们继续介绍凯恩斯主义学派对经济周期的看法。

师出名门的凯恩斯

顾名思义，凯恩斯主义学派的名称来自大经济学家凯恩斯。凯恩斯于 1946 年去世，我想所有的经济学家都会同意，如果他能活到今天，就一定能够获得诺贝尔经济学奖。这并不是因为他的理论完全正确，而是因为他的思想、观点激发了经济学家持久而广泛的探索。不管这些经济学家自己形成了什么派别，他们都会向那位最早提出问题和解决问题的经济学家致敬。

凯恩斯出生在英国剑桥，后来到剑桥大学的国王学院学习，1905 年取得数学学位。凯恩斯师出名门，他的两位老师，一位是阿尔弗雷德·马歇尔（Alfred Marshall），他确定了需求曲线纵坐标是价格，横坐标是需求量；另外一位是庇古，我们在讲拥堵费时介绍过他的观点。

凯恩斯主义学派看经济周期

凯恩斯是怎么解释经济周期的呢？他说由于某种莫名其妙的原因——姑且称之为动物精神（animal spirit）——人们忽然都不消费了。人们不消费以后，如果经济体是灵活的，大家就会做出相应的调整，负责生产的人少生产一些，这样经济危机就不会出现了。

但真实的情况并非如此。当消费忽然下降以后，经济体里的很多安排不能马上做出调整，有些甚至非常顽固地保持不变。例如，饭店来的人少了，店主本来应该降价，但是菜谱已经印好了，要换菜谱是有成本的。于是店主就忍着不降价。

此外，需求降低了，生产减少了，本来应该给员工降工资。但涨工资没问题，降工资可就不容易了，这不仅仅是合约精神的问题，还会伤感情。这是工资难以降下来的原因之一。

工资难以下调的另一个原因，是经济学家们提出的所谓“效率工资”的概念：老板故意把工资定得比市场的平均水平高一点。工资太高，就业率就不足，工厂外求职者的队伍就排得比较长，对在岗员工形成的压力就比较大，这样就可以逼迫在岗员工格外卖力地工作，加班加点也不敢抱怨。总之，一些经济学家认为，要靠工资水平的上下自由波动来减少失业率是困难重重的，市场并非传说中那么灵敏和有效。

总括而言，凯恩斯主义学派认为社会的总需求降低、总消费下降，对就业、产量和价格这三者的影响不是对等的。由于每当出现需求不足的冲击时，价格的调整总是迟钝和缓慢的，因此真正受到冲击的是就业和产量，这是经济周期产生的原因。

凯恩斯主义学派基本主张：加大政府开支

正是由于价格反应迟缓，市场没办法自行调整，政府就应该承担一定的责任，在社会总需求不足时，代替人们形成需求，产生消费。人们不花钱政府来花钱，这样才能够渡过经济危机的难关。

因此，凯恩斯主义学派的基本主张是，政府应该逆经济周期而行，人们都在消费时政府就少采取动作；人们都不消费时，政府就应该积极消费、积极投资、积极生产。

这里要说明的是，凯恩斯本人其实是深信市场自行调节功能的，他指出一旦社会回到正常的状态，政府就应该停止干预，让市场机制自己发挥作用。换句话说，凯恩斯主义者关心的是要解决短期内出现的问题，尤其是短期内出现的失业问题，这时创造需求、制造就业机会就是政府的责任。

怎样才能做到这一点呢？基本办法有两个：货币政策和财政政策。

货币政策是通过发钞的办法影响人们的预期，使得就业得以增加。当然发钞会引起通货膨胀，但早期的凯恩斯主义者相信在通货膨胀和失业率之间存在着替代关系，多发钞失业率就会降低，但后来发现这一招不管用了，市场出现了通货膨胀率和失业率同时高涨——滞胀——的情况。

货币政策失灵后，凯恩斯主义者就集中主张通过财政政策进行干预，那就是政府花钱办大事。政府的钱从哪儿来呢？不准印钱，就只能通过收税或者借债的办法。这就解释了“二战”以后绝大多数信奉凯恩斯主义的国家，政府都债台高筑的现象。

“长远而言我们都将一命呜呼”

在互联网上有一段虚拟剧的短视频，浏览量非常高，很能说明凯恩斯主义的这种主张。在这个虚拟剧里，一个人跑到银行去借钱，银行的客户经理就跟他打听他的收入和债务状况。这个人已经欠债14万元，他每年的收入只有2万元，但开销达到了3.8万元，换句话说他在14万元的总债务之外每年还新增1.8万元的债务。

银行的客户经理听了说：“你这种情况，无论如何都不能把钱借给你。”这个人说：“那不行，不借钱给我，我活不下去，我太太会跟我吵架，家里的小孩儿也没人管了。”听到这里，银行的客户经理忽然眼前一亮：“你家有小孩？”这个借钱的人也眼前一亮：“对呀，我家有小孩！”

镜头一切换，27 分钟以后，这个要借钱的人抱着他的 3 岁小孩，这 3 岁小孩就在银行的借款合同上乱写乱画算是签字了。

这个故事说的是，今天的人债台高筑，解决办法是让将来的年轻人来还债。

更有意思的是，这段视频最后镜头再一转，刚才这个借款人的欠债数额后面再加上若干个零，把万元变成兆元，就成了美国联邦政府实际的财务状况。

把今天的责任推给将来的人，这么做可行吗？这个国家长远该怎么办？凯恩斯的经典回答是：“从长远而言，我们都将一命呜呼。”他的意思是，情况很特殊，这次不一样，管不了那么远的事了。当然，人们随时都可以把“这次不一样”作为违反原则的理由。

思考题

在你看来，凯恩斯学派所主张的反经济周期政策，在实施的过程中会遇到哪些障碍和困难？

第 111 讲｜货币主义学派和理性预期学派看经济周期

不同的学派对经济周期有不同的观点，这很像盲人摸象的故事：摸到耳朵的学派说这是扇子，摸到大腿的学派说这是柱子，摸到尾巴的学派说这像一根绳子。每个学派都有自己的主张，而我们只有全面地了解了各个学派的学说以后，才能真正理解什么是经济周期。

前两讲我们介绍了奥地利学派、凯恩斯主义学派对经济周期的见解，这一讲我们将继续介绍另外两个学派——货币主义学派和理性预期学派对经济周期的看法。

货币主义学派和理性预期学派之所以能够兴起，是因为有一些经济学家不同意凯恩斯主义学派的主张。

凯恩斯主义认为，之所以出现经济周期是因为人们不消费了，解决的办法是政府替人们消费。但货币主义者不这么看，他们构建了一整套理论来反对凯恩斯主义者。

货币主义学派见解之一：通货膨胀就是因为货币超发

货币主义学派有几个重要的见解，第一就是坚持货币数量论。

前面我们介绍货币数量论时，讲过一个公式：$MV = PY$，即货币流通量乘以货币流通的速度，等于社会的平均物价乘以社会的生产总量。根据这个公式，影响物价水平的因素包括了货币流通量、货币流通的速度，以及一段时间的生产总量。

经济学家米尔顿·弗里德曼和安娜·施瓦茨（Anna Schwartz）合作出版了一部经典巨著——《美国货币史》（*A Monetary History of the United States*, 1963）。他们通过研究1867年至1960年长达93年的美国货币史，得出一个结论，那就是货币流通的速度这些年基本没变，年度经济增长总量也基本没变，因此，根据上述公式，造成物价水平上升的决定因素就是货币流通量。通货膨胀是多发钞票造成的。

弗里德曼的名言是："通货膨胀到处以及永远都是一种货币现象。"（Inflation is everywhere and always a monetary phenomenon.）

货币主义学派见解之二：货币长期中性

货币主义学派的第二个主张是货币长期中性论。

前面我们讲过，奥地利学派认为，货币在短期内不是中性的，它对人的行为和决策有引导的作用，对经济结构也会有影响。也就是说，奥地利学派认为短期内货币是蜜。但货币主义学派集中关注货币增发的长期效应，他们说货币长期而言是水。

货币主义者认为，当新增的货币流动到社会每一个角落以后，除了物价水平上涨，其他任何事情都不会改变。长期而言，政府通过货币政策来干预经济的努力是无效的。

货币主义学派见解之三：制造通货膨胀不能降低失业率

货币主义学派的第三个重要见解，就是他们认为长期的菲利普斯曲线应该是垂直的，制造通货膨胀最终不能降低失业率，由此他们也预言了滞胀这种现象的产生，即滥发钞票不仅不能消除经济的停滞，而且还会额外地制造通货膨胀。

货币主义学派见解之四：永久收入假说

货币主义学派对凯恩斯主义理论所做的第四个重要的攻击，就是提出了所谓的“永久收入假说”（permanent income hypothesis）。

凯恩斯主义者认为，经济周期产生的原因是人们忽然间不消费了。人们不消费，政府可以替他们消费。政府也可以给人们发钱，人们拿了钱就会去消费了。

但货币主义者认为，人们拿了钱也不会消费，他们说：“你一天消费多少钱不是根据你那一天的收入而定的，而是根据你对未来平均收入的预期而定的。”

如果你的月薪是 2000 元，忽然有人给了你 1 万元，你会怎么花这 1 万元？你会用这 1 万元买一瓶红酒，把它喝了吗？很可能不会，因为买一瓶 1 万元的红酒，跟你平时的饮食消费习惯并不相称。

如果你真的打算把这 1 万元用来改善自己的饮食，你可能会在未来一段时间里，多买一些饮料、啤酒或者二锅头，让每一顿饭都吃得有滋有味，这样得到的效用才会更大。

美国曾经有过这样一个电视节目，电视节目的制作者找到了一家穷人，给这家穷人购买了所有富人应该有的东西，包括一栋房子、一辆好车和一些好衣服。

半年之后他们再回访这家穷人，你猜他们还住在那栋好房子里，还开那辆好车，还穿那些好衣服吗？没有，他们把这些东西都卖了，把换来的钱平摊在更长时间的消费里，这样他们的满足感就更大了。

这其实就是我们前面在利息理论部分所讲的——在时间维度上平衡消费，才是人们提高幸福感的办法。

人们今天消费多少不取决于今天的收入，很少人会因为今天发了工资就大手大脚地把它全部花光，而在其他不发工资的日子里过着饥寒交迫的生活。人们的消费水平是根据他们的永久收入而定的。所以政府的短期刺激政策不会奏效。

我们在欧文·费雪的利息理论里就看到了清楚的“永久收入假说”的原型，弗里德曼把它再一次阐述出来，作为批评凯恩斯政策无效的理据。

弗里德曼的主张：将货币增长比例写入宪法

既然通货膨胀无论何时何地都是一种货币现象，那怎样才能抑制政府乱发钞票的冲动呢？

奥地利学派认为，要回到金本位或者要实施自由发钞制度。而弗里德曼提出的办法是要盯死货币发行增量。哪个政府都会忍不住乱发钞票，所以解决的办法是把货币增长比例写到宪法里去，谁也改不了。

一个像美国这样的发达国家，每年的 GDP 增长比例是比较确定的——2%、3%。根据这个比例，货币增长量也就是 2%、3%，需要把这个百分比当作一个常数写到宪法里去。

具体写多少——是 2%、3%，还是 3.5%——不要紧，关键是要把它当作一个常数写到宪法里，谁都改不了，这样人们都能有一个明确的预期。这是货币主义者提出的对付经济周期的办法。

理性预期学派：政府管得越多，经济波动越大

在货币主义理论的基础之上，经济学家还发展出了一个新的学派——理性预期学派。

这个学派跟货币主义学派非常接近，基本上接受了货币主义学派的主张。但他们进一步提出，人们不仅在决定自己的消费水平时是有预期的，会盯住自己的永久收入，而且在解读政府经济政策时也是有预期的，所谓上有政策下有对策。

如果社会上的失业率高涨，政府就去制造通货膨胀来对付失业率，那么第一次、第二次人们会真的以为经济变好了，开始增加投资多雇人，但试过一两次以后，人们就会形成更明确的预期，知道这只不过是政府对付眼前问题的花招，他们再做投资和雇人决策时，就会格外小心。社会上这样的人多了，政府的政策就会失效。

同样的道理，当政府看到社会上消费不足，发钱让人们消费时，人们就会逐渐明白，“政府发的钱不是白给的，迟早会通过增加税收的方式要回去，所以哪怕是拿了政府的钱也不能乱花”。这时政府的政策又失效了。

政府的政策之所以会失效，不是因为政府的政策制定得不好，而是因为政府的政策会被人们的预期抵消。

政府的政策赖以形成的经济模型，其中的参数是会随着人们预期的改变而改变的。当人们一旦形成预期，那些模型就不起作用了。

而政府企图平息经济周期的措施，本身可能就会增加经济的波动，就像在一个嘈杂的环境里政府大喊一声“大家不要吵”，这句话本身可能就增加了噪声的分贝。

这就是货币主义学派和理性预期学派对经济周期的基本看法。

思考题

货币主义者主张，把每年的货币增长率当作一个常数写到宪法里面去，但我们知道，每个国家——尤其是发展中国家，好比中国——国民生产总值的变化幅度是比较大的。以不变的货币增长率来适应变化的国民生产总值，以不变应万变，这种做法可行吗？为什么？

第 112 讲 | 真实经济周期理论

我们前面几讲分别介绍了几大经济学派对经济周期的看法。关于经济周期产生的根本原因，不同的经济学派给出了不同的解释：奥地利学派认为，那是乱印钞票造成的；凯恩斯主义学派认为，那是人们忽然不消费、总需求不足引起的；货币主义学派除了认为通货膨胀是政府印钞过多造成的，还提出了永久收入假说；理性预期学派更进一步认为，政府对抗经济周期的行动本身可能就增加了经济的波动。

这一讲我们将要介绍的另一个经济理论——“真实经济周期理论”（the theory of real business cycle），则又往前走了一步，它甚至认为经济周期本身就是一件很自然的事情，政府连管都不应该去管。

冲击无处不在，经济周期是很自然的事

前面讲的几个经济学派都认为，经济周期之所以产生，是存在外部的冲击，或者说存在外生变量。也就是说，整个经济体运作本来是良好的，这时在它之外忽然来了一股力量，破坏了经济体本来应有的平衡，于是就产生了经济周期。

但真实经济周期理论却认为，经济学家所说的外生变量、冲击，其实是无所不在的，发生意外的冲击是我们真实生活里的常态。

干旱、地震、飓风、洪水，当然是一种冲击；新的科技发明、新的技术创新、新的市场营销手段、新的支付和结算方式，也是一种冲击；新的观念、风尚、潮流，也是冲击。

冲击无所不在，而经济体当中，每一个个体需要花一段时间才能对新的冲击做出反应。这一段时间，就是我们所说的时间滞后、迟钝期。真实经济周期理论认为，一切被前面的经济学家描绘为调节缓慢、反应不够充分、市场无效的现象，其实都是正常的。

市场出现一定程度的库存、积压是合理现象

在商品的生产过程中有一个投资加速器原理，它讲的是，如果你家今晚来了几个客人，吃饭的人数增加了，理论上讲就应该多买一个电饭煲来应付新增的需求。

但电饭煲是一件耐用品，一旦投资了，你能确保家里每天都有

那么多的客人来吃饭吗？很可能不会。正因为很可能不会，人们才不会一有客人来家里吃饭就买电饭煲。反应过快是错误的、是不经济的，会带来巨大的损失。停一停、看一看，对时局做个判断再采取行动，才是合理的。

正因为这个道理，当市场的需求增加以后，老板并不会马上多雇员工，相反他会先看一看，让原有的员工加班，加班成为常态后才开始增加工资，再没办法了才多招人。

同样的道理，市场里存在一定程度的库存、积压，房屋出现一定的空置，都是合理的现象。

有些失业现象是生产力提高的结果

再举个例子。假定有几个人一起烧砖、一起砌墙，其中三个人负责烧砖，一个人负责砌墙，他们的合作本来是天衣无缝的，三个人烧好的砖刚好让那个砌墙的人满负荷工作。但是随着时间的推移，砌墙的那个人熟能生巧了，他砌墙的速度比以前快了，而烧砖的人速度并没有跟上。这时会出现什么情况？这时砌墙的人就会出现一段时间的劳动力闲置，在外人看来那就叫失业。

闲置的这部分劳动力该用到哪里去，一时半会儿是找不到出路的，他既不可能跑去帮别人烧砖，也不可能找份兼职干。只有当这种情况维持相当一段时间以后，人们才会逐渐地想出对策来，把那一部分闲置的劳动力利用起来。

如果在这以前，政府觉得出现了闲置的劳动力、出现了失业，应该管一管，从而刻意制造一些本来市场不需要的岗位让人们去做，让多余的劳动力去填充，这实际上是造成了浪费，妨碍了人们去寻找真正有价值的工作机会。

错误的商业决策也是经济衰退的成因

此外，真实经济周期理论还认为，我们经历的很多经济衰退，其实都是由过去错误的商业决策造成的。

例如，在政府制造的通货膨胀之下，人们打错了算盘，做了过分长远、宏大的规划，招错了人，当政府开始悬崖勒马、抑制通货膨胀时，当然就会出现泡沫破裂、工程烂尾、人员解雇等现象。

但这些现象是由过去的错误决策造成的，错误已经造成了，后来发生的工厂停工、劳动力闲置和调整策略等现象，都是回归合理经济格局的一个必然的休整过程。

一个人得了病，去住院是正常的，住院当然是劳动力的一种浪费，但产生这种浪费的根源——得病——早就已经发生了，再阻止这个人去住院是于事无补的。所以不让那些本来应该失业的人失业，那也是错的，错上加错并不能变成对。

生活中到处都是冲击，要应付这些冲击，人们的反应不是即时的，而是滞后的，不是全面的，而是渐进的。这本身就是合理的。额外的干预不会解决问题，而只会产生新的问题。

这就是真实经济周期理论的核心思想。这个学派的两位领军人物芬恩·基德兰德（Finn Kydland）和爱德华·普雷斯科特（Edward Prescott），在 2004 年共同获得了诺贝尔经济学奖。

思考题

针对货币主义学派、理性预期学派和真实经济周期学派的理论，你认为面对失业，政府应不应该袖手旁观、无所作为？为什么？

第 113 讲 | 聪明人为什么会彼此不同意

前面四讲中，不同的学派对经济周期产生的原因以及政府应采取的措施，都提出了不同的理论。这些不同的理论有时候是互补的，有时候是针锋相对的。但有意思的是，这些理论的领军人物，都先后获得了诺贝尔经济学奖：

奥地利学派的代表人物哈耶克在 1974 年获得诺奖；凯恩斯主义学派的代表人物约翰 · 希克斯（John Hicks）在 1972 年、詹姆斯 · 托宾（James Tobin）在 1981 年获得诺奖；货币主义学派的代表人物弗里德曼在 1976 年、埃德蒙德 · 菲尔普斯在 2006 年获得诺奖；理性预期学派的代表人物罗伯特 · 卢卡斯（Robert Lucas）在 1995 年、托马斯 · 萨金特（Thomas Sargent）在 2011 年获奖；真实经济周期理论的代表人物芬恩 · 基德兰德和爱德华 · 普雷斯科特在 2004 年获奖。

八仙过海，各显神通，这就是今天宏观经济学的局面。

看完这些大经济学家的理论，人们很可能会提出这样一个问题，那就是为什么这些聪明人会彼此不同意？

宏观经济学家争论不休的四大原因

第一，最根本的原因在于，宏观经济现象涉及的变量太多，而我们研究的宏观经济现象本身，数量又是有限的。

如果要研究的经济现象数量不够，而对经济现象产生影响的因素又太多，那么人们就无法厘清到底是哪些因素导致了这种经济现象。这就像我们解方程式，变量数比方程数多，这个方程组就解不出来。

我们经常会看到这样的现象，一个经济学派建立了一种宏观经济学理论，也有一些历史数据的支持，这种理论看上去是自圆其说的。但只要我们把视野放宽一点，把这种理论多放到几个不同的历史情境中去看，就会发现它好像说不通了。每个学派都截取了一段对自己的理论有利的历史，但事实上他们的理论也就仅仅适用于这一段历史。

第二个原因，在于宏观变量本身是一些加总的变量，这些变量之间未必具有必然的因果关系。

例如在微观经济学里讨论的需求和供给，它们之间是相互作用的，一个产品的价格发生变化，需求量就会发生变化。但是到了宏观经济学中，如果我们考虑的不是单个产品的需求和供给，而是考虑整个社会的总需求和总供给，这些变量之间就未必有清晰的因果关系。

观念越宏大，就越不清楚，既难以被证实，又难以被证伪。这是宏观经济学家争论不休的第二个原因。

第三个重要的原因，是人会形成预期，会产生对策。

知识和信息不仅会影响人的行为，更重要的是，知识和信息本身就存在一个增长的过程，它们本身就是不可预测的。在这些不可预测的知识和信息的影响下，人的行为也会变得不可预测，这当然就增加了宏观经济学研究的难度。

第四个根本原因，是人类恐怕无法用科学的方法来应付不确定性。

凯恩斯不是职业经济学家，而是英国上流社会的名人、记者、政府官员和投资家。他在 1936 年出版了《就业、利息和货币通论》，从此开创了宏观经济学这个学术分支。这本书到今天，已经有 80 多年的历史了，但是你到美国的书店去看，不管书店有多大，不管经济学的书架有多小，里面一定还放着凯恩斯的这本《就业、利息和货币通论》。

它到今天为止还是畅销书。尤其到了经济出现剧烈的波动，人们看不懂经济的走势，感到眼前迷茫的时候，他们就会想起这本书，他们就会拿起这本书，他们就会讨论这本书。

为什么在高度科学化、数学化的经济学已经占领了大学的经济系和研究所，成为行业的标准的今天，一本用日常的语言书写，带有文学的笔触，以一位记者观察生活的视角写成的经济学散文，会有这么强的生命力呢？

世界上不仅存在风险（risk），还存在不确定性（uncertainty）。所谓的风险是那些我们能够用数学的方法来计算的或然性，你掷一个骰子，有多大的可能出现1，有多大的可能出现2，这是我们知道的我们不知道的事情。

而不确定性，指的是那些我们都不知道我们不知道的事情。比如500年前的人可能根本就没想象过互联网、人工智能、无人驾驶这些事情，所以根本谈不上去计算这些事情发生概率的问题。

凯恩斯的直觉非常准，他看到了这一点，于是就用他独特的语言来描述这种现象。在他的著作里，这种难以名状、难以刻画、难以衡量的不确定性被称为“动物精神”。他说正是由于这些莫名其妙的原因，人们的需求忽然下降了，经济不发展了，而解决问题的办法就是要鼓励人们去消费。

当人们面对不确定性的冲击，当他们发现用精准的数学根本无力招架、无法应对的时候，他们就只能诉诸直觉、比喻、经验、自信以及勇气。这是宏观经济学真正深不可测的原因。

宏观经济学家争论不休的八大问题

宏观经济学家争来争去到底争什么呢？我找到了一个表格，纵向有 8 列，指的是宏观经济学家争论的 8 个大问题；横向有 7 行，代表的是 7 个经济学派对这些问题的不同看法，因此表中总共有 56 种不同的观点（见表 10–2）。

这八大问题是：

第一，经济周期当中存在波动的根源是什么？

有些学派认为是消费忽然不足，有些学派认为是政府印钞过多，有些学派认为到处都是冲击——大自然给我们冲击，科技文化给我们冲击，政府政策也会给我们额外的冲击。

第二，人究竟能不能够形成预测？

有些学派认为人是聪明的，能够形成预测；有些学派认为人是短视的，不会形成对策。

第三，价格能不能够灵活地进行调整？

有些学派认为，价格调整存在着很大障碍，价格是刚性的，相对僵化，存在着所谓的菜单成本。但另外一些学派却认为，价格的调整是非常灵活的，不存在所谓的菜单成本。他们举例说超市里的商品成千上万，要调整它们的价格也就是键盘上按几个键而已。

第四，市场结构本身能不能够做出灵活的调整？

有的学派认为可以；有的认为不可以；还有的学派认为虽然开始时难，但将来会越来越容易；也有的学派认为资本本来就是抑制性的，一旦做出了投资，资本就很难转为其他的用途。

第五，市场到底是否存在均衡？

我们打开财经新闻，听宏观经济学家讨论问题时，发现他们一天到晚都说这个失衡、那个失衡。这时，我们就会产生这样的疑问：如果天天都失衡，到处都失衡，那世界上失衡就应该是常态，不存在所谓的均衡吧？

表 10–2 不同学派对宏观经济学问题的看法

学派	震动来源	预期	价格调整	市场调整	均衡观	影响时长	规则 / 相机	收入政策
正统凯恩斯主义	消费需求独立波动	自适应的	相对僵化	能力弱	无法达到充分就业	短期	相机	局部赞成
正统货币主义学派	货币供给的干扰	自适应的	灵活的	能力强	总能达到自然失业率	有时短期，有时长期	规则	无关且骚扰，会扭曲复苏进程
新古典学派	货币供给的干扰	理性的	极端灵活的	非常强的	总能达到自然失业率	长期与短期无区别	规则	同上
真实经济周期学派	来自供应方（技术层面）的冲击	理性的	极端灵活的	非常强的	总能达到动态的自然失业率	长期与短期无区别	规则	同上
新凯恩斯主义学派	在供给和需求之间折中	理性的	强调价格刚性（如菜单成本）	缓慢	存在非自愿失业	总的来说是短期的	众说纷纭	总体而言是持否定态度
奥地利学派	货币供给的干扰	理性的	灵活的	能力强	趋于均衡	有时短期，有时长期	规则	有害且会扭曲复苏进程
后凯恩斯主义学派	消费需求独立波动	理性的	黏性的	非常弱	无法达到充分就业	短期	相机	必需且是有益的

资料来源：Brian Snowdon, et.al.，*A Modern Guide to Macroeconomics*, 1994。

针对这个问题不同的学派也有不同的观点。例如，一个社会到底能不能够实现充分就业？凯恩斯主义学者认为，能够通过政府的干预实现社会的充分就业。但货币主义学派则认为，失业是一个常态，任何社会都存在一个自然失业率，要把真实的失业率降到自然失业率以下是不切实际的想法。

第六，经济周期持续的时间到底是长还是短？

凯恩斯主义学派认为，经济周期都是短暂的，政府只要稍加干预，经济就能够恢复常态，这时政府就可以停手了，自由市场就可以正常运作了。但有些学派却认为，经济周期一旦发生，它要调整的时间就很长。

经济周期持续的时间长短，也就影响了这些经济学家对政府干预政策的态度。

第七，到底应该采取相机的政策，还是规则化的政策来对付经济周期？

所谓相机的政策就是见机行事，有什么样的情况采取什么样的对策；而主张通过规则来处理问题的经济学家却认为，政府官员很难做到就事论事，相机对策反而会增加波动，要用一成不变的制度来应付变化。比如货币主义学派就主张，把货币增长率写到宪法里去，以不变应万变。

第八，收入政策到底有效无效？给人们发钱人们会不会把钱花出去？

凯恩斯主义学者认为会；货币主义学派认为不会，人们只会根据永久收入预期来决定他们的消费水平。

所有这些都是聪明人彼此不同意的原因。不能怪经济学家见解太多，只能怪问题太难了。

宏观经济学家的六大共识

当然，经过这么多年的争论，宏观经济学家还是达成了一些共识：

第一，经济增长的长期趋势，主要靠供应方面的因素。一个国家的长期发展还是要看它的生产力。

第二，短期的经济波动，往往来自需求方面。例如人在消费时表现出的非理性，货币流通量变化对人的行为所产生的引导作用，政府短期的经济政策所造成的影响，等等。

第三，从长期看，通货膨胀和失业之间并不存在稳定的替代关系，也就是说不可能通过制造通货膨胀来降低失业率。

第四，从长期看，货币增长率决定了通货膨胀率，滥印钞票迟早会造成通货膨胀。

第五，政府试图微调经济周期是做不到的。我们前面说过，要调节经济周期，就必须面对一系列的时间滞后。从发现问题到提出方案，到具体实施，到这些具体措施能够奏效，存在着一连串的时间滞后，微调是不可能的。

第六，大家普遍接受了"人是有对策的"这一观点。这其实是物理世界的研究方法，与人类社会的研究方法之间存在根本区别。这样大家就从过去的控制论角度（觉得这个社会是可以通过政府来控制的），转化为博弈论的角度（觉得政府只不过是众多玩家中的一个）。学者要解决的问题不再是怎么控制这个社会，而是怎么让社会达到更好的协调。

思考题

请你举一个经济学家的观点既针锋相对又言之成理的例子。

公共选择｜选举未必反映大多数人的意愿

第 114 讲｜选举由中间派说了算

我们都知道选举是一种政治行为，它跟经济学有关系吗？当然有关系，经济学家很早就开始研究选举问题了。

这一讲我们就介绍一下从经济学的角度是如何看待选举问题的。我们先从简单的模型开始。

市场与投票在公共选择中的区别

假定有三个人，他们决定一起去吃午饭，但是他们对吃午饭的开销有不同的偏好。第一个人喜欢吃便宜的午饭，5 元钱刚好，离 5 元钱越远——不管是便宜还是贵——他越不喜欢。第二个人认为 10 元钱刚好，离 10 元钱越远——不管是便宜还是贵——他越不愿意。第三个人喜欢吃贵的，最理想的是吃 50 元钱的午饭，离 50 元钱越远——不管是便宜还是贵——他越不满意。

这样他们就构造了一个三个人的团体，每一个人都有一个所谓的单峰偏好，也就是他的理想状况是一个点，公共选择的结果越是接近他心目中的这个点他就越满意，越是远离这个点他就越不满意。

在市场当中遇到这样的选择时，这三个人最终会吃多少钱的午饭呢？我们在讲科斯定律时说过，谁使用的价值最高权利就归谁。吃午饭的三个人中谁的出价最高？第三个人，他愿意出 50 元。

这时他可以花钱把选择吃午饭的权利买下来。假设他选择吃一顿 20 元钱的饭，这时第一个人只愿意出 5 元，这 20 元的饭钱，还缺的 15 元就由第三个人来补。第二个人只愿意出 10 元，第三个人也补给他 10 元。第三个人向第一和第二个人购买了他们手上的选票以后，还能剩一笔钱来提高他午餐的质量。

通过选票的买卖，三个人皆大欢喜，这是公共决策的问题放到市场当中产生的结果。简单地说，如果用市场的方法来解决公共选择的问题，那么公共选择就会落在大家都愿意出的那个价格的平均数上，这三个人愿意出的价格加起来是 65 元，三个人分摊，最后午餐的质量由平均数决定，20 多元。

当然我们知道这是在市场中才会发生的事情，在政治生活中、在选举中选票是不准买卖的。如果选票不能买卖，这时这三个人的午餐就要采用投票的方式，少数服从多数。

低端的一个人说出 5 元钱，高端的一个人说出 50 元钱，他们说了都不算，唯独中间那个人说了算，因为无论他朝低端倾斜还是向高端倾斜，他们都能够组成大多数。结果三个人共同吃的午餐价格就接近中间那个人的偏好——10 元钱。

简单地说，在投票的情况下，公共选择的结果相当于中位数，由中位数决定；而在市场里，公共选择的结果则由平均数的位置决定。

赢得中间投票人支持，就能获得选举成功

经济学家就是从这个简单的模型开始，对政治选举进行经济分析的。当然，在现实生活中政治选举所要考虑的选择、内容以及选民意愿，要比简单的吃一顿饭花多少钱的问题复杂得多。

每一个政党都有非常复杂的政纲，这些政纲涉及政治、经济、文化、外交、军事等各个方面。人们要做的公共选择的数量哪怕不是无限的，也是非常庞大的。

但是，人们实际上不可能有足够的精力和金钱，来对这些选择逐一投票。所以政治的现实是，人们只能够在若干个数量极其有限的套餐里做一个选择，而最后能够脱颖而出参加政治选举的政党数目不会太多，通常是两个，三四个已经很多了。人们不可能全盘接受任何一个候选人、候选政党的全部政纲，只能妥协。

这些妥协本身就是一个人内心的选票买卖的过程：哪件事更重、哪件事更轻，哪件事值得坚持、哪件事可以放弃，我们在内心已经做了一番权衡。

在任何一个选举中，不管那些参选人的政治理想原来是怎样的，只要他们想获得胜利，在竞选中存活下来，就必须选择那些能够讨好中间选民的政纲。这是政治选举的经济学分析当中非常重要的中位数投票人原理，也就是说要获得最大多数的支持，参选人就要去迎合那些中位数者的偏好。

“中位数投票人原理”的重新发现

在当代，中位数投票人原理是由经济学家邓肯·布莱克（Duncan Black）在 1948 年重新发现的。所谓重新发现就是，在 16 世纪时，

法国数学家就发现了这个原理，但是这个原理被埋没了很多年。布莱克发现以后，1957 年，另外一位经济学者安东尼·唐斯（Anthony Downs）把它写到了对民主进行经济分析的经典著作里，这本著作的名字叫《民主的经济理论》（*An Economic Theory of Democracy*, 1957）。

这本书的意义非同一般，因为在这本书以前人们都相信政治家攀比的是他们的政治理想。哪位政治家好、哪位政治家差，区别在于他们的政治理想谁的更高远、更伟大。

但自从中位数投票人原理被清楚地提出来以后，人们对政治选举的看法来了一个 180 度的大转变：政治家的理想是什么不重要，重要的是，是否能够满足中位数投票人的偏好。只有满足中位数投票人偏好的政纲，才能获得大多数人的支持，持这种政纲的候选人才能获得选举的胜利。

过去人们以为，政治家是为了实现他们远大的理想而参加竞选的；现在人们明白，政治家是为了赢得选举而去刻意剪裁他们的远大理想，因为只有讨好中间投票人的政纲，才能在大多数人说了算的选举中获胜。

思考题

在所有的选举当中，我们要追求、要满足的都是大多数人的意愿。在任何一个社会里面，真的存在大多数人的意愿这回事吗？为什么？有哪些社会目标是真的符合大多数人意愿的呢？请你举两个例子。

第 115 讲 | 阿罗不可能定律

“大多数人的意愿”，听起来是个不言而喻的概念，但经济学中的阿罗不可能定律告诉我们，它可能根本没有确切的含义，或者说什么含义它都可能代表。

选举不一定反映大多数人的意愿

肯尼斯·阿罗（Kenneth Arrow）1921 年出生，2017 年去世，一直在斯坦福大学任教，是最早获得诺贝尔经济学奖的美国经济学家之一。

阿罗不可能定律，是指在人们有多种不同选择的情况下，选举不一定能够反映出大多数人的意愿。这个观点，18 世纪的两位法国数学家孔多塞和波尔达就曾经提出过，但提出之后，他们的著作就被湮没了，很多年以后才被重新发现。到 1950 年，阿罗用严谨的数学方式把这个思想又阐述了一遍，后人就称之为阿罗不可能定律。

我们前面在讲选举时假定人的偏好是单峰偏好，也就是说人只有一个幸福点，离这个幸福点越近就越满足，离得越远就越不满足。但现实生活中人们往往不止有一个幸福点。

如果一群人中的每个人都有两个幸福点，那么投票时会发生什么情况？比如一个单位里有三个人，他们要在三个地方中选一个去开公司年会，这三个地方分别是最热的夏威夷、最冷的芝加哥和气温中等的华盛顿。

这三个城市在三个人心目中的排序分别是：

第一个人觉得夏威夷比芝加哥好，芝加哥又比华盛顿好；

第二个人觉得华盛顿比夏威夷好，夏威夷比芝加哥好；

第三个人觉得芝加哥比华盛顿好，华盛顿又比夏威夷好。

如果我们组织一次选举，让这三位选民在夏威夷和芝加哥之间做出选择，第一位和第二位候选人喜欢夏威夷多于芝加哥，那么根据他们的偏好，夏威夷得两票，芝加哥得一票，夏威夷获胜。同样，如果让这三位选民在芝加哥和华盛顿之间做选择，那么芝加哥会获胜。还有一种情况就是让这三位选民在华盛顿和夏威夷之间做选择，这时华盛顿会获胜（见表 10–3）。

表 10–3　阿罗不可能定律

	第 1 选择	第 2 选择	第 3 选择
选民 A	夏威夷	芝加哥	华盛顿
选民 B	华盛顿	夏威夷	芝加哥
选民 C	芝加哥	华盛顿	夏威夷

注：

选举 1：夏威夷与芝加哥　2 ∶ 1

选举 2：芝加哥与华盛顿　2 ∶ 1

选举 3：华盛顿与夏威夷　2 ∶ 1

含义：

1. 多峰偏好或多议题导致选举循环的产生；
2. 议题设置和选票交易是两个可能的解决方案，以打破这一循环；
3. “大多数人的意愿”可能是个无意义的概念；
4. 会议召集人和会议议程至关重要。

在这三次选举当中，夏威夷、芝加哥和华盛顿都分别获胜了。这三个不同的城市面对的是同样的选民，在选举中也没有任何作弊的行为，每个人都如实地做出自己的选择。但即便是这样，他们也选不出到底哪个城市才是最合适的。三个城市都有可能获胜。

到底哪个城市获胜，完全取决于这些选举是怎么组织的。他们面临的选择是什么，被选中的城市就是什么。

在现实生活中，我们经常说“选举反映了大多数人的意愿”。如果真的举办这样的选举，每一个人都会认为，只要自己的意愿得到了充分的表达，最后的结果一定是符合大多数人意愿的。但阿罗不可能定律指出，在特定的情况下，要选择真正能够代表大多数人意愿的那个选项是不可能的，选择的结果其实是循环的。实际上，不同的问法就决定了不同的答案，并不存在什么大多数人的意愿这一说。

已经被暗中决定的投票结果

人们可能会说，在现实生活中不论是花多少钱吃饭、到哪儿开公司年会，还是确定公司未来的方针政策，我们都没遇到过这种循环不已、选来选去找不到最佳答案的情况。

公共选择学派的创始人图洛克写过一篇文章来解释和回答这个问题，题目是《为什么这么稳定》(Why So Much Stability, 1981)。它的意思是说，阿罗不可能定律预测的是一个动态的结果、议而不决的结果，但现实生活中没有出现这样的情况，原因就在于，每一次人们投票决定一件事时都有一个会议召集人或者议程设计者。他设计了怎么问别人，设计了选举方案和选举选项，这在很大程度上就把选举的结果暗中定下来了。

我们在现实生活中也有这样的经验：虽然开会是民主的，虽然大家都可以充分表达自己的意愿，虽然最后都是投票表决，但是那个会议召集人、主持会议的人实际上才是最重要的角色，因为投票的结果在他选择投票方案时就已经被决定了。

投钞票可对偏好轻重做出排序

要指出的是，如果我们要逃避阿罗不可能定律所预言的这种循环，除了确定一位会议召集人，确定一个固定的会议程序以外，还有一个办法，就是不要让人们投选票，而是投钞票。

我们让选择芝加哥、夏威夷和华盛顿的三位投票人，分别为这三个城市标上价，说他们愿意出多少钱去这个地方开会，愿意出多少钱去那个地方开会。只要把这个价格明确地标出来，一汇总，最受欢迎的城市就出来了，而且这个选择是一个确定的答案，不会出现循环。

这给我们一个很重要的启示，那就是用选票投票和用钞票投票会有一个根本的不同：用钞票来投票不仅能反映出选民对不同选项之间的排列顺序，还能反映出他们对不同选项偏好的轻和重，因为不同的价格能够反映出量的不同。而用选票投票，只能反映出人们对不同选项之间偏好的顺序，却没办法反映出他们偏好之间的轻重。

思考题

在你所在的机构，会议召集人是怎么确定的？他们对会议讨论的结果有没有起到主导的作用？

第116讲｜民主为何会产生不良经济政策

本书批评过许多公共经济政策，包括价格管制、准入管制、最低工资制、同工同酬法和贸易保护主义等。读者不禁会问：从经济学的角度看，既然那么多的经济政策都是低效或无效的，甚至是起反作用的，为什么这些经济政策还一而再，再而三地被采纳、被执行呢？而且执行和采纳这些政策的往往还是那些民主国家呢？

传统公共选择学派的理由

对于民主为何会产生不良经济政策这个问题，传统公共选择学派提出了两个可能的理由：第一个理由，选民是无知的；第二个理由，选举的机制有问题。

理由之一：选民是无知的

很多人都相信民主是最好的制度。在民主制下大家可以公开地讨论，对公共政策进行辩论，人们迟早会认识到正确的做法是什么。

人们对民主有一个基本的信念，那就是大多数人在大多数时候是对的。为了让大众尽快地接近真理，那些掌握了更多信息、更多社会运行规律的人应该尽量地给普罗大众普及教育。人民被教育好了，民主也就健全了。

按照这个逻辑，在民主制下要产生好的经济政策，关键是要对人民进行经济学的教育。

第一位拿诺贝尔经济学奖的美国经济学家萨缪尔森，曾说过这样一句名言，他说："只要由我来写经济学教科书，我就不在乎谁来制定国家的法律，谁来起草缜密的条约。"萨缪尔森最看重的就是经济学的教育。

我们熟悉的另外一位经济学家弗里德曼也持有同样的想法。弗里德曼从1976年获得诺贝尔经济学奖直到2006年去世，整整30年，利用公众媒体做节目、写专栏，用简洁的语言、生动的例子向大众传播经济学的基本原理。

但结果怎么样呢？到晚年弗里德曼自己反思，他说拿今天跟 30 年前比，人们只不过是在口头上更接受市场了，嘴上说得好听，但在实际政策上却没有多少改进。

事实上，对人民进行经济学的教育，改善人们经济知识的普遍匮乏，从而改变不良的经济政策，这往往只是学者们一厢情愿而已。

当然，除了经济知识的匮乏，选民的政治知识也是相当贫乏的。在美国有持续的跟踪研究，比如不到一半的人能够在一帮政治家当中认出谁是副总统，不到 1/3 的人知道国务卿是谁，也有不到 1/3 的人知道自己家乡的参议员是谁。

总之，选民无知导致了不良的经济政策，这是一种解释。

理由之二：选举机制天然容易被利益团体操纵

还有另外一种解释，那就是选举机制天然地对利益团体有利。

先举个简单的例子。假设我侵入银行的计算机系统，在每一位存款人的账户上偷一分钱，那我一下子就成为百万富翁、千万富翁了。这时账户上损失了一分钱的人，他们会起来反对我吗？不太会，他们只要打一个电话、写一封信，付出的代价就已经比一分钱要多了。他们不值得联合起来反对我，但是我却值得这么做。

而一个国家的利益团体，他们也处于相同的格局中。凡是利益团体都是人数比较少、互相可见、得到的益处却非常大的一群人。他们利用公共政策赚到的钱，是全体人民付出的。

全体人民的特点正相反，他们高度分散，互相不可见，他们每一个人受到的损失也非常小，不值得联合起来，要联合起来成本也非常高。在这种格局下，那些有巨大利益的少数派就会有积极性去操纵选举的结果，让大多数分散的选民来承担代价。这就是公共选择学派提出的利益团体操控选举结果的理论。

唐纳德·威特曼的反驳

有一位叫唐纳德·威特曼（Donald Wittman）的经济学家，针对上述“选民无知”和“利益团体操纵选举结果”导致了民主制度下屡屡产生不良经济政策的理论，提出了严重质疑。威特曼毕业于芝加哥大学，他秉承了芝加哥学派的传统，善于把市场运作的基本规律运用到社会的每一个角落。

市场机制能帮助人们做出明智选择

威特曼说：没错，在政治问题上选民是无知的，他们往往搞不清政治家谁是谁，搞不清楚政治立场是这个还是那个，搞不清楚那些跟美国打交道的国家具体在地球的哪个位置，但是这些无知都不妨碍选民做出正确的政治决定。

抛开政治，我们在市场上也能看到类似的情况。人们对技术往往一窍不通，但这并不妨碍他们买到一管好的牙膏、一台好的相机、一辆好的汽车，这是因为市场机制本身就提供了充分的帮助，让人们在无知的情况下做出明智的决策。

在市场当中，帮助我们做决策的，是厂商的品牌，是第三方的认证，是履行各种合约的制度安排。而威特曼说：所有这一切在政治领域也同样存在。

政党就好像一家公司，政党的名声就好比一家公司的声誉，它是通过多年努力而积累成的。党内对各位党员有纪律约束，这好比公司内部的品质管控程序。党外有好多新闻媒体、政治分析员、非营利组织、智库，都对政党的行为、政治家的一举一动进行着密切的监督。他们的行为稍有差池，就会被曝光，就会被放大。这跟市场体制里的消费者委员会、违约惩罚、侵权赔偿是一样的道理。

政治竞赛至少和市场竞争一样有力

对于很多人说利益团体是少数人赚了钱，大多数人付出代价，威特曼反驳说：这种说法不完全对，既然有人能够通过占每一位选民的一点点便宜，从而获得巨大的利益，形成利益团体，那为什么就没有另外一些人，同样为了大多数人的利益也形成另外一个利益团体，跟那些现有的利益团体做抗争呢?

众多利益团体互相争夺、互相抗衡，本身就是一种有效的政治机制。这跟在市场里商人们进行广告战、价格战、营销策略战一样，都是正常的情况。

在政治领域，选民不需要再了解政治哲学，不需要再了解军事战略，也不需要知道那么多的经济学原理，他只要看看候选人的眼神、说话的态度，有没有温暖人心的微笑，就可以投票做决定了，而这跟在市场领域，消费者不需要懂得多少科学技术原理，只要看看品牌和包装，看看那些美轮美奂的电视广告，就基本可以做出正确的选择一样。

民主制产生的经济政策就是选民要的

于是，威特曼得出了一个传统公共选择学派学者都不喜欢的结论，那就是：选民的无知不是问题，而民主决策机制也没问题。既然这样，“民主制度会产生不良的经济政策”这个说法本身就是个伪命题——在市场和政治两个不同的场景里，人们都通过本质上非常接近的制度安排，在信息不对称的情况下，在有用信息比较少的情况下，做出了有效的选择。

威特曼的结论是：民主制度下产生的经济政策就是好的政策，因为它恰恰反映了聪明的、有理智的选民所需要的经济政策。这样，人们对经典的公共选择问题——民主为什么会产生不良经济政策——的研究就陷入了困境：民主制度没毛病，选民要什么政策，就得到什么政策，批评民主体制下的经济政策的经济学家们可以休矣。

布赖恩·卡普兰的“理性胡闹”理论

这时一位年轻的经济学家站出来提出了他的解释，这就是乔治·梅森大学的布赖恩·卡普兰（Bryan Caplan）教授。他花了很长时间研究唐纳德·威特曼提出的观点——政治的决策机制本身跟市场的决策机制一样都是有效的——他说问题就出在一个细节上。

卡普兰的论证推理过程分以下几个部分。

普罗大众的经济学认识有系统性偏差

卡普兰通过研究指出，大众的经济学认识是有系统性偏差的。他获得了一个非常有趣的数据库，在这个数据库里，有 1500 位来自社会不同阶层的美国人，回答了 30 多个常见的经济问题。

这 1500 人具备了各种各样不同的特征，不同的性别、不同的年龄、不同的收入阶层、不同的党派等等，而这 1500 人当中，有 250 位是拿了经济学博士学位的人。

卡普兰发现，这 250 位受过系统经济学训练、拿了经济学博士学位的人，对这 30 多个问题的回答跟其他人有着明显的差别。经济学家是一群看问题非常特别的人，他们之所以这样不可替代，原因就在于他们受过经济学的系统训练。而其他人对一系列常见的经济问题，都存在着大量的偏见。

这些偏见归纳起来有四点：

第一，排外偏见。大多数人都认为，很多经济问题是由外人造成的，这些外人要么是一个城市里的外来人口，要么是一个国家以外的其他人。他们跟经济学家相比，往往不能理解外人对本地人、本国人的福利所起到的积极作用。老百姓当中普遍存在的排外偏见，这解释了大量贸易保护主义政策挥之不去的现象。

第二，职位偏见。人们普遍觉得工作岗位像桌子、椅子一样，看得见、摸得着，也会流失到海外被外国人占有。正是因为这样，人们普遍欢迎那些把就业机会留在本地的经济政策。

第三，反市场偏见。人们对供求的关系、对价格的作用，往往理解得不够深。这造成了很多人虽然口头上说赞成用价格进行调整，但每次遇到具体的问题，他们往往会反其道而行之，欢迎那些价格管制的政策。

第四，悲观偏见。人们总是记得失业的感受或者非常担心失业，他们对现状往往不满，对未来往往担忧，而对过去又往往只留下美好的记忆。结果是总觉得今天不如昨天，明天可能会更糟。

总的结论是人们对经济问题普遍抱有偏见。

任何个人的选票都无法改变选举的结果

我们前面说过，在选举当中真正起决定作用的是中间选民，非中间选民所投的票，对选举的结果没有太大影响。

成为中间选民的概率，取决于两个因素。第一个因素是参选人赢得大选的概率。参选人之间赢得大选的概率越接近，成为中间选民的机会就更大；而基本上已经是一面倒的选举，谁都不太可能通过自己的一票力挽狂澜。

第二个因素是选民的人数。美国联邦最高法院的 9 位法官对一个案子做出判决，他们当中的任何一位成为中间投票人的概率是比较大的，但是一个国家几千万甚至上亿的选民，要成为中间投票人的机会就非常渺茫了。

在现实的民主选举中，任何一个人去投票而刚好成为中间投票人，从而扭转选举结果的概率，任何一台计算器显示的结果都会是零。

图洛克教授就曾经说过："安东尼·唐斯早就把我说服了，我在前往投票站的路上遇到车祸一命呜呼的概率，比我的选票改变了选举结果的概率要大得多。那我为什么还要折腾去投票呢？"

没有人可以通过参加投票来改变选举的结果。

市场决策与民主决策的根本区别

每当我们面临公共决策，比如"这个国家每年需要制造多少件蓝色西服"这样的问题，我们有两种可供选择的决策程序，一种是市场决策，一种是民主决策。市场决策就是需求者用钞票来投票，需求者投多少钞票，生产者就生产多少蓝色西服。而民主决策就是选民用选票来投票，得票最多的生产方案，决定了应生产多少蓝色西服。

市场决策和民主决策这两种公共决策机制，一种是数钞票，认钱多少，另一种是数选票，认人多寡，这两种机制有区别吗？它们产生的选择结果，是会趋同呢，还是会分离呢？

对此，卡普兰教授提出了这样一个观点：人们在做任何决策时，都要同时考虑候选方案给自己带来的功能上的好处，以及面子上的好处。

例如，在市场当中，我要买一辆车。到底是买一辆便宜的10万元的车，还是买一辆豪华的500万元的车呢？当然我知道，如果买一辆500万元的名贵跑车我会很有面子，但与此同时，我不得不考虑实际的功能、实际的效用和我要付出的代价。

最后我肯定得实际一点，说面子上的好处我就放弃了，买一辆10万元的车吧。这是由于在市场当中做决策时，自己必须为自己所做的决策承担全部的责任。

问题的关键点来了——在人们做政治选择时，也会考虑两个因素：第一是功能上的好处，第二是面子上的好处。

如果有人提议，让每一位国民都得到免费的医疗服务，你是否同意这个建议？从面子上来说当然要同意，同意了说明我们有教养、有爱心、有责任感，但实际后果是，如果人人都能享受免费医疗，那钱从哪儿来？

如果每位选民都得为自己的选择承担财务责任——选赞成的就付费、选反对的就不用付费，那恐怕很多人都会选择反对。问题是，我们刚分析过，任何一位选民改变选举结果的概率都是零，所以每位选民都不需要像在市场里那样，为自己的选择负上财务责任。结果是，在政治选举中，人们会不惜代价地纵容自己在面子上的偏好。

是否需要为自己的主张负直接的责任，是市场决策和民主决策的根本区别。

在市场里，如果我们要买名贵的跑车，就要单独为此买单。在政治领域，我们不会因为支持人人都有免费的医疗服务，政府就会单独让我们付费，付与不付已经被决定了。

也正因为这样，人们在做经济选择时，因为自己要承担后果，人们就会变得理性；而在政治领域，由于每位选民都不需要对自己的政治主张直接承担责任，人们就会理性地选择不理性。用卡普兰的话来说叫“理性胡闹”（rational irrationality）。

因此，在讨论民主投票制度的优劣的时候，我们不要忘记经济学的这个重要而独特的视角：人们在需要承受代价的时候就会变得理性，在不需要承受代价的时候就会放纵自己的无知，就会放纵自己的感情和偏见，去支持那些无效的经济政策，让自己错误的观念、不负责任的观念对别人造成影响，产生巨大的外部负效应。

思考题

（1）我们经常见到很多人，在处理私人事情的时候还是比较自私、喜欢斤斤计较的，但是一旦讨论公共问题的时候，他们就变得非常慷慨、非常大方，你能举一个这样的例子吗？他们这样做背后的原因又是什么呢？

（2）有人戏说“年轻时不浪漫是无心，年长后不实际是无脑”。若真的有这种现象，它是否符合经济学规律？

第 117 讲 | 关于收入再分配的戴雷科特定律

谈到众人互相影响的内在规律，就必须提到关于收入再分配的戴雷科特定律（Director’s Law）。亚伦·戴雷科特是法律经济学的创始人，他最早对反垄断法提出了很多洞见，推动了法律经济学这门交叉学科的兴起。

戴雷科特有一个特点，就是不爱写文章，只爱说话，只爱参加各种讨论会，阐释自己的观点。他很早就提出了戴雷科特定律，但他总是不愿意写出来。直到1970年，后来的诺贝尔经济学奖得主乔治·斯蒂格勒（George Stigler）实在忍不住了，就把戴雷科特的观点写成了一篇论文，让它流传出来，让更多的人知道。这篇论文的题目就叫《关于公共收入再分配的戴雷科特定律》（Director's Law of Public Income Re–distribution, 1970）。

对收入再分配政策的传统批评

过去大多数的人都认为，政府承担着财富再分配、收入再分配的功能，能够把社会中有钱人的收入征收一部分，给社会中最穷的人使用。直到今天，每当人们讨论收入政策时，大家仍然会说：有钱的人不在乎多赚那么一点钱，但穷人有这一点收入就会很高兴，幸福感就能得到很大的提升，所以财富再分配能够使得社会总幸福得到提高。

真是这样吗？我们在前面讲价格所提供的独特作用时就讲过，人与人之间的效用不可以进行横向的比较和加总。张三家的老大、李四家的老大，不一定比王五家的老二年纪大，好多穷人的效用之和不能简单地与一个富人的效用做比较。通过计算社会总效用的办法来支持或者反对任何一种公共政策，都是缺乏合理依据的。

这是传统的对收入再分配政策的批评。

戴雷科特定律：收入再分配，真正得益的并不是穷人而是中等收入的人

但戴雷科特从另一个角度提出了批评。

他说事实上，政府在进行财富再分配时也不像大多数人以为的那样，钱从最有钱的人口袋里到了最穷的人口袋里。相反，每当人

们通过选举、通过政府的行为进行财富再分配时，真正得益的并不是一个社会中最穷的人，而是这个社会的中产阶层。中间的人得益了，而付出代价的往往是这个社会中最穷的人和最富的人。

一个重要的原因，是一个社会最穷的人，他们的知识、时间、精力致使他们对社会问题的参与往往很不够，他们根本没有意识、没有能力，也没有资源替自己说话。而社会当中最有钱的人，他们也不屑于过多替自己说话，他们不在乎多交那么一点税收。而社会中处于中等收入的阶层，他们有很大的积极性，他们有很强的动机和能力，通过选举为自己说话，为自己办事。结果是社会上最富和最穷的人，共同补贴了社会上的中产阶级。

这就是关于收入再分配的戴雷科特定律。

关于戴雷科特定律的常见案例

公共教育

怎么理解戴雷科特定律呢？我们先举个例子。好的大学，拿到大笔的政府资助后，向成绩好但家境比较贫困的学生提供奖学金甚至免费教育，这时候，谁能得益？是那些处于中等收入水平家庭的孩子得益。最穷的孩子根本得不到相应的教育，他们中的大多数人无论怎么考都考不上那些好的大学。

而那些极其富裕家庭的子弟，他们的选择很广泛，不一定会跟大多数人争夺公共教育资源。结果政府对教育的资助，往往帮助了那些中等收入家庭的孩子，而不是最需要帮助的赤贫家庭的孩子。

公共医疗服务

公共医疗服务也是如此。政府对那些好医院进行资助，谁能够享受这些医院的服务？是那些住在大城市、离这些好医院很近的人。而离好医院近的地段，房价本身就已经比较高了。因此医疗服务享受得最多的，往往是那些交税的比例比较低，但又住得离医院近的中等收入阶层。

社会保险与养老金

社会保险与养老金也一样。表面上看，所有人交了一定年限的社会保险，在退休后都能够拿养老金了，这是公平的。

但实际上穷人早早出来工作了，他们早早就向国家交纳社会保险金了。等到领养老金的时候，富人活得比他们更长。

最后的结果是财富从穷人那里转移到比他们更富裕的阶层那里。

免费高速公路

政府资助建设免费的高速公路，所有的人都出钱。每一个劳动力不仅要支付收入所得税，也要支付他所在公司的公司税。真正的税负是分摊到每一个人身上的。

而高速公路免费，最后得益的是有私家车的人，经常开车去上班、出去旅行的人，财富又一次从大众的手中转移到中等收入阶层了。

廉租房与廉价房

廉租房、廉价房也是一样的道理。政府占用土地修建一些所谓的廉租房，出售一些所谓的廉价房，但这些房子并不是最穷的人能够租得起、买得起，或者有资格获得分配的。

符合买房、租房和分房条件的人，都是有一定经济基础的。相对而言，他们是社会当中的中等收入阶层，最穷的人、赤贫的人往往只能望洋兴叹了。

思考题

在所有关于帮助社会里面最穷的人的那些政策建议当中，你认为哪些政策是最有效、最能帮助最穷的人脱贫的？为什么？

第118讲 | 脱贫致富之路知易行难

我们虽然知道一些国家贫穷、一些国家富裕，但是这些国家为什么贫穷，另外一些国家为什么富裕，当中的原因，经济学——尤其是发展经济学——到现在还没有给出明确的答案。

让穷人发挥自己的能动性才是最重要的

不仅如此，经济学家有时给出的答案甚至是错误的。我们前面在讲慈善为什么会失效时，介绍过威廉·伊斯特利的一本书——《白人的负担》，这里我们要介绍的是他的另外一本书《威权政治》（*The Tyranny of Experts*, 2014）。

在历史上，向贫困宣战的政治家、慈善家、社会学家、经济学家不在少数，但是他们都没有真正成功过。有的学者和慈善家认为贫困的主要原因，在于穷人缺乏一些脱贫致富必需的技术和设施，只要有了这些技术和设施，他们就能够改善生活，告别贫困。

在《威权政治》这本书里，威廉·伊斯特利举了一个又一个的例子。他提醒我们，专家们可能忘记了，在给予技术支持、设备支持、资金支持时，一件最重要的事情，就是让那些穷人发挥他们自己的能动性。

这应该是经济学，尤其是发展经济学当中最重要的一课。

制度设计上的一点差别，就能产生差异很大的结果

中国在短短的20年间就建成了世界上数一数二的高速公路网络。为什么中国能够迎头赶上呢？很重要的一点，就是中国修筑高速公路的融资方式和美国的不一样。在制度上少许的区别，就会使结果产生重大的不同。

美国修筑高速公路的资金，是通过征收汽油税得到的，政府把收上来的资金再分配给不同的地区，修建当地的公路。而中国的许多高速公路是当地政府和当地的企业修建的，它们把路修好了以后，通过收路费的方式把成本收回来。

美国采用的是相对大锅饭的方式，而中国采用的是更接近于用者自付的方式。越是用者自付，用者就会越小心，到底该不该走这一段高速公路，司机心里就会反复盘算。而修路的人也会格外小心，对于公路如何建造会进行精准的计算。就这么一点制度设计上的差别，就能够产生很不一样的结果。

问题是，局部的规律性，我们能够通过一次一次的实验来验证，但要对更宏观的现象——比如一些国家长期落后的原因——做出一般性的概括，就是一件非常难的事情。

为什么有些国家会成功，有些国家会失败

前几年有本书非常受欢迎，这本书是两位美国的经济学家德隆·阿西莫格鲁（Daron Acemoglu）与詹姆斯·罗宾逊（James Robinson）所写的《国家为什么会失败：权力、繁荣和贫穷的根源》（*Why Nations Fail: The Origins of Power, Prosperity, and Poverty*, 2012）。

这两位学者分析了大量的实例，总结出有些国家成功、有些国

家失败的根本原因在于：有些国家采取了包容性的政策（inclusive policy），有些国家采取了汲取性的政策（extractive policy）。

所谓包容性的政策，就是那些能够惠及所有的人，在社会中保持公正、公平，使得发展能够持续，使得所有人都能够和睦相处、发展自我的政策；而所谓汲取性的政策，就是那些通过垄断、专卖、市场控制等方法，把社会上的资源集中在少数人手里的经济政策。

两位作者洋洋洒洒写了厚厚的一本书，总结出来的就是这两个没有经过严格定义的概念。这两个概念看上去非常强大，能解释所有的现象，但仔细分析我们就能发现，它们的任何一种含义我们都能够找到反例。

例如，在很多实施民主的国家，人民依然是非常贫困的。在印度，有一些议员为了当选，甚至呼吁那些债务人不还钱。这显然是一种极其短视的政策，这种政策主张到底属于包容性的还是汲取性的呢？

而美国的许多垄断者，比如说洛克菲勒、比尔·盖茨，他们对人类的科技进步和物质文明做出了重大的贡献。洛克菲勒让每一位美国人，哪怕是穷人都用上了煤油灯，让他们入夜之后的生活成为可能；比尔·盖茨则让个人电脑进入了每一个家庭。当然这些垄断者本身也集聚了大量的财富、前所未有的巨额财富。这到底是包容性的还是汲取性的呢？答案是不知道，因为这两个概念太空洞了。

枪炮、病菌与钢铁

这里还要指出的是，一个国家到底是贫穷还是富裕，经济制度只不过是众多原因当中的一项，此外还有地理的因素、文化的因素、人群基因的因素、自然条件的因素等等。

每当我思考一个国家、一个地区为什么是贫困的，应该如何致富，又找不到答案时，我就会想起一部名著，贾雷德·戴蒙德（Jared Diamond）写的《枪炮、病菌与钢铁》（*Guns, Germs, and Steel*, 1997）。

这本书分析了欧亚和北非的文明不仅能够存活下来，还侵略了别的地方的原因。

作者认为这些文明之所以可以这么做，不是因为这些地区的人聪明，不是因为他们特别有道德，也不是因为他们的基因更高贵，而仅仅是由于他们所处的地理环境更适合生存，通过一系列的作用和反作用，他们的实力就超过了他们的对手。

经济学研究中的一个固有难题，就是分辨诸多现象之间的因果关系。我们以为是起因的现象，有可能是结果；我们以为是结果的现象，有可能是起因。上述这些对各种脱贫致富方法的研究，与其说告诉了大家答案，不如说告诉了大家为什么还没有答案。之所以还没有答案，或许是由于经济学家还不够努力，抑或是由于答案根本就不在经济学的范畴之内。

思考题

一个国家走向繁荣，更大程度是靠人们的理性思考，还是靠人们的运气？为什么？

第 119 讲 | 中国做对了什么

许多人都说，改革开放以来，中国 14 亿人脱贫致富，创造了经济奇迹。但从经济学的角度看，中国所取得的经济成就固然是巨大的，但它是可以解释的。

所谓奇迹，指的是那些我们没有办法通过现有的知识去解释的现象，但中国所取得的经济成就是完全可以解释的，是合情合理、水到渠成、自然而然的事情。

当然，一个泱泱大国每天有无数人在做无数的事情，做错的事情肯定很多，但做对的事情和做错的事情互相抵消之后，还是留下了令世人瞩目的经济成就。因此，着重去分析她到底做对什么，就特别有意义。

知道自己做对了什么，就可以继续坚持做对的事情，也可以给其他的国家一个榜样，让其他有相似的处境、相似的问题的国家也一起脱贫致富，共同发展。

中国在改革开放以来，之所以取得这么伟大的经济成就，最重要的是做对了四件事情：

（1）给重要的资产确权；

（2）引入了市场竞争机制；

（3）鼓励民营企业的发展；

（4）加入了世界贸易组织，让中国人民直接参与了国际化的大合作。

让我分别解释一下这四个关键的举措。

界定产权：以土地与人力资本为例

第一，确权。在一个国家里，最重要的资产之一就是土地。在改革开放最初的时候，中国就开始实施家庭联产承包责任制，它的核心思想就是把土地的经营权、管理权、收入分配权，从大集体转向小集体，甚至转向家庭。

这一下子就改变了农民的积极性，从余粮上缴变成只要上缴完固定的数量，余粮都归农民自己。农民成了剩余索取者，积极性当然大增。

这一点我们在讨论价格机制的时候讲过。价格有三个作用：第一是传递关于稀缺的信息；第二是指导生产；第三是指导分配。

而第三点，指导分配，是最关键的。因为如果价格不能指导分配，多干活的人不能够在分配时多拿一点，拿好一点，拿得早一点，人们辛苦拼搏干什么？人们为什么要对价格做出反应？

如果价格不能指导分配，那么价格前面的两项功能也就会失效，价格就没办法传递关于稀缺的信息，也没办法指导生产了。如何分饼会决定饼能做多大。

当然，我们后来在讨论企业内部治理结构的时候，在讨论谁来当老板的时候，也提到了这个问题，我们让那些很难衡量工作积极性、很难衡量工作投入的人拿剩余的产出。那么他们就会自己约束自己，自己激励自己。

这两部分的经济学原理，让我们充分理解了家庭联产承包责任制的优点。

当然改革开放以后，得到非常好的产权保护的不仅仅是土地一项，人们其他许多重要的资产也得到了强有力的保护。其中容易被人忽略的一点，是政府对人力资本的保护。

过去在计划经济时代，高中毕业生、大学毕业生，都是政府和学校包分配、管就业的，也就是说，实际上人力资本的使用权和收益分配权不在个人手上。你可以想见，那个时候的人力资本怎么可能用得好。

当时四两拨千斤的举措，就是从政府包分配改为自谋职业。忽然间有了自由，当时很多人还感觉到彷徨，不知道怎么办好，还觉得包分配更好，有着落，不用自己发愁。

但人们很快就尝到了自己的事情自己做主的好处，增加人力资本投资的积极性一下子就提高了。人们上夜校、上函授大学、上成人大学，积极地改变自己，拥抱新的机会。当人们都这么做的时候，社会迸发出来的活力大得令人难以想象。

引入市场竞争：从认人的制度改为认钱的制度

改革开放以来，中国做对的第二件重要的事情是引入市场竞争。当然，同时也就放弃了价格管制和票证制度，让价格指导人们的生产、生活、分配、娱乐和教育。

我们详细地讨论过“认人还是认钱”的问题。任何社会都免不了要采用这样或者那样的竞争机制，从而决出胜负，选出赢家和输家，只有这样才能控制无谓的竞争，才能治乱。

但问题是，不同的竞争规则就有不同的赢家、不同的输家，谁赢谁输甚至是可以预测的。所以要论公平，说不清楚哪种规则更公平。论资排辈、先到先得，按文凭高低来决定、按年龄大小来决定、按出身来决定、按职位高低来决定、按出钱的多少来决定，都做不到绝对的公平。但按出价的高低来做决定有一个特点，那就是因为这种竞争规则而引发的无谓的损失、竞争的成本会降到最低，所以它是最有效的。

你可以说一个社会认钱不公平，但是如果你不认钱，你就必须认其他的，认男女、认出身、认官职、认智力、认体力，所以比较之下，认钱更有效率。不仅更有效率，而且它更公平。一个人要改变自己的性别、出身、种族、肤色、智力、教育背景、职业是很不容易的事情，相反，要攒一点钱却是相对容易得多的事情。

中国做对的第二件事情是引入了市场竞争的机制。用大白话说，是从认人的社会基本上变成了认钱的社会。这个规则的改变也激发了整个社会巨大的生产潜能。

鼓励民营企业发展，充分利用企业家优势

改革开放以来，中国做对的第三件事情是鼓励了民营企业的发展。

不同的分配制度、不同的决策机制，对资源的产出有着举足轻重的影响。市场和政府应该各自分工，互相配合。所以在瞬息万变的市场当中，基本上让民营企业做主，让它们去冒险、让它们去承担责任，是一种比较恰当的选择。而政府只站在旁边保驾护航，进行底线监管，同时发挥政府应该发挥的作用。这是中国改革开放以来非常睿智和实际的治理理念。

加入世贸组织：开放国门迎接竞争

中国改革开放以来，做对的第四件非常重要的事情，是加入世界贸易组织，开放国门迎接竞争，让中国人一下子参与到国际合作的洪流当中。

我记得中国在加入世贸组织的时候，有很多怀疑甚至反对的声音，说中国不应该那么早加入，中国要变得强大以后才能打开国门。

这时候，要跟每一个人都讲清楚经济学当中的比较优势原理，让他们明白“只有打开了门国家才可能强大，只有丢了成本较高的工作，才可能找到成本较低的工作”的道理实在太难了。

而中国政府采用的办法，是先实践后解释。先把事情在原则上定下来，后面让事实来解释，很多当时的问题今天就不再是问题了。

我自己当时虽然深信加入世贸组织是对的，发表过一篇叫作《愈让步，愈进步》的文章，认为中国肯定能够在这次开放当中获得巨大的利益。但实际上，当时我自己也没有想到，中国竟然能够取得这么大的利益，会在这么短的时间里变得这么强大，而今天怀疑改革开放的人自然而然地就消失了。

这是中国做对的第四件非常重要的事情。

中国至少做对了四件重要的事情。有意思的是，这四件事情在当初实施的时候，如果必须取得大部分人的理解、取得大部分人的同意，那我想中国经济的发展就不会有今天的速度，也不会有今天的高度。

思考题

请你也谈一谈中国在经济上取得巨大的成就，你认为中国做对了哪些事情？

后　记

何为地道的经济学思维

经济学是个庞然大物，即使是专业的学者，也不可能面面俱到。以有限的篇幅，和读者分享经济学的精彩之处，我认为“地道的经济学思维”是一个恰当的切入口。

问题是，什么才是地道的经济学思维？

地道的经济学思维，是对包含人性的因果规律的探索。在这个探索过程中，数字不重要，术语不重要，结论也不重要；是想象力重要，是视角重要，是推理重要，而权衡更重要。

物理学研究无人的世界，经济学研究有人的世界。两门学科都是做人的必修课，但平添了一个灵活多变的变量，经济学就比物理学难得多，因为经济学要加入对人和事的考量。

原则总是容易明白但不容易践行的。在此总结八点地道的经济学思维的学习心得，作为本书的后记，供读者参考，希望能收融会贯通和升华理解之效。

可证伪的才是地道的

20 世纪最伟大的哲学家卡尔·波普尔爵士（Sir Karl Popper）提出了证伪主义理论，这对启发人们在科学理论和非科学理论之间画一条界线发挥了重大作用。

在波普尔之前，人们认为，只要是对现象做仔细的观察、记录、总结、梳理、概括，由此而形成的理论体系就叫科学理论。牛顿力学是一种科学理论，爱因斯坦的相对论是一种科学理论，弗洛伊德的心理分析也是一种科学理论。

但波普尔开创性地指出，有可能错的理论才是科学理论。这些理论，陈述的内容越丰富、越准确，它出错的可能性就越大，也就是说它被证伪的可能性也越大。

不可能错的理论，则不是科学理论。这并不是说只有科学才是有价值的，非科学就没有价值，而是说在学习一门学问的时候，我们应该分辨它到底算不算科学，是否要把它当作一门科学来学。

在现实生活当中，物理学、化学、天文学、经济学都是科学，而文学、艺术还有逻辑和数学都是非科学，它们的性质和作用是截然不同的。非科学能够给我们带来心灵的安慰、思想的启发，带来推理的工具。非科学表达的只是一种情感、一种愿望、一种看问题的角度，没有对错之分；或者是一个逻辑自洽、自圆其说的符号体系。它们是永真的。

在整个经济学的大厦里，大部分的内容都属于科学的内容，也就是说它是可错的、可验证的。例如，实施价格管制就会出现短缺的现象；提高法定最低工资水平，失业率就会上升；兵荒马乱的年代，真实利率会上升；缺乏产权的保护、对行为的后果不用负责的话，人们就会粗心大意、掉以轻心、浪费资源。这些都是从经济学理论里推演出来的可验证的假说，所以，我们说经济学在很大程度上是一门科学，一门关于社会运行规律的社会科学。

当然，经济学里也有一些属于非科学问题的讨论——比如一个美好的事件应该是怎么样的，什么样才叫公平公正，什么样才是高效率的，什么样才是低效率的——这些讨论很大程度上取决于讨论这些问题的经济学家的个人偏好。

经济学是一门关于人的科学，它不是纯净的，我们也不强求它是纯净的。但波普尔的分类方法让我们能够清楚地知道，在讨论当中，自己正在讨论的到底是属于科学的范畴还是非科学的范畴，他让我们不至于在激烈的、冗长的讨论当中迷失方向。

与生活相关的才是地道的

现代经济学离不开数学的帮助，数学在经济学当中的地位越来越高了。从亚当·斯密到凯恩斯，经济学主要是以日常语言来表述的，经济学论文的正文都是日常语言，数学、模型、方程式一般都放在脚注或者附录里。而今天的经济学论文刚好反过来，在正文里有大量的数字、模型、方程式，而解释性的内容则往往放到了脚注甚至是附录里。

经济学高度数学化的结果，是它的内容、研究跟真实生活离得越来越远了。针对经济学当中过分应用数学的倾向，有经济学家提出了警告和批评。

经济学家迪尔德丽·麦克洛斯基（Deirdre McClosky）写过一

本小书，书名叫《经济学家的邪恶和资本家的美德》(*The Vices of Economists; The Virtues of the Bourgeoisie*, 1997)。在这本小书里，麦克洛斯基通过批评第 1 位、第 2 位以及第 12 位诺贝尔经济学奖得主的研究方法论，解释了经济学里不恰当的数学应用。

她批评首位获得诺贝尔经济学奖的简·丁伯根 (Jan Tinbergen) 创立了社会改造工程学。她说这门学问把人类社会等同于物理世界，以为改造人类社会跟改造物理世界一样容易。

她批评了萨缪尔森的黑板经济学，说他的经济学远离真实世界。萨缪尔森虽然从来没有访问过苏联，但多年来通过数学分析得出推论，即苏联经济很快将追上美国，直到真相大白之日才作罢。

她还批评了 1980 年获得诺奖的劳伦斯·克莱因 (Lawrence Klein)，说他创立的计量经济学，混淆了科学的显著性和人文的重要性，以致在人们做出决策判断的时候，没有把人文的价值考虑在内。例如，每小时的法定最低工资，如果提高一美元，会增加千分之一的失业机会，这千分之一到底是多还是少呢？在一个社会里那就意味着几万人、几十万人的失业，这到底重要还是不重要呢？科学、数学和统计学本身是回答不了这个问题的，必须加上人文的价值观念才能做出判断。

麦克洛斯基指出，要解释人类在过去两百多年间忽然发生的经济高速增长，仅仅使用过去经济学家所熟悉的概念、工具是不够的。

她认为，这不是因为有人剥削，剥削只能解释财富的转移，不能解释财富的增长；这也不是因为单纯的投资，若只要把钱聚在一块就能增长的话，过去历史上也有很多人聚财，聚财之后也没出现过这样的经济增长。

麦克洛斯基说，真正推动近两百年来经济高速增长的力量是创新，是企业家精神，是现代企业管理制度，是商人节俭、遵守合约、精益求精、服务用户的美德。而这些真正推动经济发展的要素，在传统的经济学分析体系里，根本找不到位置。

翻开经济学的教科书，只有价和量，连质都找不到，就更不用说创业的激情和企业家精神了。麦克洛斯基主张我们要在经济分析当中，加入这些不容易观察、刻画和衡量的因素，只有这样才能理解我们正在经历的长足进步。因为真正的生产活动、供应的真相，其实是在生活的不确定当中摸索出来的。

看见看不见的才是地道的

跟巴斯夏一样，经济学家沃特·威廉姆斯也曾经讲过，很多人说经济学家分各种各样的门派——有奥地利学派、芝加哥学派、凯恩斯学派——但其实经济学家只分两派，那就是好的经济学家和不好的经济学家。

好的经济学家具有什么样的特征呢？一个很重要的特征，就是他们能够看见看不见的。好的经济学思维不追求某种单一维度上的最大化，它追求的永远是在各种选项当中边际成本和边际收益的平衡。我们要从各种可能的选项入手，去看见那些看不见的。

我们要从时间的维度来看问题，拿今天和未来做比较。想象力非常重要，我们能够把未来的收益想得多清楚、想得多具体、想得多大，我们今天所做的投资、所做的牺牲、所做的改变就能有多大。有些人是急不可耐的，仿佛没有明天；有些人能够看得很长远，进行非常宏大的规划。对未来的想象决定了人们对成本计算的不同。

要看见看不见的，还可以从竞争的角度来看问题。竞争本身是有成本的，除了实物的成本，那些浪费的时间、精力和机会也是竞争的成本。

我们要看见看不见的，还要注意成功者和失败者之间的关系。很多竞争可以用“一将功成万骨枯”来形容，也可以称为“赢者通吃”。我们看到成功者的时候，也要记住许许多多跟他一样的竞争者所付出的努力，由于“赢者通吃”这种规则，他们离开了市场，已经被遗忘了。我们不仅要看到一个行业的成功者，还要看到这个行业的失败者；不仅要看到一个行业收获的季节，也要看到它播种的季节，这是能够帮助我们看见看不见的一个角度。

我们要看见潜在的竞争者。到底一个市场是竞争的还是垄断的，不能简单地数那些市场上已经出现的正在经营的竞争者的数量，而应该去看那些潜在的竞争者，看他们进入市场到底会不会遇到人为设置的行政障碍。只要存在这个障碍，那么不论市场上现有的竞争者有多少，这都是一个封闭的市场，一个垄断的市场，一个缺乏竞争的市场；如果没有这样的限制，人们可以随意进出，那不管看得见的竞争者数目是多少，它都是一个充分竞争的市场。

我们要看到潜在的供给和潜在的需求。供应者和需求者之间没有本质的区别，我们要看到供应者和需求者这两种角色会随着价格的变化而转化。

我们还要看到私人的支出和政府支出之间的替代关系。政府支出会产生乘数的效应，能够刺激经济的发展。我们会看到官方举办的大型体育活动对旅游业的刺激，会看到大型基建工程对原材料生产的刺激，也能看到大规模的再就业工程对人们生活的改善。但同样重要的是，我们要问政府花的这些钱、用的这些资金、调动的这些资源，如果落到私人的手上，让私人来使用的话，是不是也能够产生乘数效应？会不会产生更好的、更高的乘数效应？

能分辨原因和结果的才是地道的

在经济学里有一个重要的分支发展得非常蓬勃，叫计量经济学，它专门研究不同变量之间的关系。而在这些关系当中，很重要的一种叫相关性关系。我们通过大数据的分析方法，只要发现一种情况的发生伴随着另外一种情况的发生，我们就说它们之间有相关性，而有相关性的事件之间可能同时也存在着因果性。

假设男艺术家大多留着长头发，这时候长头发和艺术气质之间就存在着相关性。但这相关性并不意味着因果性，你忽然想当艺术家了，把头发留长并不见得就会增加你的艺术气质，使你成为艺术家。而长头发和艺术性之间可能存在着第三个隐性的因素，那就是在一个比较保守的社会里，只有那些非常特立独行的人才会留长头发，而特立独行的特征又是艺术家的特征之一。不是留长头发导致了艺术性，而是那个隐形的不可见的因素——特立独行导致了艺术性。

有大量的实例颠覆我们过去既有的对因果关系的认识。过去人们认为有良好的愿望就能成功，从经济学的角度看，往往是人们成功了才去找理由，这是对因果关系的一个颠覆。

例如，我们在讨论成本的时候说，在会计课上我们学到的是原材料的成本决定了最终产品的售价，在时间上看往往也是这样。但是经济学的逻辑却相反，是供求关系决定了最终产品的售价，而最终产品的售价又倒过来决定了每一种生产要素的成本。整个价值产生的因果关系是倒过来的。

经济学是一门研究人的行为规律的学科，要找出人的行为规律，就不仅要找出各种事件之间的相关性，还要确定它们之间的因果关系。人们对不同事件之间的因果关系存在这样那样的偏见甚至是误解，而经济学分析可以修正这些偏见和误解。

能分辨事实和语言的才是地道的

我们在经济学的分析过程中，免不了要用定义、概念、判断、推理来把握客观世界，但是我们所采用的这些语言本身，跟客观世界本身并不总是一致的。当它们发生错位甚至产生冲突的时候，我们要修改的是我们的语言、定义、概念、推理和理论，而不是反过来根据我们既有的概念，去强行修改我们所要分析的现实世界。

例如，每当发生交易，交易的双方都会认为自己得到的比付出的更多、更值得。这当中的差额，有人称之为消费者剩余。但实际上它是由生产者和消费者共同创造的，同时也是生产者和消费者共同拥有的，我们应该更准确地称之为交易剩余。

又例如，许多产品是一种综合服务，而不是一个简单的标准品。什么是一套房？什么是一台手术？什么是一个学习机会？什么是一个操作系统？什么是一份工作？都不存在一个单一的标准。在讨论住房限购政策的时候，我们仔细地分析过，若把内涵丰富多样的综合服务当作简单的标准品，那由此制定的经济政策就会产生各种意想不到的偏差。

又例如，有人把那些本来是商品的商品不当作商品来对待，以为把这些商品宣布为不是商品就能解决产品的稀缺问题。那是犯了事实和语言之间混淆的错误。

学区房就是一个很好的例子。否认了学位的商品性，就只能把人们对学位的追逐改变为对住房的追逐。本应是家长付给学校和老师的费用，现在变成要付给房地产开发商了；本来家长之间的区别，只不过是付不付得起学费，现在变成买不买得起房了；学生和学生的区别，本来只不过是考试成绩之间的差距，现在变成了主要攀比父母的财富水平了。把商品不当作商品来对待，只会让问题变得更严重，更难以解决。

我们要重视那些经济发展的内在的不可抗拒的规律，要做那些顺应这些规律的人，不论提出什么样的说法、理论、口号，语言都不重要，语言所包装的行为是否符合经济发展规律才是重要的。

能分辨愿望与结果的才是地道的

经济学是一门专门研究事与愿违规律的学问。坏人做坏事，归公安部门管；好人做好事，归居委会管。经济学关心的，是坏人做好事，以及好人做坏事的事情，是那些事与愿违的事情。

例如，作为一个需求者，我想要买世界上最便宜的苹果，但是当我进入市场去寻找世界上最便宜的苹果的时候，这一行为本身就使得苹果的价格上升了。作为供应者，我本来是要卖最贵的房子，但是当我作为供应者进入房地产市场去盖楼房、去卖楼房的时候，我的行为本身就使得楼房的价格下降了。这就是一种最典型的事与愿违的现象。

又例如，到底是谁交了政府规定的税收，交了政府规定的养老保险，买了结婚用的钻戒？经济学会告诉你，这些行为其实并不是由法律、规定、风俗习惯决定的，而是由暗中的交易双方或多方的相对弹性决定的。相对弹性较大的一方，承担额外成本的比例就比较低；相对弹性较小的一方，承担的比例就比较高。

并不是我们有了美好的愿望就会有好的结果，我们要学会用经济学思维来分辨愿望和结果之间的真实关联。

能分辨个体与全体的才是地道的

在逻辑学当中有一个概念叫合成谬误（fallacy of composition），说的是适用于个体的不一定适用于全局。最简单的例子是，在一个剧场里有人看不清楚舞台上面的表演，站起来才能够看清楚。一个人两个人站起来，他们能够看得更清楚，所有的人都站起来，就没有人能够看得更清楚了。适用于个体的不一定适用于全体。

钱对个人的福利和发展是重要的。每个人都缺钱，都想多挣钱，其目的是增加自己拥有的货币量在全社会货币总量中的占比。但国家并不缺钱，或者说仅仅增大货币供应量，并不能使得国家变得富裕。

有人主张享受各种福利——包括免费医疗、教育、养老、被雇用、带薪休假等——是个人的基本人权。对个人而言，这种福利多多益善；但对社会而言，就必须找到其他人来承担提供福利的基本义务。享受福利是某些人的基本人权，那提供福利就是另外一些人的基本义务。

社会上的各种劫富济贫的政策，都是由政府出面向最有钱的人征税，然后把收到的税补贴给社会当中最穷的人。而法律经济学的创始人戴雷科特指出，现实的效果并不是这样。社会上大量跟财富转移相关的公共政策，其实际结果都是让那些中产阶层得益了，而付出代价的往往是社会当中最穷的人和最富有的人。

牢记基本事实的才是地道的

最后一点：有些事情我们永远不能假设。

有这么一个讥讽经济学家的笑话：有一位物理学家、一位化学家，还有一位经济学家，漂到了一个无人的孤岛上，他们需要食物。这时海岸上漂来一瓶食物罐头，孤岛上没有罐头刀，那怎么才能打开这个罐头，吃到里面的食物呢？物理学家运用他掌握的物理学知识，说我能够算出打开这个罐头需要用多大的力。化学家运用他掌握的化学知识说，我能够制作一些火药把它炸开。轮到经济学家了，经济学家说，假定我们有一把罐头刀，我们就能够把这个罐头打开。这就是经济学家的本事。别人是提出一套解决问题的方法，而经济学家只会假定问题已经解决了。

这个笑话给我们的启示是：经济学家太喜欢假设了，但有些事情我们永远不能假设，因为这些事情是永远真实存在的。

我们不能假设竞争没有成本，不能假设价格是昭然可见的，不能假设信息是对称的，不能假设市场是可以达到均衡状态的，不能假设合同是完备的，不能假设每个人都是天使，不能假设交易费用不存在，也不能假设人们对新的情况做出应变和调整，是不需要时间的。

在讨论现实问题的时候，有些问题、有些条件，我们永远不能够假设它们不存在，我们要记住它们是时刻在起作用的。

说明与致谢

我在“得到 App”讲述的音频课程《薛兆丰的经济学课》，目前已经有超过 60 万名付费用户，在共同学习，共同进步。本书是该音频课程的精华和重新梳理，它的销量也已经超过了 200 万册。

本书及其配套的音频课程，既不是对流行的经济学教科书的简化，也不是对经济学知识的堆砌，而是对经济运行规律的深刻思考，是对经济学教育改革的严肃探索。

我首先感谢每一位用户和读者，他们的学习心得是我前进的动力和改进的指针。

其次，我要感谢“得到 App”提供的不断迭代更新的移动互联网平台，它让传统的大学失去了围墙。

再次，我要感谢过去 30 年来帮助我丰富经济学认知的每一位师长，尤其是经济学家阿尔钦。

最后，感谢我在北京大学国家发展研究院的学生和同事，他们总是让我确信自己是在做一件特别有意义的事情。

关于作者

薛兆丰

“得到”App《薛兆丰的经济学课》主理人，著有《经济学通识》和《商业无边界——反垄断法的经济学革命》。

原北京大学国家发展研究院教授，曾为美国西北大学法学院（Northwestern University School of Law）博士后研究员，为美国乔治·梅森大学（George Mason University）经济学博士。

长期关注法律、管制与经济增长之间的关系，其作品持续影响了读者对市场经济的认识。